LEO MATES

ES BEGANN IN BELGRAD

LEO MATES

ES BEGANN IN BELGRAD

Zwanzig Jahre Blockfreiheit

VERLAG R. S. SCHULZ

Copyright © 1982 by Verlag R. S. Schulz
8136 Percha am Starnberger See, Berger Straße 8 bis 10
8136 Kempfenhausen am Starnberger See, Seehang 4
Telefon 0 81 51 / 1 30 41 bis 1 30 43, Telex 05 26 427 buch
Bildschirmtext * 717 #
Alle Rechte vorbehalten.
Nachdruck oder Vervielfältigung, auch auszugsweise,
auf fotomechanischem oder anderem Wege
(Fotokopie, Mikroskopie etc.)
sowie die Benutzung von Ausschnitten,
nur mit Genehmigung des Verlages.
Grundschrift: Garamond-Linotype-Antiqua
Gesamtherstellung: Mühlberger, Augsburg
ISBN 3-7962-0139-3

INHALT

	Seite
VORWORT	9
EINFÜHRUNG	11
Die geschichtlichen Voraussetzungen für das Entstehen der Blockfreienbewegung	17

I. DIE ENTWICKLUNG DER BEWEGUNG ... 39

1. Die Konferenz von Bandung: Auftakt zur Blockfreienbewegung ... 39
2. Der Weg zur Belgrader Konferenz ... 49
   - a) Aktivitäten zur Bewältigung der wirtschaftlichen Probleme ... 49
   - b) Die Entwicklung der antikolonialen Aktion ... 54
   - c) Aktivitäten im Rahmen der Weltpolitik ... 62
3. Ursprung und Ausbreitung der Blockfreienbewegung ... 73
   - a) Die Belgrader Konferenz und ihre Ergebnisse ... 73
     - aa) Vorbereitung und Verlauf der Konferenz ... 73
     - bb) Abschlußdokumente der Konferenz ... 94
   - b) Die Konferenz von Kairo 1964 ... 114
   - c) Die Konferenz von Lusaka 1970 ... 129
     - aa) Der Aktivitätsrückgang der Bewegung 1965–1969 ... 129
     - bb) Wiederbelebung: Belgrad, Daressalam, Lusaka ... 139
4. Das Heranreifen und die Probleme der Bewegung ... 158
   - a) Die Konferenz von Algier – Vorbereitung und Bedeutung ... 158
     - aa) Veränderungen in der internationalen Lage – die Entspannung ... 158

	Seite

      bb) Die Ministerkonferenz von Georgetown 166
      cc) Die Gipfelkonferenz von Algier 1973 177
   b) Die Konferenz von Colombo 1976 197
      aa) Die Verstärkung der Aktivitäten nach Algier . . . 197
      bb) Die Gipfelkonferenz von Colombo 1976 207
   c) Die Entwicklung der internen Probleme der
     Bewegung und die Konferenz von Havanna 1979 . . . 222
      aa) Die Bewegung vor wachsenden Schwierigkeiten . 222
      bb) Die Belgrader Ministerkonferenz von 1978 231
      cc) Die Gipfelkonferenz von Havanna 1979 248
      dd) Die Ministerkonferenz von Delhi 1981 262

II. DIE HAUPTRICHTUNGEN DES WIRKENS DER BEWEGUNG 269

1. Die direkte politische Aktivität 274
   a) Die Einstellung gegenüber den Blöcken – Frieden
     und Sicherheit 274
   b) Der Antikolonialismus und der Widerstand gegen
     den Neokolonialismus 289
   c) Die Abrüstung 297
   d) Regionale Streitigkeiten und aktuelle Weltkonflikte . 303

2. Die Koexistenz – Die Reform der internationalen
  Beziehungen 307
   a) Das Verbot der Androhung oder Anwendung von
     Gewalt 312
   b) Die friedliche Beilegung von Streitigkeiten 317
   c) Die souveräne Gleichheit der Staaten 320
   d) Nichtintervention und Nichteinmischung 324
   e) Die Pflicht der Staaten zur Zusammenarbeit im
     Einklang mit der UN-Charta 330

f) Gleichberechtigung und Selbstbestimmung 332
g) Gewissenhafte Erfüllung von Rechtsverpflichtungen. 334

3. Strategie und Taktik der politischen Aktion 336
4. Die gemeinsamen Wirtschaftsinteressen 346
   a) Die politische Bedeutung der wirtschaftlichen Probleme 346
   b) Die Affinität der Interessen der Entwicklungsländer trotz vorhandener Unterschiede 357
5. Die Hauptrichtungen des Einsatzes auf wirtschaftlichem Gebiet 364
   a) Die Koppelung der kurzfristigen und der langfristigen Aktivitäten 364
   b) Die UNCTAD – enttäuschte Erwartungen 375
6. Die neue Weltwirtschaftsordnung 385
   a) Die Abrundung der Strategie der Wirtschaftsaktion . 385
   b) Zielsetzung der neuen Weltwirtschaftsordnung.... 395

III. GEGENWART UND AUSBLICK 409

1. Die geschichtliche Rolle der Blockfreienbewegung ... 409
2. Die Mittel der Bewegung zur Einflußnahme auf die internationale Gemeinschaft 419
3. Die Blockfreienbewegung und die gesellschaftlichen Antagonismen 429
4. Die politische Gegenwart und die weiteren Aussichten 436

ANHANG...................... 449

VORWORT

Dieses Buch wurde mit der Absicht verfaßt, die Bewegung der Blockfreien sowie deren Ursprung, Wesen und Vorsätze näherzubringen. Als Unterlage dienten die Grunddokumente der Bewegung, wie auch solche Quellen, die für das Verständnis der Entstehung belangvoll erschienen, aber auch persönliche Beobachtungen und Erkenntnisse des Verfassers. Die Blockfreie Bewegung wird durch ihre eigenen Entschlüsse und Zielsetzungen und auch durch eine Beurteilung der wichtigsten Tätigkeiten geschildert.

Für Leser, die ein Argument weiterverfolgen wollen, wurde im Anhang auf Seite 449 ein Quellennachweis angefügt. Im Text sind jedoch immer die Quellen klar angedeutet im Zusammenhang mit Anführungen oder kurzgefaßten Wiedergaben des Inhalts.

Das Buch erfaßt den Zeitraum der ersten zwanzig Jahre der Bewegung sowie auch die fünfzehn Jahre der vorausgegangenen Tätigkeiten der Länder, die sich nachher als Blockfreie in Belgrad 1961 zusammengeschlossen haben oder später beigetreten sind.

Abschließend möchte ich mich herzlichst bei Herrn Rolf S. Schulz für die Herausgabe dieses Buches bedanken.

Belgrad, im Juli 1982   Leo Mates

Einführung

Bewegungen machen ebenso wie Individuen im Verlauf ihres Bestehens und auch schon vorher, während ihres Entstehungsprozesses, Entwicklungsphasen durch. Für die Bildung einer Bewegung sind bestimmte Voraussetzungen erforderlich, die eine bestimmte Aktion erheischen und ermöglichen. Diese allgemeinen Voraussetzungen werden zu einem konkreten Werk aufgrund des planmäßigen Handelns einzelner, die in Erfassung der Bedeutung des geschichtlichen Augenblicks bewußt und durchdacht reagieren. Ihnen wird häufig die Schaffung der betreffenden Bewegung zugeschrieben, obwohl sie in Wirklichkeit nur die Katalysatoren zwischen der historischen Situation und der Aktion von Menschen und Völkern waren, die sich zu dem betreffenden Zeitpunkt zu gemeinsamem Handeln zusammentaten.

Ist eine Bewegung erst einmal ins Leben gerufen, so erfährt sie entweder eine rege Entwicklung, sofern sie den gegebenen Voraussetzungen und Erfordernissen tatsächlich entspricht, oder sie welkt dahin wie eine Pflanze unter ungeeigneten Boden- und Klimaverhältnissen. Doch nach diesem ersten Aufschwung fallen auch schon die ersten Prüfungen an. Während eine Bewegung durch die Interaktion von Individuum und Geschichte zustande kommt, wird dieser Dialog nunmehr zwischen der Bewegung selbst und den Umständen und Vorgängen geführt, die ihr Wirkungsfeld bilden sollen. Dies führt zwangsläufig zu Schwierigkeiten und Hindernissen, und die Bewegung muß sich ebenso wie der Mensch in der Reifezeit im Kampf mit solchen Reaktionen der Umwelt dieser anpassen und den besten Modus für ihre Weiterentwicklung ausfindig machen.

Nach erfolgreicher Bewältigung dieser Wachstumsschwierigkeiten und -störungen entwickelt sich die Bewegung zu voller Größe und Reife, wie dies auch beim Menschen der Fall ist, wenn er erwachsen wird. Doch damit wird, wie wir alle aus eigener Erfahrung wissen, nicht etwa ein rettender Hafen oder ein ruhiges Fahrwasser erreicht, in dem man mühe- und problemlos umhersegeln könnte. Im Gegenteil, die eigentlichen Probleme nehmen damit erst ihren Anfang. Für Bewegungen wie Individuen hebt nunmehr die Ära der echten Probleme an, in der die Lebensfähigkeit und die Fähigkeit, die eigene Rolle auszufüllen, bewiesen werden müssen.

Dieser kritische Augenblick ist auch für die Bewegung der blockfreien Länder gekommen. Daß er mit dem Zeitpunkt der Volljährigkeit nach klassischem Begriff, nämlich mit dem 21. Lebensjahr, zusammenfällt, ist ein reiner Zufall und hat an sich keine besondere Bedeutung. Im übrigen liegt die Volljährigkeitsgrenze in den meisten Ländern heute erheblich niedriger.

Für eine Urteilsbildung darüber, ob die Blockfreienbewegung wirklich mündig geworden ist, sind ganz andere Kriterien maßgeblich. Hier hilft uns eine analytische Betrachtung der Entwicklung und der Rolle dieser Bewegung innerhalb des Weltgeschehens weiter. Damit werden wir zugleich auch an die Frage ihrer Weiterentwicklung herangeführt. Wie jeder natürliche Organismus und jede Naturerscheinung muß verständlicherweise auch eine Bewegung entweder ihre Funktion erfüllen oder, wenn sie versagt, untergehen. Darüber hinaus aber kann sie ihre Rolle günstigenfalls auch nur so lange ausüben, wie die allgemeinen Voraussetzungen hierfür bestehen, so lange, als dabei keine so tiefgreifenden Veränderungen eintreten, daß die Thesen und Ziele der Bewegung im Verlauf der allgemeinen Weiterentwicklung – dadurch, daß diese sie und die Menschheit vor neue Probleme und neue Forderungen stellt – hinfällig werden.

Nun, diese Überlegungen waren auch bei der Konzeption des vorliegenden Buchs, bei seiner Aufgliederung in drei Teile maßgeblich: einen ersten, der sich mit der Entstehung der Bewegung und ihrem mit Schwierigkeiten verbundenen Heranreifen befaßt, einen zweiten, der die von ihr auf ihre Umwelt ausgeübte Wirkung zum Gegenstand hat, und schließlich einen dritten, in dem die Weiterentwicklungsprobleme und die Perspektiven der Bewegung im Lichte der während ihrer bisherigen Tätigkeit aufgetretenen Probleme untersucht werden. Hier ist noch anzufügen, daß es gerade die sorgfältige Verfolgung der Bewegung von ihren Anfangsgründen an war, die sich für die Formulierung der Vorstellung von ihrem Entwicklungsgang und ihren Entwicklungsbedingungen förderlich auswirkte.

Mit anderen Worten, vorliegende Behandlung der Problematik der Blockfreienbewegung geht nicht von einer Definition des Begriffs der Blockfreiheit aufgrund einer logischen Analyse dieses Terminus aus, sondern unternimmt den Versuch, zu begrifflichen Feststellungen zu gelangen, indem zunächst Aktion und Entwicklung des untersuchten Phänomens selbst beleuchtet und dann aufgrund des dabei Gesagten Sinndeutungen vorgenommen werden. Dieses Vorgehen scheint um so eher berechtigt – um nicht zu sagen, das einzig mögliche – zu sein, als diese Bewegung eben nicht dem Hirn eines Denkers entsprungen ist, noch ihren Namen dadurch erhalten hat, daß die einen Schöpfer inspirierenden Gedanken in Worte gefaßt wurden. Bewegungen entstehen nicht auf diese Weise, sondern haben ihren Ursprung, wie bereits gesagt, zunächt in einem Dialog zwischen Individuen und der Geschichte, auf den dann ein Dialog zwischen den ersten Formationen der neuen Bewegung und ebenderselben Geschichte folgt. Bewegungen sind mithin als Erscheinungen anzusehen, die aus dem Leben des Milieus hervorgehen, in dem sie in der Folge wirksam werden.

Eine Nebenerscheinung dieser Entstehungsweise, die jedwede Systematisierung und Kodifizierung von vornherein erschwert, ist der Umstand, daß Bewegungen häufig schlecht oder kaum passende Bezeichnungen erhalten. Dieses Geschick blieb auch der Bewegung der Blockfreien nicht erspart. Der Terminus »Blockfreiheit« bezeichnet an sich etwas Negierendes, aus dem wir bestenfalls ersehen können, was die Bewegung nicht ist, nämlich daß sie außerhalb der Blöcke steht und keine in diese eingegliederten Länder umfaßt. Doch dies gilt auch für die Neutralen. Nun ist aber vollkommen klar, daß Neutrale und Blockfreie nicht ein und dasselbe sind. Erinnern wir uns nur an die Konstellation auf der Konferenz über europäische Sicherheit und Zusammenarbeit.

Hier arbeiteten die neutralen und die blockfreien Länder Europas zwar als eine geschlossene Gruppe zusammen, wobei sie von allem Anfang an, d. h. seit den mühseligen Diskussionen und Kompromissen von Genf, die der Unterzeichnung des Schlußakts 1975 in Helsinki vorangingen, eine hohe Aktivität bezeigten. Gerade die Tatsache der Zusammenarbeit aber läßt klar erkennen, daß wir es hierbei mit zwei Standpunkten und zwei Rollen zu tun haben, weshalb eigens eine Zusammenarbeit vereinbart und ein gemeinsamer Nenner gefunden werden mußte, damit eine Aktionseinheit erzielt werden konnte. Die Tatsache, daß dies im Rahmen der mit dem Schlußakt von Helsinki verbundenen Aktivitäten innerhalb Europas gelungen ist, bedeutet noch nicht, daß keine erheblichen Unterschiede vorhanden wären, wenn es um Aktionen im Weltmaßstab geht. Übrigens wird dies an den Beziehungen zwischen den meisten neutralen und blockfreien Ländern ersichtlich, die wohl freundschaftlich sind, aber dennoch eine klare Trennlinie erkennen lassen.

Mit anderen Worten, wir können das Wesen der Blockfreienbewegung nicht begreifen, wenn wir es bei der Feststellung bewenden lassen, daß sie keinem der Blöcke angeschlossen ist und ihre Mitglieder sich für diese nicht engagieren. Daher führt denn auch der Versuch, an dem Terminus »Blockfreiheit« als dem Ausgangspunkt für eine Analyse der Bewegung festzuhalten, nirgendwohin. Wenn wir hingegen den anderen Weg gehen, den einzigen erfolgversprechenden, das heißt, wenn wir den Werde- und Entwicklungsgang der Bewegung sowie deren Wirken verfolgen und analysieren, so entdecken wir Dinge, die wir auf den ersten Blick gar nicht erwartet hätten.

Wir haben gesagt, daß die Blockfreienbewegung tatsächlich etwas ist, was außerhalb der Blöcke steht, dabei jedoch den

Vorbehalt gemacht, daß solch eine Definition dieser Bewegung nicht voll gerecht wird. Daraus könnte jedoch gefolgert werden, daß die Existenz der Blöcke und die Angliederung einer stetig wachsenden Zahl von Ländern an diese militärpolitischen Bündnisse eine der Hauptvoraussetzungen war, die zum Entstehen der Blockfreienbewegung führten. Doch wir werden sehen, daß dies so nicht ganz richtig ist. Freilich stand die Bewegung in ihrer Entstehungsperiode und den Anfängen ihres Wirkens weitgehend unter dem Einfluß der Rivalität zwischen den Blöcken und deren Konfrontation, dennoch läßt sich ihre *raison d'être* nicht ausschließlich auf diesen Umstand zurückführen.

Dies werden wir leicht erkennen, wenn wir für einen Augenblick auf die allgemein bekannte Tatsache eingehen, daß sich in der Blockfreienbewegung durchwegs weniger entwickelte Länder zusammengeschlossen haben und daß eine ihrer wichtigsten Forderungen gerade in der Zeit ihrer Reife, eine Forderung, die sich auch weiterhin stellt, die Forderung nach der Errichtung einer neuen Weltwirtschaftsordnung ist. Seit jeher stellte sie die Problematik und die Forderungen der Entwicklungsländer in den Vordergrund; in dieser Hinsicht war sie von allem Anfang an aktiv, und diese Aktivität begleitete ihren gesamten Entstehungsprozeß. Daß diese Forderungen und die Notwendigkeit von Aktionen zu ihrer Durchsetzung auch dann bestanden hätten, wenn es nicht zur Konfrontation der beiden Pole der industriell entwickelten Welt gekommen wäre, liegt auf der Hand.

Daraus können wir folgern, daß die Bewegung zwar stets stark von der Konfrontation oder – in allgemeinerer Form – von den Beziehungen zwischen Ost und West beeinflußt wurde, daß aber Voraussetzung für ihr Bestehen allein das Vorhandensein von entwickelten und Entwicklungsländern, also die Nord-Süd-Teilung der Welt, ist. Das heißt nun aber keinesfalls, daß wir die Rolle der Ost-West-Beziehungen bzw. der Beschäftigung der Blockfreienbewegung mit diesen Problemen unterschätzen oder gar geringschätzen dürfen. Die Ost-West-Teilung und die sich mit der Zeit daraus ergebenden Beziehungen standen auch stets im Mittelpunkt der Aufmerksamkeit der Bewegung. Wir möchten aufgrund der obigen Betrachtungen lediglich davor warnen, Sinn und Bedeutung der von der Bewegung verfolgten Politik gänzlich von der Ost-West-Teilung abhängig zu machen oder ausschließlich im Rahmen dieser Teilung zu sehen, da dies zu Fehlschlüssen führen würde. Auf diese Weise hätten wir keine Erklärung für die übrigen fundamentalen Aufgaben der Blockfreienbewegung, zu denen neben der Bewältigung von Wirtschaftsproblemen unbedingt auch der Kampf gegen den Kolonialismus und seine – nach der Auflösung des Großteils der Kolonien – in neuen Formen erfolgende Fortsetzung zählen.

Daraus ist eine weitere Schlußfolgerung abzuleiten, nämlich die, daß es für das Verständnis der allgemeinen Voraussetzungen, unter denen die Blockfreienbewegung zustande kam, notwendig ist, bei der Betrachtung der Problematik der Nachkriegszeit Bereiche zu berücksichtigen, die weit umfassender sind als nur die Sicht unter dem Blickwinkel der Teilung der Welt in eine östliche und eine westliche Hemisphäre. Um ein wahrheitsgetreues Bild zu gewinnen, das alle wesentlichen Elemente jener Zeit enthält, in der sich die ersten Regungen zeigten, die sich im Lauf der Zeit zur Blockfreienbewegung entwickeln sollten, müssen wir das Geschehen nach dem Ende des Zweiten Weltkriegs in seiner Gesamtheit erfassen und insbesondere die antikolonialistische Bewegung in unsere Betrachtung einbeziehen.

Die geschichtlichen Voraussetzungen für das Entstehen der Blockfreienbewegung

Bei der Betrachtung dessen, was der Nachkriegszeit im wesentlichen ihr Gepräge verlieh, lassen es die Historiker meist dabei bewenden, den Zwist zwischen den ehemaligen Verbündeten des Zweiten Weltkriegs als die wichtigste Erscheinung herauszugreifen, um dann üblicherweise noch das Auftauchen der Atomwaffen zu erwähnen, durch das dieser Zwist neue Dimensionen annahm. Diese Methode ist im großen und ganzen zufriedenstellend, wenn wir uns darauf beschränken, die Beziehungen zwischen den entwickelten Industriestaaten des »Nordens« zu studieren. Als ungenügend erweist sie sich naturgemäß dann, wenn im Mittelpunkt unserer Untersuchungen das Geschehen und die Entwicklung in der Welt der Entwicklungsländer stehen, die sich in der Blockfreienbewegung zusammengetan haben.

Doch bevor wir uns dieser Problematik zuwenden, ist noch ein Moment zu erwähnen, das ausschließlich den Ost-West-Beziehungen eigen ist. Gemeint ist der kalte Krieg, der sich alsbald nach dem Ende des Zweiten Weltkriegs anbahnte und dessen ordnungsgemäße Beendigung verhinderte. Der Prozeß der Friedensvertragsregelungen wurde unterbrochen und konnte nicht vollständig abgeschlossen werden. Dabei sei allerdings auch gleich darauf hingewiesen, daß daraus durchaus kaum schlimmere Übel resultieren als allenfalls die Unzufriedenheit pedantischer Juristen.

Damit soll keine Verachtung gegenüber dem Juristenberuf zum Ausdruck gebracht, sondern lediglich darauf hingewiesen werden, daß das Leben oft von jenen Formen abweicht, die in langjähriger Praxis zu einem Bestandteil der internationalen Rechtsnormen geworden sind. Mit einem Wort, besagte Erscheinung soll uns eine Mahnung sein, bei der Betrachtung der Nachkriegsrealität jene Großzügigkeit in unseren Anschauungen und Auffassungen aufzubringen, wie sie diese ungewöhnliche Ära von uns erheischt. Der Zweite Weltkrieg oder, genauer gesagt, sein Ausgang stellt einen höchst bedeutungsvollen Wendepunkt in der Geschichte der Menschheit dar. Dies wurde anfangs weder von den führenden Staatsmännern noch von den wissenschaftlichen Erforschern der internationalen Beziehungen und der zeitgenössischen Geschichte begriffen.

Der Beginn des Kernzeitalters brachte einen Wandel nicht nur in den Bedingungen der Kriegführung, sondern auch in den Voraussetzungen für die Aktivitäten in der Zeit, in der keine Kriege geführt werden oder zumindest kein großer Krieg zwischen den Großmächten geführt wird, bei dem alle verfügbaren Waffensysteme zum Einsatz kämen. Der Verlauf der Konfrontation zwischen den beiden Supermächten, den Vereinigten Staaten von Amerika und der Sowjetunion, hat dies am deutlichsten gezeigt. Unter der Vorherrschaft dieser beiden Mächte wurde der Gedanke an die Kernkraft zum Schnittpunkt aller Aktionen und aller Erwägungen über die internationalen Beziehungen und auch über die innere Entwicklung des jeweiligen eigenen Landes und dessen Beziehungen zu befreundeten Ländern. Wissenschaftler auf beiden Seiten bewerteten dies als Schaffung eines neuen, dauerhaften Rahmens der internationalen Beziehungen.

In Wahrheit ging es dabei um das Bemühen, die alten Methoden der Rivalität und des Wettstreits zwischen den Großmächten auch im Kernzeitalter weiterzuführen. Akteure waren die beiden Supermächte – aus dem einfachen Grund, weil andere wirkliche Großmächte seinerzeit noch nicht oder nicht mehr existierten. Der logische Ablauf dieser klassischen Konfrontation basierte auf der Logik der vornuklearen und Vorkriegszeit, als die Welt und die Beziehungen der Länder zueinander auf die Politik des Kräftegleichgewichts reduziert waren. Es ist dies die Logik der Übermacht und des aufgrund dieser auszuübenden Drucks, wozu es nur die Alternative des Kräftemessens in Form eines bewaffneten Konflikts gibt. Tut der ausgeübte

Druck seine Wirkung, werden die gesteckten Ziele ohne Krieg erreicht; verfehlt er sie, wird der Streit durch einen Krieg entschieden. Dabei ist es für eine wissenschaftliche Analyse natürlich unwichtig zu wissen, welche Seite defensive und welche offensive Ziele und Aspirationen hegt.

Diese aus der Vergangenheit herrührende Praxis gründet sich auf die Erfahrung, daß es mittels der Übermacht möglich ist, im Frieden Bedingungen zu diktieren und im Krieg den Sieg zu erringen. Dabei wird der Sieg natürlich so definiert, daß »siegen« der anderen Seite seinen Willen aufzwingen bedeutet. Der Frieden hingegen beruht auf dem Vorhandensein des Gleichgewichts der Kräfte, also eines Zustands, bei dem keine Partei Aussicht darauf hat, ihren Willen – sei es durch Drohungen oder mittels Waffeneinsatz – durchzusetzen. Derselben Logik entspringt weiterhin die Konzeption von der kollektiven Sicherheit als einem zusätzlichen Bestandteil der Theorie vom Gleichgewicht der Kräfte und des zugehörigen Systems. All dies setzt natürlich den Krieg als zwar unerwünschtes, aber mögliches – und die Möglichkeit des Existierens von Siegern und Besiegten einschließendes – Verfahren zur Schlichtung von Streitigkeiten voraus.

Das Vorhandensein von Kernwaffen führte eine allmähliche, aber gründliche Änderung dieses Zustands herbei. Daß diese Änderung nicht plötzlich, nicht gleich nach der Konstruktion der ersten Atombomben und auch nicht nach deren erstem Einsatz eintrat, dafür gab es mehrere Gründe.

Zunächst einmal besaß am Anfang, bei Kriegsende nämlich, nur eine Seite Kernwaffen. Sodann war für diese ersten Kernwaffen die Möglichkeit ihres praktischen Einsatzes gerade noch am Ende des Krieges gegeben; auch ihre Zahl war sehr beschränkt.

Der Westen gewann so die Möglichkeit zu einer weitgehenden Eindämmung der Bestrebungen und Ambitionen der Sowjetunion als der einzigen Macht, die bei Kriegsende Grenzänderungen in größerem Umfang zu ihren Gunsten anstrebte, zusätzlich zu der Änderung, hinsichtlich derer sich die Alliierten einig waren, nämlich der Änderung der sowjetischen Grenze zu Polen; war diese doch nach dem Ersten Weltkrieg, 1920, von den damaligen Alliierten unter der Bezeichnung »Curzon-Linie« wesentlich weiter westlich angesetzt worden, als sie in der Folge, 1921, aufgrund des Ausgangs des sowjetisch-polnischen Kriegs in Riga festgelegt wurde.

Gegenstand des nach dem Zweiten Weltkrieg einsetzenden Konflikts war neben den Grenzänderungen die Rolle der Sowjetunion in Europa im allgemeinen und im Ostteil des Kontinents im besonderen. Gestützt auf den Alleinbesitz der Atomwaffe sowie seine große Überlegenheit in wirtschaftlicher Hinsicht, vermochte der Westen bei dem Rivalenwettstreit mit der Sowjetunion bis zu einem gewissen Grad Erfolge zu erzielen. Dadurch wurde seine Überzeugung gefestigt, daß es möglich sei, das Konfrontationsverhältnis nach dem Muster der früheren Praxis auch weiterhin fortzusetzen.

Doch nach und nach änderte sich die Situation. Zunächst zündete die Sowjetunion 1949 ihre erste Atombombe und begann ihr eigenes nukleares Arsenal anzulegen; und dann erfolgte die Vervollkommnung der Kernprojektile und ihrer Träger. All dies bewirkte, daß allmählich ein fundamentaler Wandel in den internationalen Beziehungen eintrat. Gerade die Langsamkeit dieses Vorgangs jedoch – Langsamkeit trotz der Tatsache, daß sich das Ganze innerhalb einiger weniger Jahre abwickelte – machte es schwer, die Folgen dieser Neuerungen auf dem Gebiet der Aufrüstung in ihrer ganzen Tragweite zu begreifen.

Durch die Entwicklung thermonuklearer Waffen und moderner Raketen mit interkontinentaler Reichweite ist es zu einer grundlegenden Änderung der Rolle der Waffen in den internationalen Beziehungen gekommen. Vorbei ist es nun mit ihren jahrhundertealten Funktionen, die sich in vier Grundbestimmungen zusammenfassen lassen. Erstens: erfolgreiche Kriegführung bis zum militärischen Sieg und damit die Möglichkeit, dem Gegner seinen Willen aufzuzwingen; zweitens: Schutz des eigenen Landes gegen Angriffe von außen; drittens: Druckausübung zwecks Durchsetzung der eigenen bzw. Unterdrückung fremder Bestrebungen ohne Waffeneinsatz; und viertens: Zusammenschluß schwächerer Staaten zu Bündnissen um eine im Besitz einer wirksamen Waffe befindliche Großmacht herum, also Schaffung und Erhaltung von Bündnissen.

Sehen wir uns jetzt an, wie es damit in der Ära der fortgeschrittenen Kernwaffenproduktion bestellt ist. Die erfolgreiche Kriegführung entfällt schon einmal, da es bei einem Konflikt zwischen den beiden Supermächten unter Einsatz des gesamten Waffenarsenals keinen Sieger mehr geben kann, sondern nur mehr die allgemeine und restlose Vernichtung, wie dies bereits in den fünfziger Jahren von dem damaligen Oberbefehlshaber der Streitkräfte des Atlantikpakts in Europa, General Norstad, formuliert wurde. Von den Aussprüchen aus jenem Zeitraum könnten wir auch den von Präsident Eisenhower zitieren, in dem er unterstreicht, daß es »keine Alternative zum Frieden« gebe.

Die Erhöhung der Sicherheit des eigenen Landes entfällt infolge der starken Zerstörungskraft einzelner Projektile sowie der Unmöglichkeit, diese mit Erfolg an der Grenze zu stoppen. Beruht doch das Agreement zwischen den beiden Supermächten derzeit auf der Tatsache, daß die Gesamtheit der Zivilbevölkerung auf beiden Seiten die Rolle von Geiseln spielt, die den Verzicht auf einen Waffeneinsatz bewirken. Der beste Beweis hierfür ist das bilaterale Abkommen über die Einschränkung der Entwicklung von Raketenabwehrsystemen, durch das die gegenseitige Einschüchterung voll ausgespielt werden soll.

Der Druck auf die Gegenseite entfällt ebenfalls. Nachdem die Ära der östlichen Kernwaffenlosigkeit von der Ära der wirksamen gegenseitigen Einschüchterung abgelöst wurde, ist nun die Ära der Verständigung unter dem Druck der Angst angebrochen.

Gleichzeitig wird auch der Zusammenhalt der Staatenbündnisse allgemein schwächer, womit auch die Rolle der Schaffung und Aufrechterhaltung solcher Bündnisse ausgespielt hat. Es ist schließlich kaum anzunehmen, daß eine Atommacht ihre eigene Existenz in einem Krieg aufs Spiel setzen würde, der von der bloßen Notwendigkeit diktiert wäre, einem Verbündeten Schutz zu gewähren. Der Fortbestand der Bündnisse beruht lediglich auf der Annahme, daß die Supermächte ein vitales Interesse daran haben, die andere Seite in Schach zu halten, jedoch auch auf dem Bewußtsein, daß sich beide Seiten vor einem Kernwaffeneinsatz wohl hüten werden.

Dies also sind die Transformationen, die die Beziehungen in der Welt von heute, der Welt der modernen Kernwaffen, grundlegend beeinflussen. Im Licht dieser Entwicklung verlieren selbst die Weiterführung des kalten Kriegs und die Bestrebungen, die diesen ausgelöst haben, ihren Sinn. Die beiden Mächte haben sich in diese Konfrontation verrannt, ohne in Erwägung zu ziehen, daß sie unter den neueingetretenen Umständen sinnlos ist. Ja, sie wird darüber hinaus immer gefährlicher, da die Möglichkeit nicht ausgeschlossen werden kann, daß die anhaltende Hochspannung zu einem Kurzschluß führt, daß es also zu einem bewaffneten Konflikt kommt – trotz aller vernünftigen Hinweise darauf, daß ein solcher unter den gegebenen Umständen gar nicht durchführbar ist und zu keinem wünschenswerten Ziel führen kann –, eine Tatsache, an der nicht einmal wie auch immer geartete moralische Betrachtungen zu rütteln vermögen.

Dieser Abstecher von unserem Thema war notwendig, weil der kalte Krieg doch eine sehr wichtige Rolle bei der Bildung und Entwicklung der Blockfreienbewegung spielte, ebenso wie seine Einstellung. Gerade aus diesem Grund aber war es erforderlich, Sinn und Unsinn des kalten Kriegs im ganzen Umfang aufzuzeigen, weil wir so leichter die wirkliche Bedeutung seiner Beendigung zu begreifen vermögen, d. h. des Eintretens jener Weltlage, die, in den siebziger Jahren entstanden, unter dem Aushängeschild der Entspannung viele Illusionen schuf, die jedoch zunichte gemacht wurden.

In Zusammenfassung des oben Gesagten gelangen wir zu der Schlußfolgerung, daß in den Beziehungen zwischen den führenden Mächten nach dem Krieg Änderungen eingetreten waren, die zu spät erkannt wurden. So kommt es zum kalten Krieg, d. h. zu einer Form der Konfrontation, die keiner der beiden Seiten auch nur die geringsten Erfolgschancen bietet. Der kalte Krieg erscheint mithin nicht als neue, konstante Form der grundlegenden Beziehungen innerhalb der internationalen Völkergemeinschaft, sondern als sinnloses und gefährliches Spiel mit dem Feuer. Die Erkenntnis dieser Tatsache hat denn auch zur Folge, daß dieser Zustand aufgehoben wird, daß man zu bilateralen Gesprächen übergeht und daß das sogenannte Zeitalter der Entspannung anbricht.

Die so entstandene neue Lage ist im wesentlichen dadurch gekennzeichnet, daß die Rivalität und die strittigen Probleme, die zwischen den beiden Parteien bestehen, zwar nicht behoben sind, sondern nach wie vor Spannung erzeugen, daß man sich jedoch auf beiden Seiten entschlossen hat, sich aus den gefährlichen Gewässern des kalten Kriegs herauszulotsen. Dies nun aber bedeutet, daß nach dem kalten Krieg eine Ära höchst unbestimmter und veränderlicher Beziehungen zwischen den vorherigen Gegnern, den Antagonisten des kalten Kriegs, begonnen hat. Mithin steht die Blockfreienbewegung von den Anfängen ihres Entstehungsprozesses an über die Zeit des kalten Kriegs bis heute ununterbrochen im Schatten der Ost-West-Beziehungen, doch sind Rolle und Gehalt dieser Beziehungen variabel, ebenso wie die Bedingungen, die auf diese Weise in der Welt geschaffen werden. Diesem Problem ist bei einer Darstellung des geschichtlichen Werdegangs der Blockfreienbewegung unbedingt große Aufmerksamkeit zuzuwenden.

Gehen wir nunmehr zur Problematik des Kampfs gegen den Kolonialismus und der Entwicklung der antikolonialen Bewegung in der Welt über. Es steht außer Zweifel, daß der Kriegsverlauf – zumal in Asien – das Aufkeimen und Erstarken der Emanzipationsbewegung sehr beeinflußt hat, und zwar in erster Linie in den abhängigen Ländern Asiens, in Indien, Burma, Französisch-Indochina und Holländisch-Indonesien. Ebenso steht fest, daß auch die Arroganz und Unbeständigkeit der Großmächte bei den Abmachungen und Verhandlungen unmittelbar vor Kriegsausbruch auf dieses Erwachen des Selbstbewußtseins in ganz Südasien mit einwirkten.

Die Rolle der treibenden und auslösenden Kraft fiel unbestreitbar Indien und seiner Kongreßbewegung unter der Führung Gandhis und Nehrus zu. Es folgten die Bewegungen in den übrigen obenerwähnten Kolonien, und so kam es zu mehr oder weniger anhaltenden Kämpfen in Indonesien und Indochina. Alsbald griff die Bewegung auf den Nahen Osten und Afrika über. Nicht lange, und es setzte ein allgemeines Treiben gegen den Kolonialismus ein. Hier und dort entwickelten sich bewaffnete Konflikte, so etwa in Algerien und einigen weiteren afrikanischen Kolonien; doch mehr noch kam es zum Rückzug der Mutterländer auch ohne breitangelegte und intensive bewaffnete Kämpfe der Befreiungsbewegungen.

Die antikolonialen Bewegungen forderten große Anstrengungen und Opfer von den Mutterländern und erschöpften diese auch wirtschaftlich. Zugleich verhinderten die Kämpfe, die in den Kolonien vor sich gingen, aus diesen Nutzen in Form von Rohstoff- und anderen Materiallieferungen zu ziehen. All dies bewirkte, daß die entwickelten Industrieländer immer weniger daran interessiert waren, die in ihrem Besitz befindlichen Kolonien um jeden Preis weiterhin unter ihrer Kontrolle zu halten. Gleichzeitig jedoch machte sich langsam aber sicher ein anderer Faktor geltend, der das weitere Verhalten dieser Länder ihren überseeischen Besitzungen gegenüber beeinflußte.

Anfangs waren es die Probleme des eigenen Wiederaufbaus nach dem Krieg und dann die Anwendung moderner Produktionsmethoden, die die Tendenz verstärkten, durch stärkeren Einsatz dieser Methoden, und nicht so sehr mittels billiger Arbeitskräfte, zu wirtschaftlicher Effektivität zu gelangen. Die Kapitalausfuhr in die Entwicklungsländer ging immer mehr zurück, ebenso das Interesse an der Aufrechterhaltung der Kontrolle des Mutterlands über die Kolonien. Statt dessen kam es zu einer intensiven Kapitalinvestition im Rahmen der eigenen Produktion und zu der Praxis, aufgrund der so gestärkten wirtschaftlichen Stellung mehr Rohstoffe auf dem Weltmarkt zu erwerben. Der Besitz von Kolonien verlor für die betreffenden Länder Westeuropas immer mehr an Bedeutung.

Als Argument für das Gesagte lassen sich die Beispiele beschleunigten Wirtschaftswachstums anführen, wie sie uns einzelne Länder bieten, die ihre Kolonien eingebüßt haben; man denke da nur an Holland, das seine unverhältnismäßig großen und reichen Südseebesitzungen, nämlich Indonesien, sehr rasch nach Kriegsende verlor. Gleichzeitig ist interessanterweise zu vermerken, daß es gerade die Kolonialreiche der zwei am wenigsten entwickelten Länder Westeuropas, nämlich Spanien und Portugals, waren, die am längsten Bestand hatten; und auch bei diesen beiden Ländern war es wiederum das weniger entwickelte – und somit das am wenigsten entwickelte westeuropäische Land überhaupt –, nämlich Portugal, dessen Kolonialreich als letztes zusammenbrach. Diese beiden Länder waren am wenigsten zu einer Entwicklung auf modernen Grundlagen fähig, doch auch sie schlugen diesen Weg ein, wobei sie sich in hohem Maß die durch den Tourismus und die Zusammenarbeit mit den entwickelten Ländern Westeuropas erzielten großen Kapitalakkumulationen zunutze machten.

Doch auch diese Medaille hatte ihre Kehrseite. Während die ehemaligen Mutterländer durch den Verlust ihrer Kolonien keinerlei Schaden erlitten, sondern sich nur noch schneller entwickelten, gerieten die befreiten Länder nach ihrer Befreiung in eine prekäre Lage. Durch den Fortfall der rechtlichen Abhängigkeit vom Mutterland wurden sie zu unmittelbaren Teilnehmern des Weltmarkts. Hierbei nun zeigte sich, wie schwach sie waren; die Rohstoffpreise sanken, und den neuen Akteuren, nunmehr als Entwicklungsländer bezeichnet, gelang es nicht, sie zu halten, und ebensowenig, mit dem von ihnen erzielten Ausfuhreinkommen ihre rückständige Wirtschaft anzukurbeln.

Infolgedessen kam es in den neu befreiten Ländern zu einem Absinken des Lebensniveaus und auch zu politischer Instabilität. Die Bevölkerung dieser Länder hatte erwartet, daß die politische Unabhängigkeit von einer Verbesserung ihrer sozialen und wirtschaftlichen Lage begleitet sein würde, und diese Erwartungen gingen nicht in Erfüllung. Hinzu kam, daß es nun auch keine Vertreter einer fremden Macht mehr gab, denen die Schuld für die schwere Lage hätte zugeschoben werden können. So wurde der Kampf um die *wirtschaftliche* Entwicklung in allen Ländern des weniger entwickelten Teils der Welt zunächst einmal auch zur wichtigsten *politischen* Frage. Gleichzeitig jedoch tat sich vor der internationalen Gemeinschaft eine neue Problematik auf, nämlich das Verhältnis zwischen industriell entwickelten und Entwicklungsländern.

Der Unterschied im Entwicklungsstand war auch früher vorhanden gewesen, doch war er damals verdeckt und vom Schauplatz der internationalen Beziehungen verdrängt, da die Entwicklungsgebiete seinerzeit unter der Oberhoheit einzelner entwickelter Industriestaaten standen; die Beziehungen zwischen diesen beiden Teilen der Welt, wie wir sie heute zu definieren pflegen, waren Beziehungen innerhalb eines geschlossenen Hoheitsgebiets, des Hoheitsgebiets der Kolonialmächte nämlich, und wurden im Rahmen dieser Kolonialreiche geregelt, je nach deren mehr oder minder großer Bereitschaft, eine wirtschaftliche Entwicklung ihrer Kolonialbesitzungen zuzulassen.

Dies hinterließ eine Reihe großer und ungleicher Probleme innnerhalb des gesamten weiten Raums, der einst von den Kolonialreichen ausgefüllt worden war. Der erste Platz unter diesen Problemen ist zweifelsohne dem der mangelnden wirtschaftlichen Entwicklung einzuräumen; noch mehr jedoch fällt möglicherweise der Umstand ins Gewicht, daß eine Erstarrung der alten Gesellschaftsformen erfolgt ist. Schließlich treten hier auch Grenzprobleme in Erscheinung, da die Grenzziehung zwischen den Kolonialbesitzungen ohne Rücksicht auf die ethnische Zugehörigkeit der Bevölkerung erfolgte und das einzige Kriterium in dieser Hinsicht das Kräfteverhältnis der kolonialen Eroberer war.

Diese ungelösten Grenzprobleme haben dazu geführt, daß fast alle Grenzen im Raum der neu befreiten Länder mehr oder weniger strittig sind. Damit wurde die Basis für zwischenstaatliche Konflikte geschaffen, die es nach der Abschaffung des Kolonialismus in Asien und Afrika in der Tat auch sehr häufig gab. Diese Frage bleibt nach wie vor auch die Quelle für mögliche künftige Konflikte; um so mehr verdienen angesichts dieser Tatsache die großen Anstrengungen vermerkt zu werden, die die betreffenden Länder unternehmen, um zu verhindern, daß es weiterhin zu solchen Konflikten kommt. Besonders hervorzuheben ist in dieser Hinsicht die Haltung, die die Länder Afrikas im Rahmen ihrer gesamtkontinentalen Organisation den vorhandenen Grenzen gegenüber eingenommen haben. Die Organisation für afrikanische Einheit hat nämlich formell die Pflicht verkündet, die bestehenden Grenzen zu respektieren, ungeachtet der offensichtlichen Tatsache, daß viele davon ungerecht sind.

Diese Gegebenheiten müssen wir in Erwägung ziehen, wenn wir von den Bemühungen der Entwicklungsländer sprechen, in Fragen von gemeinsamem Interesse zusammenzuarbeiten. Es liegt auf der Hand, daß sehr starke Beweggründe für eine Zusammenarbeit vorhanden sein müssen, wenn eine Reihe solch schwieriger und explosiver Fragen zurückgeschoben wurde. Doch wenn wir schon davon sprechen, so müssen wir uns daran erinnern, daß nicht nur die Länder Asiens und Afrikas, wo die Kolonialreiche erst vor kurzer Zeit beseitigt wurden, durch diese Problematik auf eine schwere Probe gestellt werden, sondern daß auch in Lateinamerika ähnliche Probleme bestehen und daß sich auch dort ein sehr ausgeprägter Sinn für die gemeinsamen Interessen geltend macht und trotz regelmäßig wiederkehrender Reibereien nicht zugelassen wird, daß diese Fragen das organisierte, gemeinsame Auftreten der lateinamerikanischen Länder auf der Weltbühne zunichte machen.

Weit schwerer jedoch wiegt die Frage der wirtschaftlichen Entwicklungslage. Wirtschaftsprobleme erheischen wie alle anderen Probleme politische Aktion, können aber nicht *nur* durch diese gelöst werden. Die Überwindung der Rückständigkeit ist sehr wohl auch ein politisches Problem, und zu seiner Lösung bedarf es zweifellos eines angemessenen politischen Vorgehens; entscheidend jedoch ist die Tätigkeit auf wirtschaftlichem Gebiet. Dies bedeutet die Mobilisierung und die gezielte Aktivität sämtlicher Wirtschaftsfaktoren, vom Grundstück angefangen bis hin zu den Finanzmitteln, technische Ausrüstung, Rohstoffe und Energie nicht zu vergessen. Was jedoch vor allem einmal den Ausschlag gibt, ist das Vorhandensein von Menschenressourcen und deren Einsatz. Und dies nun ist in den Entwicklungsländern eigentlich auch das schwierigste Problem.

Ohne entsprechende menschliche Ressourcen sind alle sonstigen Mittel wertlos; und das bedeutet, daß die Arbeitskräfte organisiert werden müssen, daß es notwendig ist, sich um ihre Qualifikation, ihr Bildungsniveau und ihre Arbeitsweise zu kümmern. Mit einem Wort, es sind jene Bedingungen zu erfüllen, deren Schaffung in den entwickelten Ländern Europas Jahrhunderte und in dem am raschesten herangewachsenen Industrieland überhaupt, in Japan, mehrere Jahrzehnte, insgesamt fast ein ganzes Jahrhundert, in Anspruch nahm. Die Schwierigkeiten sind um so größer, als die Heranbildung der Menschenressourcen nicht ohne intensive Wirtschaftsentwicklung durchführbar ist und diese wiederum von den Menschen abhängt, die in dem betreffenden Wirtschaftssystem tätig sind.

Viele Führer und Regierungen der neu befreiten Länder haben die Bedeutung dieses Moments unterschätzt und sind so in der Folge mit dem Problem des Mangels an geeigneten Arbeitskräften – nicht zu vergessen: dieses Problem betrifft auch die

Intelligenz, nicht nur die technische, sondern auch die Intelligenz im allgemeinen – konfrontiert worden. Eine weitere Schwierigkeit erwuchs all diesen Ländern in Gestalt ihrer äußerst mageren Finanzen, deren dürftiger Umfang nun auch noch ausreichen sollte, um für die wirtschaftliche Entwicklung und zur Unterstützung der Heranbildung von Kadern etwas abzuzweigen. Es fehlte an Zahlungsmitteln für die Beschaffung von Ausrüstung aus dem Ausland sowie für die Ausbildung von Kadern ebendort.

Gleichzeitig machten sich in vielen Entwicklungsländern auch Probleme gesellschaftlicher Natur geltend. So bildeten die vorhandenen Reste von Stammesbewußtsein und feudalen Beziehungen ein großes Hindernis für die Entwicklung moderner Wirtschaftstätigkeit, die sich ebenso wie die modernen politischen Systeme auf den Staatsbürger stützt, der sich in seinem staatsbürgerlichen Verhalten von patriarchalischen und lokalpatriotischen Klammern freigemacht hat. Ohne diese Voraussetzung kann es kein modernes politisches System und noch weniger einen Markt als Grundlage für eine beschleunigte Wirtschaftsentwicklung geben.

Dies also sind einige der wichtigsten Probleme, die sich zu dem Fehlen jeglicher für eine wirtschaftliche Entwicklung erforderlichen materiellen Mitteln hinzugesellen. Hinzuzufügen ist noch die mangelnde Gleichberechtigung der betreffenden Länder auf dem Weltmarkt, wo sie und ihre Unternehmen weit leistungsfähigeren und besser organisierten Partnern gegenüberstehen, die alle jene Mittel besitzen, die den Entwicklungsländern fehlen. So kommt es zu einer für diese ungünstigen Bewegung des Preisverhältnisses zwischen den von ihnen ausgeführten Produkten, größtenteils Rohstoffen, und den Endprodukten, deren Einfuhr für sie unbedingt erforderlich ist.

Und wenn wir schon dabei sind, so wollen wir nicht versäumen, auch das Energieproblem und das Problem der Nahrungsmittelpreise anzuführen, wiewohl diese Probleme in der Zeit, da die ersten Aktionen der Entwicklungsländer einsetzten, im ersten Nachkriegsjahrzehnt also, noch nicht so akut waren. Es sind dies Probleme, von denen alle Länder erfaßt werden, am stärksten jedoch sicherlich jene, die ohnehin tief in Schulden stecken und zu schwach sind, um für ihre Interessen zu kämpfen, ohne dadurch in zusätzliche Schwierigkeiten zu geraten. Doch haben diese Probleme, wie gesagt, erst vor kurzem dramatische Ausmaße angenommen; immerhin aber verursachten sie von Anfang an bereits große Schwierigkeiten.

Wir wollen nun einen kurzen Blick auf die Aktivitäten werfen, die die betreffenden Länder bzw. ihre Regierungen bald nach ihrer Befreiung entfalteten, um diese und weitere Hindernisse auf dem Weg der Entwicklung und Erstarkung ihres politischen Systems zu überwinden. Es leuchtet ein, daß sie zunächst zwei Dinge anstreben mußten – einmal die maximale Mobilisierung der Inlandsressourcen und zum andern die Zusammenarbeit mit anderen Ländern, die sich in einer ähnlichen Lage befanden, um auf internationaler Ebene günstigere Bedingungen zu erzielen und eventuell auch Unterstützung zur Beschleunigung der wirtschaftlichen Entwicklung zu erhalten. Doch wie wir wissen, zeitigten diese Aktivitäten nicht die gewünschten Ergebnisse; dies gilt für fast alle der betreffenden Länder, abgesehen von einigen unerheblichen Ausnahmen.

Daß es innerhalb des fraglichen Raums solche Ausnahmen gibt, ist richtig. Es handelt sich hierbei um Länder wie Taiwan, Hongkong und einige weitere, und sie werden oft erwähnt. Doch darf nicht vergessen werden, daß dies Ausnahmen sind, die die Regel bestätigen. Kein vernünftiger Mensch wird auch nur auf den Gedanken kommen, daß beispielsweise die Methoden, die zur Anhebung des Lebensstandards in Taiwan geführt haben, etwa in Indien Anwendung finden könnten, geschweige denn in den anderen Ländern des weniger entwickelten Teils der Welt. Räumliche Begrenztheit, eine noch vorhandene Tradition und Verbindungen mit leistungsstarken Industrieländern auf politischer Grundlage, das sind die »Geheimnisse« dieser

Ausnahmen, die auf größere Gebiete und die Milliarden Menschen der dritten Welt zu übertragen unmöglich wäre.

Nun, die Bemühungen um die Mobilisierung der heimischen Ressourcen und der internationalen Gemeinschaft schlugen also fehl, und die Lage der meisten Entwicklungsländer wurde zusehends kritischer. Und die Verschlechterung der wirtschaftlichen Situation warf ihre Schatten auch auf das politische Leben dieser Länder.

Allmählich machte sich eine zunehmende Ungeduld bemerkbar. Die großen Hoffnungen darauf, daß die Erlangung der Unabhängigkeit zugleich auch einen Wendepunkt in der wirtschaftlichen und sozialen Lage darstellen würde, begannen zu schwinden, und im gleichen Maß verblaßte das Charisma jener Führer und Regierungen, die die Triebkräfte der Befreiungsbewegungen waren. Die Hoffnung weicht zusehends der Verzweiflung, und anstelle von Charisma machen sich Demagogie und politische Spekulation auf der politischen Szene breit. Die Zahl der Länder, in denen es zum Staatsstreich kommt, wächst. Und alle diese Staatsstreiche werden mit der Tatenlosigkeit, der Unfähigkeit und der Korruption der herrschenden Kreise erklärt. Meist entsprechen diese Beschuldigungen auch den Tatsachen; doch die neuen Machthaber werden ihrerseits alsbald von neuen Staatsstreichen hinweggefegt; gegen sie werden wiederum ähnliche Anschuldigungen erhoben, die gleichermaßen begründet sind.

Was erhellt aus diesen Vorgängen? Nachdem die Regierung durch politische und wirtschaftliche Aktionen nicht einmal die vordringlichsten Probleme zu lösen vermocht hat, greift sie zunächst zu Repressivmaßnahmen, um zu verhindern, daß Unzufriedenheit und Ungeduld in offene Erhebung umschlagen. Dies und die schwachen Grundlagen, auf denen die moderne politische Staatsordnung errichtet werden soll, sind die Faktoren, die bewirken, daß ein Machtmißbrauch einsetzt, der durch Druckmittel überdeckt wird, die anfangs dem Verbergen der objektiven Mängel dienten. Die offene Erhebung wird mit diesen Handhaben im großen und ganzen verhütet; doch die Regierungen stürzen unter dem Ansturm von Militärputschen. Das Heer tritt als Träger und Ausführer umstürzlerischer Ideen auf, da es gewöhnlich den einzigen wirklich disziplinierten und modern organisierten Körper innerhalb einer Gesellschaft bildet, die sich bestenfalls im Stadium des Übergangs von der vorkolonialen Entwicklungsstufe mit ihrem archaischen Gepräge zu der des modernen Nationalstaats mit der diesem angemessenen Gesellschaftsstruktur befindet.

Nachdem so die Inangriffnahme des Problems auf administrativem Weg, durch zunehmenden Druck, nicht zum Ziel geführt hat, verlagert sich der Aktionsschwerpunkt im Verlauf der Suche nach einem Halt auf die internationale Ebene, auf der nunmehr intensiv versucht wird, im Wege der kollektiven Aktion, in erster Linie im Rahmen der Vereinten Nationen, Entwicklungshilfe zu erhalten und günstigere Entwicklungsbedingungen zu erreichen. Dies nun aber heißt mit anderen Worten, daß sich allmählich ein gemeinsamer Nenner findet, der allen Entwicklungsländern gemein ist, egal, auf welchem Kontinent sie liegen, ohne Rücksicht auf die bestehenden geschichtlichen, sozialen und kulturellen Unterschiede, ohne Rücksicht auch auf die jeweilige wirtschaftliche Entwicklungsstufe und den Charakter der wirtschaftlichen Entwicklung.

Dieser gemeinsame Nenner ergibt sich somit aus der allen Entwicklungsländern eigenen wirtschaftlichen Rückständigkeit, jedoch auch aus dem übereinstimmenden Charakter der Gesellschaft bzw. der Gesellschaftsstruktur dieser Länder. Einen weiteren Bestandteil dieses gemeinsamen Nenners bildet das gemeinsame Interesse hinsichtlich der internationalen Beziehungen. Alle diese Länder sind daran interessiert, einen Anreiz für die hochentwickelten Staaten zu schaffen, um diese dazu zu bringen, ihnen Unterstützung zu gewähren oder die Marktbedingungen zu erleichtern – oder auch, um beides zu erreichen. Zugleich aber sind die Entwicklungsländer so sehr von ihrer eigenen Problematik in Anspruch genommen und somit auch unfähig, sich in die militärpolitischen Konfrontationen des entwickelten Nordens einzuschalten, daß sie es ablehnen, sich in diese Streitigkeiten der Reichen und Entwickelten verwickeln zu lassen.

So bildet sich eine gesellschaftlich, politisch und wirtschaftlich fundierte Basis für die Durchführung einer gemeinsamen Aktion der Länder des Südens, die nicht gegen die Großmächte und Blöcke des Nordens gerichtet ist, sondern außerhalb dieser steht und sich von ihren Streitigkeiten nicht berühren läßt. Das steigende Interesse einzelner Länder des Nordens und insbesondere der Großmächte an Kontakten zu den Ländern des Südens macht diese in den meisten Fällen nur noch entschlossener, jedwedes Engagement abzulehnen.

Die Nichtgebundenheit an Blöcke – und das bezieht sich fast ausschließlich auf das Geschehen auf militärpolitischem Gebiet – ist also ausdrückliches Postulat der gemeinsam definierten Plattform der Länder des Südens. Anfangs traf diese Feststellung nur für einen Teil dieser Länder zu, am Ausgang der siebziger Jahre hatte sie jedoch so gut wie für alle Gültigkeit. Dieser Bestandteil besagter Plattform darf heute nicht unterschätzt werden und dürfte auch in Zukunft seine Bedeutung behalten. Er war es auch, der den Namen für die sich schließlich herausbildende Bewegung abgab, wurde sie doch *Bewegung blockfreier Länder* benannt. Über ihr Zustandekommen werden wir später sprechen. Einstweilen wollen wir bei der Feststellung bleiben, daß die Nichtgebundenheit ein Postulat dieser Länder ist und bleibt.

Doch müssen wir sogleich hinzufügen, daß wir damit zu dieser Frage noch nicht alles gesagt haben. Wie vorstehende Darlegung der Nachkriegsproblematik dieser Länder gezeigt hat, sind ihre grundlegenden Probleme ein Produkt der geschichtlichen Gesamtentwicklung, die auch den Kolonialismus einschließt und die Unfähigkeit der führenden Länder der industriellen Revolution in Europa, dieses Novum in der gesellschaftlichen Entwicklung, d. h. besagte Revolution, an die

Länder der anderen Kontinente weiterzugeben. Das einzige außereuropäische Land, das sich als fähig und gewillt erwies, sich in diesen Prozeß einzugliedern, war Japan, und auch dort war es erst am Ausgang des 19. Jahrhunderts soweit. Auch hier haben wir wieder das Beispiel einer Ausnahme vor uns, die die Regel bestätigt. Nur die außergewöhnlichen und günstigen Gegebenheiten bei der inneren Entwicklung dieses Landes ermöglichten ihm die Beschreitung des Wegs der industriellen Revolution und der Modernisierung des politischen Systems, zweier Dinge, die untrennbar miteinander verbunden sind.

Auch wenn es nach dem Zweiten Weltkrieg nicht zu der scharfen Konfrontation der beiden führenden Weltmächte, zum kalten Krieg und zur Bildung zweier Militärblöcke sowie zum Übergreifen der Konfrontation auf die gesamte internationale Szene gekommen wäre, hätte sich in den internationalen Beziehungen eine dem heutigen Nord-Süd-Gegensatz entsprechende Konstellation herausgebildet, da die geschilderte geschichtliche Entwicklung und die Ausklammerung eines großen Teils der Welt aus dem Prozeß, den die um die Mitte des 18. Jahrhunderts in England beginnende industrielle Revolution während des 19. Jahrhunderts auslöste, ausreichende Voraussetzungen dafür geschaffen hätten.

Es wäre ein müßiges Unterfangen, nunmehr Erwägungen darüber anzustellen, um wieviel besser oder schlechter die Lage wäre, wenn es den kalten Krieg nicht gegeben hätte. Wir wollen uns daher mit der einfachen und vermutlich leicht akzeptablen Feststellung begnügen, daß keines der grundlegenden geschichtlichen Probleme der ehemaligen Kolonien und der ehemals abhängigen Länder – ebensowenig wie die fehlende Gleichberechtigung, der sie sich nach der Befreiung gegenübergestellt sehen – vom kalten Krieg hervorgebracht wurden. Es sind dies Erscheinungen, deren Zusandekommen Jahrzehnte, ja, Jahrhunderte in Anspruch nahm. Es darf nicht vergessen werden, daß der Kolonialismus im Gefolge der materiellen und militärischen Überlegenheit der europäischen Staaten auf den

Plan trat, die schon vor der industriellen Revolution vorhanden war, die ihrerseits wiederum das Ergebnis eines langwährenden gesellschaftlichen Entwicklungsprozesses in Europa war.

Dennoch dürfen wir das Phänomen des kalten Kriegs nicht einfach kommentarlos übergehen. Es steht außer Zweifel, daß das Kräftemessen im Rahmen des kalten Kriegs das Interesse der entwickelten Industrieländer an bestimmten Gebieten der dritten Welt und der Entwicklungsländer geprägt hat und neue Formen dieses Interesses entstehen ließ. Der Umstand, daß diese Konfrontation den gesamten Erdkreis erfaßte, führte zum Entstehen einer aktiven Haltung der dritten Welt gegenüber, die ihrerseits zum Schauplatz dieser Konfrontation wurde. Dieser Vorgang wirft an und für sich schon Probleme auf, unter denen insbesondere die Gefährdung der Unabhängigkeit einzelner Länder zu nennen ist. So findet der Kampf um die Unabhängigkeit mit der Erlangung der Eigenstaatlichkeit kein Ende, sondern er wird vielmehr auf zwei Ebenen fortgesetzt.

Die erste Ebene, das ist der Kampf um die Verselbständigung und die selbständige Entwicklung der Wirtschaft. Hier muß allerdings gleich angemerkt werden, daß das diesem Kampf zugrundeliegende Konzept laut der von diesen Ländern selbst benutzten Terminologie nicht im Widerspruch steht zur Interdependenz, sondern lediglich zur einseitigen Abhängigkeit. Das Nichtbegreifen dieser Unterscheidung führt häufig zu Mißverständnissen und zu falschen Bezichtigungen der unterentwickelten und blockfreien Länder, mit denen diesen Autarkiebestrebungen zur Last gelegt werden, die sie gar nicht hegen, da die Autarkie ja ihren Interessen zuwiderlaufen würde, brauchen sie doch die Übertragung von moderner Technik und Know-how – gar nicht zu reden davon, wie sehr sie daran interessiert sind, den Industrieländern Rohstoffe zu verkaufen.

Die zweite Ebene, auf der der Unabhängigkeitskampf der Entwicklungsländer weitergeht, ist der Kampf um die politische Selbstbestimmung, d. h. der Kampf um das Recht der freien Entscheidung bei der Wahl des politischen Systems und bei der Positionsbeziehung in der Weltpolitik, mit einem Wort, der Kampf darum, Subjekt der Weltpolitik zu sein und nicht Objekt der Block- oder Großmachtpolitik. Diese zweite Ebene steht zur ersten in engem Bezug. Ohne politische Selbstbestimmung wären diese Länder nicht imstande, selbständig ihre gemeinsamen Forderungen zu formulieren und sich mit allen ihnen zu Gebote stehenden Mitteln für die Durchsetzung ihrer Interessen und Bestrebungen – in erster Linie hinsichtlich der wirtschaftlichen und sozialen Entwicklung – einzusetzen.

Im Hinblick auf dieses zweifache Bemühen der betreffenden Länder – einmal um die Sicherung ihrer Selbständigkeit und zum anderen um die Wahrung ihrer politischen Selbstbestimmung – ist es nur logisch, wenn sie ihre Ablehnung jedweder politischer Einflußnahme von außen nicht als passives Sichabsondern verstanden wissen wollen. Da sie sich in erster Linie von tiefgreifenden und weitreichenden Aspirationen leiten lassen, die sich aus dem Wesen ihrer Gesellschaft herleiten, muß ihre Politik den Blöcken gegenüber zwangsweise aktiv sein.

Diese Aktivität beinhaltet nun nicht eine feindselige Haltung oder feindliche Aktionen gegenüber irgendeinem Block oder irgendeiner Macht, sei sie nun groß oder klein oder auch eine Supermacht, sondern äußert sich in dem Bestreben, der Entwicklung der internationalen Beziehungen eine Richtung zu geben, die zum Verschwinden, zum Absterben der Blöcke führen soll. Diesem Bestreben liegt die Auffassung zugrunde, daß die Schaffung der bestehenden Militärbündnisse Folge einer ungesunden politischen Situation war. Dabei ist es, von der Warte dieser Politik und dieser Länder aus gesehen, nur von untergeordneter Bedeutung festzustellen, wen das Verschulden hierfür in welchem Umfang trifft; geht es doch nicht um das Ausfindigmachen und Bestrafen der Schuldigen, sondern um das Streben nach Aufhebung des bestehenden Zustands und damit auch nach Auflösung der Grundlage, auf der die Blöcke entstanden sind.

Dies ist nun freilich eine ausgesprochen negative Einstellung zu den Blöcken und der Blockpolitik, nicht jedoch eine feindliche Haltung den diese Politik betreibenden Ländern gegenüber. Sie werden als Akteure gesehen, die auf die eine oder andere Weise in eine schwere Lage geraten sind, die von Mißtrauen überschattet ist und ein ständiges Konfrontiertsein beinhaltet. Ein Ausweg aus dieser Lage ist nur dann möglich, wenn die Gegebenheiten, die zu diesem Zustand geführt haben, beseitigt werden. Und eines der Verfahren, mittels derer die blockfreien Länder ihre Politik hinsichtlich der Blöcke zu verwirklichen trachten, ist ihr beharrliches Festhalten an dem Grundsatz, kein Engagement einzugehen. Damit ist ein großer Teil der Erdoberfläche aus dem Herrschaftsbereich der Blöcke ausgeklammert, womit verhindert wird, daß die ganze Welt in zwei feindliche Lager geteilt wird.

Oft wird, wenn von der Politik dieses oder jenes blockfreien Landes die Rede ist, der Einwand laut, das betreffende Land könne sich eine solche Politik nur aufgrund des zwischen den Blöcken bestehenden Gleichgewichts erlauben, das eine wenn auch noch so zweifelhafte Möglichkeit der Selbstbestimmung gewährleiste. Dies ist freilich richtig, doch wird dabei vergessen, daß die Erhaltung des Weltfriedens und die Entspannungsbestrebungen nur möglich sind, weil eine so große Zahl von Ländern außerhalb des Einflußbereichs der Blöcke liegt. Die so entstandene blockfreie Zone in der Welt bildet jedenfalls einen höchst entscheidenden Faktor bei der Erhaltung des Friedens sowie bei dem Bemühen um die Überwindung des kalten Kriegs und um die Einstellung von Aktionen, die zur Katastrophe eines weltumfassenden Kernwaffenkriegs führen können.

Doch die Politik der blockfreien Länder den Blöcken gegenüber wird auch von Bestrebungen der ersteren bestimmt, die durchaus praktischer Natur sind. Die Rivalität zwischen den Blöcken erschwert die Normalisierung der Weltwirtschaftslage und setzt darüber hinaus die Wirtschaft der konfrontierten Parteien einer großen Belastung in Form der Ausgaben für militärische Belange aus, als da sind die Aufrüstung sowie die Teilnahme an militärischen Aktionen in verschiedenen Teilen der Welt.

Die blockfreien Länder können daher, ungeachtet ihrer ursprünglichen Motivation, nicht umhin, sich für die Interessen aller Länder und Völker einzusetzen. Zwar ließen sie sich bei der Inangriffnahme ihrer ersten Aktionen nach dem Krieg, wie wir im folgenden Kapitel darlegen werden, von ihren eigenen Interessen leiten; doch konnten sie nicht dabei stehenbleiben, sind diese Interessen doch so geartet, daß sie in einer Welt, die den Schauplatz für die erdkreisumspannende Konfrontation der Großmächte bildet, einer Welt, in der so viel Energie und so viele Mittel für die Aufrüstung aufgewandt werden, nicht durchgesetzt werden können.

Darüber hinaus können die grundlegenden Probleme der Welt, die zur Gänze – und nicht nur hinsichtlich der Energie – in eine Krise hineingeschlittert ist, nicht ohne eine weltweite Aussprache gelöst werden; und gerade dies wird durch die Teilung der Welt in zwei feindliche Parteien verhindert, durch die Aufteilung der Welt zwischen den Mächten, denen wirksame Mittel zur Überwindung der Krise zu Gebote stünden.

I. Die Entwicklung der Bewegung

1. Die Konferenz von Bandung: Auftakt zur Blockfreienbewegung

So einleuchtend der Zusammenschluß der Länder der dritten Welt zur Blockfreienbewegung aus der Erfordernis eines gemeinsamen Vorgehens dieser Länder – ohne Rücksicht auf ihre geographische Lage heraus – heute ist, so gering war das Selbstverständnis eines Zusammenschlusses in dieser Form und in diesem Rahmen und die Erkenntnis von seiner Notwendigkeit noch in den fünfziger Jahren. In der Tat dominierte bei der Suche nach dem Schlüssel zum Verständnis der Vielschichtigkeit der Welt der Nachkriegszeit zunächst die Ansicht, daß man hierbei nach geographischen Gesichtspunkten vorzugehen habe. Dieses Prinzip wird erstmals in der Charta der Vereinten Nationen überall dort aufgestellt, wo die Gewährleistung eines gleichberechtigten Mitgliedsstatus für die verschiedenen Länderkategorien angestrebt wird.

Der dabei vertretene Standpunkt der Schöpfer der Charta zeigt, daß sie sehr wohl begriffen, wie sinnlos und naiv es ist, leugnen zu wollen, daß sich die Welt nicht einfach aus einzelnen gleichartigen Staaten zusammensetzt, und zu behaupten, diese Staaten könnten nicht in unterschiedliche und klar abgrenbare Gruppen und Kategorien eingeteilt werden. Der veraltete Standpunkt, daß alle Staaten nicht nur gleichberechtigt, sondern auch gleich geartet seien, hat seinen Ursprung darin, daß in der Vergangenheit die internationalen Aktivitäten unumschränkt von Staaten besorgt wurden, die in den grundlegenden Wesensmerkmalen tatsächlich einander ähnlich oder doch vergleichbar waren.

Das erste Problem, auf das die Organisation der Vereinten Nationen stieß, war die Ländergruppe, die um die Sowjetunion herum geschart war. Es war klar zu sehen, daß diese Gruppe

Verschiedenheiten aufweist in bezug auf die inneren Strukturen dieser Länder, deren Art des Vorgehens im Rahmen der internationalen sowie ihrer gegenseitigen Beziehungen und hinsichtlich ihres sozialen und Wirtschaftsgefüges gab. Daneben mußte von Anfang an mit den unterentwickelten Ländern gerechnet werden, obschon der Zeitpunkt der totalen Liquidierung des Kolonialsystems und des Auftretens einer Vielzahl neuer Akteure in Gestalt der Entwicklungsländer auf der internationalen Bühne noch fern lag.

Unter den obwaltenden Umständen war es unzumutbar – und wäre es auch gar nicht logisch gewesen –, einfach ideologische Unterscheidungsmerkmale einzuführen, wie sehr diese indirekt und in umschriebener Form auch verwendet wurden. Schließlich erschien eine solche Unterscheidung in jener Atmosphäre des optimistischen Glaubens an eine Fortsetzung der kameradschaftlichen Zusammenarbeit zwischen den ehemaligen Bundesgenossen auch nach dem Krieg als unstatthaft. So wurde ein Ausweg in Form des Kriteriums der »geographischen Einteilung« bzw. der Einkalkulierung einer gerechten »geographischen« Verteilung gefunden.

Dieses Namengebungsprinzip – denn daß es dabei nur darum ging, Bezeichnungen zu finden, steht fest – wurde auch bei der Formierung der ersten militärpolitischen Bündnisse beibehalten. So kam es zur Gründung des Atlantikpakts, der NATO (North Atlantic Treaty Organization). Gleichzeitig erfolgte – zunächst in Europa, anschließend dann für die ganze Welt – die Einführung des Begriffspaares »Ost und West«. Doch weder dieser noch der Terminus »nordatlantisch« entsprach den geographischen Gegebenheiten: Werden nicht Griechenland und die Türkei zur nordatlantischen Zone und zum Westen gerechnet und zählt zu letzterem, im Weltmaßstab gesehen, nicht auch Japan?

In der Folge wurde eine weitere Aufteilung der Welt vorgenommen, und bei der Bestimmung der so entstandenen neuen Kategorien griff man wieder zur Geographie. So tauchte der »Nord-Süd«-Begriff auf; und es setzte ein Dialog zwischen diesen beiden Teilen der Welt ein. Auch hierbei wurde wieder außer Betracht gelassen, daß Länder wie Australien und Neuseeland nicht dem »Süden« zuzurechnen sind, wiewohl sie doch, geographisch gesehen, im Süden der Erdkugel liegen.

Diese gängig gewordene Methode, die Welt nach der geographischen Lage der einzelnen Länder einzuteilen, wirkte sich auch auf die erste Versammlung von größtenteils dem weniger entwikkelten Teil der Welt angehörenden Ländern aus. Die Rede ist von der Konferenz von Bandung im Jahre 1955, die bekanntlich – und zwar mit vollem Recht – als Vorbote der Vereinigung der »blockfreien« Länder zu der Bewegung angesehen wird, wie wir sie heute kennen. Aus diesem Grund müssen wir die nun folgende Betrachtung zur Evolution der Blockfreienbewegung auch mit einem Rückblick gerade auf diese Konferenz beginnen.

Grundlegendes Wesensmerkmal dieser Konferenz war die Teilnehmerauswahl unter dem Gesichtspunkt der Zugehörigkeit zum asiatischen oder afrikanischen Kontinent. Doch wie bei allen Versammlungen, die sich nach geographischen Gegebenheiten richten, ging es auch bei dieser nicht ohne Ausnahme ab. Es gab deren zwei: Südafrika und Israel. Diese Ausnahmen waren allerdings durchaus verständlich, da Südafrika aufgrund seiner rassistischen Politik für die übrigen Länder des afrikanischen Kontinents unannehmbar war und Israel mit sämtlichen arabischen Ländern in Fehde lag. So kam es, daß auf der Konferenz die sogenannten farbigen Völker der beiden Kontinente vertreten waren (Ausnahme: die Türkei). Auch Australien und Neuseeland blieben ausgeschlossen, was freilich nicht unlogisch ist, da diese beiden Länder weder zu Asien noch zu Afrika gehören. Andererseits lag der Tagungsort der Konferenz wiederum in Indonesien, das ebenfalls außerhalb des eigentlichen asiatischen Kontinents liegt, was auch für die Philippinen und für Japan gilt.

Unbeschadet einer eingehenderen Untersuchung der Kriterien, die für die Einberufung der Konferenzteilnehmer maßgeblich waren, darf festgestellt werden, daß die Konferenz von Bandung eine Versammlung unter genau definierten geographischen Vorzeichen war, mit dem Schwerpunkt allerdings auf der Beteiligung von Ländern mit farbiger Bevölkerung. Innerhalb dieser Kriterien jedoch fand keine weitere Differenzierung statt, so daß diese Konferenz in der Tat Länder mit sehr unterschiedlicher Prägung hinsichtlich der politischen und wirtschaftlichen Gegebenheiten einschließlich der fundamentalen, auf lange Sicht geltenden Bedürfnisse und Bestrebungen vereinte.

So waren neben Japan, einem Land, das mit Riesenschritten nach oben strebte und bereits dabei war, die obersten Regionen der industriell entwickelten Welt zu erklimmen, Länder wie Nepal und Burma vertreten, Länder also, die auf der untersten Sprosse der Leiter der Entwicklung standen. Und die politischen Gegensätze fanden darin ihren Ausdruck, daß zugleich mit China – vertreten durch seinen zweifellos angesehensten und fähigsten Staatsmann, Tschou En-lai – auch so eng mit dem Atlantikpakt verbundene Länder auf der Teilnehmerliste figurierten, wie es damals die Philippinen und Thailand waren.

Es steht fest, daß solch eine Versammlung nur einmal möglich war, eben damals, als das Echo des Zweiten Weltkriegs allen noch in den Ohren gellte, zugleich aber die Entkolonialisierungsbewegung bereits einen kräftigen Aufschwung genommen hatte. Die antikoloniale Bewegung hatte – damals insonderheit, aber auch später, bis zu ihrem Ende – in ausgeprägter Weise den Impetus erwachenden Selbstbewußtseins der sogenannten farbigen Völker, die gegen die Vorherrschaft der Völker mit weißer Hautfarbe antraten. Und dieses Erwachen wurde damals so stark empfunden, daß es möglich war, daß sich engste Verbündete der Atlantikpaktländer und die Volksrepublik China an einen Tisch setzten. Es war dies, nicht zu vergessen, die Zeit nach dem Koreakrieg, in der die amerikanischen Streitkräfte in Nordkorea durch den Vormarsch der sogenannten chinesischen Freiwilligen eine Niederlage auf dem Schlachtfeld erlitten.

Die Konferenz von Bandung war denn in der Tat auch überwiegend vom Geist des Antikolonialismus inspiriert, wenngleich ihre Tätigkeit und ihre Forderungen nicht auf diese Frage reduziert werden können. Als politischer Akt spielte diese Konferenz eine sehr große Rolle, da sich auf ihr erstmalig eine Reihe von Ländern zusammensetzte und gemeinsam auftrat, die damals untergeordnete Mächte in der Welt waren. Mehr noch – es war dies der erste Fall, bei dem die Vertreter dieser Länder zu einer Versammlung zusammentraten, von der die seinerzeitigen Großmächte ganz ausgeschlossen waren. Es war dies also ein sehr bedeutsamer Akt einer Gruppe von Ländern, die gegen den durch die Aktion der Großmächte geschaffenen Status quo aufstand und so den Schauplatz des internationalen Geschehens betrat.

Zum Charakter der Konferenz äußerte sich ihr Inspirator, Jawaharlal Nehru, sehr beredt mit den Worten: »Wir wollen mit Europa und Amerika Freund sein und mit ihnen zusammenarbeiten; doch Europa und Amerika sind es gewohnt zu denken, daß ihre Konflikte Weltkonflikte seien und ihnen die Welt daher in dieser oder jener Richtung folgen müsse. Warum sollten wir uns denn in ihre Konflikte und Kriege hineinziehen lassen?« Nehru sprach diese Worte in seiner Schlußrede auf der Konferenz, die von Gastgeber Sukarno als erste interkontinentale Konferenz »der sogenannten farbigen Völker in der Geschichte der Menschheit« eröffnet worden war.

Anzumerken ist noch, daß bei der Konferenz von Bandung beschlossen wurde, daß sie erneut zusammentreten solle, was bei der Belgrader Konferenz der blockfreien Länder 1961 nicht der Fall war. Während aber Bandung keine Wiederholung erlebte, bildete Belgrad die erste einer Reihe von Versammlungen, die bis heute fortgesetzt werden. Das Scheitern des Strebens von Bandung, eine dauerhafte Aktion ins Leben zu rufen, war durch die Zusammensetzung dieser Versammlung bedingt. Was dieser fehlte, war ein überzeugender und allgemein akzeptabler gemeinsamer Nenner; und das kam daher, weil fundamentale und nachhaltige Aspirationen fehlten, durch die ihre Mitglieder zusammengehalten worden wären. Ein gemeinsamer Nenner auf der Basis der geographischen Lage und der Hautfarbe bildet nur selten eine ausreichende Grundlage für Zusammenarbeit und Verbundenheit. Die schwersten und blutigsten Kriege wurden z. B. in Europa zwischen Nachbarn und Vertretern der gleichen Hautfarbe geführt.

Die Konferenz selbst verlief in einer sehr freundschaftlichen Atmosphäre, und es muß anerkannt werden, daß die versammelten Staatsmänner die Fähigkeit besaßen, sich über die Konflikte des politischen Augenblicks zu erheben und so der Welt ein so inhaltsschweres Dokument vorzulegen, wie es die Erklärung von Bandung ist, in der wir die grundlegenden Forderungen und Aufrufe der Konferenz zusammengefaßt finden.

Folgende zehn Grundsätze sind es, die, seither als die Koexistenzprinzipien von Bandung bekannt, in dieser Erklärung aufgestellt werden:

1. Achtung vor den fundamentalen Menschenrechten und vor den Zielen und Prinzipien der Charta der Vereinten Nationen.
2. Achtung vor der Souveränität und der territorialen Integrität aller Nationen.
3. Anerkennung der Gleichheit aller Rassen und der Gleichheit aller Nationen, ob groß oder klein.
4. Verzicht auf Intervention oder Einmischung in die inneren Angelegenheiten eines anderen Landes.
5. Achtung vor dem Recht jeder Nation, sich allein oder kollektiv in Übereinstimmung mit der Charta der Vereinten Nationen zu verteidigen.
6. a) Verzicht auf Vereinbarungen über kollektive Verteidigung, die den besonderen Interessen irgendeiner der großen Mächte dienen;
b) Verzicht jedes Landes darauf, auf andere Länder einen Druck auszuüben.
7. Enthaltung von Aggressionshandlungen oder -drohungen und von Gewaltanwendungen gegen die territoriale Integrität und die politische Unabhängigkeit irgendeines Landes.
8. Regelung aller internationalen Streitigkeiten durch friedliche Mittel wie Verhandlung, Versöhnung, Schiedsspruch

oder gerichtliche Regelung sowie durch andere friedliche Mittel nach eigener Wahl der Parteien in Übereinstimmung mit der Charta der Vereinten Nationen.
9. Förderung der gegenseitigen Interessen und der Zusammenarbeit.
10. Achtung vor dem Recht und vor internationalen Verpflichtungen.

Mochten diese Grundsätze in dieser oder jener Form – so etwa in der UN-Charta oder im indisch-chinesischen Abkommen vom Juni 1954 – bereits veröffentlicht worden sein, ihre umfassende Veröffentlichung in der nunmehr vorliegenden Form gab den Anlaß dafür, daß die »Koexistenz« während der kommenden Jahre in den Mittelpunkt der Weltpolitik rückte.

Neben der Proklamierung der zehn Koexistenzprinzipien beriet die Konferenz von Bandung über die wirtschaftlichen, kulturellen und anderweitigen Beziehungen zwischen den Teilnehmerländern. Auch nahm sie einen sehr entschiedenen Standpunkt in der Frage des Kolonialismus ein, der »in allen seinen Erscheinungsformen« zu einem »Übel« erklärt wurde, »mit dem schleunigst aufgeräumt werden sollte«.

Bezüglich der Gesamtweltlage setzte sie sich für die Aufnahme aller bis dahin noch abseits stehenden Länder in die Vereinten Nationen und die Beendigung des Türzuhaltens bei dieser internationalen Dachorganisation ein. Ferner sprach sie sich für die Förderung der Entspannungsbestrebungen aus, die zum selben Zeitpunkt im Gange waren (erfolgreicher Genfer Großmachtgipfel von 1955), und trat für eine allgemeine und umfassende Abrüstung ein.

Teilnehmer der Konferenz von Bandung waren folgende Länder: Afghanistan, Burma, Kambodscha, die Volksrepublik China, Ceylon (Sri Lanka), Ägypten, Äthiopien, die Goldküste (in der Folge Ghana), Indien, Indonesien, Irak, Iran, Japan, Jemen, Jordanien, Laos, Libanon, Liberia, Libyen, Nepal, Pakistan, die Philippinen, Saudi-Arabien, der Sudan, Syrien, Thailand, die Türkei, die Demokratische Republik Vietnam und Südvietnam. Insgesamt waren 29 Staaten anwesend. Die Konferenz einberufen hatten Burma, Ceylon, Indien, Indonesien und Pakistan.

1964 wurden Versuche unternommen, die Konferenz erneut zusammentreten zu lassen, die jedoch fruchtlos blieben. Eines der größten Hindernisse dabei bildete der inzwischen ausgebrochene Streit zwischen der Sowjetunion und China. Erstere verlangte nämlich unter Berufung darauf, daß über die Hälfte ihres Staatsgebiets in Asien liegt und sie mithin auch ein asiatisches Land sei, zu der Konferenz zugelassen zu werden, und letzteres widersetzte sich dieser Forderung; dadurch kam es zum Zerwürfnis.

Bei diesem Zerwürfnis zerfielen die Bandung-Länder in zwei Parteien, von denen die eine nach wie vor darauf bestand, daß diese Konferenz ein Treffen der »farbigen« Völker sein müsse, während die andere die Beiziehung der Sowjetunion unterstützte. Die mit dem Streit zwischen Moskau und Peking einhergehende Spaltung hatte zu diesem Zeitpunkt auch die kommunistischen Parteien in den Ländern Asiens erfaßt, und so war nicht einmal innerhalb dieser extremen Linken eine geschlossene Haltung vorhanden.

Vermerkt werden muß auch, daß vor dieser Aktion für einen erneuten Zusammentritt der Bandung-Länder die Belgrader Blockfreienkonferenz über die Bühne gegangen war, in deren Gefolge sich eine immer stärker werdende Tendenz geltend machte, die Blockfreiheit zur Konferenzgrundlage zu machen. Damit nun war eine Einladung der Sowjetunion keinesfalls zu vereinbaren. So blieben alle Zusammenkünfte des Vorbereitungsausschusses für »Bandung II«, von denen im Laufe der Jahre 1964 und 1965 eine ganze Reihe abgehalten wurden, erfolglos.

Obwohl so die Bemühungen um die Beilegung der Streitigkeiten hinsichtlich der Zusammensetzung und der Tagesordnung der Konferenz gescheitert waren, wurde beschlossen, die Konferenz 1965 abzuhalten; die Unstimmigkeiten sollten unmittelbar vor ihrem Beginn durch ein Treffen auf Ministerebene behoben werden. Doch sollte es nicht mehr dazu kommen. In Algerien nämlich, dessen Hauptstadt als Tagungsort ausersehen worden war, kam es genau zu dem Zeitpunkt, für den das Ministertreffen angesetzt war, zum Staatsstreich; und damit trat an die Spitze des Landes, das sich bereit erklärt hatte, bei der neuen Konferenz die Gastgeberrolle zu spielen, Houari Boumedienne, der keine Neigung zeigte, sich für das Zustandekommen dieser Konferenz einzusetzen.

1964 war bereits die Konferenz der Staats- und Regierungschefs nichtgebundener Länder in Kairo abgehalten worden, die zweite in der Reihe der Blockfreientreffen, die ein endgültiges Einschwenken auf den neuen Kurs bewirkte, woraufhin das bei den Konferenzen außereuropäischer Länder eingeführte Prinzip der Teilnehmerauswahl nach geographischen Gesichtspunkten fallengelassen wurde.

Eine Betrachtung der Liste der Teilnehmerländer des Bandung-Treffens von 1955 läßt uns erkennen, daß die überwältigende Mehrheit von ihnen in der Folge der Blockfreienbewegung beitrat. So gut wie alle vollzogen diesen Beitritt – Ausnahmen bilden nur China, Japan, die Türkei, die Philippinen und Thailand, wobei zu bemerken ist, daß der Vertreter der Philippinen in Havanna als Gast zugegen war. Vietnam wurde vereint.

Es ist somit verständlich, wenn Bandung häufig als Blockfreienkonferenz bezeichnet wird; diese Bezeichnung jedoch trifft angesichts der Zusammensetzung dieser Konferenz und der Grundidee ihrer Einberufer nicht zu. Der Umstand, daß die meisten Bandung-Länder der Blockfreienbewegung beigetreten sind, zeigt lediglich, daß diese Bewegung wirklich die Bestrebungen und Bedürfnisse der dritten Welt widerspiegelt.

Richtig erfassen läßt sich das Bandung-Phänomen erst im Rahmen einer Zusammenschau mit dem damaligen Entwicklungsgang der internationalen Beziehungen. 1955 war das Jahr des ersten großen Versuchs zur Überwindung des kalten Kriegs. Unternommen wurde dieser Versuch vor allem auch aufgrund der Tatsache, daß es im Verlauf der vorangegangenen Jahre, 1952 und 1953, beiden Supermächten gelungen war, thermonuklearen Sprengstoff (Wasserstoffbombe) zu erzeugen und eine erhebliche Vervollkommnung der vorhandenen Langstreckenraketen zu erzielen. Auf dieser Basis kam es dann bei der 1954 auf der Vollversammlung der Vereinten Nationen vorgenommenen Abrüstungsabstimmung zum erstenmal seit der großen Spaltung um die Mitte der vierziger Jahre wieder zu einem Konsens.

Das so zustande gekommene neue Kräfteverhältnis löste den Wunsch aus, auch auf politischer Ebene einen modus vivendi zu suchen. Es kam zur Einberufung der Genfer Konferenz der Staatsoberhäupter der vier führenden Kernwaffenmächte USA, Großbritannien, Frankreich, UdSSR. China verweigerte die Teilnahme, ebenso wie es auch die Teilnahme an den Abrüstungsgesprächen verweigert hatte.

Dieser Schritt zur Verständigung nun, der auch von dem Versuch begleitet war, eine Einschränkung der Verwendung der Kernenergie für Kriegszwecke und eine Förderung ihrer friedlichen Nutzung zu erzielen, trug zur Schaffung einer Atmosphäre bei, in der sich auch die normalerweise einander ablehnend oder feindlich gegenüberstehenden Länder Asiens und Afrikas bereitfanden, sich miteinander an einen Tisch zu setzen. Das betraf vor allem die beiden vietnamesischen Staaten, jedoch auch China in seiner Rolle als Gegner der zur NATO gehörenden Türkei und weiterer seinerzeit mit diesem Pakt verbundener Länder.

Deutlich wird diese Atmosphäre auch durch eine öffentliche Botschaft, die Tschou En-lai auf einer während des Bandung-Treffens abgehaltenen Pressekonferenz an die Amerikaner richtete. Er forderte darin die USA zur Aufnahme von Verhandlungen zur Beilegung des bestehenden Zerwürfnisses auf. Dieser Appell fand auf amerikanischer Seite keinen Widerhall, und so blieb damals die Annäherung aus, zu der es erst 1972 kommen sollte. So war Bandung auch das Produkt einer günstigen Atmosphäre; es begünstigte aber seinerseits wiederum in hohem Maße die weitere Entwicklung, auch wenn diese nicht die Richtung nahm, mit der die damals versammelten Staatsmänner aufgrund der Vorzeichen von Genf rechneten.

2. Der Weg zur Belgrader Konferenz

a) Aktivitäten zur Bewältigung der wirtschaftlichen Probleme

Die Belgrader Konferenz von 1961 war weder eine Fortsetzung noch eine Nachfolgerin der Konferenz von Bandung. Sie kam im Verlauf einer Reihe voneinander unabhängiger oder zeitweise miteinander koordinierter Aktionen in verschiedenen Bereichen zustande. Die ersten Aktionen in der internationalen Arena – insbesondere im Rahmen der Vereinten Nationen – betrafen die kritische Wirtschaftslage der Entwicklungsländer. Diese Aktionen waren eigentlich die Fortsetzung einer bereits zur Zeit der Schaffung der Vereinten Nationen begonnenen Entwicklung.

1944, bei einer Zusammenkunft der alliierten Großmächte USA, Großbritannien, UdSSR sowie Chinas in Dumbarton Oaks (Washington, D. C.) wurde der Entwurf der Charta einer neuen Weltorganisation ausgearbeitet, die berufen sein sollte, das Werk der bisherigen aus den Alliierten zusammengesetzten Vereinten Nationen nach dem Krieg fortzusetzen. Diese Konferenz in der Bibliothek von Dumbarton Oaks, die übrigens eine der bekanntesten Sammlungen geschichtlicher Dokumente über Byzanz enthält, fand in den Monaten August und September des Jahres 1944 aufgrund der Beschlüsse statt, die bei der im Oktober 1943 in Moskau abgehaltenen Ministerkonferenz der »Großen Drei« gefaßt worden waren.

In den bei dieser Zusammenkunft hinter verschlossenen Türen ausgearbeiteten Vorschlägen wurden die Wirtschaftsprobleme der Nachkriegszeit hintangesetzt; mit diesem Problem sollte lediglich ein Unterorgan der Vollversammlung befaßt werden. Erst in der öffentlichen Debatte im Frühjahr 1945 in San Francisco wurden unter dem Druck der kleinen Völker die Bestimmungen über den Wirtschafts- und Sozialrat als ein Hauptorgan der Weltorganisation in deren Charta aufgenommen. Besagter Druck führte auch zu einer Vereinbarung über technische Entwicklungshilfe, die aus Mitteln des ordentlichen Budgets der Vereinten Nationen finanziert werden sollte.

Bereits im zweiten Abschnitt der ersten Tagung der UNO-Vollversammlung von 1946 kommt es zur Aktion einer Gruppe von Entwicklungsländern, die die Erhöhung des Umfangs der für die technische Entwicklungshilfe vorgesehenen Mittel anstrebt. Vorgeschlagen wird ein sogenanntes Programm für technische Entwicklungshilfe. Im Rahmen dieser Aktion schließen sich eine größere Zahl lateinamerikanischer Länder, Ägypten, Indien und einige weitere Länder des Nahen und Mittleren Ostens sowie Jugoslawien zusammen.

Diese Aktionen sind als die ersten im Rahmen der Entwicklung anzusprechen, die in gerader Linie zur Einberufung der Belgrader Konferenz von 1961 führte. Parallel zu dem Vorgehen bei der Vollversammlung und beim Wirtschafts- und Sozialrat wurde auch bei den Versammlungen der Sonderorganisationen, die mit der Durchführung der in ihr jeweiliges Spezialgebiet fallenden Programme betraut werden sollten, eine entsprechende Aktivität entfaltet, um die Behandlung der sich ergebenden Fragen ins Rollen zu bringen.

Dank der Bereitstellung entsprechender Mittel setzten entsprechende Aktionen der Weltorganisation und ihrer Spezialorganisationen in einer größeren Zahl von Entwicklungsländern ein. Zugleich wuchs allerdings auch die Zahl der unterstützungsbedürftigen Länder. Indien gewann, nachdem es aus der Teilung des ursprünglichen indischen Staatsgebildes im Herbst

1947 als vollkommen souveränes Land hervorgegangen war, innerhalb der Vereinten Nationen an Gewicht und verstärkte seine Aktivitäten im Rahmen der Weltorganisation. Gleichzeitig trat die Notwendigkeit zutage, den Entwicklungsländern neben der Expertenhilfe auch Wirtschaftsentwicklungshilfe zu gewähren. Als besonders wichtig zeigte sich dabei die Frage der finanziellen Unterstützung als Grundlage für die weitere technische Entwicklung.

Bereits im darauffolgenden Jahr, 1948, wurden der Vollversammlung auf ihrer Tagung, die aus Gründen der Rücksichtnahme auf die in den USA stattfindende Wahlkampagne in Paris abgehalten wurde, formelle Anträge zur Schaffung von besonderen Institutionen für die Beschaffung von Mitteln eingebracht, aus denen den Entwicklungsländern finanzielle Unterstützung in größerem Umfang gewährt werden sollte. Dabei wurde hervorgehoben, daß die Form der bisherigen Finanzierung dieser Unterstützung durch die Weltbank für diese Länder inadäquat sei. Die Darlehen, die von der Weltbank gewährt würden, stammten aus Mitteln, die auf dem Weltfinanzmarkt bezogen würden, und daher müßten für diese Darlehen auch die handelsüblichen Zinsen gezahlt werden, die die Entwicklungsländer nun einmal nicht aufbringen könnten.

Diese erste Aktion zur Finanzierung von Entwicklungsprojekten in den Entwicklungsländern wurde von nun ab – bei den Vereinten Nationen und auf anderen spezialisierten internationalen Konferenzen – stetig weitergeführt. In zwei Anträgen wurde die Schaffung einer internationalen Verwaltungsstelle für Entwicklung (International Development Administration) und eines Entwicklungsfonds gefordert.

Die Idee des ersten Projekts bestand darin, daß eine zentrale Stelle zu schaffen sei, die die Ermittlung der vorhandenen Bedürfnisse vornehmen und die Finanzierungs- und Investitionstätigkeit koordinieren, mithin die gesamte Entwicklungsförderung für die ganze Welt einheitlich leiten sollte, während für das zweite Projekt lediglich eine Konzentration der Mittel vorgesehen war. Die Ausarbeitung der Pläne sollte auf nationaler Basis erfolgen, und daraufhin sollte mit dem Fonds in allen Fällen, in denen das Vorhandensein eines Bedürfnisses anerkannt würde, die Gewährung von Darlehen zu besonders günstigen Bedingungen oder sogar eine nicht rückzahlbare Unterstützung vereinbart werden.

Bei den industriell entwickelten Ländern stieß diese Aktion auf eine ablehnende Haltung, und so wurde sie im folgenden Jahr fortgesetzt; doch auch diesmal konnte kein größerer Erfolg verzeichnet werden. Einer der Gründe dafür lag in dem Nebeneinanderbestehen zweier verschiedener Ansichten zu dem Problem. Allerdings stützte sich die Argumentation für beide Auffassungen auf die Tatsache, daß die Kluft zwischen entwickelten und Entwicklungsländern immer größer wurde und die Bedingungen für den Warenaustausch zwischen den einen und den anderen zunehmend schlechter wurden.

Erst bei der Zusammenkunft von Vertretern der Entwicklungsländer, die im Rahmen der wiederum in Paris abgehaltenen Tagung der Vollversammlung der Vereinten Nationen im Jahre 1951 in der jugoslawischen Botschaft in der französischen Hauptstadt stattfand, einigte man sich darauf, daß sämtliche Aktionen in dem Bemühen um die Schaffung eines Weltentwicklungsfinanzierungsfonds zusammenlaufen sollten. Die daraufhin gestartete neue Aktion zeitigte die ersten Ergebnisse bei der folgenden Tagung, die wieder – wie übrigens alle anderen, mit Ausnahme der Tagungen von 1948 und 1951 – in New York stattfand. Bei dieser Tagung wurde mit Stimmenmehrheit eine Resolution angenommen, durch die dem Generalsekretär auferlegt wurde, neun Experten aus verschiedenen geographischen Gebieten zu ernennen, die den Auftrag erhalten sollten, für die Vollversammlung konkrete Vorschläge zur Schaffung des bewußten Fonds auszuarbeiten.

Die so gebildete Expertengruppe trat Anfang 1953 zusammen und arbeitete einen Antrag aus, der der Vollversammlung noch im gleichen Jahr unterbreitet wurde. Die Mitglieder der

Gruppe kamen aus Amerika, Westeuropa und verschiedenen Entwicklungsländern einschließlich Jugoslawien. Ihr Antrag war einmütig verfaßt worden und wurde von der Vollversammlung begrüßt, doch Aktion ging von ihm keine aus.

Wenn auf diese Aktion hier etwas ausführlicher eingegangen wurde, so deshalb, weil sie die erste Gelegenheit für ein Zusammengehen der Länder bildete, die in der Folge auch in anderen Fragen gemeinsame Aktionen starten und sich schließlich zur Blockfreienbewegung vereinigen sollten. Die Bestrebungen zur Gründung des Fonds stießen nach der Ausarbeitung des Antrags auf einen noch stärkeren Widerstand der entwickelten Industrieländer. Infolgedessen hatte diese Aktion keinen direkten Erfolg, bewirkte jedoch immerhin, daß mehr Mittel für die technische Entwicklungshilfe bereitgestellt wurden und zwei neue Organe bei der Weltbank entstanden, nämlich 1955/56 die International Finance Corporation und 1960 die International Development Association.

Selbst nach Einführung dieser Neuerungen aber waren die den Vereinten Nationen zu Gebote stehenden Mittel und Möglichkeiten noch zu gering bemessen, als daß eine Beseitigung oder auch nur eine nennenswerte Abschwächung der in den Beziehungen zwischen entwickelten und Entwicklungsländern herrschenden Mißstände herbeizuführen gewesen wäre. Die trennende Kluft zwischen diesen beiden Welten tat sich immer weiter auf; zugleich stieg die Zahl der Länder, die Hilfe brauchten, immer rascher an. Praktisch in allen Ländern, die durch den Zerfall des Kolonialsystems erstanden waren, war die wirtschaftliche Situation prekär.

Das Problem der ungleichen Wirtschaftsentwicklung wurde auch mit den Jahren nicht kleiner, sondern im Gegenteil – trotz der im Rahmen der Vereinten Nationen unternommenen Bemühungen – immer größer. Immer mehr Länder und immer mehr Menschen hatten darunter zu leiden; und der Unterschied im Lebensstandard zwischen den weniger entwickelten Ländern und denen, die eine höhere Entwicklungsstufe erreicht hatten und sich in den ersten zwei Nachkriegsjahrzehnten ungleich rascher als die anderen entwickelten, machte sich immer stärker bemerkbar.

b) Die Entwicklung der antikolonialen Aktion

Die in Dumbarton Oaks ausgearbeiteten Vorschläge der vier Großmächte wiesen, wie wir gesehen haben, den Wirtschafts- und Sozialfragen eine drittrangige Stellung zu und sahen den Wirtschafts- und Sozialrat als Unterorgan der Vollversammlung vor. Zur Frage der Kolonien und Mandatsgebiete schwiegen sich die Vorschläge Amerikas, Großbritanniens, der Sowjetunion und Chinas überhaupt aus. Alles, was in dieser Hinsicht in der Charta gesagt wird, wurde in sie erst auf der Konferenz von San Francisco aufgenommen. In Dumbarton Oaks wurden als Hauptorgane der neuen Organisation lediglich die Vollversammlung, der Sicherheitsrat, der Internationale Gerichtshof und das Generalsekretariat vorgesehen. Der Treuhandrat wurde erst im Frühjahr 1945 in San Francisco geschaffen.

Wir wollen an dieser Stelle zusätzlich vermerken, daß die Aufwertung des Wirtschafts- und Sozialrats zum Hauptorgan und die Nachtragung aller einschlägigen Bestimmungen sowie die Einbeziehung der Problematik der Kolonien und der Völkerbundmandate nicht die einzigen Neuerungen von San Francisco waren. Änderungen erfolgten auch hinsichtlich der gesamten Problematik der Menschenrechte und der humanitären Fragen im Rahmen der internationalen Beziehungen überhaupt. Es ist offensichtlich, daß diese Änderungen unter dem Druck der Öffentlichkeit zustande kamen, denn die Konferenz von San Francisco fand vor den Augen der Öffentlichkeit statt – zum Unterschied von der Beratung der führenden Funktionäre der vier Mächte in der Bibliothek von Dumbarton Oaks. Bei den Debatten in San Francisco kamen auch kleinere und Kleinstaaten zu Wort, und dies machte sich entsprechend bemerkbar.

Dies heißt nun aber nicht, daß der Kolonialfrage in San Francisco die Bedeutung zuerkannt worden wäre, die ihr eigentlich zukam. Recht besehen, hält sich die Charta in den Grenzen des bei ihrer Abfassung bestehenden Kolonialsystems. Dies erhellt allein schon aus dem Wortlaut der zwei diese Frage betreffenden Kapitel; es sind dies die Kapitel XI und XII. Das erstere betrifft die sogenannten Gebiete ohne Selbstregierung, das zweite die Treuhandgebiete.

Unter dem Euphemismus »Gebiete ohne Selbstregierung« werden sämtliche Kolonien der Alliierten zusammengefaßt, während die Kolonien, die im Ersten Weltkrieg den Ländern der Gegenseite weggenommen wurden und die aufgrund von Völkerbundbeschlüssen unter Mandat standen, in die Kategorie der Treuhandgebiete eingestuft werden.

Das Kapitel über die Gebiete ohne Selbstregierung umfaßt die Hauptmasse aller Kolonialbesitzungen, d. h. alle Kolonien außer jenen, die den Zentralmächten weggenommen wurden, und das waren praktisch nur die ehemaligen deutschen Kolonien. Nach einem Hinweis darauf, daß irgendeiner dieser Kolonien irgendwann in der Zukunft die Unabhängigkeit verliehen werden müßte, werden wir in dem Kapitel – und in der Charta überhaupt – vergeblich suchen. An die Mutterländer wird lediglich die Forderung gerichtet, sie möchten sich als gute Verwalter erweisen, auf das Wohlergehen der Kolonialvölker bedacht sein und diesen die Autonomie gewähren. Die einzige konkrete Verpflichtung, die ihnen auferlegt wird, ist die Unterbreitung regelmäßiger Berichte über die Entwicklung in den Kolonien.

Im Kapitel über die Treuhandschaft wird immerhin die Möglichkeit erwähnt, den darin angesprochenen Territorien die Unabhängigkeit zu gewähren – nämlich im Rahmen der Alternative: Gewährung der Unabhängigkeit oder der Autonomie. Damit allerdings wird noch stärker unterstrichen, daß eine solche Möglichkeit für die Hauptmasse der Kolonien, nämlich die als Bestandteil der Kolonialreiche figurierenden, nicht vorgesehen ist. Die Treuhandgebiete umfaßten nur einen Bruchteil des Gesamtareals der Kolonialgebiete in der Welt, und das Treuhandsystem umfaßte bekanntlich im wesentlichen die ehemaligen deutschen Kolonien. Die diesem System eingegliederten Gebiete im Nahen Osten wurden praktisch gleich nach Kriegsende als souveräne Länder anerkannt; und ein weiteres Gebiet, Namibia, wurde weiterhin als sogenanntes Mandat zu Südafrika geschlagen.

Entgegen dieser nach Kriegsende durch die UN-Charta hergestellten Rechtslage hatte sich noch während des Krieges eine antikoloniale Bewegung gebildet, die hohe Wellen schlug. Erfaßt wurde von ihnen in erster Linie Südostasien, genauer gesagt, die dort gelegenen Gebiete der britischen, französischen und niederländischen Kolonialreiche, die zu den wichtigsten Bestandteilen dieser Reiche zählten. In Indien hatte bereits vor dem Krieg der unter der Führung von Mahatma Gandhi stehende Indische Nationalkongreß zusehends an Einfluß gewonnen. Daneben hatte sich auch eine mohammedanische Bewegung unter der Führung von Mohammad Ali Dschinnah zu entwikkeln begonnen. So war Indien unzweifelhaft das aktivste – und wurde dann ja auch zum führenden – Land des Antikolonialismus in Asien und der Welt überhaupt. Es erhielt bereits 1947 die Unabhängigkeit, und im nämlichen Jahr traf zur Tagung der UN-Vollversammlung auch schon die erste Delegation des unabhängigen Indien ein.

Parallel zu dem Geschehen in Indien machte kurz vor Kriegsende auch die Befreiungsbewegung in Burma von sich reden. Doch als dort bereits die Schwelle zur Freiheit erreicht war, wurden durch einen Terrorakt der Kolonialisten alle Führer der Bewegung mit Ausnahme des abwesenden U Nu bei einer Zusammenkunft durch Maschinengewehrfeuer getötet. Aber dieser barbarische Akt vermochte die antikoloniale Bewegung in Burma nicht zum Stillstand zu bringen, und das Land erhielt bald die Unabhängigkeit. So wurde in Südostasien eine Basis geschaffen, von der aus sich die Aktion gegen den Kolonialismus weiter verbreitete. Dieser Aktion schlossen sich bei den Vereinten Nationen auch andere Länder der dritten Welt an, insbesondere die Länder Lateinamerikas, deren eigener Unabhängigkeitskampf sich fest ihrem Gedächtnis eingeprägt hatte und die infolge ihrer wirtschaftlichen Abhängigkeit von den industriell entwickelten Ländern reichlich Grund hatten, den Ländern der dritten Welt bei der Durchsetzung ihrer Interessen beizustehen. An dieser Aktion beteiligte sich auch Jugoslawien von Anfang an.

Weniger günstig entwickelte sich die Lage im Bereich der anderen beiden in Südostasien vertretenen Kolonialreiche. Über Indochina unterzeichnete Frankreich 1946 in Paris ein Abkommen, doch wurde noch im selben Jahr eine militärische Aktion gegen die Republik Vietnam in Gang gesetzt. Das Ergebnis war ein langjähriger Krieg, der auch auf die ebenfalls zum französischen Imperium gehörenden Länder Kambodscha und Laos übergriff.

Auch in Indonesien wurde 1945 eine Republik ausgerufen; dem folgte jedoch alsbald ein Versuch, das Land erneut unter die Herrschaft Hollands zu bringen. Doch vermochte sich der neue Staat zu halten und nach schweren Prüfungen und Rückschlägen Ende 1949 trotz allem die Anerkennung seiner Unabhängigkeit zu erreichen. Diese beiden Kolonialkriege fanden bei den Vereinten Nationen einen starken Widerhall, der noch dadurch verstärkt wurde, daß bereits zu Beginn der fünfziger Jahre die Befreiungsbewegungen Afrikas von sich reden machten.

Bei der UN-Vollversammlung bestand ein Sonderausschuß – der vierte der insgesamt sechs Plenar-Hauptausschüsse –, der mit Fragen der sogenannten Gebiete mit nichtselbständiger Regierung und der Treuhandgebiete befaßt war. Die Hauptaufgabe dieses Ausschusses bestand in der alljährlichen Erörterung der Berichte über die Entwicklung in den Kolonien, die die Mutterländer einzureichen hatten. Neben diesen Berichten erschienen bei der UNO von Zeit zu Zeit auch Vertreter der

Befreiungsbewegungen bzw. der gesellschaftlichen Organisationen der Kolonialvölker. Sie wurden als Zeugen geladen, denen Gelegenheit geboten werden sollte, die Vollversammlung mündlich über die Sachlage in den Kolonien zu unterrichten. Meist konnten sie allerdings nur vor einem Sonderunterausschuß auftreten, der dann dem Plenarausschuß, an dessen Sitzungen Delegierte aller Mitgliedsländer der UNO teilnehmen, Bericht erstattete.

Dieses gelegentliche Auftreten von Abgeordneten der Kolonialvölker vor der UNO war ebenso wie die Reden der Delegierten einzelner für die Interessen dieser Völker eintretender Länder dazu angetan, die Kolonien wachzurütteln. So erhielten viele UN-Delegierte von dorther Eingaben mit Schilderungen der jeweiligen Zustände, die sie dann bei der Debatte im Vierten Ausschuß zitierten. Die Vertreter der Kolonialmächte hatten mit ihren Versuchen, solch einem Vorgehen als einer Einmischung in die inneren Angelegenheiten von unter ihrer souveränen Herrschaft stehenden Gebieten entgegenzutreten, immer weniger Erfolg; und es gelang ihnen nicht, zu verhindern, daß sich bei den Vereinten Nationen allmählich eine wirklich freie Debatte über den Kolonialismus entwickelte.

Dann begannen Nachrichten aufzutauchen über die Beschlagnahme von Material und Sitzungsniederschriften über die Tätigkeit von UN-Organen in einzelnen Kolonien, desgleichen auch Informationen über Verhaftungen und Verfolgungen in den Reihen derer, die den Vereinten Nationen als Zeugen gedient hatten. Und diese Dinge wurden natürlich auch wieder im Vierten Ausschuß zitiert. So spielte dieses Organ der Vereinten Nationen wie auch die Vollversammlung eine hervorragende Rolle bei der Ausweitung der antikolonialen Aktivitäten in den Kolonien.

Im Laufe der fünfziger Jahre wurden in die Vereinten Nationen fünfzehn neue Mitglieder aus den Reihen der Länder aufgenommen, die vor dem Krieg noch nicht unabhängig gewesen waren. Rechnet man zu dieser Zahl die der Länder hinzu, die im Rahmen ihrer seit 1945 bestehenden Mitgliedschaft für die Liquidierung des Kolonialsystems eintraten, so ergibt sich, daß die Delegationen der Vollversammlung, die gegen die Kolonialherrschaft waren, einen Großteil dieser Versammlung ausmachten. Das ermutigte dann bei der nächsten Tagung im Jahre 1960 die Delegierten einiger Länder auch dazu, die Frage der Abschaffung des Kolonialismus anzuschneiden.

In jenem Jahr feierte die Weltorganisation ihr fünfzehnjähriges Jubiläum, und so wurde eine Aktion in Gang gesetzt, deren Zweck es war zu erreichen, daß eine möglichst große Zahl von Staatschefs zu der Tagung oder doch wenigstens zu ihrer Eröffnung nach New York käme. So wurde es möglich, daß während der ersten Wochen der Tagung in den Räumen der jugoslawischen Delegation eine Zusammenkunft der Staatsoberhäupter jener fünf Länder stattfand, die die treibenden Kräfte bei der Behandlung der Fragen des antikolonialen Kampfs waren. Bei dem Treffen dieser fünf Staatsmänner – Tito, Nasser, Nehru, Sukarno und Nkrumah – wurde der Vorschlag für eine Resolution ausgearbeitet, die dann unter der Bezeichnung »Deklaration über die Gewährung der Unabhängigkeit für die Kolonialländer und -völker« mit überwältigender Stimmenmehrheit angenommen wurde.

In dieser Resolution werden nach einer längeren Einleitung folgende Punkte vorgebracht: 1. Der Kolonialismus wird, als den Menschenrechten und der UN-Charta zuwiderlaufend, verurteilt; und es wird festgestellt, daß er ein Hindernis für die Förderung des Weltfriedens und der internationalen Zusammenarbeit darstellt. 2. Verkündet wird das Recht aller Völker auf Selbstbestimmung und Unabhängigkeit sowie auf die freie Wahl der wirtschaftlichen, kulturellen und politischen Entwicklung. 3. Ungenügende wirtschaftliche, kulturelle und politische Voraussetzungen können nicht als Grund für die Vorenthaltung dieses Rechts dienen. 4. Gefordert wird die Einstellung der bewaffneten Aktionen, mit denen die Verwirklichung dieser Rechte verhindert werden soll. 5. Es wird die unverzügliche

Übertragung der Macht in den abhängigen Gebieten auf deren Völker gefordert. 6. Jeder Versuch zur Zerschlagung der Einheit dieser Völker wird als der UN-Charta zuwiderlaufend erklärt. 7. Die Einmischung in die inneren Angelegenheiten anderer Völker wird verurteilt.

So wurde fünfzehn Jahre nach dem Inkrafttreten der UN-Charta endlich ausgesprochen, was bei ihrer Abfassung auszusprechen versäumt worden war. Daß es dazu kommen konnte, ist in hohem Maße dem Umstand zu verdanken, daß der Antikolonialismus in den vergangenen fünfzehn Jahren hohe Wellen geschlagen hatte, die bereits Afrika und den Nahen Osten erfaßt hatten. Eine Folge davon war auch, daß die Zahl der in der Weltorganisation vertretenen ehemaligen Kolonien beträchtlich gestiegen war und weiterhin wuchs.

Bei dieser antikolonialistischen Sturzflut spielten die Vereinten Nationen dank der Tätigkeit der Gruppe jener Länder, die später als aktive Teilnehmer der Blockfreienbewegung in Erscheinung traten, eine bedeutende Rolle. Und in dem Abstimmungserfolg hinsichtlich der Resolution zur Abschaffung des Kolonialismus und der Beschleunigung des Entkolonialisierungsprozesses in der Welt fand diese Rolle zweifellos ihre Krönung.

Bei dem Treffen der fünf Staatschefs, die schließlich die führenden Staatsmänner der Blockfreienbewegung werden sollten, im Jahre 1960 in New York kam nicht nur die Resolution über den Kolonialismus zustande, obschon diese freilich das bedeutendste Ergebnis dieser Zusammenkunft war, sondern darüber hinaus wurde auch eine Verständigung über eine gemeinsame Aktion in bezug auf die allgemeinen politischen Verhältnisse erreicht, wie sie damals in der Welt herrschten. Diese Verhältnisse waren stark belastet durch die Verschlechterung der amerikanisch-sowjetischen Beziehungen. Daher bildete diese Verständigung im Grunde genommen auch einen Wendepunkt in den Aktivitäten der künftigen blockfreien Länder. Diese begannen anschließend, immer mehr Gewicht auf politische und

Wirtschaftsfragen zu legen, da die Frage des Antikolonialismus infolge der beschleunigten Entwicklung der Entkolonialisierung an Relevanz verlor.

Zugleich muß festgestellt werden, daß der Kampf gegen den Kolonialismus eine sehr wichtige Triebfeder und Kohäsionskraft bei dem Prozeß der Vorbereitung für den Zusammenschluß der Länder bildete, die bereits ein Jahr nach dieser Vollversammlung, nämlich bei der Belgrader Konferenz, ihre Anstrengungen vereinten. Das braucht nicht zu verwundern, da diese Länder reichlich Grund hatten, sich für den Fortschritt und die Ausweitung der Entkolonialisierung einzusetzen. Vor allem hatten sie alle die drückende Last der Ungleichheit und der Vorenthaltung der Unabhängigkeit am eigenen Leibe erfahren; dann aber – und das ist zweifellos ein sehr wichtiges Moment – hegten sie auch die Erwartung, daß die neubefreiten Länder auch ihre Bemühungen auf allen übrigen Gebieten unterstützen würden.

Die Unterstützung des Befreiungskampfs der Kolonialvölker hatte also auch zum Ziel, möglichst viele Länder dazu zu bringen, auf der internationalen Bühne gemeinsame Ansichten zu vertreten und für analoge Interessen einzutreten. Diese Erwartungen erfüllten sich dann auch; es kam wirklich dazu, daß sich praktisch alle im Verlauf der Entkolonialisierung entstandenen neuen Staaten den Blockfreien anschlossen. Noch bevor die Bewegung ins Leben gerufen wurde, d. h. vor der Belgrader Konferenz von 1961, starteten die neuen Staaten gemeinsame Aktionen in wirtschaftlichen, jedoch auch in politischen Fragen.

Man kann ohne Übertreibung sagen, daß der Antikolonialismus die wichtigste Triebkraft für die Vereinigung der Länder war, die durch ihre Aktivität auf der internationalen Szene das Zustandekommen der Blockfreienbewegung vorbereiteten. Dies wurde schon am Beispiel der Bandung-Konferenz mit ihren 29 Teilnehmern deutlich, die nicht denkbar gewesen wäre, wenn es keine antikoloniale Bewegung gegeben und der Kolonialismus bzw. das Bestreben und seine Abschaffung nicht im Vordergrund der Beratungen der Konferenz gestanden hätte. Es ist sogar zu einer vielpraktizierten Gewohnheit geworden, die Konferenz von Bandung als antikoloniale Konferenz zu bezeichnen – eine Bezeichnung allerdings, die der Bedeutung und der Tragweite der Schlußakte dieser Versammlung keinesfalls gerecht wird.

c) *Aktivitäten im Rahmen der Weltpolitik*

Es ist bereits üblich geworden, die ersten Aktivitäten der Länder, die sich zusammentaten und die Formierung der Blockfreienbewegung vorbereiteten, je nach ihrem Einsatzbereich in wirtschaftliche, antikoloniale und politische Aktionen zu unterteilen. Diese Klassifikation ist verständlich und im Grunde richtig. Doch ist dabei stets im Auge zu behalten, daß die von diesen Ländern auf internationaler Ebene gestarteten Aktionen alle politischer Natur waren und bleiben werden. Dies gilt freilich auch für alle anderen Länder und alle anderen Aktionen dieser Art. Solche Schritte können wohl nach ihren Zielen, ihrer Motivation und häufig auch ihren Methoden unterschieden und nach Interessengebieten spezifiziert werden; dessenungeachtet sind alle als politische Aktionen anzusehen.

Auf dem Wirtschaftssektor sind dies politische Maßnahmen zur Beeinflussung des Wirtschaftsgeschehens bzw. der Förderung der Wirtschaftsinteressen einzelner Länder oder aber auch zur Beeinflussung der gesamten Weltwirtschaftslage, zum Unterschied also von einer rein wirtschaftlichen Tätigkeit in Form von Investition, Produktion materieller Güter und deren Verteilung.

Noch weit unmittelbarer und umfassender trifft der Begriff der politischen Aktion selbstverständlich auf die antikoloniale Tätigkeit zu. Die Ausklammerung dieser Tätigkeit aus dem Bereich der politischen Aktion erfolgte in der Zeit vor der Belgrader Konferenz in erster Linie deswegen, weil es sich hierbei um eine Sonderform der politischen Aktion von besonderer Bedeutung für die Entwicklung der Blockfreienbewegung handelte. Doch ist hierzu zu sagen, daß die antikoloniale Bewegung selbst eine Kampfaktion der Befreiungsbewegungen in den Kolonien war, die durch die politische Aktion auf internationaler Ebene nur unterstützt und in eine feste Form gebracht wurde.

Die politische Aktion im eigentlichen Sinn, d. h. verstanden als Beteiligung an der internationalen Politik und Beziehung einer bestimmten Position dem laufenden Geschehen gegenüber, pflegte sich jeweils erst nach Erlangung der Unabhängigkeit der einzelnen Kolonien zu entwickeln. Sie ist in den meisten Fällen die Fortsetzung der Befreiungsbewegung, beinhaltet aber zugleich auch eine neue Zielsetzung und den Einsatz neuer Mittel. Dieser Bezug zwischen politischer Aktivität und der Ausrichtung der Regierungen der neubefreiten Länder stellt ein sehr wichtiges Moment für die Beurteilung der internationalen Lage in den ersten Jahrzehnten nach dem Zweiten Weltkrieg dar.

Die Ähnlichkeit der Ausgangssituation in Form des Befreiungskampfs sowie der dabei aufgestellten Ziele erklärt auch die Affinitäten, die sich in der Folge zwischen den von den Befreiungsbewegungen nach Erreichung der Unabhängigkeit gebildeten Regierungen ergeben sollten. Sie bildet ferner eine Erklärung dafür, daß sich selbst Länder, die geographisch weit auseinanderliegen und sich ansonsten in jeder Hinsicht stark voneinander unterscheiden, in ihren Anschauungen so nahekommen. Dies läßt sich am besten an dem Beispiel Indien – Jugoslawien aufzeigen.

Freilich, der jugoslawische Befreiungskampf war nicht der eines Kolonialvolks. Daß dennoch eine Ähnlichkeit zwischen ihm und den Kämpfen der Befreiungsbewegungen in den Kolonien besteht, liegt daran, daß auch Jugoslawien während des Zweiten Weltkrieges für die Errichtung seines Staats und dessen Unabhängigkeit kämpfte. Wie bekannt, war der jugoslawische

Staat 1941 zerstückelt und den einzelnen Teilen in dieser oder jener Form eine untergeordnete Stellung zugewiesen worden. Unterschiede im Grad der Unterordnung änderten nichts an der Tatsache, daß alle Völker Jugoslawiens und alle seine Gebietstrümmer die Unabhängigkeit eingebüßt hatten.

Der in Jugoslawien vor sich gehende Kampf war in erster Linie ein Befreiungskampf; daneben hatte er auch die Schaffung einer besseren Grundlage für das Zusammenleben der Völker des Landes und gerechterer gesellschaftlicher Beziehungen zum Ziel. Dies nun übt das Gemeinsame zwischen der jugoslawischen Bewegung und den Bewegungen in den Kolonien; kämpften doch auch letztere um die Unabhängigkeit, d. h. ihre nationale Eigenstaatlichkeit, jedoch auch für neue gesellschaftliche Beziehungen. Für diese Bewegung war die Aufrechterhaltung des kolonialen Aufbaus ihrer Staats- und Gesellschaftsordnung ebenso unannehmbar wie die Rückkehr zu der alten, vorkolonialen Gesellschaftsordnung.

Daß die konkreten Konzeptionen von einer freiheitlichen Gesellschaftsordnung von Land zu Land verschieden waren, liegt auf der Hand. Möglicherweise noch mehr unterschied sich die Art ihrer Realisierung in den einzelnen neugeschaffenen unabhängigen Staaten; doch auch das ist nur natürlich und wurde allerseits akzeptiert. Wir können sogar sagen, daß dies eine unerläßliche Voraussetzung für die Schaffung der Blockfreienbewegung war. Die Anerkennung der Unterschiede in bezug auf die innere Struktur der einzelnen Länder, entsprechend den vorhandenen Gegebenheiten und Überlieferungen, war kein Hindernis für ein gemeinsames Handeln.

Ausgangs- und Kernfrage für alle an der Schwelle zur Freiheit stehenden Freiheitsbewegungen und noch mehr für die neuen Regierungen in der Stunde der Übernahme der Verantwortung war die Frage der Einordnung in die neue Weltkonstellation. Diese Frage stand in engem Bezug zu der immer deutlicher zutage tretenden Spaltung zwischen den Großmächten, die im Zweiten Weltkrieg Alliierte gewesen waren. Angekündigt hatte sich diese Spaltung bereits im Laufe des Kriegs; vollzogen hatte sie sich jedoch erst, als die Kriegsoperationen beendet waren.

So wurde jeder neue Staat nach dem Krieg vor die Entscheidung gestellt, wo er seinen Platz in der geteilten Welt einnehmen sollte. Dies gilt auch für jene Länder, die mit als erste umfassende richtungsweisende Aktionen starteten, mit denen der Boden für die Blockfreienbewegung vorbereitet wurde. Wenn wir von den Ländern ausgehen, die zum Bestand von Kolonialreichen gehört hatten, müssen wir zunächst das Verhalten Indiens betrachten, das das erste asiatische Land war, das nach dem Ende des Zweiten Weltkriegs die Freiheit erlangte. Das Datum, an dem es unabhängig wurde, ist der 15. August 1947. Vorausgegangen war ein Übergangsregime, bei dem Lord Wavell als Ministerpräsident und Jawaharlal Nehru als stellvertretender Ministerpräsident und zugleich als Außenminister fungierte.

In dieser Stellung gab Nehru bereits am 24. September 1946 bei einer Pressekonferenz eine Erklärung über die Politik Indiens nach Erringung der vollen Unabhängigkeit ab. Dabei verkündete er: »Indien wird eine unabhängige Politik verfolgen und sich von der Machtpolitik jener Gruppen, die gegeneinander Stellung bezogen haben, fernhalten.« Eine ähnliche Haltung nahmen auch die anderen asiatischen Länder ein, die aus dem Zerfall der seinerzeitigen Kolonialreiche hervorgingen, insbesondere Burma und Indonesien. Indochina mußte, wie wir gesehen haben, einen langen und blutigen Weg zurücklegen, ehe es die Unabhängigkeit gewann; und die auf diesem Weg zu bestehenden Prüfungen und die dabei gemachten Erfahrungen hatten tiefgreifende Auswirkungen auf die Orientierung Vietnams, Kambodschas und Laos' hinsichtlich der internationalen Beziehungen, jedoch insbesondere auch hinsichtlich der Beziehungen dieser Länder untereinander.

Wie sehr diese Feststellung zutrifft, können wir am deutlichsten ermessen, wenn wir uns die Orientierung Ho Chi Minhs im Jahre 1946 vergegenwärtigen, als Vietnam nach dem Abschluß des Vertrags mit Frankreich über die künftigen Beziehungen kurzfristig Unabhängigkeit genoß; diese Orientierung war wirklich vom Geist der Nichtengagiertheit geprägt. Doch der im Dezember gleichen Jahres erfolgende Überfall auf die junge Republik erwies sich über die Tatsache, daß er ihre Einrichtungen zerstörte, hinaus als schwerer Schlag, als ein Negativum für die weitere internationale Ausrichtung dieses Landes, was durch dessen letzten Schritt, die Okkupation Kambodschas, am drastischsten verdeutlicht wird.

Eine besondere Rolle bei den Aktionen während des ersten Nachkriegsjahrzehnts und weiter bis zur Einberufung der Belgrader Konferenz spielten die arabischen Länder des Nahen Ostens. Sie wurden gleich nach dem Krieg als unabhängige Staaten anerkannt, obwohl dies nicht ohne Streitigkeiten mit den ehemaligen Kolonialmächten abging, weshalb es auch zur Intervention des Sicherheitsrats im Fall Syriens und des Libanons kam. Doch nicht dies war es, was die Politik dieser Länder am nachhaltigsten beeinflußte. Das, was sich auf ihre Orientierung innerhalb der neuen internationalen Konstellation am stärksten auswirkte, war das Palästina-Problem.

Im Zusammenhang mit diesem Problem sah sich Großbritannien in eine Notlage versetzt, die es zwei Versprechen verdankte, die es noch im Ersten Weltkrieg gemacht hatte. Damals hatte es einerseits den Juden gelobt, ihnen in Palästina eine »Heimstätte« zu sichern, andererseits den Arabern die Unabhängigkeit und die Befreiung aller ihrer Gebiete im Nahen Osten zugesichert. In diesen Versprechungen, der einen wie der anderen, kam die bedrängte Lage Großbritanniens im damaligen Krieg zum Ausdruck, der es eben auch dadurch zu begegnen suchte, daß es danach trachtete, den mächtigen jüdischen Einfluß in Amerika für sich nutzbar zu machen, sich jedoch auch den Beistand – zumindest aber die Neutralität – der Araber in dem Krieg gegen das Osmanenreich im Nahen Osten zu sichern.

Daß arabische Länder (Syrien, Libanon, Palästina, Transjordanien und Ägypten) zu sogenannten Mandaten wurden, trübte das Verhältnis der arabischen Führer zu Großbritannien, jedoch auch zu Frankreich und warf während des gesamten Zweiten Weltkriegs einen Schatten auf ihre Beziehungen zu diesen beiden Ländern. Großbritannien wurde arabischerseits bezichtigt, eine zusehends an Umfang zunehmende jüdische Einwanderung zuzulassen, obschon es dieser entgegenzuwirken trachtete, weil es die Feindschaft der Araber fürchtete. Noch mehr wuchs deren Erbitterung gegen die Engländer, als diese die Teilung Palästinas befürworteten.

Als dann die Frage vor die Vollversammlung der Vereinten Nationen kam und sowohl die Sowjetunion als auch die USA für die Teilung optierten und die Schaffung eines Judenstaats in Palästina bejahten, sagten sich die Araber von der Politik aller Großmächte los. Diese Vorgänge fielen gleich in die ersten Jahre nach dem Krieg; die Resolution über die Teilung wurde 1947 mit Stimmenmehrheit angenommen; und am 15. Mai 1948 entstand somit der Staat Israel. Die Araber machten die Drohungen, die sie während der Debatte in den Vereinten Nationen hatten laut werden lassen, wahr und griffen den neuen Staat an, der von der Sowjetunion ausgiebige Unterstützung in Form diplomatischen Beistands im UN-Rahmen wie in Form von Waffenhilfe über die Tschechoslowakei erhielt.

In diesem Licht betrachtet, fällt es nicht schwer, den Entschluß aller arabischer Staaten des Nahen Ostens – und das waren alle, die seinerzeit existierten – zu verstehen, dem Osten wie dem Westen gegenüber einen Kurs der Nichtengagiertheit einzuschlagen.

In den ersten Nachkriegsjahren waren also Indien und der Nahe Osten die Hauptzentren der Politik, die jener Orientierung folgten, die später unter dem Namen »Blockfreiheit« bekannt wurde. Doch neben Südostasien und dem Nahen Osten ist auch noch Jugoslawien zu erwähnen, das Land, in dem die erste Konferenz der blockfreien Länder abgehalten wurde.

An der Spitze der jugoslawischen Befreiungsbewegung hatte

die Kommunistische Partei Jugoslawiens gestanden. Ihr Führer war seit 1937 Josip Broz Tito, der von dem Augenblick an, da er diese Stellung übernommen hatte, mit allen Kräften darum bemüht war, der jugoslawischen KP eine unabhängige Rolle zu sichern und diese zu festigen. Dies führte bereits vor dem Krieg und mehr noch während des Kriegs zu Konflikten zwischen der KPJ und Moskau, wo Stalin als souveräner Lenker nicht nur die Staatsgeschäfte, sondern auch die Geschicke der Komintern beherrschte. Während des Kriegs suchte er die Bildung von mobilen Einheiten als Truppenkern einer regulären Armee innerhalb der Partisanenbewegung sowie die Schaffung provisorischer Machtorgane im Lande zu unterbinden. Diese Bestrebungen bewirkten, daß die Verwirklichung der historischen Beschlüsse des Antifaschistischen Rats der Volksbefreiung Jugoslawiens, die nach dem Krieg als Fundament für das neue Jugoslawien dienten, um ein ganzes Jahr, nämlich von der ersten Tagung dieses Rats bis zu seiner zweiten, aufgeschoben wurde.

Gegen Ende des Krieges und in der allerersten Zeit nach Einstellung der Kampfhandlungen in Europa besserten sich die Beziehungen zwischen Jugoslawien und der Sowjetunion, wenn auch nur oberflächlich. Doch alsbald verschärften sich die Spannungen, und im Frühjahr 1948 kam es dann zum Bruch. Die ersten Aktionen sowjetischerseits waren daraufhin zunächst die Abberufung der zivilen und dann die der militärischen Experten aus Jugoslawien Mitte März 1948 (18./19. März 1948). Unter der Oberfläche aber waren die Beziehungen die ganze Zeit über durch die hegemonistischen Bestrebungen Moskaus belastet gewesen, wovon auch das Abkommen zwischen Churchill und Stalin zeugt, das im Oktober 1944 in Moskau geschlossen wurde und dem zufolge nach dem Krieg der Einfluß beider Seiten in Jugoslawien gleich groß sein sollte, d. h. das Abkommen über die Einflußteilung im Verhältnis von 50:50.

Es ist vollkommen begreiflich, daß diese Dinge nach dem

Krieg in Jugoslawien zu einer sehr ausgeprägten Tendenz zur Ausrichtung auf einen Nichtgebundenenkurs führten. Verstärkt wurde diese Tendenz auch noch aufgrund der Meinungsverschiedenheiten zwischen dem Westen und Jugoslawien hinsichtlich der endgültigen Festlegung seiner Grenze zu Italien. Insbesondere war die scharfe Kontroverse um Triest in den unmittelbaren Nachkriegsjahren eine der Fragen, die für die Beziehungen zwischen Jugoslawien und den westlichen Alliierten, die sich während des Kriegs übrigens recht gut entwickelt hatten, ausschlaggebend wurden.

So wurde die Basis für die Zusammenarbeit zwischen drei eigenständigen, in geographischer Hinsicht weit auseinanderliegenden Weltregionen, nämlich Südostasien, dem Nahen Osten und Jugoslawien, geschaffen. Die erste Gelegenheit, bei der Staaten dieser Regionen eine gemeinsame Plattform betraten und gemeinsam in Aktion traten, ergab sich 1950 im Zusammenhang mit einem der gewichtigsten Probleme der ersten Nachkriegsjahre, dem Koreakrieg.

Jugoslawien und Indien waren zu diesem Zeitpunkt Mitglieder des UN-Sicherheitsrats, während die Sowjetunion darin fehlte, da sie die Sitzungen des Rats seit Januar jenes Jahres boykottierte. Jugoslawien bemühte sich in seiner Stellungnahme um einen Ausgleich und forderte, es dürfe niemand verurteilt werden, bevor nicht beide streitenden Parteien gehört worden seien. Bis dahin solle die Einstellung des Feuers und der Rückzug der Truppen in die Ausgangsstellungen angeordnet werden. Doch die Atmosphäre in dem unvollkommenen Sicherheitsrat war nicht dazu angetan, solchen Vorschlägen Raum zu geben; und die Vereinten Nationen nahmen die Haltung ein, die die US-Delegation vorschlug und stellten sich auf die Seite Südkoreas.

Im Herbst des gleichen Jahres änderte Indien in der Vollversammlung seine Einstellung und nahm den Standpunkt ein, den Jugoslawien schon von Anfang an vertreten hatte. Dieser Haltung schlossen sich auch die arabischen Länder an; und so wurde erstmals bei einem internationalen Problem auf politisch-strategischem Gebiet eine nichtengagierte Position geschaffen. Dabei wurde erstmals der Terminus »nonaligned«, »blockfrei«, für die Politik dieser Ländergruppe verwendet. Diese Politik wurde bis zum Ende des Koreakriegs fortgesetzt; und von da an kann bereits vom Vorhandensein einer dritten Linie in der Weltpolitik gesprochen werden, die von der Politik des einen wie des anderen Blocks unabhängig war.

Von da an wurden und werden bis heute immer wieder Versuche unternommen, diese Position als äquidistant von beiden Blöcken zu definieren; doch diese Definition wird dem tatsächlichen Verhalten dieser Gruppe und dem Wesensgehalt ihrer Aktionen nicht gerecht. Diese Länder kümmerten sich nicht darum, wie weit ihre Position von der des einen oder des anderen Blocks entfernt war. Wichtigstes Kriterium für ihre Haltung war das sie alle verbindende Streben nach Erhaltung des Friedens und nach Entschärfung des durch die Teilung der Welt in zwei Blöcke entstandenen Gegensatzes, damit so nach und nach die Bedingungen für eine friedliche und konstruktive Zusammenarbeit aller Länder ohne Rücksicht auf ideologische und sonstige Motive geschaffen würden.

Für die Periode, die unmittelbar auf den Ausbruch des Koreakriegs folgte, die Jahre von 1950 bis 1955, ist charakteristisch, daß kein Versuch der Blockfreiengruppe zu einem Zusammengehen außerhalb der Vereinten Nationen gemacht wurde. Die einzige multilaterale politische Versammlung während dieser ersten fünf Jahre nach dem Beginn des Koreakriegs überhaupt war die Konferenz in Bandung, die ihrer Zusammensetzung und ihrem Programm nach nicht »blockfrei« war, obschon sie in keinem Bezugs- oder Abhängigkeitsverhältnis zu irgendeiner Blockpolitik stand.

Die erste interessenmäßig wahrhaft »blockfreie« Zusammenkunft im engsten Rahmen war das Dreiertreffen auf der jugoslawischen Insel Brioni. Tito verbrachte dort im Sommer 1956 wie üblich seinen Urlaub, diesmal in Gesellschaft Nassers, der dazumal bereits Präsident Ägyptens war. Sie luden Nehru ein, auf der Rückreise von England auf Brioni Station zu machen, und so kam es zu dieser Dreierbegegnung, über die auch ein Kommuniqué veröffentlicht wurde. Diesem Treffen waren zahlreiche bilaterale Zusammenkünfte zwischen mehr oder weniger Staatschefs der Länder der Blockfreiengruppe an diversen Orten vorausgegangen.

Die nächste multilaterale Versammlung war die Zusammenkunft in der jugoslawischen Botschaft in New York während des ersten Abschnitts der festlichen Tagung der Vollversammlung der Vereinten Nationen 1960, die im Zeichen deren fünfzehnjährigen Bestehens stand. Wie bereits aufgezeigt, wurde dabei auf Initiative der versammelten fünf Staatsmänner (Tito, Nasser, Nehru, Nkrumah und Sukarno) eine Resolution zur Verurteilung des Kolonialismus ausgearbeitet.

Doch wurde damals auch ein Versuch unternommen, eine Verringerung der Kluft zu erreichen, die sich nach dem Abschuß des amerikanischen Aufklärungsflugzeugs U-2 über sowjetischem Territorium und dem Scheitern des im selben Jahr, 1960, erfolgten Vierertreffens in Paris zwischen den beiden Supermächten aufgetan hatte.

Bei ihren Versuchen zu einer Entschärfung der durch die Blockkonfrontation geschaffenen Lage hatten die »Fünf« zwar keinen Erfolg, doch könnte es immerhin sein, daß die von ihnen unternommene Anstrengung, die in der Vollversammlung ein nicht unbeträchtliches Echo fand, für beide Seiten einen Anstoß bildete, einen Versuch zur Verbesserung ihrer Beziehungen zu unternehmen, der dann auch zu Beginn des folgenden Jahres, 1961, in Salzburg gemacht wurde. Doch auch er hatte keinen Erfolg, und die Beziehungen zwischen den USA und der Sowjetunion blieben weiterhin auf einem Tiefstpunkt.

Keines der erwähnten Treffen aber und keine der gemeinschaftlichen Aktionen dienten als Anregung für die Einberufung einer internationalen Konferenz der blockfreien Länder. All diese Aktionen waren ad hoc unternommen worden, all diese Begegnungen mehr oder weniger infolge besonderer Umstände, oder weil sich eine günstige Gelegenheit geboten hatte, zustande gekommen. So wurde die Begegnung von 1956 auf Brioni durch die bedeutsamen Ereignisse des Vorjahrs (Bandung, Genfer Vierertreffen, Konferenz über die friedliche Nutzung der Kernindustrie) angeregt und außerdem durch das Zusammentreffen der Umstände möglich gemacht, daß sich Nasser im Zusammenhang mit der durch das Suez-Problem geschaffenen gespannten Lage in Jugoslawien aufhielt und Nehru sich auf der Durchreise durch diesen Teil Europas befand. Auch das Aussprachebedürfnis als Folge der großen Enttäuschung, die sich durch den Mißerfolg des nach dem Gipfeltreffen 1955 erfolgten Ministertreffens in der Welt gezeigt hatte, dürfte dabei eine Rolle gespielt haben.

Die Zusammenkunft in der jugoslawischen Botschaft in New York wiederum ergab sich aufgrund der drückenden Weltlage und der schlechten amerikanisch-sowjetischen Beziehungen, wurde aber auch durch die gleichzeitige Anwesenheit der fünf Staatschefs in New York ermöglicht. Welch wichtige Rolle dieser Zufall spielte, läßt sich daran ermessen, daß Tito bei seiner Abreise nach New York noch keinen präzisen Plan für diese Zusammenkunft hatte, obschon er Begegnungen – Einzel- und Gruppentreffen – mit Staatsmännern mit ähnlichen politischen Ansichten wie er vorhersah.

All dies soll aufzeigen, daß die Blockfreienbewegung nicht nach einem vorgezeichneten Plan entstand, nicht das Ergebnis einer langfristig vorausgeplanten Aktion war. Es war wirklich eine Bewegung, die einer Notlage und einem allgemeinen Bedürfnis entsprang. Dementsprechend erwies sie sich auch als dauerhaft und fähig, ungünstige Strömungen und innere Differenzen zu überwinden. In der Art ihres Entstehens zeigt sich ihr Charakter: Es ist eine echte geschichtliche Bewegung, bei der geniale Staatsmänner nicht als Wundertäter auftraten, die aus nichts etwas zu schaffen vermochten, sondern als Menschen, die die »Zeichen der Zeit« verstanden, die Erfordernisse der gegebenen historischen Situation erfaßt hatten und danach handelten.

Der Weg nach Belgrad wurde also nicht von diesem oder jenem Staatsmann zufällig bereitet, sondern ist Ergebnis der Entwicklung und Verschärfung einer Gefahrensituation, in der schwerwiegende geschichtsträchtige Fragen auftauchten, die man nicht länger von sich schieben konnte. Die Schaffung der Blockfreienbewegung ist mithin nicht nur der kluge und weitsichtige Akt einer Anzahl führender Staatsmänner, sondern auch ein Zusammenfinden als Reaktion auf eine historische Notwendigkeit, als Antwort auf einen Appell der Geschichte.

In diesem Sinn war der Weg nach Belgrad keiner der üblichen vorgezeichneten Wege, keine trassierte und ausgebaute Straße, die man nur zu beschreiten braucht, um sicher ans Ziel zu gelangen. Es handelte sich hierbei vielmehr um einen Rodungsakt, ein Vordringen durch scheinbar wegloses Gelände, ein Vorgehen also, wie es alle wahrhaft bedeutenden historischen Initiativen und Versuche erfordern.

3. Ursprung und Ausbreitung der Blockfreienbewegung

a) Die Belgrader Konferenz und ihre Ergebnisse

aa) Vorbereitung und Verlauf der Konferenz

Die unmittelbaren Vorbereitungen für die Einberufung der Belgrader Konferenz waren verhältnismäßig kurz, wenn man die Rolle bedenkt, die diese Konferenz in der Weltpolitik spielen sollte. Noch ein Jahr, bevor sie abgehalten wurde, bei dem New Yorker Treffen der fünf führenden Staatsmänner der Blockfreienländergruppe, fiel, wie gesagt, kein Wort über die Möglichkeit ihrer Einberufung. Die ersten Schritte in dieser

Richtung, d. h. in Richtung Einberufung einer internationalen Konferenz nichtgebundener Länder überhaupt, wurden bei der Afrikareise Präsident Titos Anfang 1961 unternommen.

Tito war es auch, der diese Frage in einem Gespräch mit Nasser anschnitt, das er während seines den Abschluß der Reise bildenden Aufenthalts in Kairo (15.–19. April) führte, nachdem er zuvor bereits die Zustimmung Nehrus und Sukarnos für eine solche Aktion erhalten hatte. So wurde in Kairo Ende April schließlich ein Konferenzeinberufungsausschuß ins Leben gerufen. Die Gespräche, die Tito vordem bei seinen Besuchen in Ghana, Togo, Mali, Guinea, Liberia, Marokko und Tunesien (die dortige Kontaktaufnahme mit der provisorischen algerischen Regierung mit eingeschlossen) geführt hatte, hatten gezeigt, daß die allgemeine Weltlage im Hinblick auf die stetige und immer deutlicher werdende Verschlechterung der Situation in den Entwicklungsländern wie in den Beziehungen zwischen den Großmächten bei den führenden Staatsmännern Afrikas sehr große Besorgnis auslöste.

Somit schien der geeignete Augenblick gekommen, um die langfristigen grundlegenden Forderungen der Blockfreien abzustecken, jedoch auch, um die laufenden politischen Fragen zur Sprache zu bringen. So machten z. B. gerade auch die Vereinten Nationen eine Krise durch; sogar die Institution des Generalsekretärs wurde angegriffen. Die Sowjetunion schlug vor, anstelle des Generalsekretärs ein Kollegium, bestehend aus drei Funktionären, einzusetzen, von denen jeder Block einen wählen, während der dritte der Vertreter der Blockfreien sein sollte.

Neben den Spannungen zwischen den beiden Weltmächten harrte auch die Krise in den Vereinten Nationen einer konstruktiven Lösung. Doch inzwischen war auch die Zahl der neubefreiten Länder gestiegen, und so waren die Aussichten für eine Blockfreienaktion weit günstiger geworden. Dies nun war ein Grund mehr, danach zu trachten, ein Sinken des Ansehens oder der Einsatzfähigkeit der Weltorganisation zu verhindern.

Es schien, als ob es möglich wäre, durch die gestiegene Zahl der Mitglieder aus der dritten Welt über die UNO auch dem Bemühen um die Regelung der langfristigen und grundlegenden Weltprobleme, insbesondere aber des Problems der Wirtschaftsentwicklung der Entwicklungsländer, eine positive Richtung zu geben.

Eine Konferenz der Staats- oder Regierungschefs der blockfreien Länder hatte unter den gegebenen Umständen viel für sich, und so war es nicht schwer, eine entsprechende Einigung darüber zu erzielen. Die beiden Gesprächspartner in Kairo, Tito und Nasser, vereinbarten sogar auf der Stelle ein vorbereitendes Treffen zur Festlegung der Tagesordnung der Konferenz, die Nasser in Belgrad abzuhalten vorschlug, als Ausdruck der Anerkennung für den Initiator dieser Zusammenkunft. Das Vorbereitungstreffen fand vom 5. bis zum 13. Juni des gleichen Jahres in Kairo statt. An ihm nahmen die Vertreter von zwanzig Staaten teil, die über die Ausarbeitung der Tagesordnung hinaus auch weitere Länder vorschlugen, die zu der Konferenz eingeladen werden sollten. Auch wurde der Termin für die Konferenz festgelegt; und diese wurde dann vom 1. bis zum 6. September des gleichen Jahres, also 1961, abgehalten.

Auf dem vorbereitenden Treffen in Kairo wurde auch eine Liste der Kriterien unterbreitet, die ein Land besitzen müsse, um als blockfrei gelten zu können, und die bei der Entscheidung darüber, ob es einzuladen sei, den Ausschlag geben sollten. Doch wurde diese Liste weder damals noch später bei der Konferenz in Belgrad bestätigt. Die Auswahl der Konferenzteilnehmer erfolgte aufgrund des Urteils der Einberufer darüber, bis zu welchem Grad mit der Teilnahmebereitschaft der Regierung des betreffenden Landes gerechnet werden könne und in welchem Maß es zur Schaffung einer gemeinsamen politischen Plattform würde beitragen können.

Außerdem wurde von den Gegnern der Festlegung von ausgefeilten Kriterien das Argument vorgebracht, daß sich höchstwahrscheinlich auch von den Ländern, die die erforderlichen

Voraussetzungen erfüllten, nicht alle zu der Konferenz einfinden würden. Würde nun die bewußte Merkmalsliste offiziell anerkannt, so entstünde der Eindruck, als würden diese Länder nicht als blockfrei betrachtet. Grund für die Befürwortung dieses Standpunkts gab es bereits bei dem vorbereitenden Treffen genug, da es auch unter den zu diesem Treffen eingeladenen Ländern schon einige gab, die der Einladung nicht Folge leisteten.

Bei der Konferenz in Belgrad fehlten dann auch einige Länder, die eingeladen waren, wie Nigeria, Togo, Mexiko und Brasilien (letzteres war als Beobachter zugegen). Dessenungeachtet stieg die Teilnehmerzahl gegenüber der des vorbereitenden Treffens von Kairo von 20 auf 25. Zu den in Kairo vertretenen Ländern (Afghanistan, Burma, Kambodscha, Ceylon, Kuba, Äthiopien, Ghana, Guinea, Indien, Indonesien, Irak, Mali, Marokko, Nepal, Saudi-Arabien, Somalia, Sudan, Vereinigte Arabische Republik [Ägypten und Syrien], Jemen und Jugoslawien) kamen in Belgrad noch Algerien (provisorische Regierung mit Sitz in Tunis), der Kongo (nunmehr Zaire), Zypern, der Libanon und Tunesien hinzu.

Rückblickend erscheint diese Teilnehmerzahl sehr gering; doch darf nicht vergessen werden, daß es seinerzeit noch nicht so viele neubefreite Länder gab wie in den ausgehenden siebziger bzw. anhebenden achtziger Jahren. Außerdem war eine Konferenz von 25 führenden Staatsmännern damals noch eine ungewöhnliche internationale Aktion, um so mehr, als die Einberufer keine Großmächte waren, die bis dahin als einzige für berufen gegolten hatten, andere Staaten zu multilateralen Treffen zusammenkommen zu lassen. Zwar hatte es den Präzedenzfall von Bandung gegeben, doch dies war eine regionale Konferenz der Länder zweier Kontinente gewesen, bei der die anwesenden Delegationen unter der Leitung der Außenminister der betreffenden Länder oder ihrer Stellvertreter standen. Die Belgrader Konferenz war die erste Konferenz mit weltweiter Zielsetzung und ohne Beteiligung irgendeiner Großmacht.

Unter diesen Umständen ist auch die Ablehnung der Teilnahme an dieser Konferenz nicht als Widerstand gegen die Bestrebungen aufzufassen, die ihre Einberufung anregten. Folgende Länder lehnten die Teilnahme ab: Mexiko, Brasilien (dieses immerhin als Beobachter zugegen), Nigeria, Togo und Obervolta. Und von all diesen Ländern ist zu sagen, daß sie in der Folge entweder zu Vollmitgliedern der Bewegung wurden oder sehr eng mit ihr zusammenarbeiteten und an ihren Zusammenkünften als Beobachter teilnahmen. Zu erwähnen ist noch, daß die Teilnahme des Kongo (Zaires) Schwierigkeiten machte, da damals eben erst die Spaltung innerhalb des Landes überbrückt worden war. Es wurde eine Lösung in der Form gefunden, daß an der Spitze der kongolesischen Delegation die beiden führenden Staatsmänner Cyrille Adoula und Antoine Gizenga standen, die beide bei der Hauptdebatte auf der Vollversammlung der Konferenz sprachen.

Die Versammlung von 25 führenden Staatsmännern und drei Beobachtern in Belgrad schuf eine genügend breite Basis für die Proklamierung der grundlegenden Ziele der gemeinsamen Aktion der blockfreien Länder. Dabei muß man beachten, daß diese Konferenz bei ihrer Einberufung durchaus nicht als die erste einer Reihe von Zusammenkünften geplant war, die etwa von da ab in regelmäßigen Abständen abgehalten werden sollten. Dies heißt nun allerdings auch wieder nicht, daß sich die ihr zugrundeliegenden Absichten darauf beschränkten, einfach nur einmal ein Staatscheftreffen in Belgrad zu veranstalten, um dann die Entwicklung der internationalen Angelegenheiten und der Beziehungen zwischen den blockfreien Ländern sich selbst zu überlassen.

Titos grundlegende Konzeption in bezug auf diese Konferenz läßt sich aus dem für sie vorbereiteten Material sowie dem Inhalt der Gespräche, die er mit zahlreichen Staatsmännern der dritten Welt führte, erkennen; sie sei hiermit ganz kurz angeführt. Tito hatte die Unzulänglichkeiten der Zusammensetzung der Konferenz von Bandung erkannt, obwohl er dieser Initiative gegenüber große Achtung bekundete und die Ergebnisse dieser Zusammenkunft hoch einschätzte. Dies gilt insbesondere für die dabei gestartete antikoloniale Aktion, jedoch auch für die Formulierung der zehn Koexistenzprinzipien, auf die er sich ab 1955 immer wieder berief – und ganz besonders auf der Belgrader Konferenz.

Titos Absicht war die Zusammenfassung einer möglichst großen Zahl von Ländern auf der Basis der Übereinstimmung in den wichtigsten Prinzipien der Aktivitäten auf der internationalen Bühne, ohne Rücksicht auf die geographische Zugehörigkeit der Länder. Wesentlich für die Partnersuche waren also nicht irgendwelche kontinentalen oder sonstigen geographischen Grenzen, sondern die Ähnlichkeit der Stellung des betreffenden Landes, der geschichtlichen und insbesondere der jüngsten Erfahrungen, die es bei seinen Beziehungen zur Außenwelt – und ganz besonders zu den Großmächten – gemacht hatte.

Diese Ansichten und Stellungnahmen finden wir praktisch in allen Reden Titos, die er bei seinen Begegnungen mit Staatsmännern des politischen Südens führte; besonders kommen sie in den Reden zum Ausdruck, die er bei seinen beiden großen Besuchsreisen in die Länder Asiens, des Nahen Ostens und Afrikas hielt, von denen die erste 1958/59 und die zweite, bei deren Abschluß auch die Initiative zur Einberufung der Konferenz ergriffen wurde, 1961 stattfand. Aus diesen Quellen erfahren wir auch, welches die zentralen Elemente des obenumrissenen gemeinsamen Nenners sind. Es ist dies in erster Linie das Erreichen, die Erhaltung und Stärkung der Unabhängigkeit im Sinne der uneingeschränkten Selbstbestimmung, doch nicht etwa einer Isolation von der übrigen Welt.

Die Unabhängigkeit, von der im Rahmen der Blockfreienbewegung so häufig die Rede ist, wurde in dieser Konzeption stets als ein beharrliches Festhalten an dem Recht auf selbständige Entscheidung begriffen, doch nicht als ein Verzicht auf Aufgeschlossenheit gegenüber dem Ausland und enge Kontakte zu diesem – Dinge, die zwangsläufig eine Interdependenz schaffen. Das Leitmotiv war, mit anderen Worten, Gemeinsamkeit ohne Vorherrschaft der Stärkeren und keine Autarkie – weder politische noch wirtschaftliche.

Aus dieser Auffassung von Unabhängigkeit ergibt sich auch die Forderung nach gleichberechtigter Zusammenarbeit und Stärkung der wirtschaftlichen Stellung der Entwicklungsländer als der einzig sicheren Gewähr für ihre Gleichberechtigung und die Erhaltung ihrer Selbstbestimmung bzw. Unabhängigkeit. Daß diese Grundhaltung die Eingliederung der Entwicklungsländer in die Blöcke der entwickelten Länder ausschloß, liegt auf der Hand, hätten sie doch innerhalb dieser Blöcke keine andere Stellung einnehmen können, als die gehorsamer Vertreter der Politik des betreffenden Blocks, die dazu noch eine Politik des kalten Kriegs war, ohne daß sie irgendeinen Einfluß auf diese Politik hätten nehmen können.

Diese Grundkonzeption schloß ein Zusammengehen – sei es nun in Form eines Bündnisses oder in Form einer Aktionsgleichschaltung – mit jedem der beiden Blöcke aus, ließ aber ebensowenig die Einnahme einer feindlichen Haltung gegen einen von ihnen zu. Die Blöcke wurden als Produkte des Konflikts zwischen den größten Mächten und den mit ihnen verbundenen Staaten, als Niederschlag der ungesunden Beziehungen in der Welt begriffen. Aus der Distanz zu den Blöcken erwuchs somit die Verpflichtung zu Aktionen, die vielleicht dazu beitragen würden, die allgemeinen Beziehungen zu verbessern und damit die Blöcke – zumindest ein wenig – aufzubrechen.

Diese Einstellung beinhaltet wohl die Möglichkeit einer Zusammenarbeit mit den Blöcken und der Unterstützung von Vorschlägen und Aktionen des einen oder anderen von ihnen, jedoch auch die Möglichkeit der Ablehnung von Standpunkten in bestimmten Fragen, selbst dann, wenn sich die Blöcke darin einig sind. Der Sinn dieser Konzeption war die Unterbindung jeglicher auf eine Abgrenzung von Einflußzonen und somit eine Aufteilung der Welt zwischen den Blöcken abzielenden Aktivität sowie jedweden Versuchs zur Schaffung eines Kondominiums oder zu einer Verständigung der Großen über das Geschick der Kleinen und der sonstigen Länder und Völker.

Es braucht nicht betont zu werden, daß diese Grundkonzeption eine sehr gute Aufnahme in all den Ländern fand, die ihre führenden Staatsmänner Anfang September 1961 zu der Konferenz nach Belgrad entsandten. Dies zeigte sich bereits auf dem vorbereitenden Treffen in Kairo bei der Ausarbeitung der Tagesordnung. Bevor wir dieses Dokument in Augenschein nehmen, muß darauf hingewiesen werden, daß diese Tagesordnung ebenso wie die Tagesordnungen der Folgekonferenzen kein genau der Reihe nach festgelegtes Programm der auf der Konferenz zu behandelnden Fragen darstellten; sie waren eher eine Aufzählung der Probleme, die in der Debatte und im Schlußkommuniqué zur Sprache kommen sollten.

Die im Juni 1961 in Kairo zusammengestellte Tagesordnung war selbstverständlich nur ein Vorschlag, der aber gleich zu Beginn der Konferenz am 1. September von allen Teilnehmern einstimmig angenommen und damit zur offiziellen Konferenztagesordnung wurde. Sie enthält sechs Punkte, die die Festigung des Friedens und der Sicherheit betreffen:

1. Das Selbstbestimmungsrecht der Völker und der Kampf gegen Imperialismus, Kolonialismus und Neokolonialismus;
2. Respektierung von Souveränität und Integrität bei Nichteinmischung in die inneren Angelegenheiten;
3. Rassendiskrimination und Apartheid;
4. Allgemeine Abrüstung, Einstellung der Kernwaffenversuche, Auslandsstützpunkte;
5. Die friedliche Koexistenz;
6. Die Rolle der Vereinten Nationen, ihre Zusammensetzung und die Respektierung ihrer Resolutionen.

Danach folgen Probleme einer anderen Kategorie: Probleme der ungleichen Entwicklung, Verbesserung der internationalen Zusammenarbeit auf wirtschaftlichem und technischem Gebiet.

Die Tagesordnung dieser ersten Konferenz wurde deshalb so ausführlich angeführt, weil sie zugleich eine Liste der Probleme ist, mit denen sich die Blockfreienbewegung von da ab die ganze Zeit ihres heute 20jährigen Bestehens hindurch befassen sollte. Hinsichtlich besonderer, zu dem gegebenen Zeitpunkt aktueller Einzelaktionen wurden bei jeder Konferenz detailliertere Formulierungen aufgestellt; der Rahmen jedoch wurde nach wie vor von der ersten Tagesordnung bestimmt. Die Debatte bei der Belgrader Konferenz hielt sich dann auch wirklich an die vorbezeichneten Punkte, und diese fanden ihren Niederschlag auch in der Deklaration von Belgrad, die ja wiederum den Inhalt der Debatte widerspiegelt.

Eröffnet wurde die Konferenz am 1. September 1961 von Tito als Gastgeber; und seine Eröffnungsrede war die erste Rede, die vor einem formell konstituierten Forum der Blockfreienbewegung gehalten wurde. Daher verdient ihr Inhalt auch in Erinnerung gerufen zu werden. Sie könnte als Auftakt zur Geschichte der Bewegung bezeichnet werden, obwohl der Redner bemüht war, nicht zu präjudizieren, was sich erst aus der Beratung und dem Konsens der versammelten Staatsmänner ergeben sollte.

Eingangs erinnerte Tito an die Zusammenarbeit zwischen einigen der anwesenden Blockfreienführern bei der Vollversammlung der Vereinten Nationen vor einem Jahr, als auf Antrag dieser Staatschefs die Resolution über die Entkolonialisierung angenommen wurde. Dann erinnerte er an die Konferenz von Bandung als bedeutsame Zusammenkunft eines Teils der nunmehr in Belgrad versammelten Länder und betonte auch die Bedeutung der Formierung einer gemeinsamen Organisation der unabhängigen Länder Afrikas.

Sodann ging er auf die gerade begonnene Konferenz ein. Er sprach von ihr als von einer allgemeinen Vereinigung blockfreier Länder, die er als »Gewissen der Menschheit« bezeichnete – ein Terminus, der von da an bei der Definition der Rolle der Blockfreien oft gebraucht worden ist. Er hob die Rolle dieses

Zusammenschlusses hervor, der eine Mobilisierung jener Länder darstelle, die bisher vorwiegend ein Objekt der Politik der Großmächte und der entwickelten Industrieländer gewesen seien. Zudem unterstrich er, daß dieser Zusammenschluß nicht den Charakter einer Art dritten Blocks, sondern die Aufgabe habe, das Einvernehmen und die Einhelligkeit dieser Länder bei der Durchführung gemeinsamer Aktionen im Zusammenhang mit fundamentalen Problemen zu ermöglichen.

Die Blockfreien seien gegen die Bildung von Blöcken, da es zwischen Blöcken offenbar nur Rivalität und Konfrontation gebe. Ziel der Blockfreien sei die Entwicklung und Stärkung einer allgemeinen internationalen Zusammenarbeit im Interesse aller Völker, weil damit die Bestrebungen der Großmächte, allen anderen ihre Interessen und ihre Politik aufzuoktroyieren, vereitelt würden.

In seiner Eröffnungsrede unterstrich Tito ferner die Notwendigkeit eines allgemeinen Einvernehmens in allen Grundfragen für das aus dieser Konferenz hervorgehende allgemeine und langfristige Programm. Eingedenk der Schwierigkeiten bei der Herbeiführung einstimmiger Beschlüsse über aktuelle Fragen schlage er vor, deren Regelung vorwiegend auf bilateralem Weg zwischen den unmittelbar betroffenen Parteien zu betreiben. Und im Hinblick auf die Schwierigkeiten, die sich aus unterschiedlichen Interessen im Rahmen der aktuellen Politik ergäben, müsse er, so fuhr der Redner fort, noch einmal unterstreichen, daß in der derzeitigen schweren Lage über alle bedeutsamen und grundlegenden Fragen durch Konsens entschieden werden müsse. Nur wenn sie einig seien, könnten die blockfreien Länder die Rolle in der Welt spielen, die ihnen zukomme.

Mit dieser Rede, deren Gedanken und Thesen allgemein Billigung fanden, wurde also der Grundsatz festgelegt, daß die Bewegung ihre Beschlüsse nicht mit Stimmenmehrheit, sondern aufgrund allgemeiner Übereinstimmung zu fassen habe. An diesem Grundsatz wurde auch in den schwierigsten Situationen festgehalten, in denen sich innerhalb der Bewegung ernsthafte Differenzen in den Ansichten über die aktuellen, ja, sogar über langfristige Probleme ergaben, wie dies etwa bei der Konferenz in Havanna der Fall war.

Bei der allgemeinen Debatte sprachen alle Delegationsleiter, doch wir können uns damit begnügen, nur auf einige der wichtigsten Reden einzugehen, da gerade die in diesen Reden vorgebrachten Thesen als Grundlage für die endgültige Formulierung des Schlußakts der Konferenz, d. h. der Belgrader Deklaration, dienten. Diese Deklaration aber diente ihrerseits später wiederum als Vorbild für die Abfassung ähnlicher Dokumente bei den folgenden Konferenzen der Länder der Blockfreienbewegung. Die nachstehenden Inhaltsangaben der betreffenden Reden werden in der Reihenfolge gebracht, in der diese Reden gehalten wurden.

Der ägyptische Präsident Nasser stimmte Titos Formulierung zu, daß die Blockfreienbewegung das »Gewissen der Menschheit« sei. Er unterstützte auch die These, daß es hier nicht um die Schaffung eines neuen weltpolitischen Blocks gehe, der sich dem einen oder dem anderen der vorhandenen Blöcke entgegenstellen würde. Die blockfreien Länder müßten mit allen anderen Ländern einschließlich der größten und mächtigsten zusammenarbeiten. Wesentlich sei, daß sie dabei ihre eigenen, besonderen Positionen, vor allem ihre unabhängige Stellung beibehielten – Voraussetzung für die Festigung der internationalen Zusammenarbeit und des Weltfriedens. Die Blockfreien müßten sich über die Vereinten Nationen in den Gesamtablauf des Weltgeschehens einschalten.

Sein besonderes Augenmerk richtete Nasser auf die wirtschaftliche Ungleichheit, wobei er die drückende Lage der Entwicklungsländer unterstrich, die in jeder Hinsicht schlimm daran seien. Dieses Problem verdiene die besondere Aufmerksamkeit der blockfreien Länder, da es hier um die Ausbeutung der Entwicklungsländer durch die entwickelten und leistungsstarken Länder gehe, die damit ihre privilegierte Stellung in der Welt festigen wollten. Die Blockfreien müßten in allen internationalen Körperschaften, insbesondere aber innerhalb der Vereinten Nationen aktiv sein. Doch dies schließe die Zusammenarbeit mit allen anderen internationalen Organisationen nicht aus, selbst mit jenen nicht, an denen die Großmächte aktiven Anteil hätten und die bereits in der internationalen Arena in Aktion getreten seien. Bei dieser Zusammenarbeit und diesen Verbindungen mit allen Organisationen müßten jedoch die grundlegenden Ziele der Blockfreienbewegung im Auge behalten werden. Hierbei berief sich Nasser auch auf einige frühere diesbezügliche Erfahrungen, die in verschiedenen Teilen der Welt gemacht worden seien.

Aus den konkreten Problemen des aktuellen Geschehens griff Nasser zunächst die außerordentlich gespannten Beziehungen zwischen den Vereinigten Staaten und der Sowjetunion heraus, wobei er auch auf den mißglückten Versuch einer Normalisierung dieser Beziehungen bei der Begegnung zwischen Kennedy und Chruschtschow in Salzburg hinwies, der auf den bei der letztjährigen Vollversammlung der Vereinten Nationen in New York ergangenen Appell von fünf blockfreien Ländern hin unternommen worden war.

Zum Schluß sprach Nasser auch über die besonderen Probleme der Völker des afrikanischen Kontinents, auf dem noch immer Kolonien bestünden, während gleichzeitig von außen her eine intensive Einmischung in die inneren Angelegenheiten der unabhängigen Länder betrieben würde, die sich erst vor kurzem vom Kolonialismus befreit hatten. Auch vom Nahen Osten sprach er und von dem in diesem Teil der Welt vor sich gehenden Kampf der Araber um eine unabhängige Existenz in Nationalstaaten. Dabei wies er auf die Rolle Israels als Gegner der arabischen Bestrebungen hin.

Indonesiens Präsident Sukarno wählte als Hauptthema seiner Rede das Problem des Kolonialismus sowie das Trachten der einstigen Kolonialmächte nach einer Wiederherstellung und Verstärkung ihres Einflusses und ihrer Vorherrschaft in ihren ehemaligen unabhängig gewordenen Kolonien. Bei seinen Ausführungen verwendete er den Terminus »Neokolonialismus«, der in der dritten Welt bereits verbreitet war und zu einem gebräuchlichen Ausdruck auch in der Blockfreienbewegung wurde.

Bei seinen Darlegungen stützte sich Sukarno weitgehend auf die Erfahrungen seines Landes, das am Ausgang des Kriegs 1945 unverzüglich seine Unabhängigkeit proklamiert hatte, die jedoch von seiten seines ehemaligen Mutterlandes angefochten und mit Waffengewalt rückgängig zu machen versucht worden war. Der Unabhängigkeitskampf Indonesiens hatte sich so bis 1950 fortgesetzt; und Sukarno wies auch darauf hin, daß Teile des indonesischen Archipels noch immer unter kolonialer Herrschaft stünden und der Entkolonialisierungsprozeß dort noch nicht abgeschlossen sei.

Sukarno sprach sich ebenfalls für ein aktives und geschlossenes Auftreten der Blockfreien bei den Debatten innerhalb der Vereinten Nationen aus. Insbesondere, so betonte er, müßten die UN von den Ideen überzeugt werden, von denen die hiesige Versammlung durchdrungen sei; und in diesem Sinn seien auch die dort eingesetzten Abstimmungsmechanismen abzuschaffen. Im Zusammenhang damit stellte er die Unabhängigkeitsprobleme aller Völker heraus und unterstrich die Notwendigkeit einer angemessenen Lösung der grundlegenden Probleme, die den größten Teil der Menschheit bedrückten. Hierbei wies er auch auf die negative Rolle hin, die das Wettrüsten zwischen den Großmächten, insbesondere zwischen den Vereinigten Staaten und der Sowjetunion, in dieser Hinsicht spiele.

Völlig verschieden von den beiden vorhergehenden Reden war die Rede des indischen Ministerpräsidenten Jawaharlal Nehru, und zwar nicht nur in bezug auf die Wahl des Grundthemas, sondern auch, wie man zu sagen versucht ist, schon hinsichtlich der Behandlung der Problematik der Konferenz an sich. Nehru widmete seine ganze Rede dem schlechten Stand der Beziehungen zwischen den beiden größten Weltmächten, ohne sich zu den langfristigen und grundlegenden Problemen zu äußern, die von allen übrigen auf dieser Konferenz versammelten Staatsmännern angesprochen wurden. Das Konzept der Blockfreiheit definierte er als Nichtzugehörigkeit zu den Blökken und als Widerstand gegen jegliches Engagement. Daraus leitete er die Schlußfolgerung ab, daß die Grundpflicht dieser Konferenz darin bestehe, sich um eine Lösung der unerträglichen Spannung zwischen den beiden Weltmächten zu bemühen. Gelänge dies nicht, so seien alle schönen Reden über langfristige Probleme wenig wert.

In Umkehrung der vom Gastgeber in seiner Rede aufgestellten Rangordnung vertrat Nehru die Ansicht, daß die aktuelle politische Krise zwischen den Großmächten unter den Anliegen dieser Konferenz an erster Stelle zu stehen habe und daß die langfristigen und grundlegenden Probleme der Entwicklungsländer zweitrangig seien und ihre Behandlung vor der Erörterung der aktuellen politischen Lage zurückstehen müsse. Mit dieser Haltung blieb Nehru auf der Konferenz allein, da alle übrigen Redner die eingangs von Tito aufgestellte Rangordnung akzeptierten. Damit war die Rolle dieser Konferenz festgelegt, ebenso wie auch die Richtschnur für das Vorgehen der Bewegung, die auch nach Havanna beibehalten wurde, wo sich erneut Bestrebungen nach einer Umorientierung in Form einer Abkehr von den langfristigen Problemen zeigten, die allerdings von ganz anderen Gesichtspunkten ausgingen.

In diesem Zusammenhang ist unbedingt klar herauszustellen, daß Nehrus Forderung nach Bevorzugung der aktuellen Fragen auf den Prinzipien der Nichtgebundenheit fußte, während die späteren Versuche in dieser Richtung durch die Bindung an einen der Blöcke – besonders den sowjetischen – inspiriert waren. Ferner ist auch hervorzuheben, daß Indien nach der Belgrader Konferenz den Standpunkt Nehrus nicht mehr wiederholte, sondern die Hauptaufgabe der Bewegung ebenfalls in dem Bemühen um eine Regelung der grundlegenden Weltprobleme sah und sich mit am aktivsten dafür einsetzte.

Am Ende seiner Rede erwähnte Nehru auch die Berlinfrage

als Gegenstand besonders scharfer Kontroversen zwischen den beiden Weltmächten. Die Beziehungen zu diesen, schloß er, bildeten den Kernpunkt der internationalen Probleme; und er schlug daher vor, die Konferenz solle einen besonderen Appell an die Weltmächte richten und so versuchen, mit dazu beizutragen, daß sich die Beziehungen zwischen ihnen entspannten.

In seiner Rede unterstrich Nehru wohl auch die Dringlichkeit der Fragen der Entkolonialisierung und eines Verbots der Kernwaffenversuche; doch brachten ihn all diese Probleme stets wieder zu der Schlußfolgerung, daß es vor allem notwendig sei, auf die Beziehungen zwischen den Weltmächten einzuwirken.

Kuba wurde auf der Konferenz von dem seinerzeitigen Präsidenten der Republik, Dorticos Torrado, vertreten, der in seiner Rede wohl auch hervorhob, wie sehr Kuba der Sache der Blockfreiheit ergeben sei, und die Bedeutung der Frage des Kolonialismus in der Gegenwart unterstrich, den Hauptteil seiner Ausführungen jedoch der Schilderung des Kampfs und der Entwicklung seines Landes widmete, wobei er insbesondere auf dessen Beziehungen zu den Vereinigten Staaten einging. Den Vorrang in der Reihenfolge der zu regelnden Probleme räumte er der Entkolonialisierung, dem Kampf gegen den Neokolonialismus und der wirtschaftlichen Entwicklung der minderentwickelten Länder ein.

Die damaligen Ausführungen des kubanischen Präsidenten lassen klar erkennen, daß die Mitgliedschaft Kubas in der Blockfreienbewegung anfangs keine Schwierigkeiten machte und daß Kuba seinerzeit keine Ansichten vertrat, die den grundlegenden Richtlinien der Bewegung, wie sie beim Abschluß der Belgrader Konferenz einmütig festgelegt wurden, zuwidergelaufen wären, sondern daß es diese Richtlinien in vollem Umfang akzeptierte. Dies sollte man im Hinblick auf die Thesen über die in den ausgehenden siebziger Jahren in der Bewegung aufgekommenen Streitigkeiten festhalten. Als Ursachen dafür wurden die gestiegene Zahl der Teilnehmerländer und die dadurch in die Bewegung hineingetragenen divergenten Standpunkte genannt. Kuba, das in Havanna die tragende Kraft der Opposition bildete, war von Anfang an in der Bewegung, schwenkte jedoch erst in den siebziger Jahren auf eine neue Linie ein. So läßt sich an seinem Auftreten in Belgrad und Havanna erkennen, daß die Entwicklung der Bewegung in den siebziger Jahren keine Folge der geographischen Ausweitung der Bewegung, sondern ausschließlich politisch bedingt war.

Bei der anschließenden Debatte, etwa bei Halbzeit der Konferenz, sprach Tito im Namen Jugoslawiens. Diese Rede war länger und inhaltsreicher als seine Eröffnungsrede; doch lagen auch ihr wieder seine zuvor aufgestellten Thesen zugrunde; dort waren sie nur in sehr komprimierter Form gebracht worden, während sie nun breiter ausgeführt und weiterentwickelt wurden. Diese zweite Rede bildete gleichzeitig auch eine Art mündlicher Entwurf für das Schlußkommuniqué, das von Jugoslawien als dem Gastgeberland ausgearbeitet wurde. Es ist somit kein Zufall, daß der Wortlaut dieser Rede dem der Deklaration ähnelt, die aufgrund des jugoslawischen Entwurfs zustande kam und nach Einbringen von Amendements durch die übrigen Teilnehmer am Schluß angenommen wurde.

Unter den Problemen, auf die Tito besonders einging, stand an erster Stelle die Frage der Aufrüstung, und im Zusammenhang damit wies er ausdrücklich auf das Tempo wie auf die historische Tragweite des Wettrüstens hin. Er vertrat die Ansicht, daß die Behandlung dieses Problems einen breiteren Rahmen erforderte, als es der eines exklusiven Treffens der Großmächte sei, und stellte einen förmlichen Antrag, daß den Vereinten Nationen die Abhaltung einer besonderen Abrüstungskonferenz vorgeschlagen werden solle. Die Einsparungen, die durch eine Senkung der Rüstungsausgaben gewonnen werden könnten, sollten für die Unterstützung einer beschleunigten und umfassenden Entwicklung der unterentwickelten Länder eingesetzt werden.

Im Zusammenhang mit diesem Problem schlug er auch als

Übergangsmaßnahme eine Einschränkung der derzeitigen Rüstungsproduktion sowie eine entsprechende Vereinbarung über den Rüstungsstopp als erste Schritte zur Abrüstung vor. Zugleich sollten die Vorräte an Spaltmaterial verringert und dieses sollte den Entwicklungsländern für friedliche Zwecke zur Verfügung gestellt werden. Zudem sollten die Kernwaffenversuche eingestellt werden.

Die Deutschlandfrage wurde von Tito in ihrem Gesamtumfang, einschließlich des Problems der Oder-Neiße-Grenze, zur Sprache gebracht, d. h. in dem Umfang, in dem sie zehn Jahre später in den – erfolgreichen – Verhandlungen der Bundesrepublik Deutschland mit dem Osten trätiert werden sollte. Titos Darlegung sah einen Vertragsabschluß unter Hinzuziehung beider deutscher Staaten vor, der Bundesrepublik Deutschland und der Deutschen Demokratischen Republik.

Die Kolonialfrage behandelte er als eine der großen und grundlegenden Probleme jener Zeit; doch berührte er auch einige konkrete Punkte. Besonders hob er das Problem Algerien hervor, für das er die volle Unabhängigkeit forderte, dann aber auch die Frage der restlichen Kolonien in Afrika einschließlich des südafrikanischen Apartheid-Problems. Hervorgehoben wurden auch die Probleme des Konflikts um Bizerta, der dadurch entstanden war, daß sich Frankreich, ungeachtet aller Vorstellungen Tunesiens, weigerte, seinen Militärstützpunkt dort aufzulösen. Auch das Problem des Kongo (des nunmehrigen Zaire) würde unter dem Aspekt der ausländischen Einmischung in die Verhältnisse dieses Landes angeschnitten. Tito unterstrich ferner, daß die blockfreien Länder die provisorische algerische Regierung unterstützen müßten und daß diese bereits einen offiziellen Vertreter in Belgrad habe.

Deutlich führte Tito der Konferenz die Gefahren vor Augen, die sich aus den Bestrebungen ergäben, den Befreiungskampf der einzelnen Völker im Rahmen des zwischen den zwei Großmächten schwelenden kalten Kriegs auszuschlachten. Die den Befreiungsbewegungen gewährte Unterstützung dürfe nicht zur Einschränkung ihrer Aktionsfreiheit mißbraucht werden. Sie müßten selbst über ihre Politik und ihre Ziele entscheiden können. Im Zusammenhang damit berief er sich auf die Resolution über die Entkolonialisierung, die bei der letzten Tagung der UN-Vollversammlung gefaßt worden war.

Einer der wichtigsten Abschnitte der Rede Titos war der, in dem er die Weltwirtschaftsprobleme behandelte. In diesem Teil seiner Rede schlug er vor, die Konferenz solle bei den Vereinten Nationen einen Antrag auf Einberufung einer Sonderkonferenz oder auch auf Abhaltung einer Sondertagung der Vollversammlung zur Behandlung der Probleme der wirtschaftlichen Entwicklung in der Welt einreichen. Dieser Abschnitt der Rede und das Aufgreifen dieses Vorschlags in der Belgrader Deklaration bildeten die Ausgangsbasis für einen entsprechenden Antrag, der einige Wochen später auf der Vollversammlung der Vereinten Nationen gestellt wurde. Wie bekannt, erfolgte auf diesen Antrag nach langwierigen Debatten und Überwindung des Widerstands der entwickelten Industrieländer die Einberufung der UNCTAD-Konferenz (der Konferenz der Vereinten Nationen für Handel und Entwicklung), die im Frühjahr 1964 in Genf abgehalten wurde. Aus dieser Konferenz erwuchs eine Institution gleichen Namens, die seither zu den UN-Unterorganisationen gehört und als solche permanent tätig ist.

Doch Tito befaßte sich auch mit der blockmäßigen Abkapselung in Form des Zusammenschlusses zu besonderen Organisationen für wirtschaftliche Zusammenarbeit, die die freie Entwicklung der wirtschaftlichen Zusammenarbeit in der Welt behinderten, was sich auch für die Entwicklungsländer nachteilig auswirke. Er forderte dabei ausdrücklich den Abbau und die stufenweise Aufhebung aller Barrieren, die eine allseitige weltweite Wirtschaftsentwicklung und einen umfassenden Handelsaustausch behinderten.

Nach diesem Thema wandte Tito sich einem weiteren gewichtigen Problem zu, nämlich der Koexistenzfrage. Dabei verwies er auf das Beispiel Jugoslawiens, das Beziehungen zu

Ost- und Westländern unterhalte und zudem aktiv an der Blockfreienbewegung teilnehme. Die Anwendung des Begriffs der Koexistenz auf das Nebeneinanderbestehen der Blöcke jedoch lehnte er ab; dieses könne bestenfalls eine Art Waffenstillstand sein, da die Blöcke in der Ära der Kaltkriegskonfrontation errichtet worden seien und einen entsprechenden Zweck erfüllten. Blockorganisationen führten stets zur Konfrontation; diese wiederum führe zu einer Verschärfung der Kriegsgefahr. Koexistenz aber dürfe nicht als Taktik begriffen werden, sondern sei als eine Beziehung von Dauer aufzufassen.

Abschließend schlug er vor, die Koexistenzprinzipien ausführlich zu definieren und nach gründlichem Studium der Materie einen Antrag zu verfassen und den Vereinten Nationen zur Annahme vorzulegen – als Dokument, das als Richtschnur für die internationalen Beziehungen der Gegenwart dienen sollte.

Diese Initiative wurde ebenfalls angenommen und zu einem Bestandteil der Deklaration gemacht; und aufgrund dieses Beschlusses nahm die folgende Konferenz, die von Kairo, tatsächlich eine Definition der Koexistenzprinzipien vor und legte diese der Vollversammlung zur Annahme vor. Diese Initiative bewirkte, daß bei der Vollversammlung von 1970 im Rahmen der 25-Jahr-Feier des Bestehens der Vereinten Nationen eine Sondererklärung angenommen wurde, die die 1964 in Kairo ausgearbeiteten Vorschläge in leicht modifizierter Form enthielt.

Schließlich warf Tito noch einen Blick auf die aktuellen Probleme der Vereinten Nationen, so etwa die Schwierigkeiten, auf die der Generalsekretär stieß. Diesem, so regte er an, müsse bei der Ausübung seiner heiklen Funktion geholfen werden; und dann sei auch eine Erweiterung des Sicherheitsrats sowie des Wirtschafts- und Sozialrats erforderlich. Auch diese Initiativen wurden angenommen und letzten Endes in den Vereinten Nationen realisiert. Beide Räte wurden erweitert und damit in ihnen Raum geschaffen für eine größere Anzahl von Blockfreienländern.

An der Konferenz nahmen auch Vertreter der provisorischen

Regierung von Algerien teil, obwohl dieses damals noch unter französischer Herrschaft stand. Damit war ein Präzedenzfall geschaffen für die spätere Zulassung von Vertretern der Palästinensischen Befreiungsorganisation PLO und der Organisation der Völker Südwestafrikas SWAPO zu den Konferenzen der Staatschefs der Blockfreien. Im Namen Algeriens sprach damals der Chef der provisorischen algerischen Regierung, die ihren Sitz in Tunis hatte, Ben Heda. Ben Heda stellte, was durchaus begreiflich ist, den Kampf gegen den Kolonialismus in den Mittelpunkt seiner Ausführungen. Er verwies auf den langjährigen schweren Unabhängigkeitskampf des algerischen Volks gegen die französische Kolonialherrschaft und erstattete auch einen Bericht über den Verlauf der Verhandlungen seiner Regierung mit der Regierung Frankreichs über die Gewährung der vollen Unabhängigkeit für Algerien. In diesem Teil seiner Ausführungen hob er die harten Bedingungen Frankreichs hervor, die für Algerien unannehmbar seien: Forderungen wie die nach Abtretung eines Teils des algerischen Staatsgebiets an Frankreich zwecks Errichtung militärischer Stützpunkte, nach Einräumung von Sonderrechten in der Sahara oder gar nach Abtrennung jenes Teils Algeriens, der reiche Rohstoff- und Erdöllager enthalte.

Zum Abschluß der Debatte sprachen auch die Vertreter des Kongo (des nunmehrigen Zaire), die mit erheblicher Verspätung zu der Zusammenkunft in Belgrad eingetroffen waren. Zu dieser Zeit nämlich war es zu einer Vereinigung der beiden kongolesischen Fraktionen gekommen, und anstelle zweier Regierungen, von denen eine von Gizenga und die andere von Adoula geführt worden wäre, war eine gemeinsame Regierung gebildet worden. Doch im Hinblick auf die Empfindlichkeit beider Politiker war vereinbart worden – und diese Vereinbarung hatte auch die Zustimmung der Konferenzteilnehmer gefunden –, daß beide auf der Rednerbühne auftreten könnten. Als erster sprach Cyrill Adoula, der Präsident, und nach ihm Antoine Gizenga, der Vizepräsident der gemeinsamen Regierung. Sie sprachen über die Lage in Afrika, auf dem größten Schauplatz des antikolonialen Kampfs zu jener Zeit, jedoch auch über die Verhältnisse in ihrem Land und das Programm der vereinigten Regierung.

Die auf der Belgrader Konferenz herrschende enthusiastische Atmosphäre, ausgelöst allein schon durch die Tatsache, daß eine so breite Versammlung zustande gekommen war, spiegelt sich auch darin wider, daß es im Verlauf der Konferenz ohne vorherige Ankündigung zu einer gemeinsamen Erklärung Kambodschas, Malis und Jugoslawiens kam, mit der diese drei Länder die algerische Regierung de jure anerkannten. Für ein Verständnis dieser Stimmung tut es not, sich vor Augen zu halten, daß sehr viele der heute selbständigen Länder damals ihre Unabhängigkeit noch nicht erlangt hatten und die Konferenz so tatsächlich eine sehr eindrucksvolle Versammlung der führenden Staatsmänner der dritten Welt war. Die hohen Teilnehmerziffern späterer Konferenzen waren damals natürlich noch unvorstellbar.

Zugleich weckte auch der Umstand in den Teilnehmern großes Selbstvertrauen, daß die gesamte Debatte ohne Konflikte verlief, ja, sogar ohne daß es nennenswerte Differenzen in den einzelnen Standpunkten gegeben hätte. Der bereits erwähnte Unterschied zwischen der Art Nehrus, an die Dinge heranzugehen, und der der anderen Redner war nicht Ausdruck einer standpunktbedingten Divergenz zwischen dem indischen Ministerpräsidenten und den übrigen Staatsmännern, sondern ließ lediglich das Vorhandensein verschiedener Betrachtungsweisen in bezug auf die vorzunehmende Einstufung der langfristigen bzw. der aktuellen Fragen erkennen. Nehrus Einstellung entsprang ganz offensichtlich, wie dies auch der Wortlaut seiner Rede verrät, dem Umstand, daß er besorgter in die Zukunft blickte und größere Erwartungen in eine direkte Aktion der Konferenzteilnehmer setzte als die anderen. Wie sich später zeigte, zeitigte der dann doch ergangene Appell der Konferenz kein sofortiges Ergebnis; andererseits konnte der Stand der

Beziehungen zwischen den beiden Supermächten kein ernsthaftes Hindernis für langfristige Aktionen der Bewegung bilden.

bb) Abschlußdokumente der Konferenz

Die Ausarbeitung des Entwurfs für die Deklaration übernahm die Delegation Jugoslawiens als des Gastgeberlandes. Diese Praxis wurde auch bei den Folgekonferenzen beibehalten und wurde zu einer feststehenden Prozedur der Bewegung. Der Entwurf der Erklärung der anwesenden Staatschefs für die UN-Vollversammlung wurde von einem parallel zur Konferenz tätigen Sonderausschuß ausgearbeitet, in dem sämtliche Delegationsleiter vertreten waren. Die Bildung eines solchen Komitees wurde ebenfalls bei allen Folgekonferenzen wiederholt, ebenso wie die Praxis, den Wortlaut einer solchen Erklärung von den Delegationschefs in geschlossener Sitzung billigen oder ihren Vorstellungen gemäß entsprechend überarbeiten zu lassen.

Ungewöhnlich bei der Belgrader Konferenz war, daß neben der Deklaration noch ein an die beiden Weltmächte, die Vereinigten Staaten und die Sowjetunion gerichteter Appell, sowie darüber hinaus noch ein besonderer Brief, der nach seiner Unterzeichnung durch alle Konferenzteilnehmer ebenfalls diesen beiden Mächten zuging, erstellt wurden. Dieser Schritt, der eine direkte Aktion hinsichtlich der aktuellen politischen Weltlage darstellte, erfolgte im Rahmen der Suche nach einem Ausgleich der Differenz zwischen den Ansichten Nehrus und den der übrigen Konferenzteilnehmer. Im übrigen waren Tito, Nasser, Sukarno und Nkrumah zusammen mit Nehru erst vor einem Jahr bei der Vollversammlung der Vereinten Nationen in New York in derselben Richtung tätig gewesen.

Der Unterschied zwischen damals und jetzt bestand darin, daß in Belgrad die übrigen Konferenzteilnehmer der Frage der Beziehungen zwischen den Großmächten keine so große Bedeutung beimaßen und keine so dringende Notwendigkeit für einen Aufruf der Konferenz an die Großmächte erkennen konnten. Die beiden unterschiedlichen Standpunkte wurden in der Weise miteinander in Einklang gebracht, daß beschlossen wurde, sowohl eine Erklärung abzugeben, die die langfristigen und grundlegenden Probleme der Blockfreien und der Entwicklungsländer zum Gegenstand haben sollte, als auch einen Appell an die Staatschefs Amerikas und der Sowjetunion zu richten und ihnen überdies einen Brief zugehen zu lassen.

Die Deklaration selbst, der der von Jugoslawien erstellte Entwurf zugrunde lag, enthielt alle Probleme, die in der Debatte behandelt und bereits in der von der Konferenz zu Beginn ihrer Tätigkeit angenommenen Tagesordnung aufgeführt worden waren, umfaßte nun zusätzlich aber noch einige Fragen der aktuellen Beziehungen in der Welt einschließlich spezieller Aktionen und spezifischer Probleme der einzelnen Teilnehmerländer. All diese Fragen sind – ebenso wie einige konkrete Vorschläge zu allgemeinen und grundlegenden Problemen – in kurzen durchnumerierten Absätzen im Schlußteil der Deklaration enthalten.

Die Deklaration beginnt mit allgemeinen Angaben über die Konferenz und einer Aufzählung der Teilnehmerländer – diese Einleitung wurde ebenfalls einheitlich in alle späteren Deklarationen übernommen. Sie enthält auch eine Beurteilung der Weltlage, in der hervorgehoben wird, daß sich die Welt in einer Übergangsperiode befinde, einer Periode des Übergangs »von der alten, auf Dominanz gestützten Ordnung zu einer neuen Ordnung, die sich auf die Zusammenarbeit zwischen den Völkern, auf Freiheit, Gleichberechtigung und soziale Gerechtigkeit gründet und die Entwicklung des Wohlstands zum Ziel hat«.

Damit trifft die Belgrader Deklaration eine Optimismus ausstrahlende Feststellung über das näherrückende Ende des Kolonialsystems und der Vorherrschaft der Großmächte über die anderen Länder. Diese Beurteilung diente als Ausgangspunkt für die folgende Formulierung der grundlegenden Aufgaben und der Rolle der Blockfreienbewegung.

Nach der Einleitung folgt der erste Teil der Deklaration, in dem Probleme behandelt werden, die eine Gefahr für den Frieden beinhalten. Hier stehen im Vordergrund der kalte Krieg und die Blockspaltung der Welt überhaupt sowie das Fortbestehen imperialistischer Tendenzen und Ansprüche in der Welt. Gleichzeitig wird auch auf die großen Erfolge hingewiesen, die bei der Bekämpfung des Kolonialismus und des Hegemonialsystems in der Welt erreicht worden sind. Dieser Hinweis nimmt sowohl auf die Entkolonialisierung in Asien und Afrika als auch auf die wachsende Emanzipation der Länder Lateinamerikas Bezug.

Auf den erzielten Ergebnissen baut auch die Entwicklung des Programms der Blockfreien hinsichtlich der Bemühungen um Abrüstung und friedliche Zusammenarbeit aller Länder gemäß den Prinzipien von Gleichberechtigung und Unabhängigkeit auf. Im Zusammenhang damit wird auch auf die Gefahr hingewiesen, die dadurch drohe, daß sich die bestehenden militärpolitischen Bündnisse in Form der Blöcke zu immer mächtigeren militärischen und wirtschaftlichen Gruppen auswachsen, was die Entwicklung normaler Beziehungen in der Welt erschwere und auch zur Erhöhung der Kriegsgefahr beitrage. Aus all dem wird am Ende dieses Teils der Deklaration die Schlußfolgerung gezogen, daß eine gründliche Änderung der allgemeinen Weltlage not tue; und die Konferenz mache die »internationale Gemeinschaft auf die bestehende Situation und auf die Notwendigkeit einer gemeinsamen Anstrengung aller Völker zum Ausfindigmachen eines Wegs zur Festigung des Friedens« aufmerksam.

Der zweite Teil der Deklaration befaßt sich mit den in der Welt vorhandenen gesellschaftlichen und wirtschaftlichen Unterschieden; hier ist die Rede von der friedlichen Koexistenz und der Notwendigkeit der Zusammenarbeit aller Länder ohne Rücksicht auf Unterschiede in bezug auf das politische und wirtschaftliche System und alle sonstigen Verschiedenheiten. Diese Unterschiede, so wird hervorgehoben, müssen nicht zu einer Verschärfung der gegenseitigen Beziehungen und einer Spaltung in feindliche Lager führen. Die Gefahr für den Frieden erwachse nicht aus den zwischen den einzelnen Staaten bestehenden Unterschieden in bezug auf Gesellschaftsordnung und politische Verfassung, sondern aus dem Verhalten im Rahmen der internationalen Beziehungen. An die Stelle der Bedrohung anderer Länder und Völker müsse die Achtung vor den Grundsätzen der friedlichen und aktiven Koexistenz als der Alternative zum kalten Krieg treten.

Hierauf erfolgt der Übergang zum Thema »Entwicklung des Güteraustauschs und enger Beziehungen auf kulturellem Gebiet als Beitrag zur Festigung des Friedens und zur Verstärkung der internationalen Zusammenarbeit«. Dies führt hin zu den letzten beiden Sätzen dieses Teils der Deklaration, die besonders wichtig sind und die auch im Verlauf der Debatte über die Aktionslinie der Bewegung auf der Tagung von Havanna wiederholt wurden. Nachstehend ihr voller Wortlaut:

»Die Konferenzteilnehmer unterstreichen im Zusammenhang damit, daß Koexistenzpolitik ein aktives Bemühen um die Beseitigung der historischen Ungerechtigkeiten und um die Liquidierung der nationalen Unterdrückung bedeutet, wobei gleichzeitig jedem Volk seine unabhängige Entwicklung garantiert wird. Eingedenk der Tatsache, daß ideologische Unterschiede ein notwendiger Bestandteil der gesellschaftlichen Entwicklung sind, vertreten die Teilnehmerländer die Ansicht, daß Völker wie Regierungen darauf verzichten müssen, sich einer Ideologie in irgendeiner Weise zu dem Zweck zu bedienen, um einen kalten Krieg zu führen, Druck auf andere auszuüben oder anderen ihren Willen aufzuzwingen.«

Dieser Passus ist unverkennbar auch heute noch aktuell und wird es ohne Rücksicht auf die Zeitläufte so lange bleiben, als es in der Welt ideologische Unterschiede geben wird. Er zeigt, daß die Blockfreienbewegung ihre Rolle von Anfang an eindeutig festgelegt hat; sie sollte darin bestehen, für die Erhaltung des Friedens und der internationalen Zusammenarbeit einzutreten, wobei es jedem Land überlassen bleiben müßte, seinen Bedürfnissen entsprechend, eine freie Willensentscheidung darüber zu treffen, wie es seine inneren Probleme regeln und welche Richtung es bei seiner Entwicklung einschlagen will. Die Bewegung hat keine einzige Ideologie übernommen und läßt sich bei ihren Aktivitäten nicht von ideologischen Gesichtspunkten leiten, sondern von der Konzeption der Zusammenarbeit zwischen den verschiedenen Systemen.

Diese Ausrichtung hatte sich offensichtlich bereits in den Köpfen der Gründer der Bewegung festgesetzt; sie waren sich vollkommen im klaren darüber, daß immer wieder Versuche unternommen werden würden, die Bewegung als einen Motor oder Transmitter für diese oder jene Politik der Großmächte oder von Machtgruppen zu benutzen.

Nun setzt sich die Konzeption der Bewegung aber nicht für den Status quo ein, sondern sie betont die Notwendigkeit des fortlaufenden Kampfs um die Entwicklung und die Unabhängigkeit jedes Volkes. Es ist dies eine Konzeption, die für alle, die für gesellschaftliche Veränderungen in ihrem Land kämpfen, annehmbar ist und es bleiben wird, da sie von der Prämisse ausgeht, daß jedem Volk die Sorge um die Verwirklichung seiner Bestrebungen selbst zu überlassen sei. Diese Konzeption legt sich mithin auf keine konkrete Form, keinen bestimmten Weg der Entwicklung der Gesellschaft fest, sondern läßt alle Möglichkeiten offen und ist bestrebt, allen gesellschaftlichen Kräften Handlungsfreiheit beim Kampf für die Realisierung ihrer Ziele zu gewährleisten.

Der Schlußteil der Deklaration ist Einzelfragen bzw. konkreten Vorschlägen gewidmet. Dieser Teil sollte in den späteren Deklarationen, d. h. denen der Folgekonferenzen, gewöhnlich die Form einer Reihe von Sonderresolutionen erhalten, die neben dem eigentlichen Abschlußdokument angenommen wurden, das stets als Deklaration bezeichnet wurde, wobei zu vermerken ist, daß häufig auch zwei Deklarationen herausgegeben wurden, eine zu politischen und eine zweite zu Wirtschaftsfragen. In der Belgrader Deklaration enthält dieser Teil zusätzlich zu den numerierten Paragraphen noch eine Einleitung, in der die Funktion der Bewegung und die Art ihrer Tätigkeit definiert werden.

Eingangs heißt es da kurz und bündig, daß die Teilnehmerländer »keinen neuen Block wollen und kein neuer Block werden können«.

Die Rolle dieser Länder wird als ein Faktor zur Erhaltung des Weltfriedens definiert. An dieser Stelle wird auch der Wunsch nach Zusammenarbeit mit allen Ländern einschließlich der Großmächte, deren Stellung in der Welt anerkannt wird, zum Ausdruck gebracht.

Wie die ganze Deklaration, so ist auch dieser Teil in seinem Wortlaut sehr stark komprimiert; mitunter wirkt er in der Formulierung geradezu dürftig und erweckt den Eindruck einer gewissen Unsicherheit oder Zurückhaltung in den Stellungnahmen und Zielsetzungen. Dies ist wohl dem Umstand zuzuschreiben, daß damals in Belgrad noch niemand voraussehen konnte, daß aus dieser Konferenz eine Bewegung solchen Ausmaßes hervorgehen würde, wie sie in den folgenden Jahren tatsächlich zustande kam. Damals hatte die Bewegung noch nicht das Selbstbewußtsein und das Bewußtsein ihrer geschichtlichen Rolle erlangt, die sie später haben sollte, wie bei einem Blick auf die Dokumente der letzten Konferenzen leicht festzustellen ist.

Das Belgrader Abschlußdokument ist vorwiegend ein Appell an Blockfreie, Entwicklungsländer und alle übrigen Staaten der Welt. Die Konferenz präsentierte sich der Welt und der Geschichte noch nicht als Vertreterin des größten Teils der Menschheit. Ihre übernommene Rolle als »Gewissen« der Welt spiegelt eher die Überzeugung wider, daß sie die allgemeinen Interessen der dritten Welt vertritt, läßt jedoch noch nicht erkennen, daß die Blockfreien glauben, diese Welt de facto zu repräsentieren, wie das etwa im Abschlußdokument von Lusaka aus dem Jahre 1970 und noch deutlicher in den darauffolgenden Deklarationen zum Ausdruck kommt.

Das soll jedoch nicht den Eindruck erwecken, als seien sich die Teilnehmer der Belgrader Konferenz nicht bewußt gewesen, daß sie hochwichtige Positionen im Zeitgeschehen vertraten. Sie waren sich dessen sehr wohl bewußt. Im hohem Maß trug dazu auch die Anwesenheit von Vertretern einer beachtlichen Zahl von Befreiungsbewegungen in den damals noch existenten Kolonien bei. Die Aussichten auf den letztendlichen Erfolg dieser Bewegungen waren bereits unverkennbar; und das wiederum deutete darauf hin, daß in Zukunft durch die Verwirklichung der Entkolonialisierung auch die Zahl der Blockfreien wachsen würde.

Dieser Bestandteil des Programms der Blockfreien, die Entkolonialisierung, bildet zugleich auch das Thema der ersten zehn der insgesamt 27 Sonderpunkte, die am Schluß dieses Teils der Belgrader Deklaration aufgeführt sind.

In diesen zehn Punkten wird zur Beschleunigung des weltweiten Entkolonialisierungsprozesses aufgerufen, besonders indes auf die Probleme Afrikas eingegangen. Dabei ist nicht nur vom Kampf für die Abschaffung des Kolonialsystems – dort, wo es noch Bestand hatte –, sondern auch von der Durchsetzung der totalen Unabhängigkeit der neubefreiten Länder die Rede. Besondere Erwähnung finden auch die Zustände im Kongo (Zaire), wo nach einer Reihe weitgehend von außen geschürter und unterstützter Unruhen eben erst eine Regelung der Verhältnisse erfolgt war. Auch die erst kürzlich wegen Bizerta ausgebrochenen Unruhen in Tunesien sowie die Lage in Algerien werden erwähnt. Ein starker Akzent wird auf die Rassendiskriminierung in Südafrika gesetzt.

Punkt 11 betrifft das Problem der Militärstützpunkte der Großmächte auf den Territorien anderer Staaten. Die Unterhaltung solcher Stützpunkte gegen den Willen des Volkes und der Regierung des betreffenden Landes wird scharf verurteilt; und die Großmächte werden aufgefordert, den Willen eines jeden Volkes und Forderungen nach Auflösung von Stützpunkten ausnahmslos zu respektieren. Insbesondere wird das Problem des amerikanischen Stützpunkts Guantanamo auf Kuba angesprochen. In den Punkten 12 und 13 wird dieses Thema eingehender ausgeführt und auf die gesamte Problematik von Unabhängigkeit und Respektierung des Selbstbestimmungsrechts eines jeden Volkes ausgedehnt. Im Zusammenhang damit wird auch verkündet, daß jedes Volk das Recht hat, frei über die auf seinem Territorium befindlichen Naturschätze und Ressourcen zu verfügen. Dieses Recht wird an das allgemeine Selbstbestimmungsrecht auf allen Gebieten einschließlich dem der kulturellen Entwicklung, das nicht durch Druckversuche von außen eingeschränkt werden darf, geknüpft. Daraus ergibt sich auch die Forderung von Punkt 14, in dem das Recht eines jeden Volkes proklamiert wird, auf der Basis der Selbstbestimmung für seine Ansprüche einzutreten, ohne daß jemand berechtigt ist, es daran zu hindern.

Die nächsten beiden Punkte (15 und 16) betreffen das Problem des Wettrüstens. Zunächst wird eine allgemeine und vollständige Abrüstung unter strenger internationaler Kontrolle gefordert. Diese allgemeine Aussage wird dann im anschließenden Punkt in folgenden Einzelforderungen präzisiert: Abschaffung der Streitkräfte, Rüstungsstopp, Auflösung der Auslandsstützpunkte, Einstellung der Waffenproduktion sowie Aufhebung von Einrichtungen für militärische Ausbildung mit Ausnahme der für Zwecke der inneren Sicherheit erforderlichen. Auch wird ein absolutes Verbot der Herstellung, Lagerung und Verwendung nuklearer, thermonuklearer, bakteriologischer und chemischer Waffen sowie der zugehörigen Abschußrampen und Verteilersysteme und der Hilfsmittel für den operativen Einsatz dieser Waffen gefordert.

Die folgenden vier Punkte enthalten dazu Vorschläge für konkrete Maßnahmen. In Punkt 17 wird der Abschluß eines Abkommens über die Nichtbenutzung des Weltraums für

Kriegszwecke und gleichzeitig die Schaffung einer internationalen Agentur zur Förderung der internationalen Zusammenarbeit bei der Nutzung des Weltraums für friedliche Zwecke zum Wohl der gesamten Menschheit gefordert.

Punkt 18 ruft zum Abschluß eines Abkommens über allgemeine und vollständige Abrüstung auf, mit der Auflage, die somit frei werdenden finanziellen und technischen Mittel für die friedliche wirtschaftliche und soziale Entwicklung der Menschheit einzusetzen. Auch wird gefordert, daß die blockfreien Länder an allen Verhandlungen über diese Fragen teilnehmen und die betreffenden Diskussionen unter den Auspizien der Vereinten Nationen abgehalten werden sollen sowie daß die Abrüstung durch ein wirksames Kontroll- und Inspektionssystem garantiert werden soll, an dem auch die Blockfreien beteiligt sein müssen.

Der nächste Punkt (19) enthält die Forderung nach dem Verbot der Kernwaffenversuche; es wird verlangt, dieses Verbot so rasch wie möglich vertraglich zu verankern und bis dahin das bestehende Moratorium zu respektieren. In Punkt 20 wird die Einberufung einer Abrüstungskonferenz oder eine entsprechende Sondertagung der UN-Vollversammlung gefordert.

Von besonderer Bedeutung sind die zwei folgenden Punkte (21 und 22). Sie betreffen die Wirtschaftsprobleme. Diese Punkte fanden den stärksten Anklang und erzielten am raschesten Ergebnisse. Punkt 21 verlangt die Schaffung eines internationalen Fonds für die Finanzierung der Entwicklung in den minderentwickelten Ländern. Begründet wird diese Forderung damit, daß die Konferenzteilnehmer es »für notwendig halten, die Kluft zwischen dem Lebensstandard der wenigen wirtschaftlich fortgeschrittenen und dem der vielen wirtschaftlich minderentwickelten Ländern durch eine beschleunigte wirtschaftliche, industrielle und landwirtschaftliche Entwicklung zu schließen«. Gleichzeitig werden gerechte Handelsbedingungen in Form eines günstigeren Preisverhältnisses zwischen den von den Entwicklungsländern ausgeführten und den von ihnen aus dem entwickelten Teil der Welt eingeführten Erzeugnissen sowie die Weitergabe der technischen Kenntnisse zur Förderung der Entwicklung der minderentwickelten Länder gefordert.

In Punkt 22 wird die Forderung nach Einberufung einer Entwicklungskonferenz erhoben. Der Punkt hat folgenden Wortlaut: »Die Teilnehmerländer fordern alle in der Entwicklung begriffenen Länder auf, wirksam auf dem Gebiet der Wirtschaft und des Handels zusammenzuarbeiten, um der Politik des Drucks auf wirtschaftlicher Ebene sowie den schädlichen Einflüssen zu begegnen, die durch die Wirtschaftsblöcke der Industrieländer geschaffen werden könnten. Sie fordern alle betroffenen Länder auf, so rasch wie möglich die Einberufung einer internationalen Konferenz zu prüfen, die über ihre gemeinsamen Probleme beraten und zu einem Einvernehmen über die Wege und Methoden führen sollte, mit denen alle Benachteiligungen, die ihre Entwicklung behindern könnten, beseitigt würden, einer Konferenz, bei der die wirksamsten Maßnahmen zur Gewährleistung ihrer wirtschaftlichen und sozialen Entwicklung durchdiskutiert und entsprechende Vereinbarungen erzielt werden sollten.«

In Anlehnung daran wird im nächsten Punkt (23) gefordert, die technische Hilfe über die Vereinten Nationen so zu gestalten, daß sie den Ländern, die sie beantragen, Nutzen bringt. Darüber hinaus wird in den beiden folgenden Punkten (24 und 25) eine stärkere Vertretung der Entwicklungsländer im Sicherheitsrat und im Wirtschafts- und Sozialrat der Vereinten Nationen gefordert. Die damalige Mitgliederzahl der beiden Räte lag mit 11 bzw. 18 unter der heutigen, und bei der eingeführten Platzverteilung nach Regionen war keine genügende Beteiligung der Entwicklungsländer gewährleistet.

Die letzten beiden Punkte der Deklaration betreffen zwei aktuelle politische Fragen. In einem wird die Mitwirkung Chinas bei der Tätigkeit der Vereinten Nationen und im anderen die Regelung der deutschen Frage gefordert. Hierbei werden besonders Berlin und die Mauer erwähnt, die in eben jenem Jahr errichtet worden war.

In den Punkten, in denen aktuelle Fragen zur Sprache kommen, gibt sich die Deklaration nicht als Dokument eines operativen oder richtungsweisenden Forums für politische Aktivitäten; sie bietet eher eine Definition der Haltung bzw. der Bestrebungen der Blockfreienbewegung denn Direktiven oder eingehende Analysen, die für eine Aktion notwendig sind. Hierbei wird nicht einmal eine vollkommene Übereinstimmung der Ansichten aller Teilnehmerländer über die Art des Vorgehens in bestimmten Fragen angestrebt.

Einmal werden die Teilnehmerländer, die die Regierung in Peking anerkannt hatten, zur Aktion aufgerufen. Ein andermal, wie etwa im Fall der arabischen Bestrebungen im Nahen Osten, werden die unternommenen Anstrengungen gutgeheißen. In manchen Fällen wiederum – so etwa beim Berlin-Komplex – werden die verantwortlichen Staaten aufgefordert, das betreffende Problem auf friedlichem Weg zu lösen.

Diese mehr grundsätzliche Form der Behandlung der aktuellen Fragen ermöglichte es, in allen Fragen Einstimmigkeit zu erzielen. So wurden in Belgrad nicht einmal Vorbehalte zu den jeweiligen Formulierungen gemacht, obschon bei der Einstellung zum politischen Zeitgeschehen Unterschiede zwischen einzelnen Teilnehmerländern bestanden. Und so war zwar Titos Voraussage, die er in seiner Rede bei der Konferenz gemacht hatte, nämlich, daß es bei manchen aktuellen Problemen nicht leicht sein würde, einen gemeinsamen Standpunkt zu finden, natürlich richtig. Doch dies war lediglich eine nachdrückliche Bestätigung dafür, daß es sich bei dieser Versammlung um ein Forum handelte, dessen Aufgabe nicht darin bestand, die laufende Politik zu dirigieren, sondern darin, die Bemühungen um eine Lösung der Grundprobleme der Menschheit in Richtung einer harmonischen Gesamtentwicklung aller Länder, der kleinen wie der großen, der armen wie der reichen, zu einer gemeinsamen Aktion zusammenzufassen.

Es steht fest, daß die schwerwiegendste und kritischste aktuelle Frage der Weltpolitik zum Zeitpunkt der Konferenz der verschärfte Konflikt zwischen den Vereinigten Staaten und der Sowjetunion war. Alle Teilnehmerländer der Konferenz waren sich denn auch, wie bereits gesagt, darin einig, daß dieser Zustand als eine sehr ernste Gefahr für den Frieden anzusehen sei. Allerdings gab es, wie wir gesehen haben, gewisse Differenzen bei der Einstufung dieses Problems.

Im Entwurf des Abschlußdokuments der Konferenz wurde dieser Frage große Bedeutung zugemessen, doch war dieses Dokument in der Hauptsache eben doch auf langfristige und grundlegende Probleme ausgerichtet. Die sich daraus ergebenden Differenzen wurden auf die Weise behoben, daß man übereinkam, einen Appell an die Staatsoberhäupter Amerikas und der Sowjetunion auszuarbeiten und ihnen einen Brief zugehen zu lassen – zusätzlich zu der anzunehmenden Deklaration, deren Wortlaut entsprechend angepaßt wurde. So entstanden zwei Dokumente; doch Appell und Brief stimmen inhaltlich im wesentlichen überein – lediglich die Formulierungen wurden dem jeweiligen Zweck angepaßt.

Begreiflicherweise war es so, daß der Appell sofort, der Brief hingegen erst nach seiner Übergabe im Kreml bzw. im Weißen Haus veröffentlicht wurde. Beide Dokumente sind kurz gehalten. Sie bestehen lediglich aus vier Absätzen. Im ersten wird der Besorgtheit über die in den Beziehungen zwischen den beiden größten Mächten eingetretenen Spannung Ausdruck gegeben. Der zweite enthält den Aufruf der Konferenz bzw. ihrer Teilnehmer an die eine wie die andere Weltmacht, sofort die Kriegsvorbereitungen einzustellen und im Geiste der Charta der Vereinten Nationen bilaterale Verhandlungen über alle Streitfragen aufzunehmen. Der dritte Absatz hebt hervor, daß solch ein Schritt lebenswichtig sei für alle Länder der Erde, die ja unter den Folgen eines neuen Kriegs zu leiden hätten, und daß daher dieser Appell erfolge. Anschließend werden die übrigen, nicht auf der Konferenz vertretenen Länder aufgefordert, einen ähnlichen Aufruf ergehen zu lassen.

Obschon die Annahme dieser Dokumente über die Grundidee der Konferenz, wie sie bei deren Einberufung festgelegen hatte, etwas hinausging, kann dieser Akt dennoch nicht als ein Zeichen dafür angesehen werden, daß die Belgrader Konferenz die aktuellen Probleme nach dem Muster irgendeines politischen Bündnisses angegangen wäre, mit dem Ziel, die Außenpolitik bestimmter Staaten zu dirigieren.

Im Zusammenhang damit ist zu vermerken, daß das Hauptkriterium für die Teilnahme an der Bewegung – wenn dies bis dahin auch noch nirgends ausdrücklich formuliert worden war – die Übereinstimmung mit einem Kurs war, der die Notwendigkeit einer Änderung der Grundlagen der internationalen Beziehungen vorsah, der also, wenn man so sagen darf, eine Änderung der Spielregeln erreichen wollte und nicht darauf hinauslief, die Aktionen der Spieler auf der Basis der bestehenden Spielregeln in eine bestimmte Richtung zu lenken.

Es genügt, darauf hinzuweisen, daß überhaupt nicht auf die Frage eingegangen wird, welche Seite recht hat oder haben könnte, sondern daß ganz einfach die Beseitigung der Kriegsgefahr und der Gefahr der Vertiefung der bestehenden Spaltung der Welt gefordert wird. Obwohl kein Zweifel daran bestehen kann, daß die Ansichten der versammelten Staatsmänner zu dem amerikanisch-sowjetischen Konflikt teilweise sehr unterschiedlich nuanciert waren, gab es unter ihnen keinen, der es für notwendig erachtete, darauf zu bestehen, daß der Unterschied in der Einstellung hier zum Ausdruck gebracht werden müsse; andererseits brauchte sich auch keiner von ihnen von seinem Standpunkt loszusagen.

Die Belgrader Konferenz endete im Zeichen der Einmütigkeit der versammelten Staatsmänner in bezug auf eine ganze Reihe grundlegender Thesen und Richtlinien zum gemeinsamen Auftreten auf der Weltbühne, und ganz besonders bei den Vereinten Nationen. Man kam überein, eine Aktion zur Anberaumung einer Wirtschafts- und einer Abrüstungskonferenz zu starten und den Abschluß eines Abkommens zur Einstellung der Kernwaffenversuche zu fordern. Auch die frühere Aktion zur Schaffung eines Kapital-Entwicklungsfonds für die Entwicklungshilfe in den minderentwickelten Ländern und zur Durchführung von Reformen im System der diesen Ländern gewährten technischen Hilfe fand hier Billigung. Erwähnt sei schließlich noch die Initiative zur Entkolonialisierung und gegen den »Neokolonialismus«.

Aufgrund all dessen konnten die Staatsmänner, als sie auseinandergingen, voll und ganz davon überzeugt sein, die Intentionen der blockfreien Länder auf breiter Front ins Rollen gebracht zu haben. Die Umsetzung des gegebenen Impulses in die Praxis geschah bereits einige Wochen später, bei der Tagung der UN-Vollversammlung in New York, bei der die Einberufung einer Weltwirtschaftskonferenz verlangt wurde, die dann auch unter dem Namen UNCTAD (Konferenz der Vereinten Nationen für Handel und Entwicklung) zustande kam.

Eins blieb dennoch aus, nämlich die Vereinbarung eines neuen Treffens der versammelten Staatsmänner. Diese Frage wurde bei der Konferenz überhaupt nicht erwähnt. Doch wäre es verfehlt, daraus den Schluß ableiten zu wollen, daß man überhaupt nicht daran gedacht hätte, eine neue Konferenz der führenden Staatsmänner der blockfreien Länder einzuberufen. In Anbetracht der großen Zahl der vereinbarten Aktionen, die langfristige Probleme zum Gegenstand hatten, d. h. Fragen, die nicht auf einen Schlag zu lösen waren, liegt es auf der Hand, daß man bei der Behandlung dieser Fragen auch die Notwendigkeit eines Gedankenaustauschs über den Verlauf und die Fortsetzung der bewußten Aktionen erkennen mußte.

Somit hat es den Anschein, als sei diese Frage, die Frage weiterer Zusammenkünfte, offengelassen worden – mit dem Hintergedanken abzuwarten, welche Formen die gemeinsame Aktion in Zukunft erheischen würde. Das ging so weit, daß die Konferenz selbst weder in der Ankündigung noch in ihrem

Verlauf als »erste« bezeichnet, sondern einfach als Konferenz mit bestimmten Zielen einberufen wurde, die aus dem vorher ausgearbeiteten Entwurf der Tagesordnung zu ersehen waren.

Aus all dem kann und muß gefolgert werden, daß sich die versammelten Staatschefs über die Bedeutung ihres Tuns in Belgrad völlig im klaren waren und daß sie bewußt eine großangelegte Bewegung in Gang setzten, mit dem Ziel, den Verlauf des Weltgeschehens nachhaltig zu beeinflussen. Diese Bewegung war weitgespannt, sowohl hinsichtlich der Teilnehmerzahl – von der zudem erwartet wurde, daß sie nach Belgrad allmählich steigen würde – als auch hinsichtlich des Einsatzbereichs.

In der Folge pflegte es bei diesen Konferenzen auf höchster Ebene so zu sein, daß der Aktionsradius in zwei Abschnitte geteilt wurde – einen politischen und einen wirtschaftlichen. Beim ersteren wiederum können wir – wenigstens am Anfang – eine weitere Aufteilung erkennen, nämlich die in die antikoloniale Aktion und die Aktion für die Erhaltung und Festigung von Frieden und Sicherheit in der Welt.

Zudem machten die versammelten Staatsmänner gar nicht erst den Versuch, die zukünftigen Formen dieser offensichtlich dauerhaften und großangelegten Gemeinschaftsaktion vorherzubestimmen. Was in Belgrad geschaffen – bewußt geschaffen – wurde, war wohl eine Bewegung im Sinne einer gemeinsamen Aktion, nicht aber eine Bewegung in jener organisierten Form, wie sie sich später aus der Notwendigkeit des gemeinsamen Handelns heraus von selbst ergab. Es sei gleich vermerkt, daß auch die zweite Konferenz der führenden Staatsmänner der blockfreien Länder, die 1964 in Kairo stattfand, noch nicht als »zweite« einberufen und daß auch bei diesem Treffen noch kein Beschluß über die Kontinuität solcher Konferenzen gefaßt wurde.

Diese Umstände muß man sich ständig vor Augen halten, denn sie zeigen, wie unbegründet die Vermutungen sind, es habe sich von allem Anfang an um eine durchdachte Aktion gehandelt und das gesamte Unterfangen sei das Produkt einer rationalen Beurteilung der Weltlage und eines Plans zu ihrer Beeinflussung. Wenn dem wirklich so gewesen wäre – dies sei hier noch einmal betont –, so hätte das Schicksal der Bewegung allein von dem Willen und der Entschlossenheit einiger weniger Staatsmänner abgehangen.

Die Erfahrung der vergangenen zwanzig Jahre hat gezeigt, daß dem nicht so ist. Gewiß, es hat einige Staatsmänner gegeben, die in verschiedenen Phasen der Blockfreienbewegung für diese eine große Rolle spielten; die eigentliche bestanderhaltende Kraft dieser Bewegung jedoch lag von allem Anfang an – und liegt auch weiterhin – in dem spontanen Erfassen der Notwendigkeit, für gemeinsame Ziele tätig zu werden. Die aus einer Notwendigkeit hervorgegangene Zusammenarbeit war an den Fortbestand dieser Notwendigkeit gebunden und ausschließlich durch diese bedingt und hing weder vom Willen einzelner noch von einer gegebenen Augenblickskonstellation der politischen Beziehungen in der Welt ab.

Die erste Aktion, die aufgrund der Belgrader Deklaration in Angriff genommen wurde, die Aktion zur Einberufung einer UN-Wirtschaftskonferenz, wirkte sich sogleich auch auf die Entwicklung der Bewegung selbst stark aus. Die Initiative, die die Teilnehmerländer 1961 in der Vollversammlung starteten, bewirkte, daß sich der Aktion auch Länder anschlossen, die nicht in Belgrad gewesen waren, und zwar solche, die die Teilnahme an der Konferenz abgelehnt hatten, wie solche, die gar nicht erst eingeladen worden waren, weil man geglaubt hatte, sie würden nicht bereit sein, auf der vorgesehenen gemeinsamen Plattform aktiv zu werden.

Diese Erweiterung der Bewegung machte sich bei der Sonderkonferenz über Wirtschaftsfragen bemerkbar, die vom 9. bis zum 18. Juli 1962 abgehalten wurde, und zwar deshalb, weil im Rahmen der Bemühungen um die Einberufung einer Weltwirtschaftskonferenz eine Verstärkung der Aktionseinheit und des Drucks der Blockfreien und der Länder, die bereit waren, sich zusammen mit ihnen für solch eine Konferenz einzusetzen, notwendig wurde.

Der Einladung zu dieser Konferenz, die in Kairo stattfand, kamen praktisch alle Teilnehmer des Belgrader Treffens nach, mit Ausnahme von Nepal, das die Aktion wohl billigte, jedoch durch seine prekäre Finanzlage zum Fernbleiben gezwungen war (die Zahl der nepalesischen Vertreter im Ausland war dazumal sehr beschränkt), und des Iraks, dessen Nichtteilnahme ihren Grund in dem Streit um Kuwait hatte. Nachdem Kuwait 1961 unabhängig geworden war, reklamierte der Irak Kuwait nämlich als Bestandteil seines Staatsgebiets und protestierte mit seiner Nichtteilnahme dagegen, daß Kuwait zu der Konferenz eingeladen worden war und sich auch zu ihr einfand. Später wurde Kuwait vom Irak als selbständiger Staat anerkannt; und an dem nächsten Blockfreiengipfel, der 1964 – ebenfalls in Kairo – stattfand, nahmen beide Länder teil.

Von den Ländern, die in Belgrad als Beobachter zugegen gewesen waren, nahmen Bolivien und Brasilien an der Konferenz teil; Ecuador wahrte seinen Beobachterstatus. An dem folgenden Gipfeltreffen allerdings nahmen die beiden erstgenannten lateinamerikanischen Staaten nicht mehr teil. Zu vermerken ist auch die Anwesenheit Pakistans. Dieses Land nahm aktiv an allen Aktionen der Bewegung teil; doch wurde ihm infolge des Widerstands Indiens, zu dem es in gespannten Beziehungen stand, lange Zeit die Mitgliedschaft verwehrt, und es wurde erst seit der Konferenz von Havanna im Jahre 1979 vollberechtigtes Mitglied der Bewegung.

Zu den Teilnehmern der Konferenz zählten weiterhin mehrere neubefreite Länder, so die ehemaligen Kolonien Tanganjika (später mit Sansibar zu Tansania vereinigt), Kuwait, das bereits erwähnt wurde, Libyen, Singapur und Malaysia, die auch an den Folgekonferenzen teilnahmen. Vertreten waren schließlich noch Mexiko und Uruguay, die allerdings später wieder ausschieden.

Insgesamt nahmen 33 Länder als Vollmitglieder und drei

(Ecuador, Venezuela und Chile) als Beobachter teil. Dies bedeutete eine erhebliche Erweiterung der Bewegung. Dennoch wurde die mangelnde Bereitschaft der meisten lateinamerikanischen Länder offenbar, an den allgemeinen Zusammenkünften, bei denen auch politische Probleme behandelt wurden, teilzunehmen. An diesen Zusammenkünften nahmen die Länder dieses Kontinents meist nur als Beobachter teil. In Anbetracht der Tatsache, daß dabei keine Abstimmung stattfand, unterschied sich die Teilnahme auf dieser Basis nicht wesentlich von der vollberechtigten, doch bedeutete sie in politischer Hinsicht doch eine gewisse Distanzierung. Die Vermutung, daß diese Distanz eher auf die von den lateinamerikanischen Ländern geübte Rücksichtnahme auf die seinerzeit ungünstige Einstellung der Vereinigten Staaten gegenüber der Bewegung zurückzuführen war, denn auf Vorbehalte der Regierungen dieser Länder selbst, ist nicht ganz unbegründet. Bei den Vereinten Nationen stimmten sie allemal für die von den Blockfreien unterbreiteten Resolutionen, so daß letztendlich von einer ernsthaften Differenzierung im Kurs der Blockfreien nicht die Rede sein konnte.

Zweck der Wirtschaftskonferenz in Kairo 1962 war die Erarbeitung einer gemeinsamen Plattform für die weitere Aktion innerhalb der Vereinten Nationen, die zur Einberufung einer Weltwirtschaftskonferenz (eben der UNCTAD) führen sollte. Der von den Blockfreien im Herbst 1961 bei der UN-Vollversammlung eingebrachte Antrag war nicht angenommen worden, weil die industriell entwickelten Länder dagegen opponiert hatten. Da die Einberufung der Konferenz ohne die letzteren keinen Sinn gehabt hätte, wurde ein Kompromißvorschlag angenommen, dem zufolge die Angelegenheit dem Wirtschafts- und Sozialrat zur Überprüfung vorgelegt und Gutachten eines jeden UN-Mitglieds dazu eingeholt werden sollten.

Um nun ein einheitliches Vorgehen der Entwicklungsländer zu gewährleisten und zu zeigen, daß die Aktion der Blockfreienbewegung nicht das Unterfangen einer Minderheit innerhalb der Organisation darstellte, wurde die Konferenz von Kairo einberufen, die sowohl die Rolle einer Arbeitstagung als auch die einer Manifestation spielte, mit der der Welt die breite Unterstützung für das Blockfreienunternehmen vor Augen geführt werden sollte.

Bei der Konferenz wurde die allgemeine wirtschaftliche und soziale Lage in den Entwicklungsländern erörtert. Die Tagesordnung enthielt auch die Aufgabe der Erstellung eines formellen Antrags, der der Vollversammlung unterbreitet werden und in dem diese dazu aufgefordert werden sollte, über den Antrag auf Einberufung einer Weltwirtschaftskonferenz positiv zu entscheiden und diese Entscheidung innerhalb kürzestmöglicher Frist zu treffen.

Zu vermerken ist noch, daß auch sechs Sonderorganisationen der Vereinten Nationen Beobachter zu der Konferenz entsandten, u. a. die FAO (Organisation für Ernährung und Landwirtschaft), der Internationale Währungsfonds (IMF) und die Internationale Bank für Wiederaufbau und Entwicklung (IBRD); auch ein Vertreter des UN-Generalsekretariats war anwesend. Ferner wohnten der Konferenz auch Vertreter der Afro-asiatischen Organisation für wirtschaftliche Zusammenarbeit und der Arabischen Liga bei.

Diese Aktion förderte nicht nur die Bemühungen um Einberufung der UNCTAD, sondern bildete zugleich auch ein beredtes Zeugnis dafür, welch großen Anklang in der Welt der Entwicklungsländer die Initiative von Belgrad und die Blockfreienbewegung als solche gefunden hatten und wie rasch letztere den Status eines wichtigen Akteurs auf der internationalen Bühne erreicht hatte. Ihre Ausweitung und das starke Echo der Konferenz von Kairo bewirkten, daß sich die Aussichten für ihre rasche und allseitige Entwicklung beträchtlich verbesserten. Gleichzeitig trat die Bewegung jedoch auch als Organisator der Aktion eines Kreises von Ländern in Erscheinung, der weit über den ihrer Mitglieder hinausging, nämlich einer Aktion der gesamten dritten Welt, d. h. der Entwicklungsländer.

Im Frühjahr 1964 kam die UNCTAD zustande. Während der gesamten Dauer der Konferenz – also drei Monate lang – waren ihre Initiatoren, die Blockfreien bzw. eine kleinere Gruppe derselben, bestehend aus den Ländern, die in Belgrad am aktivsten gewesen waren, damit beschäftigt, die Aktion der Entwicklungsländer zu koordinieren. Solch eine Koordination war um so notwendiger, als an der Konferenz alle Mitglieder der Vereinten Nationen teilnahmen, ja, sogar auch einige Länder, die noch keinen Sitz in der Weltorganisation hatten, jedoch in irgendeiner der an diese angeschlossenen Sonderorganisationen vertreten waren.

Die koordinierende und initiative Funktion, die diese Gruppe blockfreier Länder während der UNCTAD in Genf ausübte, trug zweifellos in hohem Maße dazu bei, daß sich die Bewegung bereits in den ersten drei Jahren ihres Bestehens festigte und in ernstzunehmender Weise auf der weltpolitischen Bühne aufzutreten begann. Die Aspirationen, die wir im Rahmen der Wiedergabe der auf der Belgrader Konferenz gehaltenen Reden festgehalten haben, die Aspirationen nämlich, die darauf abzielten, die Teilung der Welt in zwei Lager aufzuheben und eine Änderung der Abstimmungsmaschinerie durchzusetzen, wurden sehr rasch und energisch in die Praxis umgesetzt.

Die Aktion zur Einberufung der UNCTAD sowie die danach, bei der Konferenz selbst und im Schoße der Vereinten Nationen, durchgeführten Aktivitäten waren zweifellos die Meilensteine, die den Beginn des Zerfalls der Abstimmungsmaschinerie kennzeichneten, deren Funktionieren nur auf den Einfluß der industriell entwickelten Staaten des Westens zurückzuführen war. Die Blockfreien waren zu einem Faktor der Weltpolitik geworden, mit dem man rechnen und verhandeln mußte.

b) Die Konferenz von Kairo 1964

Die Wirtschaftskonferenz der UNCTAD, die auf Initiative der Blockfreien im Frühjahr 1964 abgehalten wurde, zeitigte keine zufriedenstellenden Ergebnisse. Wohl äußerten sich die Blockfreienvertreter abschließend positiv über sie, doch gründlichere Analysen ergaben ein Bild, das alles andere als günstig war. Das bedeutendste Ergebnis der UNCTAD war der Beschluß, der die künftige periodische Abhaltung solcher Konferenzen sowie die Schaffung einer Körperschaft zur Überwachung der gefaßten Beschlüsse und zur Vorbereitung der nächsten Vollversammlung vorsah.

Neben der Annahme dieses Beschlusses, mit dem die Konferenz zu einer ständigen Einrichtung wurde, ist als weiterer Erfolg noch die Verabschiedung einer Reihe von Prinzipien zu verzeichnen, allerdings unter Geltendmachung sehr erheblicher Reserven seitens einiger entwickelter Länder, insbesondere der Vereinigten Staaten. Was hingegen die Substanz der Debatte selbst anbelangt, so wurde nichts erreicht, was dazu angetan gewesen wäre, einen wesentlichen Einfluß auf die Entwicklung der Nord-Süd-Beziehungen auszuüben bzw. eine Verbesserung der Lage der Entwicklungsländer oder der allgemeinen Weltwirtschaftslage herbeizuführen.

Die kümmerlichen Ergebnisse in der ersten Runde dieser Debatte machten ein erneutes Treffen der Initiatoren der UNCTAD unerläßlich. Die Verwirklichung eines weiteren Blockfreiengipfels gewann somit an Dringlichkeit. Als Konferenzort wurde Kairo bestimmt.

Die Initiative zu der Konferenz war bereits viel früher wieder von Jugoslawien ausgegangen. Sie wurde bei den Gesprächen entwickelt, die Tito und Nasser im Mai 1963 auf Brioni führten. 1963 war das Jahr der großen Beruhigung in den internationalen Beziehungen, insbesondere zwischen den Vereinigten Staaten und der Sowjetunion. Das machte sich auch auf der UN-Vollversammlung dieses Jahres bemerkbar, die geradezu überfloß von Übereinkünften und einmütigen Resolutionen zu einer ganzen Reihe von Fragen, die bis dahin Bestandteil der westöstlichen Kontroverse gewesen waren. Auch das bestätigte die Notwendigkeit einer Zusammenkunft der Blockfreien, da eine Absprache darüber erzielt werden mußte, wie ihre internationalen Aktivitäten unter den neuentstandenen Gegebenheiten am besten fortzusetzen wären.

Die Atmosphäre der Entspannung folgte auf die gestiegenen Spannungen von 1962, als es zum Konflikt zwischen Indien und China und zum Versuch einer Invasion auf Kuba gekommen war. Zwischenzeitlich hatten sich auch die Beziehungen zwischen der Sowjetunion und China verschlechtert. Besonders spitzte sich die sowjetisch-chinesische Kontroverse infolge der Grenzstreitigkeiten zwischen beiden Ländern zu; diese bezogen sich auf Gebiete in Sinkiang wie in der Mandschurei am Ussuri.

Mit jenen Vorgängen fiel auch der Beginn einer Aktion zusammen, die, in sich selbst Komplikationen bergend, sich auch auf das Vorhaben eines neuen Treffens der Blockfreien erschwerend auswirkte; es war dies die Aktion zur Einberufung einer neuen Konferenz nach dem Muster von Bandung im Jahre 1955. Die führende Rolle dabei spielte Indonesien, das unter der Präsidentschaft Sukarnos sehr enge Beziehungen zu China zu entwickeln begonnen hatte. Doch auch die übrigen asiatischen und ebenso die afrikanischen Länder waren geneigt, sich dieser Initiative anzuschließen. Wenn wir diese Probleme heute, so viele Jahre später, betrachten, müssen wir uns daran erinnern, daß die Belgrader Konferenz keinerlei Beschlüsse über die Abhaltung irgendeiner Folgekonferenz gefaßt hatte. Außerdem hatte man bei den Vorbereitungen für die UNCTAD erstmals sogenannte geographische Kategorien aufgestellt, nach denen die Teilnehmerländer dieser Konferenz eingeteilt wurden: 1. Länder mit freier Marktwirtschaft; 2. Länder mit Planwirtschaft; 3. Entwicklungsländer. Unter die erste Kategorie fielen alle industriell entwickelten Länder des Westens, unter die zweite die mit der Sowjetunion verbundenen und unter die dritte alle übrigen Länder. Diese letzte Kategorie trat aus verständlichen Gründen in nach Kontinentzugehörigkeit geschiedenen Gruppen auf.

In dieser Atmosphäre brauchte die Idee von der Wiederholung des Treffens von Bandung, die in der Zeit der Vorbereitungen für die UNCTAD aufgegriffen und während dieser Konferenz in Genf weiterverfolgt wurde, nicht zu verwundern. Ihr Initiator, Indonesien, verfolgte mit ihr erheblich weitergesteckte Pläne, wie das Vorgehen Sukarnos zeigte – seine in Form des dramatischen Akts vom 31. Dezember 1964 erfolgte Ankündigung des Austritts seines Landes aus den Vereinten Nationen und die zu gleicher Zeit von ihm getroffenen Vorbereitungen für die Schaffung einer neuen Weltorganisation, der sogenannten Neuen Kräfte (New Emerging Forces), die auch die chinesische Regierung in Peking (die Volksrepublik China) mit einbegreifen sollte.

Zu vermerken ist noch der erhebliche Anstieg der Zahl der unabhängigen Länder Afrikas. Hatte die Zahl der afrikanischen Teilnehmer in Bandung noch sechs gegenüber 23 asiatischen betragen, so waren Ende 1963 bei den Vereinten Nationen 35 afrikanische Länder gegenüber 25 asiatischen vertreten (Südafrika und Israel, die nicht in Bandung gewesen waren, mit eingerechnet).

Wir müssen uns auch in Erinnerung rufen, daß es in der ersten Hälfte der sechziger Jahre zum Ausbruch des Konflikts zwischen der Sowjetunion und der Volksrepublik China kam. Dies gilt vornehmlich für die Jahre 1963 und 1964, in denen die beiden Staaten besonders hart aneinandergerieten, nicht nur in ihren bilateralen Beziehungen, sondern auch hinsichtlich ihres Ringens um die Vorherrschaft in Asien und anderswo. In dieser Hinsicht wurde der Sowjetunion von China besonders stark angekreidet, daß sie im chinesisch-indischen Konflikt, der in dem militärischen Zusammenstoß in den indischen Nordostprovinzen gipfelte, die Partei Indiens ergriffen hatte.

Alle diese Umstände bildeten weiteren Auftrieb für die Einberufung einer neuen afro-asiatischen Konferenz. Dieselben Umstände aber legten dieser gleichzeitig auch große Hindernisse in den Weg. Das wichtigste darunter war das Drängen der Sowjetunion, zu der Konferenz zugelassen zu werden. Begründet wurde dieser Anspruch sowjetischerseits mit dem Argument, daß der größere Teil der UdSSR in Asien liege; in Wirklichkeit jedoch trachtete Moskau danach, China daran zu hindern, auf der Konferenz seine Positionen auf dem asiatischen Kontinent zu festigen. China hegte vice versa die gleichen Interessen und widersetzte sich dem sowjetischen Begehren daher aufs heftigste.

Auf diese Weise zerfielen die mehr oder minder aktiv für die Einberufung der Konferenz eintretenden Länder der beiden Kontinente in zwei Lager. Die einen forderten, daß die Sowjetunion eingeladen werde, und die anderen widersetzten sich dieser Forderung hartnäckig. Es gab auch Länder, die sich an der Aktion überhaupt nicht beteiligten, beispielsweise Japan, Thailand und die Philippinen, ganz zu schweigen von der Türkei.

Gerade von den aktivsten blockfreien Ländern waren manche von der Initiative für ein zweites Bandung sowie von dem Streit darum, ob die Sowjetunion dazu einzuladen sei, so voll in Anspruch genommen, daß sie bei der Aktion zur Einberufung einer neuen Blockfreienkonferenz ausfielen. Daß diese Aktion Ende Frühjahr 1964 neuen Auftrieb bekam, war eigentlich nur dem Betreiben Jugoslawiens zu verdanken, das mit seiner Auffassung, die erfolgten politischen Veränderungen und das Ergebnis der kurz vorher in Genf zu Ende gegangenen UNCTAD seien hinreichende Begründung für eine solche Konferenz, praktisch als einziges Land auf deren Zustandekommen hinarbeitete, wobei es freilich die intensive Unterstützung Ägyptens hatte. Allerdings war Jugoslawien als europäisches Land begreiflicherweise überhaupt nicht an Bandung II interessiert, während Ägypten zur Teilnahme an beiden Konferenzen neigte.

Von den seinerzeitigen Initiatoren der Belgrader Konferenz waren letzten Endes alle für deren Fortsetzung, wenn sie im wesentlichen auch einem zweiten Bandung dem Vorzug gaben. Einzig Indonesien war – unter Sukarno – ausschließlich für Bandung und so gut wie ganz gegen ein neues Blockfreientreffen. Dies erschwerte die von Jugoslawien geführte Aktion beträchtlich. Doch auch Indonesien kam zum Schluß nach Kairo.

Die positive Einstellung zu der neuen Aktion setzte sich nur allmählich durch – in dem Maß, in dem die Schwierigkeiten um die Einberufung von Bandung II zunahmen. Im ausgehenden Frühjahr 1964, nach Abschluß der UNCTAD, war bereits vorauszusehen, daß es überhaupt nicht zu einem zweiten Bandung kommen würde, obwohl Ben Bella die Teilnehmer von Bandung I zu einem neuen Treffen zu sich nach Algier eingeladen hatte.

In dieser Atmosphäre der Ungewißheit wuchs die Zahl der Länder, die bereit waren, auf die jugoslawische Position einzuschwenken, die in dem Vorschlag bestand, beide Konferenzen nacheinander abzuhalten. Freilich, diese Position war nicht sehr überzeugend. Sie hatte nur insofern Sinn, als sie die Möglichkeit offenließ, sich gegebenenfalls für die irgendwann für 1965, nach dem Treffen von Kairo, anzusetzende Bandung II auszusprechen. Da hinsichtlich der Einladung der Sowjetunion keine Einigung erzielt werden konnte und daher die Mehrheit der in Frage kommenden Länder schließlich doch nicht bereit war, zu einem zweiten Bandung zu kommen, war die Durchführung der Konferenz von Kairo schließlich in keiner Weise mehr beeinträchtigt.

Im Juni 1965, unmittelbar vor dem vorbereitenden Treffen, auf dem ein letzter Versuch gemacht werden sollte, den Streit um die Teilnehmerschaft für Bandung II beizulegen, wurde Ben Bella abgesetzt und die gesamte Aktion ohne weitere Diskussion eingestellt. Nachdem später auch Sukarno gestürzt worden war, kam die Idee einer neuen afro-asiatischen Konferenz nicht mehr zur Sprache. Die Blockfreienbewegung und die von dieser ins Rollen gebrachten Aktionen blieben die einzige kollektive Willenskundgebung der Länder der dritten Welt.

Die Konferenz von Kairo 1964 (5. – 10. Oktober) wurde ziemlich eilfertig vorbereitet, was sich jedoch nicht auf ihre Tätigkeit auswirkte. Daß dem so war, läßt sich nur dadurch erklären, daß auf dem politischen Sektor einige vorbereitende Aktionen stattfanden, für die einige der aktivsten der blockfreien Länder verantwortlich zeichneten, und daß die Beratung über die anfallenden Wirtschaftsfragen auf der Grundlage der erst vor kurzem in Genf zu Ende gegangenen UNCTAD erfolgen konnte. Die Teilnehmerzahl war auf 47 Vollmitglieder, 10 Beobachter und 10 Befreiungsbewegungen angestiegen. Dies bedeutete einen Schritt nach vorn, auch gegenüber der 1962 in Kairo abgehaltenen Wirtschaftskonferenz.

Die unmittelbaren Konferenzvorbereitungen wurden bei der vorbereitenden Zusammenkunft getroffen, die vom 23. bis zum 28. März 1964 in Colombo (Sri Lanka) stattfand. Die Teilnehmerzahl entsprach mit 25 Vertretern der der Belgrader Konferenz. Kennzeichnend für die seinerzeitige Atmosphäre unter den Blockfreien war, daß bei dieser Zusammenkunft erstmals auch formell der Beschluß angenommen wurde, einen neuen Blockfreiengipfel abzuhalten.

Darüber hinaus wurde in Colombo auch eine beträchtliche Erweiterung der Zahl der zu der Konferenz einzuladenden Länder beschlossen. So wurde festgesetzt, daß alle Mitglieder der Organisation für Afrikanische Einheit (OAU) und der Arabischen Liga einzuladen seien. Dies spiegelte zweifellos die Überzeugung der Blockfreien wider, daß sie einen breiteren Kreis von Ländern umfaßten, als es der von Belgrad war. Viel trug dazu auch die erfolgreiche Aktion zur Einberufung der UNCTAD bei, die ihre Tätigkeit am selben Tag aufnahm wie das Treffen in Colombo.

Hinsichtlich der Erweiterung der Reihen der Bewegung ist noch ein weiterer Beschluß der Zusammenkunft von Colombo zu erwähnen, nämlich daß auch einige europäische Länder einzuladen seien. Diese Entscheidung enthüllt einen offensichtlichen Mangel an Verständnis für das Wesen der Bewegung und den gemeinsamen Nenner, der die darin zusammengeschlossenen Länder verband. Daneben fußt diese Entscheidung auch auf der Verbesserung des politischen Klimas in der Welt und deren Überbewertung. Übrigens machte der Ausgang der UNCTAD alsbald deutlich, welche Unterschiede in den grundlegenden Fragen zwischen den Ländern der dritten Welt und den industriell entwickelten Ländern bestanden; das gilt selbst für diejenigen unter letzteren, die außerhalb der Blöcke standen und der Zusammenarbeit mit den minderentwickelten Ländern wohlwollend gegenüberstanden.

Bei dem vorbereitenden Treffen wurde erstmals auch ein Vorbereitungsausschuß gebildet. Gleichzeitig wurde in Anbetracht der kurzen Zeitspanne, die in einer solch komplizierten Situation für die Vorbereitungen blieb, sowie besonders im Hinblick auf die Ungewißheit bezüglich des Ausgangs der UNCTAD in Genf der Beschluß gefaßt, daß unmittelbar vor der Eröffnung der Konferenz die Außenminister der Teilnehmerländer zusammentraten und mit Diskussionen und Vorschlägen die Tätigkeit der Staatschefs bei der Vollversammlung vorbereiten und erleichtern sollten.

In der Hauptdebatte in Kairo fanden der allgemeine Gang des Weltgeschehens wie insbesondere die gegensätzlichen Entwicklungen in der Welt ihren Niederschlag. Die meisten Delegierten hoben in ihren Reden die Besserung der internationalen Lage hervor und unterstrichen die neue Strömung, die sich von Grund auf von der starken Spannung unterscheide, wie sie zur Zeit der Belgrader Konferenz bestanden habe. Diesmal machte sich sogar unverkennbar ein übertriebener Optimismus geltend, der manche der Teilnehmer zu dem Schluß verleitete, daß es künftighin möglich sein würde, auch viele der damals noch zur Blockorganisation neigenden Länder für die Blockfreienbewegung zu gewinnen.

Doch es zeigte sich auch eine andere Tendenz, die trotz der

Beruhigung der Weltlage das Aufkommen immer schwerwiegenderer Zusammenstöße erahnen ließ. Wir könnten diese Erscheinung als Radikalismus in seiner ursprünglichen und unverfälschten Form bezeichnen. Durchwegs auf dieser Linie lagen die neuen befreiten Länder, deren führende Kreise mit ungeheuren Schwierigkeiten zu kämpfen hatten, die sich aus der gesellschaftlichen und wirtschaftlichen Rückständigkeit dieser Länder ergaben. Die Unabhängigkeit, die vordem als Verwirklichung des großen Glücks erschienen war, erwies sich nun als Anbruch einer Ära des schweren Kampfs um die nackte Existenz bei minimalen Aussichten auf eine beschleunigte wirtschaftliche Entwicklung.

Rechnen wir zu all dem noch den politischen Zwang hinzu, den auszuüben solch ein Zustand der Zurückgebliebenheit und der materiellen Infirmität ermöglichte, so wird die Erbitterung der Führer der Befreiungsbewegungen verständlich, wird verständlich, daß sie sich den Methoden und Konzeptionen zuwandten, die ihnen noch aus der Periode des Befreiungskampfs geläufig waren. Dabei zeigte sich ein scharfer Widerstand gegen die industriell entwickelten Länder des Nordens ohne Rücksicht auf deren Orientierung im Ost-West-Konflikt sowie ein Verfechten oft unrealistischer Standpunkte im Bestreben um eine Verbesserung der wirtschaftlichen und politischen Lage der Entwicklungsländer, begleitet auch von mangelndem Verständnis gegenüber der Erfordernis, über diese Fragen am grünen Tisch zu beraten. Der Mißerfolg der UNCTAD ließ diese Tendenz noch deutlicher werden.

Doch auf der Konferenz überwog trotzdem die Haltung von Belgrad, wo es diesen Radikalismus nicht gegeben hatte, da die dort vertretenen Länder bzw. diejenigen darunter, die tonangebend waren, bereits genügend internationale Erfahrung besaßen, um zu begreifen, daß die ungleichen Entwicklungsströmungen nur ganz allmählich ausgeglichen werden konnten.

Besonders hervorzuheben ist noch die Rede von Präsident Sukarno, der den Bemühungen um die Durchsetzung der Prinzipien der friedlichen Koexistenz in der Welt jeglichen Sinn absprach. In Übereinstimmung mit seiner Gesamtpolitik in den letzten Jahren seiner Regierungszeit und den zwei Monate später in Gang gesetzten Aktionen zur Bildung der »Neuen Kräfte« und zum Austritt Indonesiens aus den Vereinten Nationen verfocht er den Standpunkt, daß es zwischen entwickelten und Entwicklungsländern keine Koexistenz geben könne.

In seiner Haltung, die sich – wie die der »Radikalen« – gleichermaßen gegen den Osten wie den Westen richtete, spiegelten sich seine innigen Beziehungen zu der damaligen Regierung Chinas wider und der bereits lodernde Konflikt zwischen China und der Sowjetunion. Sukarnos These zufolge sollten sich die Blockfreien um eventuelle Konflikte zwischen Ost und West gar nicht kümmern, da sich die beiden Widersacher stets auf Kosten der minderentwickelten Länder versöhnen würden. Koexistenz habe nur Sinn zwischen den blockfreien Ländern und Ländern, die diesen ähnlich und bereit seien, mit ihnen zusammenzuarbeiten.

Die von Sukarno gesetzten Akzente fanden verhältnismäßig wenig Anklang bei den Radikalen unter den Konferenzteilnehmern, ungeachtet einer gewissen Ähnlichkeit, die zwischen ihren Standpunkten und seiner Auffassung in bezug auf die Rolle der Blockfreien bestand. Es waren dies Standpunkte, die für Bandung II bereitgehalten wurden, sofern es zu diesem gekommen wäre, wobei davon ausgegangen wurde, daß Bandung II ohne die Teilnahme Japans und sonstiger entwickelter oder blockmäßig gebundener Länder stattfinden würde.

Zum Abschluß ihrer Tätigkeit verabschiedete die Konferenz von Kairo ihre Deklaration, der sie einen besonderen Namen gab. Er lautete *Programm für Frieden und internationale Zusammenarbeit* und brachte den Optimismus zum Ausdruck, von dem die Teilnehmer aufgrund der Verbesserung des internationalen Klimas, aber auch aufgrund der erfolgten Erweiterung der Bewegung durchdrungen waren. Expressis verbis wird darauf in der Einleitung zu dem Schriftstück hingewiesen. Der erste Abschnitt dieses Teils drückt die große Genugtuung aus, die die Teilnehmer darüber äußern, daß auf der Konferenz »fast die Hälfte der unabhängigen Länder« anwesend war, sodann über den großen Anklang, den die Belgrader Konferenz gefunden hatte, und schließlich darüber, daß das jetzige Treffen überhaupt einberufen werden konnte.

Im Anschluß daran wird »mit Genugtuung« festgestellt, daß »diese zweite Blockfreienkonferenz zu einem Zeitpunkt abgehalten wird, da die internationale Situation besser ist als zum Zeitpunkt der Belgrader Konferenz, die zwischen den beiden Machtblöcken«. Aus dieser Feststellung wird sodann das Vorhandensein günstigerer Aussichten für das Wirken der Blockfreienbewegung gefolgert.

Nach dieser Einleitung folgen die elf Teile der eigentlichen Deklaration sowie zwei Sonderresolutionen. Der erste Teil ist den Problemen der Entkolonialisierung und des Widerstands gegen Neokolonialismus und Imperialismus gewidmet. Im Mittelpunkt der Aufmerksamkeit stehen die Verhältnisse im Kongo, wo es erneut zu Unruhen und Zwistigkeiten gekommen war, sowie der Unabhängigkeitskampf der portugiesischen Kolonien.

Mit dem Hinweis auf diese und die anderen noch bestehenden Kolonien verbinden die Konferenzteilnehmer den Aufruf zu einer breiten Unterstützung der Unabhängigkeitskämpfer, wobei sie von allen Staaten fordern, den Kolonialmächten ihre Unterstützung zu versagen. Insbesondere Großbritannien wird aufgefordert, der Diskriminierungspolitik des rassistischen Minderheitsregimes in Südrhodesien entgegenzuwirken. Ferner werden dann noch einzelne Fragen zum Antikolonialismus und zur Rassendiskriminierung, besonders in Südafrika, angeschnitten.

Im selben Teil der Deklaration werden mit allem Nachdruck auch der Kampf der palästinensischen Araber und ihr Anspruch auf ihre »Heimat« in Palästina unterstützt. Damit geht man einen beträchtlichen Schritt weiter als seinerzeit mit der ziemlich unbestimmten Formulierung in Belgrad. Diese Frage bildet die Überleitung zum zweiten Teil der Deklaration, der sehr kurz ist und in dem in großen Zügen das Selbstbestimmungsrecht der Völker unterstützt wird.

Der dritte Teil betrifft die Rassenpolitik und die Apartheid. Hier wird die rassistische Diskriminierung in Südafrika insonderheit, jedoch auch überall sonst, verurteilt und den diskriminierten ethnischen und rassischen Gemeinschaften Unterstützung zugesagt. In einem besonderen Abschnitt dieses Teils werden alle Länder der Welt aufgerufen, die von den Vereinten Nationen beschlossenen Sanktionen gegen Südafrika durchzuführen und zusätzlich noch weitere Maßnahmen gegen das rassistische Regime dieser Republik zu ergreifen.

Im vierten Teil der Deklaration werden neun Prinzipien der friedlichen Koexistenz formuliert und die Vereinten Nationen aufgerufen, sie zu kodifizieren und der Welt zu verkünden. Diese Prinzipien sind das Ergebnis einer Verschmelzung der fünf in dem indisch-chinesischen Abkommen von 1954 aufgestellten und der zehn in der Deklaration von Bandung enthaltenen Grundsätze. Sie wurden den Vereinten Nationen übergeben, und aufgrund des damit verbundenen Antrags der Blockfreien wurde von der Weltorganisation – im Rahmen einer Untersuchung internationaler Rechtsprinzipien in bezug auf die Gestaltung zwischenstaatlicher Beziehungen – noch auf der Vollversammlung von 1965 eine Aktion zu ihrer Kodifizierung in Gang gesetzt.

Der folgende fünfte Teil der Deklaration ist den Fragen der Souveränität und der territorialen Integrität sowie dem Problem der geteilten Nationen gewidmet. Er geht besonders auf Gebiete wie Zypern, Kuba (Druck und Einmischung von außen) und Indochina ein, Länder also, denen mittels militärischer Aktionen Souveränität, Vereinigung und Unabhängigkeit streitig gemacht wurden.

Im sechsten Teil treten die Konferenzteilnehmer für die friedliche Beilegung von Streitigkeiten ein. In diesem Teil werden die in der UN-Charta enthaltenen Grundsätze bestätigt. Besonders hervorgehoben wird hier das Problem der strittigen Grenzen. Alle Länder werden aufgefordert, sich in solchen Fällen und überhaupt bei jeder internationalen Streitigkeit der Gewaltanwendung zu enthalten. Diese letzten beiden Teile stellen eigentlich eine Erweiterung der einschlägigen Koexistenzprinzipien im vierten Teil dar.

Der siebente Teil hat den Problemkomplex von Abrüstung und Kernenergie zum Gegenstand. Im Rahmen eines kurzen Rückblicks auf die bei den Vereinten Nationen unternommenen Bemühungen und die bisherigen mageren Ergebnisse werden die Grundsätze bestätigt, die wohl in der UN-Charta zum Ausdruck gebracht und in den Debatten der Weltorganisation aufgestellt, jedoch noch nicht in Form von wirksamen Abmachungen mit praktischen Ergebnissen in die Tat umgesetzt worden waren.

Dennoch werden neben diesen kritischen Betrachtungen die im Vorjahr, 1963, erzielten Übereinkünfte über den Verzicht auf Nutzung des Weltraums für Kriegszwecke sowie das Abkommen über das Verbot der Kernwaffenversuche mit Ausnahme der unterirdischen begrüßt. Die Ausweitung des Verbots auch auf letztere wird gefordert. Auch werden alle Aktionen zur Schaffung von kernwaffenfreien Zonen unterstützt.

Der achte Teil ist den militärischen Bündnissen und den außerhalb des eigenen Staatsgebiets stationierten Truppen gewidmet. Ohne daß die Blöcke besonders verurteilt werden, wird ihre Existenz als eine Ursache der internationalen Spannungen gewertet. Gefordert wird die Abschaffung sämtlicher Stützpunkte, wobei die auf Zypern und Kuba befindlichen besondere Erwähnung finden; auch wird gegen die bestehenden Absichten zur Errichtung neuer Stützpunkte im Indischen Ozean protestiert.

Der neunte Teil plädiert für eine Universalisierung der Weltorganisation durch Gewährung der Unabhängigkeit für die noch Kolonienstatus besitzenden Länder und durch die Aufnahme der Volksrepublik China. Gleichzeitig werden die Mitglieder der Vereinten Nationen aufgefordert, durch Ratifizierung einer diesbezüglichen Resolution der Vollversammlung eine raschestmögliche Erweiterung der Zahl der dem Sicherheitsrat und dem Wirtschafts- und Sozialrat angehörenden Länder und überhaupt eine Anpassung der UN-Charta an die »dynamischen Veränderungen und die Evolution der internationalen Beziehungen« zu ermöglichen. Nachdrücklich und vorbehaltlos wird die Anerkennung der Volksrepublik China verlangt – zum Unterschied von der diesbezüglichen reservierten Haltung von Belgrad.

Der zehnte Teil hat die Überschrift *Wirtschaftliche Entwicklung und Zusammenarbeit*. In ihm wird festgestellt, daß die einige Monate zuvor in Genf abgehaltene UNCTAD-Konferenz »einen ersten Schritt darstellt«, daß aber »die erzielten Ergebnisse nicht mit den grundlegenden Bedürfnissen der Entwicklungsländer übereinstimmen und in keinem Verhältnis zu ihnen stehen«. Die Plattform der Gruppe von 77 Ländern, die bei jener Konferenz verabschiedet worden war, wird begrüßt; und diese Länder werden aufgerufen, zusammenzuarbeiten und sich gemeinsam für die bevorstehenden Debatten auf den Vollversammlungen und bei der Folgekonferenz vorzubereiten.

Im übrigen bringt dieser Teil der Deklaration eine Rekapitulation der wichtigsten Punkte des Abschlußdokuments der 1962 in Kairo abgehaltenen Wirtschaftskonferenz sowie der konkreten Vorschläge, die die Vertreter der 77 Länder in Genf unterbreitet hatten.

Der letzte Teil der Deklaration betrifft die Zusammenarbeit auf kulturellem Gebiet und in verwandten Fragen sowie die regionale Zusammenarbeit. Letztere wird in Bezug gesetzt zu den bereits realisierten regionalen Gruppen in den Reihen der Entwicklungsländer.

Neben der Deklaration werden in Kairo auch zwei Sonderresolutionen verfaßt, die allerdings allenfalls den Charakter von Höflichkeitsakten haben. In der ersten wird die 1963 in Addis

Abeba erfolgte Gründung der Organisation für Afrikanische Einheit sowie das kollektive Bekenntnis zur Blockfreiheit seitens der Mitgliedsländer dieser Organisation begrüßt, in der zweiten Nasser und Ägypten die Anerkennung für die Organisierung des Blockfreiengipfels in Kairo ausgesprochen.

Zwischen den Abschlußdokumenten von Kairo und der Belgrader Deklaration seien hier noch einige Unterschiede herausgestellt. Der Wortlaut des Schriftstücks von Kairo verrät ein – gegenüber Belgrad – gestärktes Selbstbewußtsein der Blockfreien, das der Festigung der Bewegung entspricht. Hand in Hand damit geht jedoch auch eine übertriebene Eloquenz; und im Vergleich zu dem konzisen Text von Belgrad wirkt der von Kairo eher weitschweifig. Daneben geht das neue Dokument energischer auf die Probleme des aktuellen Geschehens ein und gibt dabei offenbar mühelos erreichte einheitliche Standpunkte wieder.

In diesem Zusammenhang ist auch die Einmütigkeit zu vermerken, mit der die Konferenzteilnehmer die Zulassung des damaligen Ministerpräsidenten des Kongos (Kinshasa), Moïse Tschombé, der als Präsident von Katanga für den Tod Lumumbas verantwortlich war, zu ihrem Treffen ablehnten. Es war dies das erste und einzige Mal in den zwanzig Jahren des Bestehens der Bewegung, daß ein Staatsmann nicht zu einer Konferenz zugelassen wurde, obwohl sein Land als blockfrei galt. Moïse Tschombé fuhr dennoch hin, ungeachtet dessen, daß die Stimmung in Kairo gegen ihn war.

Die Konferenz von Kairo bedeutete gegenüber dem in Belgrad erfolgten Initialakt jedenfalls einen Schritt nach vorn. War dort und damals die Hauptsache die Identitätssuche der Bewegung gewesen, deren Sich-Verwahren gegen Fehlinterpretationen, verbunden mit einer klaren Definition ihrer Ziele und Aspirationen, so mußte hier und jetzt auch an die Realisierung all dessen herangegangen werden. Der Umstand, daß diese zweite Konferenz unter günstigeren Vorzeichen hinsichtlich der internationalen Lage stand als die erste, macht es verständlich, daß sich die Teilnehmer ein wenig aufs hohe Roß setzten und so in ihrer »Programm« betitelten Deklaration, die gegenüber der ersten beträchtlich an Umfang zugenommen hatte, ziemlich hochgesteckte Aktionen anvisierten.

Die neuentstandene Lage erleichterte auch den Konsens in einer Reihe konkreter, aktueller Fragen. Die Blockpolitik und die Kaltkriegspolitik waren auf dem Rückmarsch. Unter den herrschenden Umständen wirkte keiner der Blöcke attraktiv; und die Erfolgsaussichten für die Aktionen der Blockfreien waren sehr groß – so wenigstens schien es den Teilnehmern.

All dies förderte auch die ersten Schritte zur Institutionalisierung der Bewegung. Davon war zwar mehr in der Debatte die Rede als in den Abschlußdokumenten; doch auch in diesen finden sich Direktiven für Konsultationen und Zusammenarbeit während der Realisierung des »Programms«. Noch mehr kommt die Institutionalisierungstendenz in dem Verhältnis zu der 77er Gruppe zur Geltung, die als erweiterte Aktionsbasis der Blockfreien hinsichtlich der Wirtschaftsprobleme gilt.

Eine unvermeidliche Begleiterscheinung dieser Vertiefung der Aktionen waren auch die ersten Kontroversen bei der Debatte. Akzente und Prioritäten setzende Unterschiede gab es wohl auch in Belgrad, doch hatten diese damals nicht zu offenen Kontroversen geführt. In Kairo kam es zu solchen; immerhin aber fanden sie keinen Niederschlag im Text der Abschlußdokumente; und besonders vermerkt werden muß, daß die Deklaration bzw. das »Programm« einmütig gebilligt wurde. Zu ernsthaften Kontroversen sollte es erst bei den Vorbereitungen für die Konferenz in Havanna im Jahre 1979 und auf dieser Konferenz selbst kommen.

Und schließlich bestätigte Kairo den in Belgrad bekundeten Glauben daran, daß sich die Blockfreien als eine bedeutende sittliche Kraft in der Welt erweisen würden, einen Glauben, der ja bereits durch die zwischenzeitlich erreichte Erweiterung der Bewegung und den Einfluß auf die 77er Gruppe im Rahmen der UNCTAD bekräftigt worden war, nun aber seine volle Rechtfertigung fand – eben in diesem großen Erfolg, der Einberufung dieser Konferenz. Dabei störte es wenig, daß es noch nicht zur Einberufung der zweiten geplanten Konferenz, der Abrüstungskonferenz, gekommen war; der Vorschlag zu deren Einberufung sowie zur Einberufung einer Weltraumkonferenz wurde von den Teilnehmern des Treffens von Kairo wiederholt.

Nach und nach wurden nun auch die regionalen Bindungen stärker betont, oder besser gesagt, wurde die organisatorische Gliederung nach Kontinenten verstärkt. Gewisse zwischen den Ländern eines Kontinents vorhandene Gemeinsamkeiten und zwischen den Kontinenten bestehende Unterschiede auf wirtschaftlicher und sozialer Ebene erzwangen eine solche Aufgliederung innerhalb der Bewegung bei Direktaktionen, manchmal aber auch bei Aktionen auf lange Sicht.

c) *Die Konferenz von Lusaka 1970*

aa) *Der Aktivitätsrückgang der Bewegung 1965–1969*

Ein Rückblick auf den Entwicklungsgang der Blockfreienbewegung zeigt, daß diese seit 1961 regelmäßig Gipfeltreffen abhält und daß der Regelabstand zwischen den Konferenzen drei Jahre ist. In diesem Abstand folgte auf die erste Konferenz die zweite, 1964 in Kairo. Die dritte hingegen kam nicht 1967 zustande, sondern erst 1970, d. h. sechs Jahre nach der zweiten. Alle weiteren – es sind dies im einzelnen die Konferenzen von Algier (1973), von Colombo (1976) und von Havanna (1979) – hielten den Dreijahrrhythmus ein; dies gilt auch für die nächste, die für 1982 in Bagdad angesetzt ist.

So will es scheinen, als sei nach dem Treffen von Kairo ein Termin ausgelassen worden, da 1967 keine Zusammenkunft stattfand. Damals wurde das jedoch nicht so gesehen. Daß die Staatschefs der Blockfreien nach ihrer zweiten Konferenz volle sechs Jahre lang nicht mehr zusammentraten, spiegelt jedenfalls den schwierigen Stand der internationalen Beziehungen und ebenso der Beziehungen innerhalb der Blockfreien selbst wider, insbesondere zwischen den aktivsten unter ihnen.

Wir müssen uns wohl oder übel in die Lage der Zeitgenossen von damals versetzen. Für sie war die Konferenz von Belgrad, die ja erst nach Kairo formell zur »ersten« erklärt wurde, zunächst einmal eine Einzelkonferenz. Nach Belgrad kam es, ohne daß irgend etwas über eine Fortsetzung oder Periodizität vereinbart worden wäre, zu der neuen und autonomen Initiative zur Einberufung der Konferenz von Kairo. Dieser Sachverhalt führte nun jedoch noch keineswegs zu der Vorstellung, daß nach weiteren drei Jahren wieder eine solche Konferenz stattfinden sollte.

Die Einberufung der Konferenz von Kairo fußte auf konkreten Bedürfnissen und den Gegebenheiten des Weltgeschehens, jedoch auch auf dem Bewußtsein, daß die Belgrader Konferenz doch vorwiegend von der Erfüllung der Aufgabe in Anspruch genommen war, eine klare und umfassende Definition von Sinn und Zweck der Zusammenarbeit der blockfreien Länder zu finden. Dadurch war gar vieles für spätere Aktionen offengelassen worden. Auf wirtschaftlichem Gebiet fanden diese auch statt, bei den Vereinten Nationen nämlich, auf politischem Sektor hingegen blieben sie vorerst aus. So hatte die Konferenz von Kairo einen festen Platz und eine exakte Aufgabe bei der Entwicklung der Blockfreienbewegung. Die blockfreien Länder vertraten weder in Belgrad noch später jemals die Ansicht, daß die Abhaltung einer Konferenz auf höchster Ebene an sich schon Ausdruck ihrer Absichten sei, sondern betrachteten solch eine Konferenz vielmehr als Gelegenheit und als Plattform für Absprachen über den weiteren Verlauf von Aktionen auf der Weltbühne.

Was tat sich in dieser Hinsicht nach der Konferenz von Kairo? Die erste Initiative der Bewegung, die Einberufung der UNCTAD 1964 in Genf, zeitigte zumindest ein unzweifelhaft positives Ergebnis, nämlich den Beschluß über die Einberufung einer Folgekonferenz vom nämlichen Typ. Ein genauer Termin dafür wurde in Genf nicht festgelegt; doch wurde die Abhaltung von UNCTAD 2 für 1967 erwartet.

Diese Erwartungen erfüllten sich nicht; das hieß aber auch, daß die auf das Zustandekommen dieser Konferenz abzielenden Bemühungen der Länder der 77er Gruppe erfolglos blieben. Die Konferenz wurde erst für 1968 anberaumt. Für Herbst 1967 wurde eine Ministerkonferenz der Länder der 77er Gruppe angesetzt; sie fand im Oktober dieses Jahres in Algier statt. Bei diesem Treffen wurde die Charta von Algier verabschiedet, das Programm der in der 77er Gruppe zusammengeschlossenen Länder für die bevorstehende UNCTAD-Konferenz, die Anfang 1968 (Februar/März) in Neu-Delhi stattfand.

Daraus nun könnte man den Eindruck gewinnen, als hätten diese Länder, die andernfalls die Initiative für die Einberufung einer neuen Blockfreienkonferenz ergriffen hätten, abgewartet, wie diese zweite Handels- und Entwicklungskonferenz ausgehen würde. Dies würde allerdings nicht erklären, warum dann die Initiative nicht sofort nach der Konferenz von Neu-Delhi ergriffen wurde, endete UNCTAD 2 doch mit einer noch größeren Enttäuschung für die 77er Gruppe und die Blockfreien, die schließlich die Initiatoren dieser Konferenzserie bei den Vereinten Nationen waren, als ihre Vorgängerin, UNCTAD 1.

Was die politischen Aktionen anbelangt, die in den auf das Treffen von Kairo folgenden Jahren unternommen wurden, so ist zu erwähnen, daß die UN-Vollversammlung den Antrag auf Erstellung einer Koexistenzdeklaration einem Rechtssonderausschuß übergab. Es war nicht zu erwarten, daß der definitive Entwurf dieses Schriftstücks so bald abgeschlossen sein würde. Und wirklich kam es dann auch erst 1970 dazu, als von der Vollversammlung bei deren Jubiläumstagung anläßlich ihres 25jährigen Bestehens auch eine entsprechende Resolution verabschiedet wurde. Mit der zwischenzeitlichen Einberufung eines Gipfeltreffens wäre für diese Initiative wohl auch nichts gewonnen gewesen.

Die übrigen Initiativen waren ebenfalls noch nicht so weit herangereift, als daß ihre Erörterung im Rahmen eines Blockfreiengipfels gerechtfertigt gewesen wäre. Die Sondersitzung der UN-Vollversammlung über Abrüstungsfragen sollte erst 1978 stattfinden; und auch eine neue Konferenz über die Nichtverbreitung von Atomwaffen kam nicht zustande, sondern die Vollversammlung richtete im April 1968 an alle Länder eine Empfehlung zur Unterzeichnung der amerikanisch-sowjetischen Fassung des Abkommens über die Nichtverbreitung von Kernwaffen. So begründeten auch diese Initiativen nicht die Notwendigkeit, drei Jahre nach der zweiten, d. h. im Jahre 1967, eine weitere Konferenz einzuberufen.

Inzwischen hatten sich auch sehr schwerwiegende Probleme gerade für jene Länder ergeben, die die Initiative zur Einberufung einer neuen Konferenz hätten ergreifen können. Wir wollen einmal untersuchen, wie es um die Länder bestellt war, die bei der Einberufung der Belgrader Konferenz mitgewirkt hatten.

In Indonesien kam es bald nach der Konferenz von Kairo zu stürmischen inneren Unruhen. Sukarno verkündete gleich in der Neujahrsnacht 1965, d. h. unmittelbar nach seiner Rückkehr von der Konferenz in Kairo, den Austritt Indonesiens aus den Vereinten Nationen. Danach erfolgte sein Sturz, und diese inneren Probleme nahmen die Regierung des Landes dermaßen in Anspruch, daß sie gar nicht fähig gewesen wäre, die Initiative zu einer neuen Konferenz zu ergreifen, selbst wenn sie es gewollt hätte. Das neue Regime allerdings war, obwohl es vom ersten Tag an verlauten ließ, es werde konsequent an den Prinzipien der Blockfreiheit festhalten, auch gar nicht imstande, eine so hervorragende Rolle zu spielen wie Sukarno.

Indien erlebte nach Kairo einen weiteren Wechsel in der Regierungsspitze. Lal Bahadur Shastri, der sein Land nach Nehrus Tod in Kairo vertreten hatte, starb Anfang 1966 in Taschkent, gleich nach Abschluß der erfolgreichen Aktion zur Versöhnung mit Pakistan, die in der usbekischen Hauptstadt unter den Auspizien des sowjetischen Ministerpräsidenten Kossygin stattgefunden hatte. An seine Stelle trat Indira Gandhi.

Nicht dieser Wechsel in der Regierung indes wirkte sich auf Indiens Verhalten in der Blockfreienbewegung aus, sondern vielmehr die schweren Probleme in seinen Beziehungen zu seinen Nachbarländern, mit denen es sich in den Jahren nach Kairo auseinanderzusetzen hatte.

Die Beziehungen zu China hatten sich nach dem bewaffneten Zusammenstoß im Himalaya, im Gebiet der indischen Nordostprovinzen, nicht verbessert. Neben dem bösen Blut, das dieser Zwischenfall geschaffen hatte, hatte sich ein neuer Konflikt ergeben, der auf dem bereits seit der Teilung Britisch-Indiens schwelenden Streit zwischen Indien und Pakistan um Kaschmir basierte. Der Streit brach im Anschluß an die Reise Ayub Khans nach Peking aus, wo er und die chinesische Regierung im April 1965 ein Protokoll über den Grenzverlauf zwischen Pakistan und China unterzeichneten. Dieser Schritt bildete den Schlußakt der Tätigkeit einer bilateralen Kommission. Die Grenze indes, um die es in dieser Regelung ging, trennt China eigentlich von der Provinz Kaschmir.

Indien legte sofort scharfen Protest ein, da es ganz Kaschmir als zu seinem Territorium gehörend betrachtete – eine Auffassung, aus der es den Schluß ableitete, daß Pakistan und China unrechtmäßig handelten, als sie unter sich den Grenzverlauf festlegten. So kam es alsbald nach der Konferenz von Kairo zu einer Konfrontation Indiens mit Pakistan und China, die sich bis 1968 fortsetzte und die auch eine immer enger werdende Zusammenarbeit zwischen China und Pakistan mit sich brachte.

Schon im Herbst 1965 kam es zu einer sehr massiven kriegerischen Auseinandersetzung zwischen Indien und Pakistan, bei der China die Partei Pakistans ergriff und diesem diplomatische Unterstützung gewährte, wobei es gleichzeitig auf Indien militärischen Druck ausübte. Die Sowjetunion dagegen stand auf seiten Indiens. Der Konflikt begann mit der Infiltration bewaffneter Einheiten aus dem pakistanischen in den indischen Teil Kaschmirs. Indien reagierte mit einem Durchbruch seiner Streitkräfte in den pakistanischen Teil der Provinz. Dies geschah Anfang August, und die Kämpfe zogen sich bis in den September hinein. Anfang September griffen die massiven Kriegsoperationen auf die eigentliche indisch-pakistanische Grenze südlich der Demarkationslinie in Kaschmir über.

Endlich kam es dann auf Verlangen der Vereinten Nationen doch zum Waffenstillstand, womit aber in den Grenzgebieten keine Entspannung erzielt wurde, da die Truppen der einen wie der anderen Seite auf fremdem Boden blieben. Gleichzeitig bezogen die asiatischen und afrikanischen Länder Stellung in dem Streit. Eine beträchtliche Zahl islamischer Länder stellte sich auf die Seite Pakistans, darunter auch Indonesien. Zwischen Indien und Pakistan kam es zum Abbruch der diplomatischen Beziehungen.

Während dieser Kämpfe übermittelte China Indien scharfe Proteste, in denen es letzteres der Grenzverletzung – zunächst an der Grenze zwischen Sikkim und Tibet und dann auch andernorts – bezichtigte. Im Zuge dieser Aktion stellte China Indien auch ein Ultimatum, beließ es dann aber doch beim Druck in Form diplomatischer Demarchen sowie in Form von Truppenverschiebungen entlang der indischen Grenze.

Eine Beruhigung der Lage trat erst im Januar 1966 ein. Die Sowjetregierung lud beide Seiten, Pakistan und Indien, zu Verhandlungen, bei denen der sowjetische Ministerpräsident Kossygin die Mittlerrolle spielen wollte, nach Taschkent ein. Am 10. Januar wurde schließlich ein Abkommen unterzeichnet. In der darauffolgenden Nacht erlag Shastri, der indische Ministerpräsident, einer Herzattacke. Durch die erzielte Verständigung beruhigte sich die gespannte Lage zwischen Indien und Pakistan ein wenig. Doch die Reibereien zwischen ihnen gingen das ganze Jahr hindurch und auch im nächsten noch weiter.

So brach ein weiterer Grenzkonflikt im südlichsten Abschnitt der pakistanisch-indischen Grenze aus, der zu einigen

Scharmützeln führte, schließlich – Anfang 1968 – aber doch durch ein Schiedsgericht beigelegt werden konnte. Ein neuer Zusammenstoß mit China erfolgte an der indischen Nordwestgrenze; ausgelöst wurde er durch ein chinesisches Straßenbauprojekt, das Delhi zu Anschuldigungen gegen Peking veranlaßte, die auf die Behauptung gestützt wurden, die fragliche Straße verlaufe zu einem Teil auf indischem Gebiet.

Was aber das indische Stimmungsbild noch mehr beeinflußte, als es die militärischen Konflikte vermochten, war die diplomatische Umwerbung Indiens. In Neu-Delhi hatte man, nachdem es zum ersten Konflikt mit China gekommen war, sehr gute Beziehungen zur Sowjetunion zu entwickeln begonnen. Und offenkundig gab es in Moskau Überlegungen, die Indiens Absicht entgegenkamen, seine durch die pakistanisch-chinesische Annäherung zustande gekommene Lage zu verbessern. Trotz der dadurch ausgelösten scharfen Anschuldigung Pekings half die Sowjetunion Indien in dem Konflikt mit China.

Diese Zusammenarbeit, die die sechziger Jahre ausfüllte, fand ihren Niederschlag auch in der freigebigen sowjetischen Finanzierung einer ganzen Reihe von indischen Entwicklungsprojekten. Der Höhepunkt dieser Unterstützung wurde 1966 erreicht, als die Sowjetunion ein sehr umfangreiches Vorhaben, den Bau eines Stahlwerks, finanzierte und Indien allein für dieses Projekt einen Kredit von über 200 Millionen Dollar gewährte.

Eine Störung erfuhr diese enge Zusammenarbeit durch die Entwicklung der Beziehungen zwischen Pakistan und der Sowjetunion, die eine Versöhnungsaktion auf dem indischen Subkontinent in Gang setzte, mit der Absicht, eine Situation zu schaffen, die es ermöglichte, den chinesischen Einfluß in Pakistan zu reduzieren. So lieferte die Sowjetunion auch eine Menge Waffen an Pakistan, was auf indischer Seite Proteste auslöste. So mußte Indien ständig darauf bedacht sein, das politische Erstarken Pakistans zu verhindern und die Glaubwürdigkeit der Stütze, die es bei seiner Konfrontation mit Pakistan und China in der Sowjetunion hatte, zu wahren. Diese politische Entwicklung führte bekanntlich zu einem weiteren bewaffneten Konflikt zwischen Indien und Pakistan im Jahre 1971.

Gegen Ende der sechziger Jahre machte Indien auch schwere innere Störungen durch. Der Einfluß der Kongreßpartei nahm ab, und sie verlor in zwei Provinzen – Kerala und Westbengalen – die Wahlen. In der Partei selbst kam es zu immer stärker werdenden Reibereien und zur Anfechtung der führenden Rolle Indira Gandhis, was schließlich zur Spaltung der Partei und zum Ausschluß Indira Gandhis aus der offiziellen Fraktion führte. Doch vermochte sie sich trotzdem zu halten und den Wahlsieg zu erringen.

In dieser Zeit lehnte sich Indien immer enger an die Sowjetunion an, und im Frühjahr 1971 erwuchs aus diesem Trend ein indisch-sowjetischer Freundschaftsvertrag.

All dies wirkte sich auf die Aktivität Delhis innerhalb der Blockfreienbewegung aus, bewirkte eine Abnahme dieser Aktivität und eine zeitweise Entfremdung zwischen Indien und den meisten anderen blockfreien Ländern. Die indische Regierung glaubte sich, von falschen Vorstellungen über Sinn und Zweck der Blockfreienbewegung und deren Möglichkeiten ausgehend, berechtigt, von den Mitgliedern dieser Bewegung automatisch Unterstützung, wenn nicht mehr, erwarten zu können. Diese Erwartungen erfüllten sich begreiflicherweise nicht, wie dies ja auch gar nicht anders sein konnte, wenn man das Verhalten der Mitglieder der Bewegung in ihrer Gesamtheit in anderen Streitfällen einzelner von ihnen unter sich oder mit Drittländern bedenkt.

Ägypten, ein weiteres hochaktives Mitglied der Bewegung, hatte in dem Intervall zwischen der zweiten und der dritten Konferenz ebenfalls schwere Zeiten durchzustehen. Das schwerste Problem, mit dem es sich zu Beginn dieser Periode auseinandersetzen mußte, war der Bürgerkrieg im Jemen zwischen der republikanischen Regierung und den royalistischen

Aufständischen. Um die Mitte der sechziger Jahre hatte Ägypten annähernd ein Drittel seines Heers, eine seiner drei Armeen, im Jemen stationiert. Dies stellte nicht nur eine materielle Belastung dar, sondern schuf auch schwere Probleme in den Beziehungen der arabischen Länder untereinander, insbesondere jedoch in den Beziehungen Ägyptens zu Saudi-Arabien, das die jemenitischen Royalisten offen unterstützte.

Als es 1967 wieder zum Krieg mit Israel kam, bekam das für kriegerische Operationen ohnehin schlecht gerüstete Ägypten das Fehlen eines so großen Teils seiner Streitkräfte empfindlich zu spüren. Die schwere Niederlage im Junikrieg (Sechstagekrieg) von 1967 wuchs sich zu einer schweren inneren Krise aus. Nasser demissionierte, machte seine Entscheidung unter dem Druck der verzweifelten, desorientierten Massen Kairos jedoch wieder rückgängig.

Nach diesem verlorenen Krieg schwenkt Ägypten mehr und mehr auf eine enge Zusammenarbeit mit der Sowjetunion ein. Beziehungen zu ihr waren bereits vordem, noch um die Mitte der fünfziger Jahre, aufgenommen worden; und so war die sich nunmehr anbahnende Zusammenarbeit zunächst nur eine Weiterentwicklung der bereits bestehenden Kontakte. Die schwierige außenpolitische Lage, die ungeheuren Verluste an Kriegsmaterial, zu denen es im Junikrieg kam, dann die Weigerung Israels, das von ihm besetzte Gebiet zu räumen – all dies führte auch innenpolitisch zu einer bedrohlichen Lage und drängte das Land in eine immer enger werdende Bindung an die einzige Großmacht hinein, die zu Waffenlieferungen bereit war.

Noch unmittelbar vor diesem Krieg war Ägypten um die Festigung der Beziehungen zu den Blockfreien auf der Grundlage der Deklaration von Kairo bemüht gewesen; nach der erlittenen Niederlage jedoch geriet dieses Bemühen in Vergessenheit. So blieb die ägyptisch-jugoslawisch-indische Dreierkonferenz über wirtschaftliche Zusammenarbeit gute Absicht, festgehalten auf einem Stück Papier in Gestalt des am 14. Dezember 1966 veröffentlichten Kommuniqués. Gleich zu Beginn des folgenden Jahres nämlich verschärften sich die Spannungen im Nahen Osten, was dann im Juni dieses Jahres zum Krieg führte. Im Rahmen dieser Eskalation unmittelbar vor dem Krieg begann sich auch die Bindung zur Sowjetunion zu festigen. Besonders deutlich trat dies bei dem Kairo-Besuch Gromykos Ende März in Erscheinung, bei dem der Öffentlichkeit das Vorhandensein »übereinstimmender Absichten« über die erörterten Fragen bekanntgegeben wurde.

Gleich nach dem Krieg kam es dann zu wiederholten Besuchen der Sowjetflotte in Alexandria und Port Said; und im Herbst des gleichen Jahres (am 23. Oktober) führte der stellvertretende sowjetische Verteidigungsminister, Marschall Sokolow, in Kairo Gespräche über eine militärische Zusammenarbeit. Diese Annäherung hatte bis 1970 eine steigende Tendenz, bis zu dem Jahr also, in dem der dritte Blockfreiengipfel zustande kam. Im Lauf des Jahres 1968 fuhr Nasser nach Moskau; und Gromyko kam gegen Jahresende wieder nach Kairo. Im Dezember erklärte Kossygin bei dem Besuch einer ägyptischen Delegation unter der Leitung von Sadat in Moskau, daß die »aktiven Maßnahmen zur Stärkung der Verteidigungsfähigkeit der VAR« (wie Ägypten damals offiziell immer noch hieß) fortgesetzt werden würden.

Unter diesen Umständen, in deren Gefolge sich die Beziehungen Ägyptens zu Jugoslawien wie zu den übrigen blockfreien Ländern abkühlten, ist es verständlich, daß für die Aufnahme wie auch immer gearteter Gespräche über die Fortsetzung der 1961 in Belgrad begonnenen Aktion jeglicher Ansatzpunkt fehlte. Erst nach der Konferenz, und das heißt, nach dem Tod Nassers (28.5.1970), engagierte sich Ägypten wieder im Rahmen der Blockfreienbewegung – nachdem seine Aktivität darin in der zweiten Hälfte der sechziger Jahre immer mehr zurückgegangen war – bis hin zur Konferenz von Lusaka, bei der es von seinem Außenminister vertreten wurde.

Indonesien durchlebte bald nach der Konferenz von Kairo dramatische Ereignisse im Zusammenhang mit dem Staatsstreich, bei dem Sukarno gestürzt wurde. Die neue Regierung verblieb zwar in der Blockfreienbewegung, war jedoch infolge der inneren Gärungen und der desperaten Wirtschaftslage des Landes weit davon entfernt, an irgendeiner Aktion zur Aktivierung der Blockfreienbewegung teilzunehmen. Ähnlich lag der Fall in Ghana, wo im Februar 1966 der Sturz Nkrumahs erfolgte, eines der Teilnehmer des New Yorker Fünfertreffens von 1960. Hinsichtlich der übrigen Mitgliedsländer wollen wir davon absehen, auf nähere Einzelheiten einzugehen, und uns mit der Feststellung begnügen, daß sich die oben erwähnten sowie weitere Ereignisse auch auf sie in der Weise auswirkten, daß ihre Aktivität innerhalb der Bewegung nachließ.

bb) Wiederbelebung: Belgrad, Daressalam, Lusaka

Im Anschluß an diese kurze Übersicht über die Geschehnisse, von denen einige blockfreie Länder nach der Konferenz von Kairo heimgesucht wurden, ist noch zu erwähnen, daß auch Jugoslawien Probleme zu bewältigen hatte. Diese ergaben sich hinsichtlich seiner Beziehungen zur Sowjetunion im Zusammenhang mit ihrer und ihrer Verbündeten (Polen, DDR, Ungarn und Bulgarien) Intervention in der Tschechoslowakei im August 1968. Dennoch startete Jugoslawien als erstes Land eine Aktion zur Einberufung eines neuen Blockfreiengipfels.

Nach kurzer, aber intensiver diplomatischer Aktivität berief Jugoslawien ein Beratungstreffen von Regierungsvertretern der blockfreien Länder nach Belgrad ein, das vom 8. bis 11. Juli 1969 stattfand. Diese Aktion spiegelte die Auffassung der Belgrader Regierung wider, der zufolge nach so vielen Jahren, insbesondere aber nach den ergebnislosen Debatten auf der UNCTAD 2 in Delhi die Notwendigkeit bestand, den Stand der internationalen Beziehungen durchzudiskutieren. In dem Aufruf zu dem Treffen wurde auch dessen Ziel erläutert, nämlich Möglichkeiten für die Einberufung eines dritten Blockfreiengipfels zu erkunden.

Für das Treffen wurde eine Tagesordnung vorgeschlagen, die zwei Punkte umfaßte. Gegenstand des ersten war eine Erörterung der allgemeinen Weltlage und der Rolle der Blockfreiheit. Der zweite, wichtigere lautete: »Überprüfung der Möglichkeiten für die Intensivierung von Konsultationen, Zusammenarbeit und gemeinsamen Aktionen der Blockfreien auf verschiedenen Gebieten.« Zu der Zusammenkunft fanden sich 44 Länder ein, was unter den gegebenen Umständen zufriedenstellend war.

Neben den Ländern, die an dem Gipfeltreffen in Kairo teilgenommen hatten, war mit mehreren Delegierten auch Jamaika vertreten, und mit einem Delegierten Kongo-Kinshasa (das jetzige Zaire), nachdem Tschombé, wie oben ausgeführt, zu der Konferenz von Kairo nicht als Vertreter seines Landes zugelassen worden war. Ferner waren die Delegierten von sieben Ländern Lateinamerikas mit Beobachterstatus zugegen.

Ihrer Zusammensetzung nach war die Versammlung durchaus für die Einleitung einer Initiative zur Einberufung einer neuen Konferenz auf höchster Ebene qualifiziert. Sie veröffentlichte ein Kommuniqué, in dem zunächst eine kurzgefaßte Beurteilung der aktuellen Weltlage gebracht und zum Schluß die Bereitschaft zur Einberufung eines neuen Blockfreiengipfels bei entsprechenden Vorbereitungen zum Ausdruck gebracht wurde.

Der besagte Überblick über die Weltlage spiegelte den seinerzeit, im Jahre 1969, in der Welt vor sich gehenden Gärungsprozeß wider. Im Sommer jenes Jahres abgehalten, läßt das Treffen Besorgnis erkennen über die hohe Zahl von Konflikten in der Welt und das Vorgehen der Großmächte in den Blockfreienregionen, jedoch auch Hoffnungen aufgrund der Bemühungen ebendieser Großmächte um die Vermeidung eines Konflikts zwischen ihnen.

Erstes unmittelbares Ergebnis des Beratungstreffens von Belgrad war ein dort vereinbartes vorbereitendes Treffen für die neue Konferenz, die, wie man übereinkam, möglichst gründlich und sorgfältig organisiert werden sollte. Ort und Zeit dieses Treffens wurden allerdings erst bei einer während der Tagung der UN-Vollversammlung im September 1969, also kurz nach der Belgrader Begegnung, zustande gekommenen Außenministerbegegnung festgelegt; es wurde für den Zeitraum vom 13. bis 17. April 1970 in Daressalam angesetzt.

In Daressalam kamen mehr Länder zusammen, als dies auf irgendeinem Blockfreientreffen bis dahin der Fall gewesen war: 51 Vollmitglieder und 8 Beobachter – letztere durchwegs aus Lateinamerika. In dieser Teilnehmerzahl spiegelte sich die im Verlauf des weltweiten Entkolonialisierungsprozesses gewachsene Zahl neuer unabhängiger Länder wider. Zweifellos trug auch die internationale Situation – es war die Zeit, in der zu spüren war, daß der kalte Krieg seinem Ende zuging – dazu bei, das Interesse an der Blockfreienbewegung zu erhöhen. Und schließlich wurde auch die sich immer schwieriger gestaltende Wirtschaftslage der neubefreiten Länder für diese unzweifelhaft zu einem immer schwerwiegenderen Beweggrund, sich der von den Blockfreien geführten Gemeinschaftsaktion anzuschließen.

Auf dem Treffen von Daressalam faßte man den formellen Beschluß, daß der dritte Blockfreiengipfel kurz vor der 25. Tagung der UN-Vollversammlung im September 1970 in Lusaka, der Hauptstadt Sambias, abzuhalten sei; und man schuf erstmals auch ein formelles Organ der Blockfreienbewegung, das Ständige Komitee, das mit der Aufgabe betraut wurde, zusammen mit dem Gastgeberland sämtliche Vorbereitungen für die Einberufung der Konferenz zu treffen. Dies waren zwei sehr bedeutende Neuerungen. Die Konferenz wurde als »dritte« einberufen, was praktisch ein Einverständnis mit einem periodischen Zusammentritt der Staatschefs der blockfreien Länder bedeutete.

Die Tagesordnung wurde zunächst auf dem vorbereitenden Treffen in Daressalam ausgearbeitet, danach von dem Ständigen Komitee allerdings etwas modifiziert. In der endgültigen

Fassung umfaßt sie sechs Punkte und thematisch drei übergeordnete Gruppen: *1. Erhaltung und Festigung des Weltfriedens und der Sicherheit im Zeichen der veränderten Weltlage;* 2. *Erhaltung und Stärkung der nationalen Unabhängigkeit, der Souveränität, der territorialen Integrität und der Gleichberechtigung zwischen den Staaten und Nichteinmischung in deren innere Angelegenheiten;* 3. *Wirtschaftsentwicklung und wirtschaftliche Selbständigkeit* (Rückgriff auf die eigenen Kräfte) – das dafür verwendete englische Wort ist *self-reliance*.

Zusätzlich zu diesen drei grundlegenden Themen sieht die Tagesordnung die Verabschiedung einer Deklaration und eine allgemeine Diskussion über die Weltlage, sodann die Verstärkung der Zusammenarbeit zwischen den Blockfreien und schließlich »Diverses« vor. Diese sechs Punkte der Tagesordnung waren – wie dies auch bei den früheren Konferenzen galt – nicht als jeweils separate Teile der Debatte aufzufassen, sondern als Richtschnur für deren Inhalt. Die Arbeitsweise der Konferenz war ähnlich wie in Belgrad und in Kairo. Zum Schluß wurden neben zwei Deklarationen – daß der Hauptteil der Abschlußdokumente zwei Deklarationen umfaßte, statt einer, war neu – auch Sonderresolutionen über aktuelle Fragen verabschiedet.

Nicht nur für die eigentliche Aktion zur Einberufung des dritten Blockfreiengipfels und die Vorbereitung der Grundzüge der Tagesordnung spielte das vorbereitende Treffen von Daressalam eine Schlüsselrolle; auch die Hauptakzente für die Zusammenkunft von Lusaka wurden auf ihm bereits festgelegt – in der Rede des Gastgebers, des Präsidenten Julius Nyerere. Nyerere unterstrich in seiner Rede die schwierige Wirtschaftslage der blockfreien und aller übrigen minderentwickelten Länder und folgerte, daß der wirtschaftliche Sektor das wichtigste Tätigkeitsfeld der Blockfreien bilden müsse.

In seiner Stellungnahme zur Weltlage wies er auch darauf hin, daß die hochentwickelten und überhaupt alle industriell entwickelten Länder bislang keinerlei ernsthafte Absicht bekundet hätten, wirklich etwas zur Verbesserung der Lage des minderentwickelten Teils der Welt zu tun. Den Ländern dieses Teils der Welt bleibe mithin nichts anderes übrig, als vor allem auf ihre eigenen Kräfte und Möglichkeiten zurückzugreifen. Von da an wird der Begriff *self-reliance* zu einer neuen Parole der Blockfreienbewegung.

Doch Präsident Nyerere bedachte nicht nur die Schwierigkeiten, auf die das Suchen nach Verständnis und Hilfe bei den Ländern des entwickelten Teils der Welt stoßen würde, sondern zeigte auch die Gefahren auf, die sich durch ein Angewiesensein der Entwicklungsländer auf fremde Hilfe ergeben würden. Durch ihre Armut und Entwicklungsbedürftigkeit seien diese Länder ohnehin den Druckversuchen der militärisch und wirtschaftlich stärkeren Länder ausgesetzt. Wenn sie nun vollkommen von fremder Unterstützung abhängig würden, so würden sie noch weitaus verwundbarer. Ihr wirtschaftliches Erstarken im Rahmen allseitiger Zusammenarbeit und eines gemeinsamen Vorgehens hingegen würde logischerweise auch ihr politisches Gewicht in den internationalen Beziehungen vergrößern. Damit wurde die Lösung der Wirtschaftsprobleme auch formell zu einem der wichtigsten politischen Anliegen der Blockfreienbewegung erklärt.

Mit diesem Aufruf zur Zusammenarbeit und gemeinsamem Vorgehen auf wirtschaftlichem Sektor verband Nyerere den Ruf nach Einigkeit im weitesten Sinn und nach Zurückdrängung aller politischen oder ideologischen Unterschiede zwischen den blockfreien Ländern, wobei er diese Haltung mit der Solidarität und der gegenseitigen Hilfeleistung verglich, wie sie zwischen in einer Gewerkschaft zusammengeschlossenen Arbeitern üblich sind, die trotz der zwischen ihnen bestehenden politischen und sonstigen Unterschiede ihre Einigkeit bewahren.

So trat die Konferenz von Lusaka (8. bis 10. September 1970) im Zeichen der Wiederbelebung und Erneuerung der Blockfreienbewegung zusammen. Sie fiel in eine Tauwetterperiode der internationalen Beziehungen. Die ganze Bedeutung dieses politischen Umschwungs war damals, im Herbst 1970, noch nicht abzusehen; immerhin war aber schon zu spüren, daß das Ende des kalten Kriegs in die Nähe rückte und die Atmosphäre in den Beziehungen zwischen den Supermächten im Begriff war, sich zu verbessern.

Insbesondere waren es zwei Anzeichen, die solche Vorgefühle rechtfertigten. Das eine war ein Vorgang im Weltmaßstab. Gemeint sind die damals bereits in Gang befindlichen Gespräche über die Rüstungsbegrenzung, bekannt unter der Abkürzung SALT. Bereits 1968 geplant, begannen sie erst im Herbst 1969, da die durch die sowjetische Intervention in der Tschechoslowakei ausgelöste Krise die vorbereitenden Aktionen unterbrach. Parallel zu dieser Entwicklung der Beziehungen Washington-Moskau vollzog sich ein innereuropäischer Beruhigungsprozeß. Noch im Herbst 1969 siegte in der Bundesrepublik Deutschland die SPD, deren Führer, der künftige Bundeskanzler Willy Brandt, zu seiner Hauptaufgabe auf internationaler Ebene eine neue Ostpolitik erklärte. Diese bestand darin, eine Verständigung über die offenen Ost-West-Fragen in Mitteleuropa herbeizuführen, d. h. über die Teilung Deutschlands und die übrigen Probleme, die unter dem Begriff »deutsche Frage« zusammengefaßt zu werden pflegen.

Hauptzweck dieser Politik war die Normalisierung der Beziehungen und die Entwicklung der Zusammenarbeit zwischen den beiden Hälften des geteilten Europa. Die Erreichung dieses Ziels bedeutete praktisch die Einstellung des kalten Kriegs auf diesem Kontinent und vornehmlich in jenem Teil, in dem er nach dem Zweiten Weltkrieg begonnen hatte. Aus dem Zusammenwirken dieser beiden Faktoren, des veränderten Trends in Europa einerseits und der neuen Tendenzen in den Beziehungen zwischen USA und UdSSR andererseits, erwuchs die Basis für den Übergang zu der Ost-West-Entspannung und zur Liquidierung des kalten Kriegs.

Daß die Inangriffnahme der beiden Aktionen zeitlich zusammenfiel, war ein glücklicher Umstand; man darf nicht vergessen, daß ohne diese Koinzidenz in keinem der beiden Bereiche, d. h. weder in den unmittelbaren amerikanisch-sowjetischen noch in den europäischen Ost-West-Beziehungen, Ergebnisse möglich gewesen wären. So aber ergänzten sich die beiden Vorgänge gegenseitig, und einer konnte auf dem anderen aufbauen.

Diese positive Wendung in den Beziehungen zwischen den größten beiden Weltmächten ließ gleichzeitig auch die Blockfreien hoffen, daß auch ihre gemeinsame Aktion positive Ergebnisse zeitigen werde. Hierbei ist auch zu berücksichtigen, daß in den sechs Jahren, die seit dem zweiten Blockfreiengipfel vergangen waren, viele Länder ihre Unabhängigkeit gewonnen und sich so die Reihen der potentiellen Teilnehmer an dem neuen Treffen beträchtlich verstärkt hatten. Und in der Tat bedeutete die Konferenz in Lusaka hinsichtlich der Zahl der Länder, die als Vollmitglieder daran teilnahmen, einen großen Sprung vorwärts.

Zugleich wirkte bei diesem Treffen allerdings auch die Krise noch nach, die während der sechziger Jahre in der Bewegung herrschte. Lusaka war nämlich der Blockfreiengipfel mit der anteilmäßig geringsten Beteiligung von führenden Staatsmännern im eigentlichen Sinn, d. h. von Staats- oder Regierungschefs oder vergleichbaren führenden Persönlichkeiten. Daß so viele Staatsoberhäupter, die nur ihre Minister oder andere Vertreter zu dem Treffen entsandten, nicht anwesend waren, war zudem auch durch die oben geschilderte unruhige politische Weltlage bedingt, die auch im Herbst 1970 noch andauerte.

Die Konferenz war die kürzeste von allen Blockfreientreffen auf höchster Ebene; sie dauerte trotz der hohen Teilnehmerzahl nur drei Tage. Bei ihrer ersten Sitzung führte Präsident Tito den Vorsitz. Diese erste Sitzung, die einen Vormittag in Anspruch nahm, war von den Begrüßungsansprachen ausgefüllt, zu denen der grundlegende Vortrag von Präsident Kaunda im Namen des Gastgeberlands kam. Am Ausgang dieser Sitzung wurden der Konferenzvorsitzende (Kaunda) und sechs stellvertretende Vorsitzende gewählt, die abwechselnd den Vorsitz bei den Sitzungen führen sollten.

Festzuhalten bleibt, daß der tansanische Präsident Nyerere bei der Konferenzdebatte überhaupt nicht das Wort ergriff; wiewohl sich die in seinen Ausführungen in Daressalam dargelegten Ideen wie ein roter Faden durch die ganze Debatte zogen und in der Annahme einer Sonderdeklaration über Wirtschaftsfragen am Ende der Konferenz ihren Niederschlag fanden. Zu notieren ist auch einer während der Konferenz von dem Präsidenten Ugandas, Milton Obote, eingebrachter Antrag, der vorsah, daß der Konferenzvorsitzende mit den Obliegenheiten eines verantwortlichen Sekretärs der Bewegung zu betrauen und daß neben ihm auch ein Ausschuß (Steering Committee) zu wählen sei, der mit ihm zusammen die nächste Konferenz vorbereiten sollte.

Es war dies der erste formelle Antrag auf eine gewisse Institutionalisierung der Blockfreienbewegung. Die Idee wurde zwar nicht in vollem Umfang übernommen, doch ist Lusaka dadurch bedeutsam, daß hier erstmals die Periodizität der Blockfreiengipfeltreffen festgesetzt wurde. Unter Ablehnung des Antrags auf die Errichtung eines Sekretariats, die auch finanzielle Weiterungen mit sich gebracht hätte, wurde in einer Sonderresolution festgelegt, daß der Präsident des Gastgeberlands unter Mithilfe des Generalsekretärs der Konferenz Kontakte zu den Teilnehmerländern aufrechtzuerhalten und für die Durchführung der geplanten Resolutionen Sorge zu tragen habe. Neben Meinungsunterschieden in bezug auf die Institutionalisierung wurden auch Unterschiede hinsichtlich der Akzentsetzung bei der Beurteilung des Stands der internationalen Beziehungen deutlich; doch fielen diese Divergenzen hier weniger ins Gewicht als in Kairo. Nennenswert wäre in diesem Zusammenhang lediglich die von Kuba aufgestellte These, daß die Welt in ausgebeutete und Ausbeuterländer zerfalle und daß die sozialistischen Staaten die Stütze der ersteren bildeten.

Größere Kontroversen blieben aus, vorwiegend weil diese Konferenz in erster Linie mit den Bedürfnissen und gemeinsamen Aktionen der Blockfreien in einer unklaren Weltlage befaßt war, die ahnen ließ, daß nach Beendigung des kalten Kriegs neue Probleme bevorstehen würden. Freilich hatten zu dieser Einsicht der Bewegung zweifellos auch die längere Pause nach der Konferenz von Kairo sowie die erhebliche Verschlechterung der Wirtschaftslage der blockfreien und der übrigen minderentwickelten Länder beigetragen.

Außer Zweifel stand auch, daß die Blockfreienbewegung eine nicht mehr zu übersehende Rolle im Weltgeschehen zu spielen begann, wenn durch nichts anderes, so zumindest durch die steigende Zahl ihrer Teilnehmer. Doch der so gewonnene Einfluß zeitigte noch nicht die erwarteten Ergebnisse. Es war sogar so, daß die Symptome für die Verbesserung der politischen Ost-West-Beziehungen leider nicht von Anzeichen für das Heraufdämmern einer Ära begleitet waren, in der es zumindest zu einer Verlangsamung des Tempos gekommen wäre, in dem sich die Lage der Länder der dritten Welt verschlechterte.

Das Ergebnis all dieser in der Debatte zum Ausdruck kommenden Tendenzen war die Entschlossenheit, häufiger Konsultationen abzuhalten und eine enge Zusammenarbeit der blockfreien Länder in Form von Gipfelkonferenzen und anderen Zusammenkünften in regelmäßigen Intervallen zu organisieren. In diesem Sinn war die wichtigste Errungenschaft die, daß durch die dem Präsidenten des Gastgeberlandes auferlegte Verpflichtung die Notwendigkeit aufgehoben wurde, daß jemand ad hoc die Initiative zur Herbeiführung eines neuen Treffens zu ergreifen hatte.

Die erste der beiden Deklarationen von Lusaka ist politischen Problemen gewidmet. Eingangs werden die Veränderungen in der Welt gewürdigt, die die Blockfreienbewegung mit bewirkt hat: »Dies ist das Ergebnis der antikolonialen Weltrevolution sowie der Entstehung vieler wiederbefreiter Länder, die, sich für eine unabhängige politische Orientierung und Entwicklung entscheidend, es abgelehnt haben, die Ersetzung alter durch neue Formen der Unterordnung zu akzeptieren.« Und gleich danach wird die Rolle der blockfreien Länder hervorgehoben, die »den Weg zur Linderung der internationalen Spannung gebahnt« haben.

Der Stand der Ost-West-Beziehungen wird als »nicht den vorhandenen Möglichkeiten entsprechend« bewertet. Das Gleichgewicht der Angst zwischen den Supermächten habe der übrigen Welt nicht Frieden und Sicherheit gebracht. Auch die weitere Fortsetzung der Einmischung in die inneren Angelegenheiten der kleinen Länder und die Bestrebungen der großen, das Monopol für die Regelung aller Probleme nach ihrem Gutdünken an sich zu reißen, werden verurteilt. Zudem, heißt es, hielten sich die alten Formen der kolonialen und rassischen Unterdrückung noch vielerorts aufrecht, insbesondere in Afrika.

Besonders hervorgehoben wird, daß »die Kluft zwischen entwickelten und Entwicklungsländern« immer breiter werde. Doch davon wird mehr in der zweiten Deklaration gesagt. In der ersten erscheint lediglich eine entsprechende Feststellung im Rahmen eines Gesamtüberblicks über die Weltlage. Notwendig seien intensivere und umfassendere Gemeinschaftsaktionen. Im Zusammenhang damit werden die bei den vorangegangenen Konferenzen, d. h. den Treffen von Belgrad und Kairo, aufgestellten Grundsätze und Forderungen wiederholt und bestätigt.

Aufgrund dieser Prinzipien und Thesen wird feierlich bekundet, daß die Teilnehmer einig und entschlossen seien, auf allen genannten Gebieten tätig zu werden und mit dieser Aktivität auf die Festigung der gegenseitigen Beziehungen, die Verbesserung der Weltlage und die Stärkung der Vereinten Nationen hinzuwirken. So wird am Schluß der Deklaration auch gefordert, daß sie zusammen mit den übrigen Resolutionen der Konferenz allen Mitgliedsländern der Vereinten Nationen zugestellt wird; und daran wird ein Appell an alle Staaten der Welt geknüpft, sich für die Verwirklichung der Ziele der Blockfreien einzusetzen.

Die zweite Deklaration betrifft Wirtschaftsfragen und Blockfreiheit. Sie beginnt mit einer im Stil der UN-Resolutionen gehaltenen Präambel, in der die Beweggründe dargelegt werden, von denen die blockfreien Länder bei der Annahme dieser Deklaration getragen waren.

Der praktische Teil des Dokuments ist in mehrere Kapitel gegliedert, die einerseits die Übernahme von Verpflichtungen, andererseits aber auch Forderungen an die Vereinten Nationen zum Gegenstand haben.

Zu Beginn dieses Teils ist von der Übernahme der Pflicht durch die Blockfreien die Rede, sich auf die eigenen Kräfte zu besinnen, sich zu diesem Zweck eine feste Politik des eigenen gesellschaftlichen und wirtschaftlichen Fortschritts zu eigen zu machen und diese zu einem Priorität genießenden Aktionsprogramm auszugestalten. Im Anschluß daran wird diese Politik im einzelnen ausgeführt, in allen ihren Aktionsbereichen, vom wissenschaftlich-technischen bis zum politischen und ideologischen.

Es folgt ein Aktionsprogramm, das darauf ausgerichtet ist, das Zurückgreifen auf die eigenen Kräfte durch eine enge, planmäßige, allseitige Zusammenarbeit zwischen den Ländern der einzelnen Regionen, jedoch auch im weltumspannenden Rahmen zu realisieren. Dieses Aktionsprogramm spricht die verschiedensten Bereiche an: Planung und Projektierung, Zusammenarbeit auf dem Wirtschafts- und Produktionssektor, bei der Entwicklung der Infrastruktur, in Wissenschaft und Technik.

Von den Vereinten Nationen wird ein intensiveres und umfassenderes Eingehen auf die Entwicklungsprobleme verlangt und insbesondere gefordert, daß bei der bevorstehenden Jubiläumstagung eine Deklaration über die Entwicklungsstrategie angenommen werde, in der sämtliche diesbezüglichen Ziele sowie auch die Methoden und Maßnahmen zur Verwirklichung der gesteckten Ziele zu erfassen seien. Dieser Teil der Deklaration enthält alle jene grundlegenden Forderungen und Ziele, die bereits früher, nämlich auf den UNCTAD-Konferenzen von Genf und Neu-Delhi, dargelegt wurden. Die einzige bedeutende Neuheit ist die, daß auch in diesem Programm die Notwendigkeit der Aktionseinheit der Entwicklungsländer hervorgehoben und im Zusammenhang damit von den Vereinten Nationen verlangt wird, dieser Zusammenarbeit ihre Hilfe und Unterstützung zu gewähren.

Am Schluß der Deklaration verpflichten sich die Konferenzteilnehmer, bei ihrer Zusammenarbeit und auch über die Vereinten Nationen auf die Förderung ihres Programms hinzuwirken. Besonders die 77-Länder-Gruppe wird in ihrer Tätigkeit bestärkt und im Hinblick auf die zu erwartende dritte UNCTAD-Konferenz die Einberufung eines Treffens auf Ministerebene dieser Gruppe angeregt. Damit wird diese Deklaration im Grunde genommen zu einer gemeinsamen Plattform für die Betätigung der blockfreien Länder im Rahmen der UNCTAD und der 77er Gruppe ausgestaltet.

Neben den beiden Deklarationen verabschiedete die Konferenz von Lusaka noch 14 Resolutionen. Diese lassen sich in zwei Hauptgruppen einteilen: solche, die aktuelle Probleme allgemeinen Charakters zum Gegenstand haben, und solche, die nur einzelne Länder oder Regionen betreffen. Hinzu kommt noch eine Resolution über die Bewegung selbst, in der über deren Kontinuität und die Rolle des Präsidenten des Gastgeberlands befunden wird, wovon oben bereits die Rede war.

Unter den Resolutionen von allgemeinem Belang ist die umfangreichste und ausführlichste die über die Vereinten Nationen. Sie begreift zudem auch die Problematik aller übrigen Resolutionen mit ein. In ihrem ersten Teil analysiert sie die Erfolge und Mängel der Tätigkeit der Weltorganisation in allen Bereichen, in denen jene der Charta zufolge tätig zu sein hat.

Im zweiten Teil der Resolution verpflichten sich die Konferenzteilnehmer, bei ihrer nächsten Tagung bestimmte Aktionen in Angriff zu nehmen. Bei diesen Aktionen handelt es sich um folgende:

1. Annahme der von einem Rechtssonderausschuß aufgrund der Initiative des Blockfreiengipfels von Kairo vorbereiteten *Deklaration über die Prinzipien freundschaftlicher zwischenstaatlicher Beziehungen;*

2. Annahme der Deklaration über die Festigung des Weltfriedens und der Sicherheit, über die bei den Vereinten Nationen bereits debattiert wurde;

3. Annahme des Dokuments über die internationale Entwicklung und die Strategie der zweiten Entwicklungsdekade;

4. anläßlich des zehnten Jahrestags der Annahme der Entkolonialisierungsdeklaration durch die Vereinten Nationen bei der Vollversammlung von 1960, die auf Antrag der fünf blockfreien Staatschefs erfolgte, wird im Hinblick darauf, daß es noch 45 Kolonien gibt, in der Hauptsache kleinere, in denen insgesamt 28 Millionen Menschen leben, eine weitere einschlägige Aktion angekündigt;

5. Annahme des Abrüstungsdekadenprogramms;

6. Annahme der Deklaration über den Indischen Ozean, mit der dieser zu einer Zone des Friedens erklärt wird;

7. Annahme der Deklaration über die friedliche Nutzung des Meeresbodens.

Diese Resolution steht in engem Bezug zu der Abrüstungs-Sonderresolution, die ein Dreipunkte-Programm bringt, das eine Einschränkung der Kernwaffenaufrüstung, das Verbot der chemischen und bakteriologischen Waffen und Maßnahmen fordert, die in der Folge als Maßnahmen zur Stärkung des Vertrauens bekannt wurden. Auch die Idee der Einberufung einer allgemeinen Abrüstungskonferenz sowie der Vorschlag zum Abschluß eines Gewaltverzichtabkommens werden darin wieder aufgegriffen. Begrüßt werden schließlich die den Weltraum betreffenden Abmachungen, ganz besonders die, die den Verzicht auf die Nutzung dieses Raums zu militärischen Zwecken beinhalten.

In der Resolution über die Nutzung des Meeresbodens wird gefordert, diesen zum Allgemeingut der Menschheit zu erklären, seine Nutzung für Kriegszwecke zu verbieten und auf einer Konferenz eine internationale Regelung über seine wirtschaftliche Nutzung zu treffen.

Die Resolution über die Entkolonialisierung sowie die über Apartheid und Rassendiskriminierung führen in die jeweilige Problematik ein; und im Anschluß daran folgen Sonderresolutionen über die einzelnen Kolonien in den verschiedenen Teilen der Welt. In der Resolution über den Kolonialismus wird auch an den zehnten Jahrestag der Verabschiedung der Entkolonialisierungsdeklaration erinnert. Daran wird ein Appell an die Kolonialmächte geknüpft, mit dem diese aufgefordert werden, den Kolonialvölkern die Selbstbestimmung zu ermöglichen. Auch werden Boykott- und Embargomaßnahmen gegen Portugal, Südafrika und Rhodesien beantragt. Der Konferenzvorsitzende, so wird verlangt, solle Kontakt zu den Ländern des Westens aufnehmen und von diesen die Einstellung der Unterstützung für die genannten Länder fordern. In der Resolution über die Apartheid wird der Kampf des rassisch diskriminierten Bevölkerungsteils von Südafrika unterstützt.

Der Wortlaut der Nahostresolution ist wesentlich schärfer gehalten als der analoger früherer Resolutionen. Gefordert werden Sanktionen gegen Israel, entsprechend Kapitel VII der UN-Charta, unter Einschluß von Zwangsmaßnahmen – auch solchen militärischen Charakters – unter der Leitung der Vereinten Nationen. Das war die Reaktion auf die Weigerung Israels, der in der Resolution des Sicherheitsrats vom 22. November 1967 aufgestellten Forderung nach Räumung der von ihm besetzten Gebiete nachzukommen. Mit aller Bestimmtheit wird in der Resolution ferner gefordert, dem Volk Palästinas die ihm entzogenen Rechte zu gewähren.

Die Südostasiensonderresolution kam durch den Sonderfall von Kambodscha zustande. Dort war es nämlich im März 1970 zu einem Staatsstreich gekommen, bei dem die Regierung Prinz

Sihanouks gestürzt wurde. Die neue Regierung Lon Nol, die die Unterstützung der Vereinigten Staaten genoß, verlangte, in Lusaka zugelassen zu werden. In dieser Frage nun konnte keine definitive Übereinkunft zwischen den Ministern erzielt werden; und so wurde beschlossen, daß der Sitz Kambodschas bis zur endgültigen Klärung der Streitfrage unbesetzt bleiben sollte. Problematisch war die Lage dadurch, daß die Vorgänge in Kambodscha nicht zu trennen waren von dem Befreiungskrieg in Vietnam, der von den blockfreien Ländern in vorbehaltloser und umfassender Weise unterstützt und gefördert wurde.

In Ermangelung einer entsprechenden Übereinkunft war es also nicht möglich, eine eigene Resolution über die Kambodscha-Frage zu verabschieden; und daher wird diese in die allgemeine Resolution mit einbezogen, in der zunächst die Unterstützung für den Befreiungskampf zum Ausdruck gebracht, dann aber auch darauf hingewiesen wird, daß es wünschenswert sei, einen Ausweg durch Verhandlungen zu finden. Es wird die Hoffnung geäußert, daß die Verhandlungen, die in Paris bereits begonnen hatten, zu einer günstigen Lösung führen mögen, und im Zusammenhang damit wiederum das Recht auf Selbstbestimmung unterstrichen.

Ein konkreter Hinweis auf die Lage in Kambodscha wird in dem Absatz der Resolution geliefert, in dem die Konferenz »einstimmig erklärt, daß jeder Staat Indochinas frei sein und seine Angelegenheiten selbst besorgen können müsse, ohne fremde Einmischung und ohne die Anwesenheit fremder Militärs«. Daß hiermit Kambodscha gemeint war, wird schon an der Einfügung des Worts »einstimmig« ersichtlich; denn dieses wäre in einem anderen Fall überflüssig gewesen, da ja gemeinhin alle Beschlüsse einstimmig, d. h. ohne Abstimmung, im Wege des Konsens, gefaßt wurden.

Danach ergingen noch Resolutionen über die portugiesischen Kolonien, über Namibia, Rhodesien, die israelische Aggression gegen den Libanon und die Verhaftung zweier mit einem britischen Verkehrsflugzeug reisender algerischer Staatsbürger bei einer Zwischenlandung in Israel. Im letzten Moment wurde von der Konferenz dann noch eine Resolution über Zypern gefaßt.

Die große Zahl von Abschlußdokumenten in Lusaka spiegelt auch das lebhafte Weltgeschehen zum Zeitpunkt der Konferenz wider, jedoch auch den verstärkten Wunsch der blockfreien Länder, sich aktiver in dieses aktuelle Geschehen einzuschalten. Dieser Wunsch erwuchs besonders aus den Vorgängen, die darauf hindeuteten, daß die Welt dabei war, aus dem kalten Krieg herauszugelangen und in eine neue Ära einzutreten, in der man auch einige Fragen zu lösen hoffte, in denen man sich in der Periode der großen Spannung nach dem Ende des Zweiten Weltkriegs festgefahren hatte.

Es zeigte sich nun auch, daß die Tätigkeit der Blockfreienbewegung immer stärker von der Wirkungs- und Verhaltensweise der unterentwickelten und der neubefreiten Länder, in erster Linie der Länder Afrikas, beeinflußt wurde. Unter anderem kam dies in der erheblich gestiegenen Aufmerksamkeit gegenüber dem Geschehen auf dem afrikanischen Kontinent zum Ausdruck, machte sich aber auch in Forderungen nach Konferenzen und formellen Beschlüssen über eine Reihe von Fragen geltend, von denen klar war, daß sie nicht über Nacht zu lösen wären, und schon gar nicht bei ungenügend vorbereiteten internationalen Treffen.

Mit der Konferenz von Lusaka endete die erste Entwicklungsphase der Blockfreienbewegung. Auf die anfängliche Initiative war eine Krise gefolgt, nach der sich die Bewegung nunmehr stabilisierte. Bei dieser dritten Konferenz stand fest, daß die Blockfreiengipfel zu einer festen Institution geworden waren.

Auf der ersten Konferenz waren weitgesteckte Zukunftspläne aufgestellt worden, doch Weg und Methoden zu ihrer Verwirklichung blieben ungewiß. Damals überwog die Vorstellung, es genüge, von Zeit zu Zeit Konsultationen zu pflegen, und es müßten Initiativen von einzelnen Ländern ergriffen werden, denen sich dann gegebenenfalls weitere anschließen würden. Auf diese Weise waren bis dahin die Gemeinschaftsaktionen bei den Vereinten Nationen zustande gekommen.

Dies war gewöhnlich so vor sich gegangen, daß eine Delegation oder doch eine sehr kleine Zahl von Delegationen dem Generalsekretariat der Weltorganisation einen Resolutionsentwurf unterbreitete, das ihn als Dokument der Vollversammlung allen Mitgliedern zukommen ließ. Dann traten weitere Delegationen als Mitunterzeichner auf den Plan. Es kam vor, daß diese neuhinzugekommenen Mitunterzeichner gewisse Änderungen und Ergänzungen des ursprünglichen Wortlauts beantragten. Wenn die Delegationen, die den Antrag als erste unterzeichnet hatten, dazu ihr Einverständnis erteilten, wurde in der Folge der revidierte Wortlaut bekanntgegeben. Dieser Vorgang konnte sich bis zum Zeitpunkt der Diskussion über den betreffenden Text auch mehrmals wiederholen; manche Anträge erfuhren so bis zu fünf oder sechs Revisionen und Ergänzungen durch die Mitunterzeichner.

Auch die erste Aktion der Blockfreien nach der Belgrader Konferenz, nämlich die Einberufung einer Wirtschaftskonferenz der Vereinten Nationen (die dann unter der Bezeichnung UNCTAD 1964 zusammentrat) kam auf diese Weise zustande. Nur nach und nach unterschrieben die betreffende Resolution eine größere Anzahl von Mitgliedern der Weltorganisation, die Teilnehmer der Belgrader Konferenz mit eingerechnet. Und dieser Vorgang wiederholte sich auch später bei einzelnen Initiativen, die sich aus den Debatten und Abschlußdokumenten der Zusammenkünfte der Blockfreien ergaben.

Doch parallel zur Aktion zur Einberufung der UNCTAD entwickelten die Blockfreien bereits aufgrund des starken Widerstands der industriell entwickelten Länder ein neues Antragsverfahren für die Vorlage von Resolutionen bei den UN-Foren. Die erste Blockfreien-Wirtschaftskonferenz, die 1962 in Kairo stattfand, stand bereits im Zeichen dieser neuen Verfahrensweise. Diese Zusammenkunft fand nämlich außerhalb der

Vereinten Nationen statt; und die zusammengetretenen Länder – alles Länder mit ähnlicher Gesinnung – arbeiteten dort eine gemeinsame Plattform und sogar schon die Endfassungen von Resolutionsentwürfen aus, lange bevor diese auf der Sitzung des einschlägigen UN-Forums, ob es sich dabei nun um die Vollversammlung oder den Wirtschafts- und Sozialrat oder später die UNCTAD handelte, eingebracht wurden.

In den sechziger Jahren griffen diese beiden Verfahrensweisen ineinander. Nach und nach jedoch gewann der Modus die Oberhand, daß man alle Absprachen außerhalb der Tagungen der betreffenden UN-Foren traf. Dies wird auch durch die Verfassung der UNCTAD bestätigt, in der formell besondere Teilnehmerkategorien vorgesehen sind, darunter die 77-Länder-Gruppe, d. h. die Gruppe der minderentwickelten Länder oder – nach der UN-Terminologie – der »in der Entwicklung befindlichen Länder«. Diese formelle Kategorisierung wurde auf der ersten UNCTAD-Konferenz bestätigt; deren Teilnehmerkategorien wurden dann in der Art von Fraktionen in einem pluralistischen Parlament aktiv, wobei sie ihre Aktionen natürlich untereinander absprachen. Oft wurden sogar noch unmittelbar vor der formellen Plenardebatte Konsultationen zwischen den Vertretern der einzelnen Kategorien abgehalten.

So begann die bei den Vereinten Nationen übliche Praxis nach und nach auf die Arbeitsweise der Teilnehmer der Bewegung überzugreifen. Mehr und mehr gewann die Überzeugung die Oberhand, daß möglichst viele Aktionen außerhalb der UN-Sitzungen vorzubereiten seien, und zwar lange vor diesen Sitzungen. Die 77er Gruppe wurde, wie wir bereits aus den Blockfreiendokumenten ersehen konnten, als erweiterte Front der Blockfreiheit betrachtet.

Es war daher nur logisch, daß die Körperschaft, die sich die Rolle des politischen Inspirators und Richtungsweisers vorbehalten hatte, auch zu festen Formen wechselseitiger Zusammenarbeit überging. Da die Mißerfolge von UNCTAD 1 und 2 die Notwendigkeit von neuen Aktionen gezeigt hatten und die politische Entwicklung in der Welt neue Perspektiven eröffnete und zu neuen Hoffnungen berechtigte, war es verständlich, daß der Umschwung gerade auf der Konferenz von Lusaka eintrat. Noch verständlicher wird dies, wenn man bedenkt, daß die lange Pause nach der Konferenz von Kairo und das zähe Bemühen um das Zustandekommen der dritten Konferenz sowie das dabei angewandte Verfahren die Nachteile des Fehlens eines institutionalisierten Mechanismus für die Einberufung der Blockfreiengipfel aufgezeigt hatten.

Der sich in der Blockfreienbewegung vollziehende Reifeprozeß trat auch in der Verschiebung des Tätigkeitsschwerpunkts zutage. Zunächst einmal war da der Impuls der Rede von Präsident Nyerere in Daressalam, der bewirkte, daß die Wirtschaftsproblematik an die vorderste Stelle rückte. Freilich, im Vordergrund stand sie bereits seit dem Treffen von Belgrad, doch hatte sie noch nicht die höchste Priorität, die sie dann auf der dritten Konferenz erhielt. Vorrang hatten bis dahin nämlich die Probleme der Entkolonialisierung und der langsamen Beendigung des kalten Kriegs sowie die Entspannungsbemühungen in der Welt. Die stetige Verschlechterung der Wirtschaftslage der Entwicklungsländer mußte hinter diesen Fragenkomplexen erst einmal zurückstehen.

Der zweite Faktor, der die oben erwähnte Schwerpunktsverlagerung mitbewirkt hat, ist die Tatsache, daß bei den Vereinten Nationen die Wirtschaftsproblematik, das heißt, der Komplex der Entwicklungsfragen, zu einem Anliegen von höchster Dringlichkeit und weltweiter Bedeutung avancierte und daß im Zusammenhang damit die UNCTAD-Aktion gestartet wurde.

Ein wesentliches Ergebnis von Lusaka war es jedenfalls, daß es anstelle großer Initiativen allen die Erkenntnis von den anhaltenden und großen Schwierigkeiten brachte, die durch systematische Aktion zu bewältigen waren, und zwar zunächst einmal vor allem auch in den eigenen Reihen.

4. Das Heranreifen und die Probleme der Bewegung

a) Die Konferenz von Algier – Vorbereitung und Bedeutung

aa) Veränderungen in der internationalen Lage – die Entspannung

Anfang der siebziger Jahre, gleich nach der Konferenz von Lusaka, begann eine Periode der Euphorie, ausgelöst durch die Beendigung des kalten Kriegs. Was zum Zeitpunkt jener Konferenz nur zu ahnen war, wurde bald darauf Wirklichkeit. Die amerikanisch-sowjetischen Verhandlungen über die Kontrolle der strategischen Aufrüstung entwickelten sich günstig. Der Geist der Rivalität und die Bestrebungen, die Schuld am Scheitern der Verhandlungen der anderen Seite zu geben, wichen einer sachlichen Einstellung in den Gesprächen und der zu behandelnden Materie gegenüber. Die auch dabei wieder auftauchenden Schwierigkeiten dienten nicht mehr als Ausrede, um die Unterredungen wieder einschlafen zu lassen, sondern wurden als Herausforderung begriffen; und die Schwierigkeiten wurden nach und nach aus dem Weg geräumt. Bald kam es auch zur Unterzeichnung des ersten SALT-Abkommens.

Die Schwierigkeiten im Zusammenhang mit der Ratifizierung des Abkommens über die mit der deutschen Frage verbundenen Probleme Mitteleuropas wurden auf ähnliche Weise behoben. Alle ausgehandelten Abmachungen wurden unterzeichnet und traten in Kraft. Damit wurde, historisch gesehen, die durch die Teilung Deutschlands in zwei Staaten entstandene Frage natürlich nicht von der Tagesordnung abgesetzt; immerhin aber wurde erreicht, daß die beiden deutschen Staaten einander als existente Realitäten anerkannten. Was die fernere Zukunft anging, so blieben die unterschiedlichen Bestrebungen der einen wie der anderen Seite als solche vorgemerkt. Damit war der Weg für eine gesamteuropäische Zusammenarbeit geebnet, ohne Rücksicht auf historische Probleme.

Kurzum, es waren die Vorbedingungen geschaffen, derer es bedurfte, um unter neuen Vorzeichen an die Regelung der offenen Probleme herangehen zu können, die es nach wie vor zwischen den beiden Supermächten gab – im Weltmaßstab wie innerhalb Europas. Die Gespräche zwischen den Vereinigten Staaten und der Sowjetunion wurden auf ein ganzes Spektrum von Fragen ausgedehnt und vor allem die bilateralen Beziehungen allüberall dort in der Welt erfaßt, wo amerikanische und sowjetische Interessen und Aspirationen aufeinandertrafen. In Europa kam es zur Einberufung der Europäischen Sicherheitskonferenz nach Helsinki. Und der Terminus »Entspannung« sollte diesen neuen Zeitabschnitt kennzeichnen.

Die Aktivität hinsichtlich der weltweiten Beziehungen setzte mit der Moskau-Reise des amerikanischen Präsidenten Nixon im Mai 1972 ein, bei der mehrere Regelungen in bezug auf die allgemeinen amerikanisch-sowjetischen Beziehungen erzielt wurden, und zwar in zwei Bereichen: Vermeidung eines Konflikts und bilaterale Zusammenarbeit. Besonders zu erwähnen ist das dabei geschlossene erste SALT-Abkommen, zu dem auch noch ein Abkommen über den Verzicht auf die Entwicklung und Bereitstellung neuer Raketenabwehrsysteme kam. Zu vermerken ist ferner die übereinstimmende Festlegung der Prinzipien der amerikanisch-sowjetischen Beziehungen.

Im folgenden Jahr machte Breschnjew den USA einen Gegenbesuch, bei dem das begonnene Werk fortgesetzt und den bereits bestehenden Abmachungen auch ein formelles Abkommen über die Vermeidung von direkten Konfrontationen der beiden Mächte im Zusammenhang mit Konflikten in der dritten Welt hinzugefügt wurde. So brachten die beiden Begegnungen eine gründliche Änderung des Klimas zwischen den beiden Weltmächten, was in hohem Maß zu der allgemeinen Überzeugung beitrug, daß eine langwährende Ära der Zusammenarbeit und der guten Beziehungen angebrochen sei.

Diese Entwicklung fußte weitgehend auch auf dem Verlauf der Pariser Verhandlungen über die Beendigung des Vietnamkriegs. Die Vereinigten Staaten erklärten sich bereit, sich mit den Vertretern der nordvietnamesischen Regierung an einen Tisch zu setzen, und zogen auch das von amerikanischer Hilfe und Unterstützung abhängige Regime in Saigon zu den Verhandlungen hinzu. Diese führten dazu, daß sich die amerikanischen Truppen im Zeitraum von 1970 bis 1973 aus Vietnam zurückzogen; nun wurde auch ein Waffenstillstandsvertrag zwischen Saigon, der Provisorischen Revolutionsregierung Südvietnams sowie Nordvietnam unterzeichnet.

Dieser Vertrag war definitiv in bezug auf den Einsatz amerikanischer Streitkräfte in Vietnam, denn es konnte unmöglich erwartet werden, daß irgendeine US-Regierung ihre Truppen je wieder in diesen Krieg entsenden würde. Daß andererseits die Aussichten auf Einhaltung des Waffenstillstands nicht groß waren, lag auf der Hand. Die Waffenstillstandslinie in Vietnam war nicht wie die Demarkationslinie in Korea ein kurzer, klarer Trennstrich, der das Land in zwei Hälften teilte, sondern die Grenze zwischen ineinander verkeilten und verschachtelten Gebietsteilen mit Einschlüssen und Einsprengungen, die unter der Kontrolle der jeweiligen Gegenseite standen, und somit überhaupt keine eindeutig festgelegte Linie, sondern eher ein Gewirr aus einer Vielzahl von Linien. Der Waffenstillstand hatte nämlich den Stand der Dinge zu berücksichtigen, bei dem er abgeschlossen war; und er war inmitten eines Kleinkriegs abgeschlossen worden, der sich aus Operationen von Partisanenverbänden entwickelt hatte, die immer größere Gebiete in Südvietnam befreiten. Besagte Linien in feste Grenzen umzuwandeln wäre mithin undenkbar gewesen, und offensichtlich rechnete damit auch niemand. Doch all dies vermochte die Euphorie der frühen siebziger Jahre nicht zu dämpfen.

Als weiteres fernöstliches Phänomen ist auch der große Umschwung in der Politik Chinas zu vermerken, das sich mit wachsendem Erfolg aus seiner freiwilligen Isolation löste. Dieses Sich-Aufschließen des Landes der Welt gegenüber führte auch zu ersten Schritten in Richtung Normalisierung der chinesisch-amerikanischen Beziehungen. Bereits Ende 1971 wurde in Washington die Nachricht von einem Plan Präsident Nixons für einen China-Besuch veröffentlicht. Dieser Besuch fand im Februar 1972 statt, d. h. unmittelbar vor Nixons Moskau-Reise. So trat China wieder in das große diplomatische Spiel ein und wird zu einem sehr wichtigen Akteur und Faktor bei der Gestaltung der Weltlage, insbesondere der Beziehungen zwischen den Großmächten.

Diese Wendung brachte jedoch auch neue Schwierigkeiten und Reibereien mit sich, da die Sowjetunion die Wiederaufnahme der Beziehungen der USA zu China und die freundschaftliche Atmosphäre, die sich daraus entwickelte, als Provokation empfand und darin die Gefahr einer amerikanisch-chinesischen Koalition sah, die sich gegen die sowjetische Politik und die sowjetischen Interessen richten würde.

Wir können uns ein weiteres Eingehen auf das politische Geschehen sparen und uns mit der Feststellung begnügen, daß der Beginn des Zeitabschnitts in dem der kalte Krieg zu Ende ging und die Entspannung einsetzte, von großen Ereignissen begleitet war und sich dem Bewußtsein der Staatsmänner wie der breitesten Bevölkerungsschichten sehr nachdrücklich einprägte. Man war allgemein davon überzeugt, daß man an einem Wendepunkt von geschichtlicher Tragweite angelangt sei und daß die Entwicklung von nun an in Richtung Verstärkung der gegenseitigen Zusammenarbeit ohne Rücksicht auf die Unterschiede in den politischen und sozioökonomischen Systemen weitergehen werde.

In Wirklichkeit nahmen die Dinge einen anderen Verlauf, wie sich später, nach 1973, herausstellen sollte. Daß das Erreichte auf schwachen Füßen stand, war bereits zu erkennen. Alle erzielten Abkommen ruhten auf Fundamenten, deren

Schwäche an die Unhaltbarkeit der Waffenstillstandslinie in Vietnam gemahnte. Nichts hatte sich in der Politik gegenüber der Zeit des kalten Kriegs geändert, insbesondere nichts, was die Bestrebungen und Ängste der einen wie der anderen Seite anbelangte. Man hatte lediglich begriffen, daß der kalte Krieg kein beschreitbarer Weg und daß seine Fortsetzung mit der zunehmenden Gefahr des Ausbruchs eines allumfassenden, allesvernichtenden Atomkriegs verbunden wäre.

Gleichzeitig war beiden Weltmächten klargeworden, daß die Fortsetzung der Rivalität zwischen ihnen bewirken könnte, daß die eine wie die andere wirtschaftlich und gesellschaftlich zugrunde gerichtet würde. Da halfen auch nicht einmal die Vorteile, über die Amerika als die weitaus stärkere Wirtschaftsmacht verfügte. Der Vietnamkrieg hatte die amerikanische Wirtschaft schwer mitgenommen und, wie sich bald zeigen sollte, auch die innenpolitischen und gesellschaftlichen Beziehungen des Landes stark belastet. Zu all dem aber traten die USA mit der unangenehmen und folgenschweren Prognose in die siebziger Jahre ein, daß sie nicht einmal mehr ihren eigenen Erdölbedarf würden decken können – von einer Erdölausfuhr, wie sie sie noch vor kurzem betrieben hatten, ganz zu schweigen.

Diese Entwicklung hatte eine neue Betrachtung der amerikanischen Zahlungsbilanz zur Folge und bewirkte eine weitere Destabilisierung der Wirtschaft des Landes, die ohnehin schon unter der Last der schlechten Finanzplanung im Zusammenhang mit dem Vietnamkrieg zu leiden hatte. Die wirtschaftlichen Schwierigkeiten der USA gingen Hand in Hand mit denen in den Ländern Westeuropas. Die bis dahin stabilen Kurse zwischen den sogenannten harten Währungen gerieten ins Wanken. Es beginnt eine Ära der wachsenden finanziellen Unsicherheit in den höchstentwickelten Ländern sowie der unsicheren Beziehungen zwischen ihnen.

Hinter all diesen unangenehmen Tatsachen und der besorgniserregenden Wirtschaftsentwicklung stand ein weiterer Umstand, der die eigentliche Ursache der zu erwartenden Verschlechterung des allgemeinen Klimas in der Welt bildete. Das Begreifen der Notwendigkeit der Einstellung des kalten Kriegs allein, das im Grunde genommen der Beweggrund für alle jene Schritte gewesen war, die gleich zu Beginn der siebziger Jahre zu einer Verringerung der Spannung geführt hatten, war keine ausreichende Grundlage für eine Entspannung im eigentlichen Sinn dieses Worts. Alles, was dabei heraussprang, war praktisch nur eine Fortsetzung der alten Politik bei Vermeidung übermäßiger Verschärfung des politischen Klimas. Doch solch ein Zustand konnte nicht lange anhalten.

Gegensätzliche Interessen und aufeinandertreffende Bestrebungen führen zu Reibereien, die infolge einer Wechselwirkung allmählich stärker werden. Anders gesagt, aus Rede und Widerrede entsteht Streit. So kam es ja auch zum kalten Krieg. Die von beiden Seiten bewußt in Angriff genommene Beruhigungsaktion, die sich bereits während der sechziger Jahre zu entfalten begonnen und dann durch die tschechoslowakischen Ereignisse eine Unterbrechung erfahren hatte, führte, recht besehen, wieder zu einem Stand der Beziehungen in der Welt, der dem, dem kalten Krieg vorausgehenden, ähnelte.

Dies galt selbstverständlich in erster Linie für die Beziehungen zwischen den beiden Supermächten, die ja auch die Hauptdrahtzieher des kalten Kriegs und zugleich die Anführer der Aktion zu seiner Einstellung waren. Andere Länder hatten auch früher schon Versuche in dieser Richtung unternommen, doch waren diese so lange erfolglos geblieben, bis sich auf der Ebene der beiden Großen die erforderliche Atmosphäre gebildet hatte. Erinnern wir uns nur an den Entspannungsversuch in Form einer neuen Ostpolitik in der Ära der großen Koalition in der Bundesrepublik Deutschland im Jahre 1967. Damals hatte Willy Brandt als Außenminister in der Regierung von Kanzler Kurt Georg Kiesinger vergebens mehr oder weniger das vorgeschlagen, was einige Jahre später von Moskau akzeptiert wurde.

Kurzum, die beiden größten Mächte hatten sich entschlossen, eine Beruhigung in den Beziehungen zwischen sich eintreten zu lassen, beharrten jedoch weiterhin auf ihren alten politischen Positionen und erhielten die alten Ambitionen und Aspirationen aufrecht. Daß diese Politik allmählich die Zusammenarbeit immer mehr behinderte und zu einem zunehmenden Mißtrauen führte, konnte nicht ausbleiben. Besonders aber ist zu vermerken, daß es in der Anfangsphase der Entspannung sogar zu einer Verstärkung des Wettrüstens kam, obschon die SALT-Verhandlungen bereits im Gange waren – wenn es nicht gar so war, daß diese Verhandlungen noch den Wunsch förderten, im letzten Moment eine Stärkung der eigenen Seite in puncto Waffenausrüstung herbeizuführen.

Nach diesem Überblick über das Geschehen und die Tendenzen, die sich im Lauf der hier zu Debatte stehenden Periode, d. h. vor der Konferenz in Algier im Jahre 1973, zeigten, wollen wir zum Beginn dieser Periode zurückkehren und uns dem damals herrschenden Zustand zuwenden. Daß dieser von einer außerordentlichen Euphorie gekennzeichnet war, wurde bereits gesagt. Diese Hochstimmung nahm in dem Maß zu, in dem sich die Zahl der erzielten Abkommen erhöhte und sich die Verhandlungen zwischen den Supermächten und innerhalb Europas im Rahmen der Konferenz über Sicherheit und Zusammenarbeit in Europa immer besser entwickelten. Immerhin aber mußte inmitten dieser hochgemuten Stimmung die Feststellung gemacht werden, daß die wirtschaftliche Situation in der ganzen Welt immer kritischer wurde.

Dies festzuhalten ist wichtig, da bei der weiteren Entwicklung der Blockfreienbewegung gerade dieser Trend eine sehr große Rolle spielte. Er öffnete die Verbesserung der politischen Lage die Aussicht auf konstruktivere Gespräche mit den Ländern des entwickelten Teils der Welt, so berechtigten die erhöhten wirtschaftlichen Schwierigkeiten, denen sich diese Länder gegenübersahen, zu der Hoffnung, daß sie mehr Verständnis für die Probleme der Entwicklungsgebiete aufbringen würden.

Besagte Schwierigkeiten waren nicht so groß, daß sie positive Schritte der entwickelten Länder erschwert hätten, aber doch augenfällig genug, um sie von der Notwendigkeit zu überzeugen, die Weltprobleme als geschlossenes Ganzes anzugehen.

Diese Anschauung vertraten vor allem die Blockfreien selbst. Bereits in Lusaka hatten sie begriffen, daß es notwendig sei, selbst Anstrengungen zu machen und sich auf die eigenen Kräfte zu besinnen; und dies bedeutete den Übergang vom Betteln um Hilfe zur Aktion im Sinne einer Absprache über die Neugestaltung und die neuen Bedingungen der gegenseitigen Wirtschaftshilfe und einer Interaktion. So begann sich aus der Grundthese von Lusaka in logischer Weise ein neues Konzept von der Reorganisation der Weltwirtschaft zu entwickeln.

Es schien, als seien die Umstände solch einem Kurs außerordentlich hold. Die eingetretene Beruhigung in den politischen Beziehungen, die Beendigung des Vietnamkriegs sowie die allgemeine Entspannung gaben der Hoffnung Raum, daß die bereits früher aufgestellten Postulate von der Notwendigkeit und der Möglichkeit der Nutzung von Rüstungsersparnissen für die wirtschaftliche Entwicklung erfüllt werden würden. Bestärkt wurde diese Hoffnung – wenn auch unbewußt – durch die früheren Behauptungen der entwickelten Länder, sie hätten infolge der Belastung durch die sich aus dem kalten Krieg ergebenden Verpflichtungen keine Mittel zur Verfügung, um irgendwelche Aktionen finanzieren zu können, die die Lage der Entwicklungsländer erleichtern würden.

Die neue Art, die Wirtschaftsprobleme anzugehen, beinhaltete zwar keine Forderungen nach Hilfeleistung mehr, doch ging die Systemeorganisation zwangsläufig zu Lasten der reichen und entwickelten Länder, da sie finanzielle Leistungen erbringen mußten. Die geforderten neuen Beziehungen und Erleichterungen gingen ebenfalls ins Geld, und auch hier sollten die Entwickelten und Reichen die Rechnung bezahlen.

bb) Die Ministerkonferenz von Georgetown

Das erste Anzeichen für eine verstärkte Aktivität der Blockfreienbewegung war das Blockfreien-Ministertreffen am 30. September 1971 in New York, in dem sich, wie auch im Abschlußkommuniqué ausdrücklich vermerkt ist, der neuentfachte Wunsch nach häufigeren Konsultationen widerspiegelte. Doch der Zeitpunkt dieser Zusammenkunft lag noch allzu nah an dem der Konferenz von Lusaka, und so gab es wenig, was in New York dem Inhalt der Dokumente des dritten Gipfeltreffens hätte hinzugefügt werden können.

Diese Ministerrunde war eigentlich nur eine kurze Begegnung, und das zugehörige Kommuniqué wurde noch vor dem Zusammentritt der Teilnehmer vorbereitet. Darin werden im wesentlichen die wichtigsten Punkte aus der Deklaration von Lusaka wiederholt und bestätigt, weshalb sich eine Wiedergabe hier erübrigt. Interessant ist jedoch ein Abschnitt, in dem eine kurze Stellungnahme zum aktuellen Weltgeschehen abgegeben wird:

»Die bedeutsamen Ereignisse, zu denen es vor kurzem bei der Erschließung neuer Gebiete der Zusammenarbeit und der Annäherung zwischen vielen Ländern gekommen ist, sind Ausdruck einer realen Einschätzung der Weltlage und der Erfordernis, daß alle Länder bei den internationalen Angelegenheiten mitwirken können. Die Teilnehmer hoffen, daß solche Ereignisse zu Frieden und Stabilität führen. Gleichzeitig liegt darin auch die Bestätigung der gemeinsamen Ansicht, daß eine allgemeine Koexistenz und eine Demokratisierung der internationalen Beziehungen notwendig und wünschenswert ist, wie dies bei der Konferenz von Lusaka dargelegt wurde.«

Damit wurde auch formell der immer stärker werdende Glaube an die neuen Möglichkeiten bestätigt, die sich zu Beginn der Entspannung auftaten. Parallel zu dieser Stellungnahme erbrachte das Treffen auch die Initiative zu einer engen Zusammenarbeit zwischen den bei der Tagung anwesenden

Blockfreiendelegierten. Darüber hinaus wurde ein neues Ministertreffen für das nächste Jahr, also 1972, nach Georgetown in Guyana einberufen, das vor dem Zusammentritt der UN-Vollversammlung stattfinden sollte. Damit sollte eine rechtzeitige Koordinierung des Vorgehens der Delegationen erzielt werden, was bei der New Yorker Begegnung, die stattfand, als die Vollversammlung ihre Tätigkeit bereits aufgenommen hatte, nicht mehr möglich war.

Und wirklich wurde das neue Ministertreffen vom 8. bis 12. August 1972 in der Hauptstadt Guyanas abgehalten. Ihre Dauer, mehr aber noch ihre erfolgreiche Tätigkeit und ihre inhaltsreichen Abschlußdokumente weisen dieser Zusammenkunft einen festen Platz unter den Ministertreffen zu, die ihrer Bedeutung nach nicht weit hinter den Gipfeltreffen zurückstehen. Die Vorbereitung des Treffens besorgten Delegierte einer Ländergruppe, die bereits bei der Konferenz von Lusaka zum vorbereitenden Komitee ernannt worden waren. Diese gründliche Vorbereitung ermöglichte auch den Erfolg des Treffens von Georgetown.

Die Tagesordnung dieses Treffens umfaßte zwei Teile: einen politischen und einen wirtschaftlichen. Darin wurden alle gewichtigen Fragen der internationalen Gemeinschaft für die Diskussion vorbereitet. Dies machte sich dann auch in den Diskussionen bemerkbar, noch mehr aber in den Abschlußdokumenten, von denen die Konferenz folgende annahm: die Deklaration von Georgetown, ein Aktionsprogramm für die internationale wirtschaftliche Zusammenarbeit der blockfreien Länder und ein Dokument über die Unterstützung der Forderungen der 77er Gruppe hinsichtlich der wirtschaftlichen Entwicklung, eine Erklärung über internationale Sicherheit und Abrüstung sowie eine Reihe von Resolutionen – im einzelnen je eine Resolution über die Entkolonialisierung, über Indochina, über den Nahen Osten, über die Entführung syrischer und libanesischer Militärpersonen, über Simbabwe, über die Spanische Sahara, über Puerto Rico und eine Sonderresolution über Koordination.

Zu der letztgenannten Resolution ist zu sagen, daß sie eine normale Folgeerscheinung der Beschlüsse von Lusaka über die Kontinuität und die Institutionalisierung der Bewegung ist. Die Versammlung schlägt darin dem folgenden, für 1973 in Algier angesetzten Gipfeltreffen vor, die Praxis eines regelmäßigen Zusammentretens der Minister der blockfreien Länder alljährlich im September während der ersten Phase der Tagung der UN-Vollversammlung ins Leben zu rufen. Ebenso wird die Errichtung eines ständigen Komitees vorgeschlagen, das auf jedem der besagten Septembertreffen neuzubilden sei und dann jeweils bis zum nächsten Treffen tätig sein und dessen Ziel darin bestehen sollte, das Wirken der blockfreien Länder und die Entwicklung der Bewegung, insbesondere die Schritte zur Durchführung der ergangenen Beschlüsse, zu überwachen.

Das Ministertreffen von Georgetown bildete die eigentliche Triebfeder für die Verstärkung der konsultativen und koordinierenden Tätigkeit innerhalb der Blockfreienbewegung und der Zusammenarbeit ihrer Teilnehmer auf allen internationalen Foren, wozu auf der Konferenz von Lusaka das Fundament gelegt worden war. Das Gipfeltreffen von Algier brauchte diese Tendenz dann nur mehr zu unterstützen, und durch die dabei und bei den späteren Blockfreiengipfeln gefaßten Beschlüsse wurde dieses System zur Gewährleistung der Kontinuität im Wirken der Bewegung dann noch eingehender ausgearbeitet.

Auch ihrer Zusammensetzung nach stellte die Ministerkonferenz von Georgetown einen Fortschritt dar. 59 Länder nahmen an ihr als Mitglieder der Bewegung teil, 10 waren mit Beobachterstatus vertreten. Die Grundlage für diese Ausweitung der Bewegung bildete vorwiegend die Befreiung von immer mehr Völkern der ehemaligen Kolonien.

Die *Deklaration von Georgetown* beginnt mit einer kritischen Betrachtung der Weltlage; einen bedeutenden Platz nimmt darin der Hinweis auf die Entwicklung einer neuen internationalen Konstellation ein: »Obwohl die Großmächte nach wie vor die strategische Übermacht in Händen halten, sind nun auch andere Machtzentren entstanden. Diese Entwicklung der Dinge hat zu einer erhöhten Interdependenz im Rahmen der internationalen Beziehungen geführt. Gleichzeitig macht sich auch das Streben vieler Länder nach Unabhängigkeit und unumschränkter Herrschaft über die eigenen Naturschätze immer stärker und deutlicher bemerkbar. Die Minister sind der Ansicht, daß diese Tendenzen beträchtliche Möglichkeiten für eine weitere Förderung der Ziele der Blockfreiheit bieten.«

Danach folgt ein Hinweis auf die noch immer vorhandenen Gefahren und die Erfordernis einer Stärkung der Bewegung und ihres Zusammenhalts. Dann wendet sich die Deklaration den Weltereignissen der vergangenen, d. h. der auf die Konferenz von Lusaka folgenden, Periode zu, zu denen einerseits die Verbesserung der Beziehungen zwischen den beiden Weltmächten und die Besserung der Lage in Europa sowie die Erfolge der antikolonialen Aktivität, andererseits aber auch die Zuspitzung des arabisch-israelischen Konflikts im Nahen Osten und die hartnäckige Weigerung Israels gehören, sich auch nur einen Fußbreit aus den von ihm besetzten Gebieten zurückzuziehen.

Es folgt der bereits herkömmliche Überblick über die internationalen Probleme, eingeteilt nach Weltgegenden: Südafrika, Mittelmeerraum, Indischer Ozean, Südostasien, die portugiesischen Kolonien in Afrika. Bedingt durch den Tagungsort des Treffens, wird dem Puerto-Rico-Problem größere Bedeutung zugemessen. Auch erfolgt eine Anprangerung der Aktionen, die gegen die Unabhängigkeit und das Gedeihen der neubefreiten Länder Afrikas gerichtet sind. Erwähnung finden noch andere Brennpunkte und Gebiete des Emanzipationskampfs der Völker.

War der Standpunkt des Gipfeltreffens von Lusaka, das nur ein halbes Jahr nach dem Sturz Prinz Sihanouks stattfand, in bezug auf das Kambodscha-Problem noch schwankend, so äußerte sich die Ministerkonferenz von Georgetown zu diesem Problem in unmißverständlicher Weise. In der Deklaration stellt sie sich hinter die Regierung von Prinz Sihanouk. Nachdem die Minister dem Kampf Vietnams, Kambodschas und Laos' ihre Unterstützung zugesagt und eine friedliche Regelung der Forderung dieser drei Länder nach Abzug aller fremden Truppen aus ihrem Gebiet und der Anerkennung ihrer Unabhängigkeit befürwortet haben, fahren sie fort: »Sie unterstützen rückhaltlos die fünf Punkte der Proklamation von Kambodscha sowie den Aufruf, den Prinz Sihanouk, der kambodschanische Staatschef, am 23. März 1970 ergehen ließ. Das Problem muß auf der Grundlage dieser fünf Punkte und des politischen Programms der Front für die nationale Einheit Kambodschas gelöst werden.«

Diese Bezugnahme auf jenen Apell, der gleich nach dem Staatsstreich, also ungefähr ein halbes Jahr vor der Konferenz in Lusaka, ergangen war, ist interessant. Damit wurde die Unschlüssigkeit und Uneinigkeit der Teilnehmer dieser Konferenz nachträglich korrigiert. Der Appell, dem die Konferenz von Lusaka infolge des Widerstands einer Minderheit kein Gehör schenkte, wurde nun ausdrücklich unterstützt. Dies muß im Hinblick auf die später ausbrechenden Streitigkeiten um die Anerkennung der durch Intervention von außen entstandenen Situation in eben diesem Kambodscha und in einem weiteren blockfreien Land, nämlich Afghanistan, unterstrichen werden.

Der weitere Wortlaut dieses Dokuments ähnelt weitgehend dem der Deklaration von Lusaka. Zu vermerken ist noch der Schlußteil des Schriftstücks, in dem sich die anwesenden Minister zur Durchführung eines einvernehmlich festgelegten Aktionsprogramms verpflichten.

Dieses neun Punkte umfassende Aktionsprogramm enthält die Verpflichtung zur Verstärkung der Zusammenarbeit innerhalb der Bewegung, aber auch bei den Vereinten Nationen und allen anderen Stellen – globalen, regionalen und auch subregionalen. Besonders festgehalten wird darin auch die Notwendigkeit der Gewährung jeglicher Art von Hilfe für die in den Kolonien vorhandenen Befreiungsbewegungen, einschließlich der Lieferung von Kriegsmaterial und der militärischen Kaderausbildung. Im letzten Absatz steht der Beschluß, daß die Minister ihren Regierungen die Abhaltung des vierten Blockfreiengipfels für 1973 anempfehlen sollen; dieser Empfehlung wurde Folge geleistet, und das Gipfeltreffen fand Anfang September 1973 in Algier statt.

Das nächste und zweifellos wichtigste und inhaltsreichste Dokument ist das *Aktionsprogramm für die internationale wirtschaftliche Zusammenarbeit der blockfreien Länder und Dokument über die Unterstützung der Forderungen der »Gruppe der 77« auf dem Gebiet der Entwicklung*. In diesem Schriftstück mit dem Doppeltitel ist auch die Ankündigung jener ersten Aktion enthalten, die die Konferenz von Algier im nächsten Jahr zu einem der bedeutendsten Blockfreiengipfel werden ließ; die Rede ist von der Forderung nach einer neuen Weltwirtschaftsordnung.

Bereits in der Einleitung wird die tiefe Unzufriedenheit mit den Nord-Süd-Beziehungen, d. h. den Wirtschaftsbeziehungen zwischen Nord und Süd, erkennbar. Im Gegensatz zu der Begrüßung der von den Großmächten und den anderen industriell entwickelten Ländern unternommenen Entspannungsaktion in der vorhergehenden Deklaration strömt dieses Dokument Erbitterung über die Lage im wirtschaftlichen Bereich aus.

In der Einleitung lesen wir: »Der Imperialismus widersetzt sich nicht nur den Vorschlägen, die die Länder der dritten Welt unterbreiten, sondern er nimmt geradezu eine kriegerische Haltung ihnen gegenüber ein und versucht systematisch, ihre gesellschaftlichen, wirtschaftlichen und politischen Strukturen zu unterhöhlen, um Wirtschaftskolonialismus, Abhängigkeit und Neokolonialismus aufrechtzuerhalten.« Bezeichnend ist die Verwendung des Wortes »Imperialismus«, das hier für die eigentlichen Drahtzieher in allen internationalen Belangen steht. Gemeint sind offenkundig die industriell entwickelten Länder bzw. ein Teil derselben, einschließlich der Großmächte. Doch die allgemeine politische Entwicklung und die mit dieser verbundenen Hoffnungen bewirkten, daß eine namentliche Erwähnung einzelner Länder vermieden wurde.

Damit wird die Doppelgleisigkeit des Geschehens zu Beginn der Entspannungsära am anschaulichsten verdeutlicht; zudem wird eine weitere schwache Stelle dieses Geschehens bloßgelegt. Der Schaffung allgemeiner politischer Voraussetzungen für eine Verbesserung der Lage wird hier das Verhalten in Wirtschaftsdingen entgegengehalten. Im übrigen bringt der gesamte Text dieses Dokuments auch konkrete Angaben zu dem negativen Trend in wirtschaftlicher Hinsicht.

In Sachen Umweltschutz äußert sich das Dokument, die vor kurzem erst in Stockholm abgehaltene Umweltschutzkonferenz zum Anlaß nehmend, sehr kritisch; hierbei wird die Verantwortung für die Umweltzerstörung ausschließlich den entwickelten Ländern angelastet und dem Problem selbst sekundäre Bedeutung zugewiesen. Am schärfsten indes wird der Ton des Schriftstücks bei der Verurteilung des erneuten Mißerfolgs der UNCTAD auf deren dritter Konferenz, die vom 13. April bis 21. Mai 1972 in Santiago de Chile stattgefunden hatte.

Dazu heißt es im einzelnen: »Die Minister haben die Ergebnisse der III. Handels- und Entwicklungskonferenz in Santiago de Chile einer gründlichen Analyse unterzogen. Diese Ergebnisse haben ein weiteres Mal gezeigt, in welch einer Krise sich die internationale Zusammenarbeit befindet; wir haben es dennoch für unerläßlich gehalten, nach wie vor auf allen Vorschlägen zu beharren, die von der 77er Gruppe in der in Lima angenommenen Deklaration gemacht wurden.« Diese Worte beziehen sich auf eine Zusammenkunft der 77er Gruppe, die kurz vor Beginn der UNCTAD-Konferenz stattfand und bei der eine Plattform angenommen wurde, die Schlußfolgerungen des Blockfreiengipfels von Lusaka zur Grundlage hatte.

Begleitet wird die obenangeführte Feststellung zur UNCTAD-Konferenz von einer erneuten Bekräftigung der Notwendigkeit für die blockfreien und alle übrigen minderentwickelten Länder, in ihren Bemühungen fortzufahren. Im Zusammenhang damit werden die Thesen von Lusaka bestätigt, insbesondere die vom Zurückgreifen auf die eigenen Kräfte und von der Aktionseinheit auf dem internationalen Schauplatz.

Nach dieser Einleitung folgt der Hauptteil des Dokuments, der aus sechs Abschnitten besteht. Der erste betrifft das Zurückgreifen auf die eigenen Kräfte. Darin wird zunächst die Erfordernis einer harmonischen, wirtschaftlichen und gesellschaftlichen Entwicklung aufgezeigt und dann darauf hingewiesen, daß dies die Fortsetzung der Gemeinschaftsaktion der Blockfreien auf der internationalen Bühne und die Stärkung ihrer Einheit nicht ausschließe. Zum Schluß wird die Bedeutung der freien Verfügung über die heimischen Ressourcen hervorgehoben.

Es folgt eine Empfehlung von besonderer Wichtigkeit und Tragweite, nämlich die zum Zusammenschluß von Ländern mit bedeutenden Rohstoffvorräten. An diese Empfehlung knüpft sich die Forderung nach Solidarität auch dort, wo es zu keinem Zusammenschluß käme, sowie nach der Einbeziehung weiterer minderentwickelter Länder – auch wenn diese nicht der Blockfreienbewegung angehören – in einmal zustande gekommene Vereinigungen. Im Anschluß daran folgen allgemeine Konzepte zur wirtschaftlichen Zusammenarbeit auf den Gebieten des Handels, des Verkehrs und der Industrieentwicklung. Zusammenschlüsse sollten auf weltweiter wie auf regionaler und subregionaler Ebene durchgeführt werden.

Dieser Abschnitt sprengt den Rahmen der gegenseitigen Zusammenarbeit und bringt Ratschläge zur Erzielung möglichst günstiger Verträge und Abkommen mit den entwickelten Ländern bei maximaler Inanspruchnahme von Krediten und Darlehen. Besonders hingewiesen wird auf die Abkommen, die durch die Schaffung gemeinsamer Wirtschaftsgebiete in größtmöglichem Umfang eine bessere Nutzung von Investitionen und Arbeitskräften ermöglichen würden. Hieran knüpft der nächste Abschnitt, in dem von Finanzfragen die Rede ist und Zusammenschlüsse auch auf dem Finanzsektor empfohlen werden, in Form von Verbindungen zwischen den Banken wie in Form von Ausgleichserleichterung durch Clearing und Zusammenlegung der Finanzen.

Der folgende Abschnitt enthält die Anregung, die blockfreien Länder sollten ein Komitee aufstellen, das Kriterien für private Kapitalanlagen in diesen Ländern ausarbeiten soll. Durch die Anwendung dieser Kriterien, für die grundlegende Richtlinien angegeben werden, soll verhindert werden, daß die Wirtschaft eines Landes, das ausländische Investitionen erhält, von fremdem Kapital beherrscht und dadurch seine Entwicklung ungünstig beeinflußt werden kann.

Im nächsten Abschnitt ist von der Zusammenarbeit auf den Gebieten Forschung, Wissenschaft und Technik, einschließlich der Weitergabe von Ergebnissen, die Rede. Diese Zusammenarbeit solle alle Entwicklungsstadien umfassen – vom Hochschulstudium bis zum Austausch von Erfahrungen und Techniken.

Am Ende dieses Abschnitts wird von den Ministern gefordert, durch Schaffung eines Koordinationsausschusses, bestehend aus vier Mitgliedern, von denen jedes eine Region, d. h. einen Kontinent, vertreten soll, für eine dauerhafte Koordinierung der Aktivität der blockfreien Länder auf sämtlichen genannten Gebieten – Handel und verwandte Tätigkeiten, Technik und Wissenschaft und Finanzen – zu sorgen. Gleichzeitig wird eine bessere Nutzung des Apparats der UNCTAD in all diesen Bereichen gefordert. Damit ist der Grund gelegt für die spätere Schaffung weitaus reicher verzweigter Organe für die Koordinierung der Aktivität der Blockfreien in Wirtschafts- und Sozialfragen.

Der nächste Abschnitt betrifft breitere Aspekte der internationalen Zusammenarbeit; doch auch hier wird die Bedeutung der gegenseitigen Zusammenarbeit der Blockfreien und des Zurückgreifens auf die eigenen Kräfte unterstrichen. Ein starker Akzent wird allerdings auch auf die Einlösung aller Verpflichtungen hinsichtlich der Sonderbehandlung der Entwicklungsländer im Rahmen der internationalen Wirtschaftsbeziehungen gesetzt. Ausdrücklich werden im Zusammenhang damit die Reform des internationalen Währungssystems sowie die multilateralen Handelsgespräche im Rahmen des GATT (General Agreement on Tariffs and Trade – Allgemeines Zoll- und Handelsabkommen) angeführt. Ferner wird die Erörterung von Maßnahmen zur Erleichterung der Lage der Entwicklungsländer innerhalb des Weltwirtschaftssystems gefordert.

Abschließend wird noch die Forderung nach einem Schutz für Länder ohne Meerzugang angefügt. Ein weiterer kurzer Abschnitt befaßt sich mit der Aufgabe, die Auswirkungen der Umweltschutzmaßnahmen auf die Wirtschaft der Entwicklungsländer zu prüfen. Damit endet dieses Dokument, das den Boden für den ein Jahr später, bei der Konferenz von Algier im Herbst 1973, ergehenden Beschluß über eine neue Weltwirtschaftsordnung vorbereitet.

Die Konferenz von Georgetown gab dann noch eine Sondererklärung zu Fragen der internationalen Sicherheit und der Abrüstung ab. Auch in diesem Dokument wird auf die Abschlußdokumente der Konferenz von Lusaka Bezug genommen und der dort eingeschlagene Kurs mit dem Aufruf zu einer Aktion für die Festigung des Friedens und für die Abrüstung fortgesetzt. Die grundlegenden Standpunkte gegenüber den Blöcken, die Forderung nach deren Abschaffung sowie die Forderung nach Respektierung der Menschenrechte und aller übrigen Prinzipien der UN-Charta werden wiederholt.

Im Anschluß daran wird betont, daß die allgemeine und totale Abrüstung unter wirksamer internationaler Kontrolle auch weiterhin das Endziel bleiben müsse, doch werden auch der Abschluß von SALT I und des Abkommens über das Verbot der Weiterentwicklung von Raketenabwehrsystemen zwischen der Sowjetunion und den Vereinigten Staaten begrüßt. Beide Staaten werden zur Fortsetzung der Gespräche aufgerufen, die zur Abschaffung der Kernwaffen überhaupt, jedoch auch zu einem Abkommen über das totale Verbot sämtlicher Kernexplosionen führen sollten.

Begrüßt werden ferner die Resolution der UN-Vollversammlung über das Verbot der bakteriologischen und chemischen Waffen sowie die Ausarbeitung des Entwurfs für eine Konvention über diese Frage, so wie dies bei der Konferenz von Lusaka gefordert worden war. Auch dabei wird die Notwendigkeit betont, die Angelegenheit so rasch wie möglich zu Ende zu bringen und perfekt zu machen. Auch die Rolle der Blockfreien bei diesem Unterfangen wird hervorgehoben und die Forderung nach einer Weltabrüstungskonferenz wiederholt.

Abschließend verpflichten sich die Konferenzteilnehmer unter Hinweis darauf, was bei der vorangegangenen Tagung der UN-Vollversammlung getan wurde, zu einer verstärkten Aktivität bei der nächsten Tagung.

Neben den erwähnten Hauptdokumenten wurden bei dem Ministertreffen von Georgetown noch mehrere Resolutionen verabschiedet, und zwar eine allgemeine Resolution über die Entkolonialisierung, in der der in Lusaka eingeschlagene Kurs bestätigt wird, und je eine Sonderresolution über Indochina, den Nahen Osten, Simbabwe, die Spanische Sahara, Puerto Rico und die Entführung syrischer und libanesischer Militärs durch Israel.

Zusammenfassend läßt sich konstatieren, daß die Ministerkonferenz von Georgetown zunächst die in Lusaka formulierte Grundlinie der Bewegung, insbesondere die Ausrichtung auf die eigenen Kräfte, bestätigte, um anschließend einen Schritt weiterzugehen und so den Boden dafür vorzubereiten, daß die Blockfreien mit noch weitreichenderen Forderungen vor die internationale Gemeinschaft hintreten konnten. Die bei der Vorbereitung der Konferenz von Lusaka erfolgte Wiederbelebung der Bewegung hatte nicht nur deren Teilnehmerzahl, sondern auch ihren Horizont hinsichtlich der Erfassung der Weltprobleme erweitert.

In mehrere große Zusammenhänge hineingestellt, wurden in Georgetown ganz klar Gedanken herausgearbeitet, zu denen der Keim bereits in Belgrad gelegt worden war, Gedanken, die die Erkenntnis bargen, daß die Blockfreienbewegung dadurch, daß sie sich mit der Regelung der Probleme der Entwicklungsländer befaßte, auch die Lösung der wichtigsten strukturellen und funktionalen Probleme der gesamten internationalen Gemeinschaft anging. Gleichzeitig aber wurde in Georgetown an der Errichtung eines ständigen Mechanismus weitergearbeitet, der dazu dienen sollte, die Aktivität der Bewegung zu koordinieren, die erzielten Ergebnisse und das Geschehen im allgemeinen zu überwachen und neue Aktionen für die Gipfelkonferenzen vorzubereiten, die endgültig zu periodisch festgelegten Knotenpunkten im Entwicklungsgang der Blockfreienbewegung geworden waren.

Da die Blockfreien infolge der Mitgliederzunahme der Vereinten Nationen auch bei diesen an Einfluß gewannen, fiel ihre so verstärkte und besser koordinierte Aktivität auch bei der Annahme von Beschlüssen und Empfehlungen durch die Weltorganisation mehr ins Gewicht. Bei Anbruch der siebziger Jahre stand fest, daß die Teilung der Vollversammlung und der übrigen UN-Organe in zwei Abstimmblöcke, einen östlichen und einen westlichen, überwunden war.

cc) Die Gipfelkonferenz von Algier 1973

Der Blockfreiengipfel von Algier trat zu einem Zeitpunkt zusammen, da die Entspannung in vollem Gang war. In jenem Sommer des Jahres 1973 wurde – mit dem Washington-Besuch Breschnjews – der Kreis bilateraler Gespräche geschlossen, der ein Jahr zuvor mit dem Moskau-Besuch Nixons eröffnet worden war. Die Konferenz über Sicherheit und Zusammenarbeit in Europa lief an.

Was das weitere Weltgeschehen anbelangt, so hatten sich die amerikanischen Soldaten im Frühjahr eben dieses Jahres aus Vietnam und aus Indochina zurückgezogen. Die amerikanisch-chinesischen Beziehungen erfuhren eine Weiterentwicklung und ließen auf eine völlige Normalisierung hoffen, sobald erst eine für beide Seiten akzeptable Regelung der zwischen den Vereinigten Staaten und der Regierung auf Taiwan bestehenden Beziehungen gefunden sein würde. Auch die Realisierung des Abkommens über die deutsche Frage lief an, nachdem alle Verträge und Abmachungen in Kraft getreten waren. So sah es ganz danach aus, als würden die Blockfreien bei ihrem bevorstehenden Gipfeltreffen mit einer Gesamtlage rechnen können, die für neue große Initiativen auf politischem wie wirtschaftlichem Gebiet förderlich sein würde.

Freilich, die optimistische Beurteilung der politischen Situation fand, wie bereits in der Tagesordnung hervorgehoben wurde, kein Äquivalent im wirtschaftlichen Bereich; die Verbesserung der Wirtschaftslage der Entwicklungsländer ließ weiterhin auf sich warten.

So standen die Blockfreien zwar erneut vor einer günstigen Situation, was die allgemeine Atmosphäre anbelangt, gleichzeitig jedoch auch vor einer immer größer werdenden Divergenz zwischen den politischen Beziehungen und der Wirtschaftslage; hatten sich jene gebessert, so wurde diese in der ganzen Welt, insbesondere aber in den Entwicklungsländern, immer kritischer.

Die Konferenz hatte auch ein sprunghaftes Ansteigen der Zahl der Teilnehmerländer zu verzeichnen. Algier zählte 75 Vollmitglieder; mit Beobachterstatus waren weitere 8 Länder und überdies noch 16 Befreiungsbewegungen vertreten. Daß sich die Zahl der Teilnehmerländer mit Beobachterstatus verringert hatte, rührte daher, daß zwei dieser Länder (Argentinien und Peru) Vollmitglieder geworden waren und als solche teilnahmen. Zu diesem zahlenmäßigen Anwachsen kam eine erneute – und beträchtliche – Erhöhung des durchschnittlichen Rangniveaus der Delegationschefs. Beide Faktoren wiesen auf die zunehmende Bedeutung der Bewegung hin.

Die – freilich eingehender ausgearbeitete – Tagesordnung sei nachstehend in den wichtigsten Stichpunkten angeführt: Am Beginn steht eine Erörterung der allgemeinen Weltlage, dann folgt die Behandlung von Fragen, nach Sachgebieten gegliedert; zunächst kommen politische, dann wirtschaftliche und zum Schluß mit der Weiterentwicklung der Koordination innerhalb der Bewegung zusammenhängende Fragen. Als besonderer Punkt erscheint am Ende noch die Festsetzung von Zeitpunkt und Ort des nächsten Gipfeltreffens, verbunden mit einer Vorausplanung weiterer Konferenzen.

In Algier wurden zwei Deklarationen angenommen, eine politische und eine Wirtschaftsdeklaration. Außerdem wurden noch ein Aktionsprogramm für wirtschaftliche Zusammenarbeit sowie eine Deklaration über den nationalen Befreiungskampf verabschiedet. Zum Schluß gab es noch Sonderresolutionen, insgesamt fünfzehn. Wenn wir all diese umfangreichen Dokumente in ihrer Gesamtheit betrachten, können wir feststellen, daß die Konferenz von Algier die Idee einer »Neuen Weltwirtschaftsordnung« entwickelte, obschon der Terminus als solcher nur an einer Stelle vorkommt – in der Wirtschaftsdeklaration, und auch dort nur in Verbindung mit einer sehr spezifischen Frage, nämlich der der ungleichen Verträge und Konzessionen.

Hier haben wir wieder einmal einen Vorgang, der sich so oft in der Geschichte ereignet: Die Handelnden sind sich zum Zeitpunkt der Beschlußfassung der historischen Tragweite ihres Beschlusses und der dafür verwendeten Formulierungen gewöhnlich gar nicht bewußt. Indem nebenbei eine »Neue Weltwirtschaftsordnung« erwähnt wurde – wohlgemerkt, es war von *einer* und nicht etwa von *der* »Neuen Weltwirtschaftsordnung« die Rede, und es wurde kein Anspruch darauf erhoben, diesen Ausdruck zu einem Begriff von Bedeutung oder zu einem besonders definierten Begriff zu machen –, wurde ein Schlagwort geprägt und in Umlauf gesetzt, das auch heute noch im Mittelpunkt der Aufmerksamkeit der ganzen Welt steht. Seine überragende Bedeutung indes gewann es erst nach Abschluß der

Konferenz; erst da begann sich aus dem Schlagwort ein neues Konzept herauszukristallisieren, das anfangs allerdings noch sehr oberflächlich definiert war.

Dennoch lieferte die Konferenz viel von dem Stoff, der für die Ausarbeitung einer neuen Wirtschaftsordnung erforderlich war; sie bereitete den Boden für das neue Konzept vor, aus dem es ohne viel zusätzlichen Aufwand emporwachsen konnte.

Die politische Deklaration beginnt mit der optimistischen Feststellung, daß an der Konferenz »mehr als die Hälfte der Mitglieder der internationalen Staatengemeinschaft« teilnehme, »die die Mehrheit der Weltbevölkerung ausmachen. Die Zahl und das Niveau der Teilnehmer sowie der allgemeine Arbeitsablauf lassen erkennen, wie vital und dynamisch die Blockfreiheit ist«. Dieser Optimismus macht sich auch im Text der kurzen Einleitung der Deklaration bemerkbar, in der auf frühere Akte der Bewegung, ja, auch auf die Konferenz von Bandung im Jahre 1955, Bezug genommen wird.

Wörtlich vermerkt sei daraus noch folgender Passus: »Die vereinigte Kraft der Bewegungen für nationale und gesellschaftliche Emanzipation, die ohne Unterlaß an den veralteten Strukturen einer in einem totalen Änderungsprozeß begriffenen Welt rütteln, einerseits und der unaufhörliche Fortschritt der wissenschaftlichen und technischen Revolution andererseits eröffnen der gesamten Menschheit die Wege zur vollkommenen Befreiung.«

Interessant ist, daß in diesem Text kein Konzept einer neuen Ordnung erscheint, obwohl der ganze Aufbau und der Ideengehalt des vorstehenden Satzes nachgerade den Unterbau für die Definition solch eines Konzepts liefert. Doch die Einleitung endet, ohne daß solch ein Konzept gebracht würde, mit dem Aufruf zu einer »Demokratisierung der internationalen Beziehungen, für allgemeine und gleichberechtigte Zusammenarbeit, für wirtschaftliche Entwicklung und sozialen Fortschritt«.

Nach der Einleitung folgen die sechs Abschnitte der Deklaration. Der erste betrifft den allgemeinen Entwicklungsprozeß der internationalen Beziehungen. Hierbei wird zunächst der Zufriedenheit über die Verringerung der Spannungen sowie über die Entwicklung der Zusammenarbeit in der Welt Ausdruck gegeben, gleichzeitig jedoch hervorgehoben, daß all dies nur für den Komplex der Ost-West-Beziehungen gelte. Im Gegensatz zu dieser Entwicklung stehe, so wird betont, die »unmittelbare Konfrontation der Völker mit Kolonialismus, Diskriminierung und Apartheid, Fremdherrschaft und Okkupation, Neokolonialismus, Imperialismus und Zionismus...« Mithin bleibe die Frage des Kampfs dieser Völker um die Verwirklichung ihrer Forderungen, die darauf abzielten, »ihr Eigenleben zu fördern«, »ihr Kulturerbe zurückzugewinnen und zu bereichern«, ungelöst. »Schließlich handelt es sich um das Verwerfen gleichwelcher Form der Unterordnung oder Abhängigkeit, der Einmischung oder des politischen wirtschaftlichen oder militärischen Drucks.«

Auch in diesem Zusammenhang nähert sich die Deklaration wieder dem Konzept der neuen Wirtschaftsordnung an, ohne dies ausdrücklich zu sagen: »Im Hinblick darauf wird die internationale Sicherheit nur dann vollkommen sein, wenn sie auch die ökonomische Dimension umfaßt, die allen Ländern das Recht garantiert, ihre Entwicklungsprogramme ohne wirtschaftliche Aggression oder sonstige Formen des Drucks durchzuführen. Die blockfreien Länder verpflichten sich, ihre Gemeinschaftsaktion zu verstärken, um den Sieg der Prinzipien der wirtschaftlichen Sicherheit in den interantionalen Beziehungen zu gewährleisten.«

Danach wird die Forderung nach Abschaffung der Blöcke und Entwicklung der Beziehungen auf der Basis der »souveränen Gleichberechtigung« wiederholt und jede Anwendung oder Androhung von Gewalt verurteilt. Hervorgehoben werden das Umsichgreifen des Kampfgeistes unter den Völkern aller Kontinente und die Festigung der Blockfreienbewegung. Am Ende dieses Abschnitts werden die blockfreien Länder aufgerufen, »zusammen mit allen friedliebenden, freiheitlichen und fortschrittlichen Kräften an der Neugestaltung der internationalen Beziehungen auf der Basis der Demokratie und der Gleichberechtigung aller Staaten weiterzuarbeiten«.

Der zweite Abschnitt der Deklaration ist der Situation und den Konflikten in den verschiedenen Teilen der dritten Welt gewidmet. An vorderster Stelle steht hier die Frage des Zusammenstoßes zwischen den Arabern und Israel und das Recht der palästinesischen Araber auf Schaffung eines eigenen Staats. Danach wird der Befreiungskampf der Völker Indochinas befürwortet und das inkonsequente Verhalten der Vereinigten Staaten verurteilt, die nach wie vor die bestehenden Marionettenregimes unterstützten.

Daneben werden auch die Anstrengungen der Völker in den noch vorhandenen Kolonien Afrikas unterstützt und insbesondere die rassistischen Regims in Simbabwe und Südafrika verurteilt. Auch ein kurzer Europa-Passus ist vorhanden, in dem die Konferenz für Sicherheit und Zusammenarbeit in Europa zur Verurteilung des Kolonialismus aufgerufen wird. Auch den übrigen Nationen, die um ihre Rechte kämpfen, besonders denen Lateinamerikas, einschließlich Panamas, wird Unterstützung zugesagt; dabei werden auch die amerikanischen Stützpunkte in Puerto Rico und auf Kuba mißbilligt.

Der dritte Abschnitt der Deklaration betrifft die Frage des Friedens und der Sicherheit in der Welt. Hier wird neben der Forderung nach einer »wirklichen Auflösung der im kalten Krieg entstandenen Militärbündnisse« die Notwendigkeit einer Ausweitung der Entspannung »durch Schaffung einer internationalen Sicherheit, die alle Teile der Welt umfassen würde und für alle Völker und Länder gleich wäre«, betont.

Danach werden regionale Probleme besprochen, insbesondere die im Raum des Indischen Ozeans und des Mittelmeers bestehenden, und im Zusammenhang damit auch die Anwesenheit von Marinestreitkräften in diesen beiden Gebieten. Die Delegationschefs bringen in der Deklaration auch »die Entschlossenheit ihrer Länder zum Ausdruck, die gegenseitige Solidarität und Hilfeleistung für den Fall einer Bedrohung ihrer Unabhängigkeit und ihrer territorialen Integrität zu verstärken«. Es ist dies das erste Mal, daß in einem Dokument eines Blockfreiengipfels ein ausdrückliches Konzept der gegenseitigen Hilfeleistung erscheint, das einer Bündnisvertragsverpflichtung nahekommt. Dies ist einzig und allein aus der Erkenntnis heraus zu erklären, daß die Konfrontation zwischen den Blöcken nachgelassen hatte, die drohende Gefahr aber, daß Länder der dritten Welt von dieser oder jener Großmacht unter Druck gesetzt werden, gestiegen war.

Daß besagte gegenseitige Verpflichtungen der Bewegung keinesfalls die Schaffung eines »dritten Blocks« bedeuteten, liegt auf der Hand; überdies wurde auch die Ansicht vertreten, daß die Absicht der Verstärkung der Solidarität unter den gegebenen Verhältnissen ausreichend sei, um eine Aggression abzuwenden. Diese Absichtserklärung erwies sich allerdings als nicht wirksam und führte zu keinerlei Änderung im Verhalten der Blockfreien. Sie hielten sich nach wie vor aus unmittelbaren Zusammenstößen heraus, wie es sich beim Oktoberkrieg im Nahen Osten zeigte, der bald nach dem Abschluß der Konferenz von Algier ausbrach. Auch die Zahl der Konflikte innerhalb der blockfreien Länder selbst ging nicht nur nicht zurück, sondern stieg sogar noch an.

In der Deklaration von Algier folgt dann die Verurteilung des Wettrüstens. Gefordert wird die totale Abrüstung, insbesondere die nukleare, chemische und biologische. Sodann wird der traditionellen Ergebenheit gegenüber den Vereinten Nationen Ausdruck gegeben und die Anerkennung der Regierung in Peking als der Regierung Chinas und die Annahme ihrer Aufnahmeanträge durch die Weltorganisation begrüßt. Schließlich werden noch die Mächte mit Vetorecht ermahnt, von diesem vernünftigen Gebrauch zu machen, ohne daß allerdings das Wort »Veto« dabei ausdrücklich gebraucht wird.

Im vierten Abschnitt der Deklaration kommen Wirtschaftsprobleme zur Sprache. Hierbei erscheint eine kurze Zusammenfassung der grundlegenden Standpunkte, wie sie bereits seit Lusaka proklamiert werden; eine eingehendere Behandlung erfahren sie im folgenden Dokument, der Wirtschaftsdeklaration.

Der fünfte Abschnitt betrifft Fragen des Seerechts und des Meeresbodens. Hier wird die von der UN-Vollversammlung auf ihrer Tagung von 1970 gefaßte Weltmeeresresolution begrüßt, die die von den Blockfreien in der Debatte vertretenen Standpunkte widerspiegelt. Auch wird die Notwendigkeit einer Konferenz über das Seerecht betont, die dann auch für 1974 nach Santiago de Chile einberufen wurde.

Der letzte Abschnitt enthält eine Bekräftigung der Konzeption der Notwendigkeit einer Verstärkung von Zusammenarbeit und Koordination innerhalb der Bewegung. Schließlich wird die folgende Gipfelkonferenz für 1976 in Colombo/Sri Lanka anberaumt.

Das nächste Dokument der Konferenz ist die Wirtschaftsdeklaration. Sie beginnt mit einer kurzen Einleitung, in der die Konferenzteilnehmer konstatieren, »daß der Entspannungstrend in der Weltlage keinen nennenswerten Niederschlag in der Entwicklung der Entwicklungsländer und der internationalen Zusammenarbeit gefunden hat«. Der eigentliche Text umfaßt dann 14 Abschnitte.

Der erste, den Kampf gegen den Imperialismus betreffend, bringt eine Wiederholung der verurteilenden Standpunkte den Erscheinungen gegenüber, die auch in früheren Dokumenten der Bewegung schon angegriffen worden waren. Ein besonderes Augenmerk indes wird auf das Bestreben gerichtet, »die Besitzergreifung der Reichtümer der Entwicklungsländer« durch diese selbst – nach Abschaffung des Kolonialismus – zu gewährleisten.

In den nächsten beiden Abschnitten ist von der allgemeinen Wirtschaftslage und der internationalen Entwicklungsstrategie die Rede. Die Situation wird als immer alarmierender beurteilt, und dabei wird der Ansicht Raum gegeben, daß auch UNCTAD 3 keine Änderung im Verhalten der entwickelten Länder bewirkt habe, was auch »die enttäuschenden Ergebnisse der ersten drei Jahre dieses Jahrzehnts« gezeigt hätten. Damit sei »die Verwirklichung der Ziele der internationalen Entwicklungsstrategie in Gefahr gebracht« worden.

Anschließend folgen einige grundlegende Angaben über den seinerzeitigen Stand der Dinge. So wird festgestellt, daß »70% der Menschheit von nur 30% des Welteinkommens leben«. »Von zwei Milliarden und sechshundert Millionen Menschen«, heißt es weiter, »sind achthundert Millionen des Lesens und Schreibens unkundig, fast eine Milliarde leiden an Unterernährung oder Hunger und neunhundert Millionen haben ein Tageseinkommen von weniger als 0,30 US-Dollar.«

Schuld an diesem Zustand und den unbefriedigenden Aussichten sei, selbst für den Fall, daß die Ziele der zweiten Entwicklungsdekade erreicht würden, die mangelnde Bereitschaft der industriell entwickelten Länder zur Zusammenarbeit; doch werden auch andere Gründe aufgeführt, als da sind Inflation, Aufrüstung und Wettrennen im Weltraum, sodann auch der Mangel an technischer Ausrüstung in den Entwicklungsländern. Keine Strategie, so wird betont, könne Erfolg haben, wenn nicht die Volksmassen aufgrund einer entsprechenden Regelung der gesellschaftlichen Probleme und Beziehungen in den Entwicklungsländern dabei mitmachten.

Die beiden folgenden Abschnitte betreffen das Handels- und Währungssystem sowie das Problem der Länder mit minimalem Entwicklungsstand. Hier wird erneut die Notwendigkeit der Vorzugsbehandlung der Entwicklungsländer bestätigt. Mit Nachdruck wird darauf hingewiesen, daß der Anteil am Welthandel der Entwicklungsländer von 21,3% im Jahre 1960 auf 17,6% im Jahre 1970 abgesunken sei. Gleichzeitig sei im Lauf dieses Jahrzehnts die Verschuldung der Entwicklungsländer auf das Vierfache angestiegen und habe einen Stand von 80 Milliarden US-Dollar erreicht.

Die Ursache hierfür sei in der Verhaltensweise der entwickelten Länder zu suchen, die, indem sie sich ihre bevorzugte Position zunutze machten, den Entwicklungsländern ungünstige Handelsbeziehungen aufoktroyierten, sowie auch in dem bestehenden Währungssystem, das den Bedürfnissen der Entwicklungsländer nicht entspreche. In diesem Zusammenhang werden entsprechende Maßnahmen auf den Gebieten des Finanz- und Währungswesens sowie des Handels vorgeschlagen. Besonders kritisch sei unter den gegebenen Umständen die Lage der am wenigsten entwickelten Länder, die sich in einem Stagnationszustand befänden und ohne Sonderhilfe nicht vorankommen könnten. An diese Feststellung wird eine Betrachtung des Sonderproblems der Welternährung geknüpft.

Der siebente Abschnitt ist etwas umfangreicher und hat Fragen der Souveränität und der Naturschätze zum Gegenstand. Diese Materie ist hier erstmals gründlich bearbeitet, wenn auch schon in Georgetown und noch früher in Lusaka – in Verbindung mit dem Prinzip des Zurückgreifens auf die eigenen Kräfte – bereits die Rede davon war. Die diesbezüglichen Thesen werden eingangs auch wiederholt und bestätigt. Dann heißt es: »Die Verletzung des Rechts eines jeden Staats auf die tatsächliche Kontrolle über die eigenen Naturschätze und auf deren Nutzbarmachung durch den bodenständigen Voraussetzungen angepaßte Maßnahmen bei Berücksichtigung des ökologischen Gleichgewichts, einschließlich der Verstaatlichung und der Übertragung des Eigentumsrechts auf die eigenen Bürger, läuft den Zielen und Prinzipien der Charta der Vereinten Nationen zuwider und stellt ein Hindernis für die Entwicklung der internationalen Zusammenarbeit sowie für die Erhaltung des Weltfriedens und der internationalen Sicherheit dar.«

Erneut begrüßt die Konferenz die zur Wahrung der vorbezeichneten Rechte gegründeten Vereinigungen wie die OPEC (Organisation der erdölexportierenden Länder) und andere ähnliche. Diese und andere Schutzmaßnahmen werden in der Deklaration angesprochen, in der es weiter heißt: »Solch ein Prozeß muß in Lateinamerika, Asien und Afrika, im Nahen Osten und in den anderen Entwicklungsgebieten erweitert, beschleunigt und koordiniert werden, damit die Solidarität der Entwicklungsländer gefestigt, der Tendenz zur Verschlimmerung ihrer Lage Einhalt geboten und die Errichtung einer neuen Weltwirtschaftsordnung gewährleistet wird, die den Geboten einer echten Demokratie entspricht.«

Die folgenden vier Abschnitte (8–11) bestätigen kurz die bekannten Konzeptionen von übernationalen Gesellschaften, vom Austausch technischer Erkenntnisse, von der Zusammenarbeit zwischen den Entwicklungsländern und deren Zusammenarbeit mit den entwickelten Ländern. Danach folgt ein Abschnitt über Umweltschutz, der die nochmalige Bestätigung der Besorgnis enthält, daß »die zusätzlichen Kosten eines Umweltschutzprogramms zu einem Hindernis für die Befriedigung der grundlegenden Entwicklungsbedürfnisse werden könnten«, da die Konferenzteilnehmer »die Ansicht vertreten, daß die wirtschaftliche Rückständigkeit die schlimmste Art der Umweltverschmutzung ist«.

Sodann wird von den Vereinten Nationen die Annahme einer Charta über die wirtschaftlichen Rechte und Pflichten aller Staaten gefordert. Der letzte Abschnitt betrifft Kulturfragen.

Das Aktionsprogramm für wirtschaftliche Zusammenarbeit knüpft an die Wirtschaftsdeklaration an; es bringt im wesentlichen noch einmal die in dieser enthaltenen Thesen, nur in der Formulierung entsprechend angepaßt. Ein Abschnitt daraus ist allerdings doch besonders hervorzuheben, über »Zusammenarbeit mit den sozialistischen Ländern«, wie sein Titel lautet. Darin werden die Probleme erkennbar, die sich aus den Beziehungen mit diesen Ländern ergeben, in denen alle wirtschaftlichen Aktivitäten unmittelbar vom Staat gelenkt werden.

Schon bei der weltweiten Debatte über Handel und Entwicklung, die 1964 bei der ersten Tagung der UNCTAD in Gang kam, hatte sich gleich am Anfang gezeigt, daß die wirtschaftspolitischen Hebel, die sich multilateral vereinbaren oder über die Vereinten Nationen empfehlen lassen, auf die Entwicklung des Handels und überhaupt die weltweite wirtschaftliche Interaktion der Länder mit staatlich gelenkter Wirtschaft wirkungslos bleiben. Die einzige Art der Beeinflussung des Geschehens in diesen Ländern ist die staatliche Entscheidung, meist in Form eines Wirtschaftsplans.

Daher wird in dem Aktionsprogramm mit Nachdruck die Forderung gestellt: »Die sozialistischen Länder müssen vorsehen, daß sie in ihren Entwicklungsplänen den Bedürfnissen und Möglichkeiten der Ausfuhr der blockfreien Länder Rechnung tragen...« Zugleich wird betont, daß auch die blockfreien Länder ihre Anstrengungen zur Erhöhung des Austauschs mit den sozialistischen Ländern verstärken müssen. Im Zusammenhang damit wird die Absicht bekanntgegeben, auch zu einer Verstärkung der wissenschaftlich-technischen Zusammenarbeit zu gelangen.

Daß dieses Problem in diesem Dokument vorgetragen wurde, gerade zu dem Zeitpunkt, da die Blockfreien ihre Aktion auf internationaler Ebene verstärkten, ist kein Zufall. Die Debatte über Wirtschaftsfragen im Rahmen von internationalen Foren war, seitdem die Entwicklungsländer in Aktion getreten waren – und das war noch vor dem Belgrader Blockfreiengipfel gewesen –, im wesentlichen als Dialog zwischen ihnen und den Ländern des Westens geführt worden. Die um die Sowjetunion herum gescharten Länder hielten sich bei diesen Beratungen stets abseits, und gleichzeitig war der Handelsaustausch mit ihnen sehr begrenzt gewesen.

Dieser Zustand ergab sich aus der Grundhaltung dieser Länder, die es ablehnten, sich an der Hilfeleistung und der Gewährung besonderer Vergünstigungen für die Entwicklungsländer auf Präferenzbasis zu beteiligen, und die gleichzeitig ihren Handel mit der dritten Welt auf Weltmarktpreisbasis entwickelten, also zu Bedingungen, die für die Entwicklungsländer ungünstig waren, die gegen diese Konditionen Aktionen über die Vereinten Nationen, insbesondere im Rahmen der UNCTAD, in Gang setzten.

Im Aktionsprogramm folgt dann ein Abschnitt über Koordination, in dem der Aktivität der auf der Ministerkonferenz von Georgetown ernannten Koordinatoren Anerkennung gezollt und mit besonderem Nachdruck auf die Kriterien hingewiesen wird, die in bezug auf die Annahme von Darlehen und Krediten aus dem Ausland sowie die Tätigkeit übernationaler Gesellschaften auf dem Territorium der Entwicklungsländer ausgearbeitet wurden. An dieses schließt noch ein Abschnitt über die Ernährungslage an, in dem mahnend auf das Weltabkommen über diese Frage hingewiesen wird.

Die Deklaration über den nationalen Befreiungskampf ist das letzte der Hauptdokumente der Konferenz. Darin wird zunächst eine Übersicht über die wichtigsten Schauplätze des Befreiungskampfs geboten. Unter Berufung auf das bereits bei früheren Konferenzen Gesagte werden noch einmal die Probleme der Südspitze des afrikanischen Kontinents, sodann die Palästina-Frage, die Frage der restlichen afrikanischen Kolonien, in denen sich bereits ein erfolgreicher Befreiungskampf entfaltet hatte, sowie die übrigen Kolonialfragen in der Welt vorgetragen.

Inspirationsgrundlage dieser Deklaration war einmal die Erkenntnis, daß die Front kürzer geworden war, an der Befreiungsaktionen nunmehr, da die Entkolonialisierung die größten Kolonialreiche bereits erfaßt hatte, vollzogen wurden, zum andern aber auch die Überzeugung, daß die eingetretene Entspannung günstigere Möglichkeiten für diese Aktionen bot. In der Deklaration kommt aber auch die Furcht vor negativen Folgen eben dieser Entspannung zum Ausdruck, die nach dem Urteil der Blockfreien ebenfalls möglich sind: ». . . die Förderung der Entspannungs- und Friedenspolitik in Europa darf nicht als Ermutigung des portugiesischen Faschismus und Kolonialismus gedeutet oder genutzt werden, als ein Faktor, der diese Erscheinungen in irgendeiner Form unterstützen würde.«

Sodann wird die Entschlossenheit der Blockfreien angekündigt, den Befreiungsbewegungen und Kolonien wirksamere und energischere Unterstützung zu gewähren. Zu den diesbezüglichen Beschlüssen gehört auch der über die Errichtung eines besonderen Unterstützungs- und Solidaritätsfonds. Alle Staaten, »die Freiheit und Gerechtigkeit lieben«, werden aufgerufen, zu diesem Fonds beizutragen. Danach folgt der Beschluß, daß in den Hauptstädten der blockfreien Länder Büros der Befreiungsbewegungen zu errichten seien. Auch verpflichtet sich die Bewegung, mit allen Mitteln die kolonialistischen Staaten zu verurteilen und zu isolieren und die internationale öffentliche Meinung gegen Kolonialismus, Rassismus und Apartheid zu mobilisieren.

Der vierte Blockfreiengipfel verabschiedete auch Sonderresolutionen über einzelne Kolonialprobleme, in denen die bereits angeführten grundsätzlichen Standpunkte konkretisiert und nachdrücklicher hervorgehoben werden. Da sind zunächst die Resolutionen über den Nahen Osten und Palästina. Darin wird insbesondere Israel zur Räumung der von ihm besetzten Gebiete aufgefordert und der Kampf der arabischen Nachbarstaaten unterstützt. Auch wird von den Blockfreien gefordert, Israel zu boykottieren. Es folgen je eine Resolution über Südafrika, die portugiesischen Kolonien in Afrika, Namibia und Vietnam; in letzterer wird der Provisorischen Revolutionsregierung von Südvietnam die Unterstützung der Konferenz zugesagt und Saigon der Verletzung des Waffenstillstandsabkommens bezichtigt. Je eine weitere Resolution wurde zu Kambodscha und Korea verabschiedet; die zweite enthält die Forderung nach dem Abzug der Truppen, die unter der Fahne der Vereinten Nationen noch in Südkorea stationiert waren. Und schließlich wurde noch je eine Resolution über die Komoren, die spanischen Besitzungen in Afrika, Puerto Rico und Französisch Somaliland (Djibouti) abgefaßt.

Eine Sonderresolution galt Seerechtsfragen; darin wird die bei früheren Konferenzen in Gang gebrachte Aktion weitergeführt und die Resolution der Vereinten Nationen begrüßt, mit der den Küstenstaaten eine 200 Meilen breite Zone als Hoheitsgewässer zuerkannt wurde, in der sie die Jurisdiktion ausüben sollten, »zum Zwecke der Nutzung der dort befindlichen Naturquellen und der Wahrung sonstiger damit verbundener Interessen ihrer Völker«. Im weiteren werden früher gemachte Empfehlungen wiederholt.

Eine andere Sonderresolution bestimmt die Gründung des Fonds für wirtschaftliche und gesellschaftliche Entwicklung und Solidarität der blockfreien Länder. Ziel dieses Fonds sei es, die Entwicklung der blockfreien Länder, die Tätigung von Investitionen in ihnen und die Gewährung technischer Hilfe für sie zu stimulieren. Es wurde ein Ausschuß bestellt, der die Tätigkeitsnormen für den Fonds zu erstellen und über seine Tätigkeit dem folgenden Ministertreffen der Blockfreien Bericht erstatten sollte.

Die des weiteren abgefaßte Resolution über wirtschaftliche Sicherheit und Aktionseinheit betrifft die wirtschaftliche Aggression, wie jedwede Anwendung wirtschaftlicher Druckmittel und alle Versuche, einem Land einen fremden Willen aufzuzwingen, bezeichnet werden. Für jeden solchen Fall macht es die Bewegung dem betroffenen Mitgliedsland zur Auflage, Konsultationen »der blockfreien Länder, deren Hinzuziehung für erforderlich erachtet wird, auf hoher Ebene« in Gang zu bringen. Ziel dieser Konsultationen müsse es sein, eine »kollektive Aktion« zu starten und die Strategie für diese festzulegen.

In einer »Dürreresolution« werden weiterhin für den Fall einer Hungersnot Hilfeleistungen über den vorbezeichneten Fonds vorgesehen. Weitere besondere Schriftstücke enthalten den an die blockfreien Länder gerichteten Aufruf zur Unterstützung der Aktion zur Weiterentwicklung und zur optimalen Verwirklichung der bei der dritten UNCTAD-Tagung getroffenen Abmachungen sowie der Maßnahmen bezüglich der Länder ohne Zugang zum Meer.

All dies läßt erkennen, daß diese Konferenz außerordentlich fruchtbar hinsichtlich der Erstellung von Dokumenten war, obschon in diesen sehr oft die gleichen Konzeptionen zu denselben Fragen in verschiedenen Abwandlungen wiederholt werden.

Unmittelbar nach der Konferenz von Algier kam es zu Ereignissen von großer Bedeutung. Da ist zunächst einmal der neue Nahostkrieg, der sogenannte Oktoberkrieg von 1973, in dem es Ägypten gelang, die israelischen Truppen vom Suezkanal zurückzudrängen. Es ist dies der erste bewaffnete Zusammenstoß, bei dem die arabischen Streitkräfte keine Niederlage erlitten, und er schuf denn auch neue Verhältnisse im Nahen Osten. Zum nämlichen Zeitpunkt erfolgte auch der erste größere Anstieg der Rohölpreise, die von der OPEC neu festgesetzt wurden; und damit begann eine neue Ära nicht nur hinsichtlich der Ölpreise, sondern auch bezüglich der Energievorräte in der Welt überhaupt.

Diese Umstände veranlaßten die blockfreien Länder, den Koordinationsausschuß für den Zeitraum vom 19. bis 21. März 1974, d. h. ein halbes Jahr nach der ebendort abgehaltenen Gipfelkonferenz, zu einer Sitzung nach Algier einzuberufen. Dieses Treffen kann als eine Art Nachtrag zum Algier-Gipfel gewertet werden. Die bei letzterem bezogenen Positionen wurden nunmehr unter den Vorzeichen der neuen Erkenntnisse ergänzt und vervollständigt.

Daneben wurde auf der unmittelbar nach Abschluß der Koordinationskonferenz stattfindenden Tagung der UN-Vollversammlung beschlossen, eine Sondertagung der letzteren zum Thema Rohstoffe und Entwicklung einzuberufen, die vom 9. April bis 2. Mai 1974 abgehalten wurde. Das Koordinationsbüro mußte mithin auch die Standpunkte konzipieren, mit denen man vor diese Tagung hintreten wollte. Dies bestimmte auch die Aktivitäten der neuen Zusammenkunft in Algier sowie den Inhalt der dabei angenommenen Beschlüsse. Bei diesen handelt es sich im einzelnen um den Schlußakt und eine Deklaration über den Nahen Osten und die Palästina-Frage.

Das Abschlußdokument führt eingangs einige Ereignisse auf, die sich in dem kurzen, aber dramatischen Zeitraum zugetragen hatten, der seit der Konferenz von Algier vergangen war. An vorderster Stelle figuriert hier der »Oktober-Befreiungskrieg gegen die israelische Aggression und Okkupation«; im Anschluß daran werden die von den arabischen Erdölausfuhrländern ergriffenen Wirtschaftsmaßnahmen in Form des Einsatzes des Erdöls als eines Druckmittels genannt. Nachdrückliche Erwähnung findet die Verstärkung des Befreiungskampfs in Afrika; die Verletzung des Waffenstillstands in Vietnam durch das Saigoner Regime sowie die diesem von seiten der USA auch nach dem Abzug der amerikanischen Truppen aus Indochina gewährte Unterstützung werden verurteilt.

Wie aus der Stellungnahme zur aktuellen Lage hervorgeht, war die Bewegung von Optimismus durchdrungen, der noch verstärkt wurde durch den Beschluß der UN-Vollversammlung über die Einberufung der vorerwähnten Sondertagung und die Annahme der Resolution über die Veranstaltung einer Welternährungskonferenz, wie sie von den Blockfreien gefordert worden war. Gleichzeitig wird auch die Intensivierung der Bemühungen um die Schaffung eines Blockfreien-Entwicklungsfonds beschlossen, die vor einem halben Jahr bei der Konferenz von Algier in Gang gesetzt worden waren.

In diesem Sinn wird auch noch einmal die Notwendigkeit betont, daß die Blockfreien auf dem Recht zur souveränen Verfügung über die auf ihrem Gebiet vorhandenen Rohstoffe bestehen und daß alle Aktionen zur Verstaatlichung der Vorkommen unterstützt werden müssen; besonders wichtig sei dies im Hinblick auf die Verstaatlichung der Ölquellen in den OPEC-Ländern. In Bezug dazu wird auch die Frage gerechterer Rohstoffpreise gesetzt. Der erfolgte Anstieg der Erdölpreise ließ nämlich große Hoffnungen aufkommen, daß ein Zusammenschluß der Ausfuhrländer anderer Rohstoffe, insbesondere der von Metallen, zu einer Erhöhung aller Rohstoffpreise führen könnte.

Im Zusammenhang damit beschloß die Versammlung, daß »unter Berücksichtigung der Entwicklung und der Perspektiven des Welthandels und der Rohstoffe als eines entscheidenden Faktors für die Strukturumwandlung der internationalen Wirtschaftsbeziehungen eine internationale Blockfreiengruppe für Rohstoffprobleme« zu bilden sei. Diese sollte im Anschluß an die Sondertagung der UN-Vollversammlung eine Sonderkonferenz über Rohstoffe der Entwicklungsländer vorbereiten, die 1975 gleich zu Jahresbeginn abgehalten werden sollte. Auch wurden Maßnahmen zur Koordinierung des Vorgehens der Blockfreien und der anderen Entwicklungsländer bei der Sondertagung der UN-Vollversammlung ergriffen.

Die Nahostdeklaration brachte die bis dahin umfassendste Unterstützung des arabischen Standpunkts. Auf den früheren Konferenzen nämlich waren die arabischen Forderungen, wiewohl sie die Unterstützung der Blockfreien fanden, nur zum Teil akzeptiert worden. Den Anfang machte in dieser Hinsicht die Konferenz von Belgrad, bei der ein Kompromiß erzielt wurde, der die arabischen Thesen nur ganz allgemein befürwortete. Später wurde diese Unterstützung allmählich deutlicher artikuliert, besonders nach dem Krieg von 1967, und zwar auf der Konferenz von Lusaka 1970.

Ihren Höhepunkt erreichte diese Steigerung der Unterstützung für die arabische Sache nun bei dem Treffen von Algier unter dem Einfluß des Erfolgs, den die Araber bei der vorausgegangenen militärischen Aktion gegen Israel erzielt hatten, obschon dieser Krieg nicht mit einem eindeutigen Sieg endete, sondern unentschieden ausging, wobei beide Seiten Vor- und Nachteile in Kauf nehmen mußten. Was jedoch am meisten zu der scharfen Formulierung des Blockfreienstandpunkts beitrug, waren die erfolgreiche Aktion der OPEC und namentlich das arabische Erdölembargo sowie der Rückgang der Erdölproduktion im Anschluß an den Oktoberkrieg. Dadurch wurde das Selbstvertrauen der Blockfreien in allen Aktionsbereichen gestärkt, insbesondere hinsichtlich des Nahostkonflikts.

Als Voraussetzung für einen Friedensschluß stellte das Treffen zwei Bedingungen: »a) den bedingungslosen Rückzug Israels aus allen im Juni 1967 und danach von ihm besetzten arabischen Gebieten, und b) die Wiedereinsetzung des palästinensischen Volkes in seine nationalen Rechte, unter denen an erster Stelle das Recht auf die Rückkehr in die Heimat und die Ausübung seiner Selbstbestimmungsrechte steht«.

Dies will sehr viel besagen, denn Recht auf Rückkehr in die Heimat bedeutete in diesem Fall Rückkehr der arabischen Flüchtlinge auf israelisches Staatsgebiet, bedeutete, daß die Zurückgekehrten dort von ihrem Selbstbestimmungsrecht Gebrauch machten, und das hieß, die Souveränität und die Existenz Israels in Frage stellen. Dies stand im Widerspruch zu allen früheren Auffassungen der Blockfreien, wie diese sie bei ihren bisherigen Konferenzen vertreten hatten, und bedeutete ein Einschwenken auf den Standpunkt der extremistischsten arabischen Strömungen, der unvereinbar mit jenen anderen Standpunkten war, die die Anerkennung von Existenz und Sicherheit in einem eigenen Staat sowohl für die Juden als auch für die Araber forderten.

Der Unterschied zwischen den beiden Konzeptionen ist ein denkbar fundamentaler; sah doch die eine die Schaffung eines arabischen Staats vor, der nur einen Teil von Palästina umfassen und somit neben Israel bestehen würde, während die andere diesen neuen arabischen Staat auf ganz Palästina ausdehnen wollte, was praktisch einer Negation der Existenz Israels gleichkam. So war die Aussparung der Forderung nach einem eigenen palästinensischen Staat in diesem Passus der Deklaration kein Zugeständnis an Israel, sondern vielmehr die Präsentierung eines äußerst extremen Standpunkts. In Verbindung damit, ja, in Bezug dazu gesetzt, erscheint auch die Forderung, daß alle blockfreien Länder die diplomatischen Beziehungen sowie alle Wirtschaftsbeziehungen zu Israel abbrechen und dessen Ausschluß aus der UN verlangen sollten.

Diese extreme Haltung ist teilweise auch darauf zurückzuführen, daß die wichtigsten der erdölexportierenden arabischen Länder (Saudi-Arabien, der Irak und Libyen beispielsweise) mit ihren radikalen Standpunkten nicht nur bei den übrigen arabischen Staaten, sondern auch bei der Blockfreienbewegung erheblich an Einfluß gewinnen konnten, was sich in der Folge – parallel zum Anstieg der Erdölpreise – noch weiter verstärkte. Freilich zogen diese Länder auch weiterhin große Vorteile aus ihrer Mitgliedschaft in der Blockfreienbewegung, insbesondere im Zeitraum der Verschärfung ihrer Beziehungen zu den industriell entwickelten Ländern, die aufgrund der Preisanhebungen für Rohöl erfolgte. Feste Beziehungen von beiderseitigem Nutzen zwischen den OPEC-Staaten und den industriell entwickelten Ländern entwickelten sich erst später wieder und nur ganz allmählich.

Mit diesem Treffen, das den Schlußakkord des Blockfreiengipfels von Algier bildete, endete der Zeitabschnitt der Standpunktentwicklung und -bestimmung für eine gemeinsame Langzeitaktion im Weltmaßstab, der zwei Höhepunkte aufwies: die Ministerkonferenz von Georgetown 1972 und die Gipfelkonferenz von Algier 1973. Von den allgemeinen Formulierungen in drei Sachgebieten (Antikolonialismus, Erhaltung des Friedens und wirtschaftliche Entwicklung), wie sie in Belgrad 1961 geprägt wurden, war die Bewegung zu abgerundeten, jedoch auch ins einzelne gehenden Positionen gelangt, die die Bemühungen um die Regelung der zwischenstaatlichen Wirtschaftsbeziehungen unter besonderer Berücksichtigung der immer kritischer werdenden Lage der Entwicklungsländer in den Mittelpunkt rückten. Hinzu kommt, daß die Blockfreienbewegung praktisch die dritte Welt in ihrer Gesamtheit erfaßt hatte und so zum politischen Sprachrohr aller Entwicklungsländer geworden war. Dies führte dazu, daß in den Dokumenten von Algier bereits wechselweise die Termini »Entwicklungsländer« und »Blockfreie« verwendet werden.

b) Die Konferenz von Colombo 1976

aa) Die Verstärkung der Aktivitäten nach Algier

Die Periode zwischen der Konferenz von Algier und der von Colombo war durch das beharrliche Bemühen der Blockfreienbewegung um die Realisierung ihrer Forderungen nach einer gründlichen Änderung der Beziehungen in der Welt gekennzeichnet. Diese Aktion wurde unter der Losung des Kampfs für eine neue Wirtschaftsordnung geführt, obgleich es sich in Wirklichkeit um eine Veränderung der politischen Ordnung handelte. Dies wurden denn manche der Blockfreien auch gewahr; und so begannen sie einfach von der »Neuen Ordnung« zu sprechen. Doch die unternommenen Anstrengungen zeitigten bis zur Konferenz von Colombo nicht die gewünschten Ergebnisse, was diese Zusammenkunft auch entsprechend belastete.

Bevor wir unsere Betrachtung der Entwicklung der Blockfreienbewegung fortsetzen, muß hier das Warum und das Wie der Tatsache erklärt werden, daß ihr Bemühen um eine Verbesserung der Weltwirtschaftslage eine politische Aktion war. Die Idee einer neuen Wirtschaftsordnung entstand aufgrund der Tätigkeit der Blockfreienkonferenzen von Lusaka bis Algier und ihrer Beobachtung der privilegierten Stellung vieler entwickelter Länder, die Nutzungs- und Verkaufssonderrechte für die Rohstoffe vieler Entwicklungsländer besaßen.

Neben besagter Sonderstellung hatten die entwickelten Länder auch noch den Vorteil, daß die betreffenden Rohstoffe zugleich auch in einigen ihrer eigenen Länder ausgebeutet wurden. Somit waren die eigentlichen Inhaber der Privilegien normalerweise die großen und mächtigen Unternehmen, die die gleichen Rohstoffe, beispielsweise Kupfererz oder andere Erze, sowohl in »ihrem eigenen« Land als auch in Entwicklungsländern ausbeuteten, wo sie ihre Privilegien meist bereits während der Kolonialherrschaft erworben hatten.

Diese ihre Position setzte die großen Handelsgesellschaften

in den Stand, die Rohstoffpreise zu bestimmen. Dabei standen diese Gesellschaften gewöhnlich auch mit den Hauptverbrauchern des betreffenden Rohstoffs in Verbindung, und so war es ganz in ihrem Sinn, daß die Rohstoffpreise, zumal die den Entwicklungsländern gezahlten, für die sie anteilmäßige Steuern und Nutzungsrechtsgebühren entrichten mußten, möglichst niedrig gehalten wurden. Insbesondere nach der Erlangung ihrer Unabhängigkeit bekamen die Entwicklungsländer dies zu spüren – in Form einer empfindlichen Beschneidung ihres Einkommens, die um so krasser wurde, je weiter die Rohstoffpreise hinter den steigenden Preisen für Industrieerzeugnisse zurückblieben.

Mithin wurde die Frage der Rohstoffe zusammen mit der des Verfügungsrechts über sie zu einer primären Frage; und im Zusammenhang mit ihr tauchte erstmals der Begriff einer »neuen Ordnung« auf. Bisweilen – so etwa im Gefolge des Korea- und des Vietnamkriegs – war es zwar vorgekommen, daß bei manchen Rohstoffen ein kurzlebiger Preisanstieg erfolgte; doch diese flüchtigen Ansätze hatten dem bleibenden Trend zur Vergrößerung der Kluft zwischen Rohstoff- und Industrieproduktpreisen nichts anzuhaben vermocht.

Bereits vor der plötzlichen Erhöhung der Erdölpreise und dem damit verbundenen Anstieg der Preise für Industrieerzeugnisse sowie der mehr oder weniger autonom erfolgenden Verteuerung der Nahrungsmittelpreise hatte sich die Lage der rohstoffexportierenden Länder zusehends verschlimmert. So kam es auch, daß die nunmehr offen zur Sprache gebrachte Frage nach Schaffung einer neuen Weltwirtschaftsordnung in engem Bezug zur Rohstoffrage stand, d. h. zur Frage des Rechts auf die Nutzung der nationalen Bodenschätze und der unter dem Meeresboden befindlichen Reichtümer sowie zur Frage der Rohstoffpreise. Damit ist auch die Festlegung der Thematik für die 6. Sondertagung der UN-Vollversammlung im April und Mai 1974 zu erklären.

Die formelle Initiative zur Einberufung der Sondertagung

ergriff der algerische Präsident Boumédienne als Koordinator der Bewegung. Auf der ordentlichen Tagung von 1973 (der 28.) hatten die blockfreien Länder nämlich die Einberufung einer Sondertagung zu Entwicklungsfragen für die Zeit vor Beginn der ordentlichen Tagung von 1975 verlangt; und sie setzten diese Forderung auch durch.

Inzwischen war auch eine Aktion zur Verwirklichung des französischen Antrags auf Abhaltung einer Weltenergiekonferenz angelaufen. Dadurch entstand die Notwendigkeit, den Antrag auf Einberufung einer Rohstoffkonferenz in einen Antrag auf sofortige Einberufung einer Sondertagung umzuwandeln. Die für die Einbringung und Annahme solch eines Antrags erforderliche Mindestinitiative, d. h. die Initiative von mindestens der Hälfte aller UN-Mitglieder, kam ohne weiteres zustande, und die Sondertagung wurde abgehalten.

Die wichtigste Leistung dieser Tagung war das Einbringen einer Deklaration über die Errichtung einer neuen Wirtschaftsordnung sowie eines zugehörigen Aktionsprogramms zur Realisierung dieser Forderung. Die Deklaration wurde angenommen, obwohl einige entwickelte Länder Vorbehalte gegen manche Teile des Dokuments hatten, insbesondere gegen die das Verstaatlichungsrecht betreffenden.

Diese bei den Vereinten Nationen gestartete Aktion wurde im nächsten Jahr fortgesetzt, auf der zweiten Konferenz der UNIDO (Organisation der Vereinten Nationen für industrielle Entwicklung), die vom 12. bis 27. März 1975 in Lima stattfand und bei der die Standpunkte der Blockfreien ebenfalls in vollem Umfang durchgesetzt wurden. Auch bei der Sondertagung der UN-Vollversammlung im Herbst 1975 bildete die Blockfreienplattform die Diskussionsbasis. Neben ihr wurden zwar auch die Programme Westeuropas und der Vereinigten Staaten berücksichtigt, jedoch nur als Ergänzung zu der von den Blockfreien eingebrachten Vorlage.

Grundlage dieser Zusammenkunft war die 1974 abgehaltene 6. Sondertagung der UN-Vollversammlung; und ihr Zweck bestand darin, die Gültigkeit der Deklaration über die neue Ordnung zu bestätigen und Maßnahmen zu ihrer Durchführung zu treffen.

Grundsätzlich bestand Einigkeit aller Mitgliedsländer der Weltorganisation; die industriell entwickelten Länder meldeten ihre Vorbehalte diesmal allerdings nachdrücklicher an. Die bekannte Rede Kissingers, die in Abwesenheit ihres Verfassers von dem US-Botschafter bei den Vereinten Nationen, Moynihan, verlesen wurde, ließ erkennen, daß trotz der allgemeinen Einhelligkeit noch wesentliche Differenzen vorhanden waren.

Diese Versammlung, die 7. Sondertagung der UN-Vollversammlung, war zugleich auch die letzte Zusammenkunft, auf der Harmonie in der Frage der Weltwirtschaftsordnung herrschte. Der große Schock, der durch die Erhöhung der Rohölpreise und ihren weiteren Anstieg während des Jahres 1974 ausgelöst worden war, war bereits überwunden. Die entwickelten Länder wurden sich einerseits allmählich der anhaltenden Schwierigkeiten bewußt, die durch ihre Energieverschwendung auftraten; andererseits wurden sie sich auch über die Notwendigkeit klar, ihre Positionen zu festigen und sich gegen die weit ausgreifenden Reformen zu verwahren, die von den Blockfreien vorgeschlagen wurden.

Mit einem Wort, in den Reihen der entwickelten Länder hatte wieder die Überzeugung die Oberhand gewonnen, daß sie sich um ihre eigenen Interessen kümmern und ihre Probleme ohne Rücksicht auf die Rückwirkungen regeln müßten, die sich dabei für die Lage der Entwicklungsländer ergeben würden. So erstickte die große Begeisterung, die im Verlauf der Konferenz von Algier und der auf diese folgenden Ereignisse aufgekommen war, und man mußte feststellen, daß die Aussichten auf Verwirklichung aller schönen Deklarationen der Bewegung selbst wie auch der Sondertagung der UN-Vollversammlung recht gering waren.

Ähnliche Schwierigkeiten traten auch auf dem vorbereitenden Treffen für die von Frankreich beantragte Weltrohstoffkonferenz und bei dieser selbst auf. Die Teilnehmerstaaten dieser Konferenz waren von den Industrieländern einerseits und – auf Initiative der Blockfreien über die 77er Gruppe – von den Entwicklungsländern andererseits bestimmt worden. Das vorbereitende Treffen wurde im Dezember 1975 abgehalten, und die Konferenz selbst trat 1976 zusammen; auf ihr wurden vier Ausschüsse tätig: ein Rohstoff-, ein Energie-, ein Entwicklungs- und ein Finanzausschuß. Tagungsort war in beiden Fällen Paris.

Die UNCTAD erzielte auch auf ihrer 4. Tagung, die, von einem Ministertreffen der 77er Gruppe auf der Basis der Dokumente der Konferenz von Algier vorbereitet, vom 5. bis 31. Mai 1976 in Nairobi/Kenia abgehalten wurde, wieder kein Ergebnis, obwohl die Diskussion vornehmlich auf die Rohstofffrage und die Frage der angewachsenen Schuldenlast der Entwicklungsländer reduziert blieb. Deren Verschuldung hatte nämlich seit der Konferenz von Algier beträchtlich zugenommen. Weitgehend hatten dazu zwei Faktoren beigetragen: der Anstieg der Rohölpreise und der Preise für Industrieprodukte – und mehr und mehr auch die wachsenden Preise für Importnahrungsmittel, insbesondere Getreide. Die Debatte endete ohne greifbares Resultat, und so wurde eine Abmachung über ihre Fortsetzung getroffen. Doch auch diese brachte in der Folge nicht viel Nutzen.

So war der gesamte Zeitabschnitt zwischen dem vierten und dem fünften Blockfreiengipfel – der Konferenz von Algier und der von Colombo, die dort vom 16. bis 19. August 1976 stattfand – von angestrengten Bemühungen im Rahmen zahlreicher internationaler Zusammenkünfte erfüllt, die aber nur sehr dürftige Resultate brachten. Daher muß besonders vermerkt werden, daß die Blockfreien-Ministerkonferenz, die vom 25. bis 30. August 1975 in Lima abgehalten wurde, trotz allem noch optimistisch gestimmt und von der Überzeugung durchdrungen war, die auf der 6. Sondertagung der UN-Vollversammlung verabschiedeten Dokumente hätten wirklich den Weg für die

Realisierung der im Programm der Blockfreien aufgestellten Ziele freigemacht.

An der Konferenz nahmen die Delegationen von 81 blockfreien Ländern mit Vollmitgliedsstatus teil; 8 weitere Länder sowie 10 Befreiungsbewegungen waren mit Beobachterstatus vertreten. Auch die Vertreter von 9 Gastländern waren anwesend. Die Konferenz stand im Zeichen der Empfehlung des Blockfreiengipfels von Algier im Jahre 1973, und sie erbrachte ein Hauptdokument, nämlich die *Deklaration von Lima über gegenseitige Hilfeleistung und Solidarität,* sowie 13 Resolutionen.

Völlig begreiflich ist es, daß die Konferenz ihre Zufriedenheit über die innerhalb des Bestands des portugiesischen Kolonialreichs in Afrika einsetzende Entkolonialisierung sowie den Erfolg der Konferenz über Sicherheit und Zusammenarbeit in Europa Ausdruck verlieh. Sie tat dies in einem längeren Teilstück der Deklaration, im politischen Hauptstück, das den Titel trägt: *Die Strategie zur Festigung des Weltfriedens und der internationalen Sicherheit und zur Verstärkung der Solidarität und der gegenseitigen Hilfeleistung der blockfreien Länder.*

Im übrigen bringt die Deklaration eine Aufzählung der Probleme aller Weltregionen, zu denen sich die blockfreien Länder vordem bereits in ihren Deklarationen und Sonderresolutionen zu äußern pflegten. Hervorzuheben ist die Ausführlichkeit des Dokuments; in einigen Fällen geht man sogar auf Einzelheiten ein, dennoch aber bleibt das Ganze in dem bekannten allgemeinen Rahmen der gegen Kolonialismus, Rassendiskriminierung, fremde Okkupation und überhaupt gegen jede Art von Einmischung und Druck von außen gerichteten Standpunkte.

Der wichtigste Teil der Deklaration ist die Formulierung der Strategie, nach der das ganze Dokument auch benannt ist. In dem betreffenden Abschnitt werden zunächst drei Ziele umrissen. Das erste ist die »Verstärkung der Koordination und der gemeinsamen Aktionen der blockfreien Länder zur Gewährleistung des Weltfriedens und der internationalen Sicherheit«; in Verbindung damit werden Abschaffung der vorhandenen Militärstützpunkte, Spannungsabbau, Abrüstung und Stärkung der Vereinten Nationen genannt. Das zweite Ziel ist als »Koordination und kollektive Aktion im Falle eines Angriffs oder einer Drohung bzw. wirtschaftlichen Drucks oder gleichwelcher sonstiger Gefährdung« angegeben und das dritte als »Enge Zusammenarbeit auf wirtschaftlichem, wissenschaftlichem und kulturellem Gebiet unter besonderer Berücksichtigung der Rohstoffe sowie des Standpunkts in bezug auf supranationale Gesellschaften und fremdes Kapital«.

Auffällig ist, daß hier die Idee eines Zusammenschlusses der blockfreien Länder zu einer kollektiven Aktion zur Bewältigung der aktuellen Probleme noch konkreter entwickelt wird. Darüber hinaus bewegen sich diese Ziele in Richtung der Schaffung eines kollektiven Sicherheitssystems in politischer, militärischer und wirtschaftlicher Hinsicht.

Nach Aufzählung dieser Ziele werden »Maßnahmen einer gemeinsamen Politik« dargelegt. Hierbei erscheint zunächst eine Wiederholung des Überblicks über die Zustände und Probleme in aller Welt, hinsichtlich derer man bereits zu einem einhelligen Urteil gelangt war. Danach folgt der in operativer Hinsicht wichtigste Passus, in dem das Vorgehen der blockfreien Länder im Fall einer Krise oder Aggression festgelegt wird. Dieser Absatz gemahnt durchaus an die Formulierungen zu dieser Frage, wie sie in den militärischen Einheitspakten der Nachkriegszeit verwendet wurden: »Die Konferenz bestimmt, daß, sollte ein blockfreies Land zum Objekt von Drohungen, Gewaltanwendung oder Aggression oder Druckmaßnahmen zum Zweck der Verhinderung der freien, umfassenden und tatsächlichen Ausübung seiner Rechte werden, die betreffende Maßnahme als gegen alle blockfreien Länder gerichtet zu betrachten ist, die dem bedrohten Land auf dessen Ersuchen Hilfe gewähren...« Danach folgt eine Berufung auf den Wortlaut der bei der Konferenz von Algier gefaßten Resolution, die eine gemeinsame Aktion gegen wirtschaftliche Druckversuche vorsieht.

Diese Stelle zeigt deutlich, wie falsch die Minister der blockfreien Länder Mitte 1975 die allgemeine Lage und den Stand der Dinge innerhalb der Blockfreienbewegung einschätzten. Sie standen noch unter dem Eindruck der großen Wirkung, die die Konferenz von Algier auf die ganze Welt, einschließlich der Großmächte, ausgeübt hatte. Ihre große Begeisterung aber hatte zu einer Überschätzung der Möglichkeiten für eine kollektive Aktion und der Fähigkeit zu einer solchen geführt; in Wirklichkeit waren die Aussichten dafür unter den Vorzeichen der akuten Krisen, die die Bewegung durchmachte, nicht besser, als sie in den ersten Jahren nach der Konferenz von Belgrad gewesen waren. Ja, in den siebziger Jahren war es noch unwahrscheinlicher als in den sechziger Jahren, daß es zu einer solchen Aktion kommen würde, wie die Ereignisse im Weltmaßstab und innerhalb der Bewegung auch bald zeigten.

Der zweite Teil der Deklaration betrifft Wirtschaftsfragen. Zu Beginn wird eine Übersicht über die Wirtschaftslage gegeben, in der auch gesagt wird, daß zunehmend eine Divergenz zwischen den schriftlich fixierten internationalen Absichtserklärungen und der immer kritischer werdenden Situation der Entwicklungsländer festzustellen sei. Zugleich wird unterstrichen, daß die kompetenten internationalen Institutionen und Länder die vorgesehenen und vereinbarten Maßnahmen nicht oder in ungenügendem Umfang ergriffen hätten.

Nach der Lagebeurteilung bringt das Schriftstück eine Darstellung der »Elemente der Wirtschaftsstrategie der blockfreien Länder«. Dieser Teil der Deklaration enthält keine wirklich neuen Thesen oder Richtlinien, doch wird darin erstmals als Bestandteil der Tätigkeit der Konferenz der »Kampf für die Errichtung einer neuen Weltwirtschaftsordnung« genannt. Die gesamte Aktivität der Bewegung auf wirtschaftlicher Ebene müsse unter diesem Vorzeichen stehen, doch sei die Verwirklichung dieses Ziels eine langwierige und schwierige Aufgabe.

Diese realistische Haltung im Bereich der wirtschaftlichen Probleme steht im klaren Gegensatz zu den anspruchsvollen Formulierungen in den politischen Fragen. Dieser Realismus ist zugleich auch das einzige Anzeichen dafür, daß die Konferenz wahrgenommen hatte, daß die Bemühungen um die Errichtung einer neuen Wirtschaftsordnung und die Verwirklichung der auf der Konferenz von Algier aufgestellten Postulate auf dem Boden der internationalen Realität bislang durchaus keinen günstigen Verlauf genommen hatte.

Im Hinblick darauf folgt im weiteren Text eine Wiederholung der Aufrufe und ein Hinweis auf die Abmachungen der vorangegangenen Zusammenkünfte aufgrund derer die Bewegung den »Machenschaften der Kräfte des Imperialismus zum Zweck der Zerstörung der Einheit der Blockfreien« begegnen wollte. Mit Nachdruck wird erneut auf die Bedeutung des Zurückgreifens auf die eigenen Kräfte hingewiesen und im Zusammenhang damit auch auf »die Bedeutung und Aktualität der Hilfe, die die erdölexportierenden unter den Entwicklungsländern den übrigen gewähren«.

Die Deklaration bringt auch eine eingehende Betrachtung aller Aspekte der Zusammenarbeit zwischen den blockfreien und den Entwicklungsländern. Hierbei erscheint erneut eine Aufzählung aller Aspekte und Formen dieser Zusammenarbeit, die eigentlich eine Rekapitulation der einschlägigen Schlußfolgerungen früherer Konferenzen der Blockfreien oder der 77er Gruppe darstellt.

Auch von der Zusammenarbeit mit den entwickelten Ländern ist vornehmlich in ermahnend-appellierender Form die Rede. Doch finden wir zu Anfang des betreffenden Passus auch das Urteil, »daß, ungeachtet dessen, daß bei einigen der wichtigsten der entwickelten Ländern keine politische Bereitschaft zur Zusammenarbeit zwecks Schaffung einer neuen Weltwirtschaftsordnung besteht, die übrigen sehr wohl eine ernsthafte politische Bereitschaft zur Zusammenarbeit mit den Entwicklungsländern zeigen«. Doch auch hier handelte es sich eben nur um die politische Bereitschaft, während eine echte Bereitschaft, d. h. die Bereitschaft zu Maßnahmen auf wirtschaftlicher Ebene, auch weiterhin auf sich warten ließ.

Im Hinblick auf die unmittelbar bevorstehende Zukunft rief die Konferenz zu einer besseren Zusammenarbeit auf und zu dem Bemühen um bessere Resultate auf der 7. Sondertagung der UN-Vollversammlung, die allerdings, wie wir gesehen haben, in Wirklichkeit noch ungünstiger für die blockfreien Länder ausging als die sechste.

Weiter erbrachte die Ministerkonferenz in Lima noch dreizehn Resolutionen, die sich allerdings der Materie und dem Grundgehalt nach nicht von denen der früheren Konferenzen unterscheiden. Erwähnenswert ist lediglich der sehr selbstbewußte und entschiedene Ton dieser Schriftstücke, der das hohe Maß an Selbstvertrauen der Konferenzteilnehmer widerspiegelt, die wissen, daß das Erreichen der Mehrheit bei den Vereinten Nationen, zusammen mit der festen materiellen Basis, die durch die Teilnahme fast aller OPEC-Länder an der Bewegung geschaffen worden war, ein neues Kräfte- und Einflußverhältnis auf dem Schauplatz des internationalen Geschehens begründet hat.

Dieser Geist der Konferenz spiegelt sich auch in dem Passus wider, in dem von der Vereinigung der Rohstofferzeuger die Rede ist. Darin lesen wir, daß die Konferenz »die Schaffung eines Rats für den Zusammenschluß der rohstofferzeugenden Entwicklungsländer beschließt«. Eine der Resolutionen soll noch erwähnt werden. Es ist dies die Resolution mit dem Titel *Die Zusammenarbeit auf dem Gebiet des Nachrichtenwesens und der Masseninformationsmedien*, mit der die Zusammenarbeit der blockfreien Länder in diesem Bereich in Gang gebracht wurde, die sich in den Jahren nach dieser Konferenz und nach der Konferenz von Havanna weiterentwickelte.

In der Zwischenzeit nahmen die Ereignisse einen ungünstigen Verlauf für die Bemühungen um die Förderung der Sache einer »neuen Ordnung«. Die bereits weiter oben angeführten internationalen Zusammenkünfte endeten ergebnislos. Die allgemeine Verschlechterung der Weltwirtschaftslage führte zu einer immer stärker werdenden Zurückhaltung der entwickelten Länder. Zwischen den OPEC-Ländern und den führenden Industriestaaten setzte eine wechselseitige Preistreiberei ein; und die Lage der Entwicklungsländer verschlechterte sich mit zunehmender Geschwindigkeit.

bb) Die Gipfelkonferenz von Colombo 1976

Zum fünftenmal tagte der Blockfreiengipfel vom 16. bis 19. August 1976 in Colombo/Sri Lanka. An der Konferenz nahmen, die Palästinensische Befreiungsorganisation eingerechnet, 86 Vollmitglieder teil. Daß deren Zahl gegenüber der Konferenz von Algier gestiegen war, ist auf das Wachsen der Zahl der souveränen Staaten durch die Auflösung einiger kleinerer Kolonien, indes auch des portugiesischen Kolonialreichs in Afrika nach der dortigen Revolution zurückzuführen.

Wie üblich verabschiedete die Konferenz zwei Hauptabschlußdokumente, die Politische und die Wirtschaftsdeklaration. Daneben wurde auch ein besonderer *Beschluß über die Zusammensetzung und das Mandat des Koordinationsbüros* veröffentlicht. An die Wirtschaftsdeklaration wurde wieder ein Aktionsprogramm über wirtschaftliche Zusammenarbeit angeschlossen. Weiterhin wurden 32 Resolutionen verabschiedet – die bis dahin größte Zahl an Sonderbeschlüssen, die von einem Blockfreiengipfel gefaßt wurden.

Die Fülle an Dokumenten und deren Charakter lassen erkennen, daß die Tendenz zur Beratung und Beschlußfassung über eine immer größere Zahl von – häufig auch weniger wichtigen – Fragen anhielt. Freilich, in den meisten dieser Dokumente wird der Inhalt früherer ähnlicher Schriftstücke wiederholt oder in anderer Form wiedergegeben; besonders gilt dies für die Fragen, die von allem Anfang an im Mittelpunkt der Aufmerksamkeit der Bewegung standen. Die Konferenz von Colombo stellte hinsichtlich der Teilnehmerzahl einen Rekord auf; doch was neue Gedanken und die Ingangsetzung neuer Aktionen anbelangt, fiel sie, recht besehen, dürftiger aus als ihre Vorgängerinnen. Ja, die bei dieser Konferenz organisierten oder reorganisierten Aktionen waren eigentlich alle nur die Fortsetzung bereits früher festgelegter Bestrebungen.

Die Politische Deklaration bringt einleitend, ohne sich auf eine eingehendere Analyse der politischen Weltlage einzulassen, lediglich eine kurze Feststellung der großen Erfolge des Unabhängigkeitskampfs in der dritten Welt. Erwähnt werden dabei die definitive Beendigung der Befreiungskriege in Indochina sowie die Auflösung des portugiesischen Kolonialreichs in Afrika durch die Befreiung Angolas und Moçambiques. Im Zusammenhang damit wird der Anstieg der Zahl der Vollmitglieder der Bewegung, der nach Belgrad eingesetzt und sich bei allen Konferenzen bis zu der jetzigen fortgesetzt hatte, als Beweis für den Erfolg der antikolonialen Aktion und der Anziehungskraft der Bewegung hervorgehoben.

Erst nach diesem Rückblick über das Anwachsen der Bewegung folgt ein Überblick über die Weltlage, in dem mit Nachdruck auf den Kampf der Völker der dritten Welt hingewiesen und der erfolgreiche Abschluß der Konferenz über Sicherheit und Zusammenarbeit in Europa in Helsinki begrüßt wird. Daran schließt der Hinweis, daß bei der internationalen Entspannung und Zusammenarbeit alle Länder der Welt mitwirken müßten. Im Zusammenhang damit wird die Entschlossenheit der blockfreien Länder unterstrichen, sich auch weiterhin dafür einzusetzen. Auch wird daran erinnert, daß gerade die Ausweitung der Blockfreienbewegung und insbesondere deren politische Aktivität mitgeholfen hätten, eine Teilung der ganzen Welt in zwei bewaffnete und einander feindlich gegenüberstehende Lager zu verhindern.

Interessant ist auch eine weitere Hervorhebung in der Deklaration, in der es heißt, die Konferenz habe »betont, daß gegenwärtig mehr denn je die Notwendigkeit besteht, daß die blockfreien Länder untereinander engste Einheit bewahren«. Dies läßt ebenso wie einige andere Teile des Schriftstücks die Annahme zu, daß es auf der Konferenz Auseinandersetzungen und Reibereien gab, die jedoch in der öffentlichen Debatte keinen Niederschlag fanden. In dieser war denn auch von den noch von früher bestehenden Differenzen nicht viel zu merken; sie lösten keine erheblichen Kontroversen aus.

Bestätigt wird dieser Eindruck auch durch die Erklärung eines der prominentesten Konferenzteilnehmer, des jugoslawischen Präsidenten Josip Broz Tito, der auch eine außergewöhnliche Vielzahl von Kontakten zu den übrigen auf der Konferenz vertretenen Staats- und Regierungschefs unterhielt. Er gab nach seiner Rückkehr nach Jugoslawien eine Presseerklärung ab, die einen allgemeinen Überblick über den Verlauf und die Ergebnisse der Konferenz enthielt. Darin lesen wir folgenden interessanten Passus:

»Was am wichtigsten ist: Die Übereinstimmung hinsichtlich der hauptsächlichsten internationalen Fragen und die Erfordernis der Einheit und Solidarität als Vorbedingung für eine erfolgreiche Einflußnahme auf den Verlauf des Geschehens in der Welt wurden bestätigt. Es hat sich gezeigt, daß die Wurzeln der Einheit tief reichen und daß die gemeinsamen Ziele und Interessen der blockfreien Länder weit stärker sind als die Unterschiede in den Ansichten zu Einzelfragen. Diese Unterschiede kamen auf der Konferenz auch nicht besonders zum Ausdruck und stellten ihren Erfolg zu keinem Zeitpunkt in Frage. Mehr noch – die Konferenz trug zur Schaffung eines geeigneten Klimas für eine realere Einschätzung der bilateralen Probleme und für ihre Regelung im Geiste jener Prinzipien bei, für die die Politik der Blockfreiheit von jeher eingetreten ist.«

Und noch einmal – nach der Aufzählung der Einzelergebnisse der Konferenz – wird in dieser Erklärung die Frage »Differenzen und Einheit« erwähnt. Im einzelnen heißt es dazu: »Das Gesamtergebnis gewinnt noch an Bedeutung, wenn man die starken Widerstände und Druckversuche bedenkt, mit denen wir bei den Vorbereitungen für diese Konferenz und auch in ihrem Verlauf stärker denn je konfrontiert waren. Es waren dies allerlei Versuche, die blockfreien Länder einzuschüchtern und den Charakter sowie die Ausrichtung ihrer Aktivität zu beeinflussen. Es wurde alles darangesetzt, um die Einheit der Bewegung zu zerschlagen oder diese der Politik anderer internationaler Faktoren unterzuordnen. Doch die Konferenz bewirkte eine noch stärkere Festigung der Einheit der Blockfreien.«

Im Lichte solch klarer und unumwundener Kommentare zu den – unverkennbar von seiten der Blöcke aufgebotenen – Einflüssen, die sich innerhalb der Bewegung geltend machten, ist auch die Abfassung der Deklaration als rückhaltlose Verteidigung der grundlegenden Politik der Bewegung und des Kurses ihrer Aktivität auf der Basis der bereits 1961 in Belgrad ausgearbeiteten Plattform zu werten.

Unbeschadet einer eingehenderen Analyse der allgemeinen Weltlage und ihres Einflusses auf die Blockfreienbewegung sei hier immerhin vorweggenommen, daß mit den obengenannten Aktivitäten auf den neuen Trend in der Welt hingewiesen wurde, der sich nach dem kalten Krieg und den Jahren der anfänglichen Reserviertheit in den Beziehungen zwischen den Supermächten anbahnte. Die Entschärfung der heftigen und allseitigen Konfrontation in streng blockmäßigem Sinn bewirkte, daß die Austragung der Rivalität und das Streben nach einer Einflußerweiterung in der dritten Welt neue, z. T. verdeckte Formen annahm.

Die einzelnen Mitgliedsländer der Blockfreienbewegung wurden zwangsläufig zu Objekten dieser Attacken, da sich die Bewegung derart ausgeweitet hatte, daß keines ihrer Mitglieder von gleichwelchem Ereignis des Weltgeschehens, wo immer es sich zutragen mochte, unberührt bleiben konnte. Gleichzeitig wurde aber auch die Verletzbarkeit der Bewegung gegenüber diesen Vorgängen in dem Maß größer, in dem die Zahl der bilateralen Konflikte zwischen den blockfreien Ländern selbst zunahm, worauf Tito auch offen anspielte. Unter diesen Umständen führten auch die noch von der Ministerkonferenz in Lima datierenden Bestrebungen um gemeinsamen Widerstand und eine gemeinsame Verteidigung aller blockfreien Länder zu Uneinigkeit und Reibereien.

Mit anderen Worten, der Zeitpunkt, den die Bewegung bestimmt hatte, um intensiver und umfassender auf die aktuellen Probleme einzugehen, war denkbar ungünstig gewählt, da es angesichts der Zahl ihrer Teilnehmer und im Hinblick auf die neuen Gegebenheiten, die durch die verstärkte Einflußnahme der Großmächte in der dritten Welt entstanden waren, immer schwieriger wurde, in dieser Richtung tätig zu werden. Somit bahnte sich in Colombo bereits jener Prozeß an, der sich in der Folge fortsetzen und seinen dramatischen Höhepunkt auf der Konferenz von Havanna erreichen sollte. Gleichzeitig wurde immer deutlicher erkennbar, daß nur langfristige und grundlegende Interessen die Basis für die Einheit der Bewegung bilden konnten.

Auf diese Weise kam es dazu, daß sich das politische Geschehen innerhalb der Welt der Blockfreien nach Colombo auf zwei Ebenen zu entwickeln begann. Zum einen gab es die Zweckgemeinschaft und die gemeinsame Aktion zur Verfolgung der langfristigen – seinerzeit meist wirtschaftsbezogenen – Interessen aller blockfreien Länder, ohne Berücksichtigung ideologischer Unterschiede und der jeweiligen Affinität zu dieser oder jener Großmacht. Parallel dazu entfaltete sich eine antagonistische Debatte über eine Reihe konkreter und aktueller Fragen, die sich bei den Beziehungen zwischen den blockfreien Ländern selbst oder aber aus den Beziehungen zwischen einzelnen Mitgliedern der Blockfreienbewegung einerseits und den Großmächten und anderen außerhalb der Bewegung stehenden Staaten andererseits ergaben.

In einer Zeit der rapiden Verschlechterung der Wirtschaftslage einer steigenden Zahl von blockfreien Ländern, die als Korrektiv weder eine erfolgreiche Aktion in Sachen neuer Wirtschaftsordnung noch sonstige Aktionen und Maßnahmen zur Abbremsung des rasenden Tempos der Schuldenzunahme und des wirtschaftlichen Abstiegs dieser Länder aufzuweisen hat, kommt es zu einer Verschärfung dieser Gegensätze.

Die so entstandene ungute Atmosphäre macht sich in gewisser Weise in der gesamten Deklaration bemerkbar, die mehr als irgendeine ihrer Vorgängerinnen der Vergangenheit zugewandt ist. Und das nicht nur im Rahmen der üblichen Rekapitulation der früheren Standpunkte, sondern auch in Form einer betonten Hervorhebung früherer Erfolge und Errungenschaften der Bewegung, wobei mit großem Nachdruck auch die Ergebnisse ihrer Debatten und die Tätigkeit ihrer Organe erwähnt werden, obwohl all das zu keinen greifbaren Resultaten auf der Bühne des Weltgeschehens geführt hatte.

Die verstärkte Ausrichtung der Konferenz auf eine Reihe weniger wichtiger Fragen und die dadurch zustande gekommene Fülle von Themen, die beraten wurden und zu denen sich einhellige Standpunkte bildeten, spiegelte eine Dynamik vor, die in Wirklichkeit nicht vorhanden war, da es sich um eine rein interne Regsamkeit handelte. Auf der Ebene des Weltgeschehens wurden mit Ausnahme der Bereiche Entspannung und Entkolonialisierung keine sichtbaren Ergebnisse erzielt. In erster Linie gilt dies natürlich für die Wirtschaftsfragen, insbesondere für die Problematik einer neuen Wirtschaftsordnung. Dabei wird gleich im allerersten Satz der Wirtschaftsdeklaration gesagt: »Die Staats- oder Regierungschefs der blockfreien Länder sind der Ansicht, daß die Wirtschaftsprobleme heutzutage die akutesten Probleme in den internationalen Beziehungen darstellen.« Und in Ergänzung dazu erscheint kurz danach das Postulat: »Daher ist die Schaffung einer neuen Weltwirtschaftsordnung von höchster politischer Bedeutung.«

Die Politische Deklaration bringt einige allgemeine Passagen, die Betrachtungen über die Politik und die Rolle der Bewegung in der Vergangenheit, die Würdigung der internationalen Entspannung und über Imperialismus, Kolonialismus und ähnliche Probleme enthalten, und räumt den größten Platz einer Reihe von spezifischen und aktuellen Fragen ein, von denen die meisten bestimmte Weltregionen betreffen. Im einzelnen sind dies der Süden Afrikas, der Nahe Osten, Palästina, Zypern, Kampuchea, Laos, Vietnam, Korea, Lateinamerika und der Indische Ozean.

Anschließend werden dann noch aktuelle Aspekte von Problemen wie dem der Abrüstung, dem der Einmischung in die inneren Angelegenheiten von souveränen Staaten, dem des internationalen Informationswesens u. a. m. behandelt. Der Schlußteil ist sehr optimistisch gehalten; recht besehen, stellt er das Optimistischste dar, was die Bewegung im Rahmen der bisher von ihr veröffentlichten Deklarationen herausgebracht hatte. Er beginnt mit der außerordentlich prägnanten Feststellung: »Die Konferenz hat konstatiert, daß der internationale Trend ausgesprochen günstig für die Blockfreiheit ist. Im Zusammenhang damit ist es von besonderer Bedeutung, darauf zu achten, daß eine Entwicklung herbeigeführt wird, die mit den Hauptzielen der Nichtpaktgebundenheit, der echten Unabhängigkeit aller Staaten und der friedlichen Koexistenz, im Einklang steht.«

Nun wird noch besonders der günstige Trend in den Fragen der Entkolonialisierung und der friedlichen Koexistenz hervorgehoben. Fast am Schluß wird noch einmal betont: »Die Tatsache, daß in der Entwicklung der Weltlage ein Trend zu sehen ist, der die Blockfreiheit in zunehmendem Maß begünstigt, zeigt, daß diese eine unumgängliche geschichtliche Kraft ist, mit der man rechnen muß, wenn man eine zufriedenstellende internationale Ordnung schaffen will.«

Mit dem letzten Satz der Deklaration wird die nächste Konferenz für 1979 nach Havanna auf Kuba einberufen. Damit wurde die Praxis eingeführt, der zufolge die Gipfelkonferenz selbst jeweils ihre Nachfolgerin einberuft, und zwar im Dreijahresrhythmus.

Ganz anders ist der Ton, der in der Wirtschaftsdeklaration

angeschlagen wird, die zusammen mit der Politischen Deklaration angenommen wurde. Was letztere anbelangt, so ist es fast unbegreiflich, wie es möglich war, daß man sich so sehr von der Vorstellung leiten ließ, es sei erforderlich, durch einen darin zur Schau getragenen Optimismus den in Wirklichkeit hoffnungslosen Stand der grundlegenden Aktion der Bewegung im Wirtschaftsbereich zu verschleiern.

Zurück zur Wirtschaftsdeklaration. Diese geht, nachdem sie die Dringlichkeit und Wichtigkeit der Wirtschaftsprobleme sowie der von den Blockfreien einzeln und gemeinsam unternommenen großen Anstrengungen konstatiert hat, zum ersten wesentlichen Abschnitt über, betitelt: *Die Weltwirtschaftslage heute und die Aussichten der Entwicklungsländer*. Er beginnt mit folgendem Passus: »Die Staats- oder Regierungschefs der blockfreien Länder sind tief beunruhigt über die zunehmende Ungleichheit und die bedrohlicher werdende Störung des Gleichgewichts in der Weltwirtschaftsstruktur sowie über die sich ständig verbreiternde Kluft zwischen entwickelten und Entwicklungsländern. Auf verschiedenen internationalen Foren wurden zahlreiche Resolutionen zur Schaffung einer neuen Wirtschaftsordnung abgefaßt, doch nichts deutet auf ihre Verwirklichung hin. Trotz der immer umfassender werdenden Annahme der Prinzipien einer neuen Weltwirtschaftsordnung ist bislang nur ein minimaler Fortschritt in Richtung der Anwendung dieser Prinzipien zu verzeichnen.«

Danach wird der Rückgang der Preise für Ausfuhrgüter aus den Entwicklungsländern hervorgehoben: »Ihr Realwert ist weiterhin im Sinken begriffen, und dieser Wertrückgang nimmt gegenwärtig beunruhigende Ausmaße an, was das Ergebnis des immensen Anstiegs der Preise für Endprodukte, Nahrungsmittel, Sachgüter und Dienstleistungen ist.« Bezeichnend ist, daß die Erhöhung der Rohölpreise ausgeklammert blieb, obwohl gerade sie die Bilanzen der Entwicklungsländer schwer getroffen hatte. Dies ist auf die immer noch große Hoffnung der letzteren zurückzuführen, daß ihnen die Gewogenheit der

OPEC-Länder die drückende Last abnehmen würde, die ihnen die wirtschaftliche Interaktion im Weltmaßstab aufbürdete und die ständig drückender wurde. Man hoffte, daß diese Reichen der Blockfreien ihren Brüdern in der Bewegung ernsthafte Unterstützung gewähren würden.

Die schwierige Lage der Entwicklungsländer wird auch durch einen Hinweis auf das steigende Defizit in ihrer Zahlungsbilanz illustriert: »In der Zahlungsbilanz der Entwicklungsländer ist ein phänomenaler Anstieg des Defizits zu verzeichnen; dieses wuchs von rund 12,2 Milliarden Dollar im Jahre 1973 auf 33,5 Milliarden im Jahre 1974 und auf über 40 Milliarden im Jahre 1975. Es gibt Schätzungen, denen zufolge dieses Defizit in Anbetracht der derzeitigen Tendenz 1980 den Betrag von 112 Milliarden Dollar ausmachen könnte. Diese beispiellose Lage ist nicht etwa konjunkturbedingt, sondern ein Abbild der strukturellen Krise, die die heutigen Wirtschaftsbeziehungen charakterisiert und die sich aus der kolonialistischen und neokolonialistischen Politik des Imperialismus ergibt.«

Auch in diesen Ausführungen wird wieder, wie man sieht, sorgsam zu erwähnen vermieden, daß dieser jähe Anstieg des Defizits, das sich von 1973 bis 1974 fast verdreifachte, in erster Linie aufgrund der seinerzeitigen drastischen Erhöhung der Rohölpreise erfolgte, obschon diese allein auch wieder keine ausreichende Erklärung für dieses wirklich ungewöhnliche Phänomen bietet.

Im gleichen Passus wird auch auf den alarmierenden Aufwärtstrend der Gesamtverschuldung der Entwicklungsländer im Zeitraum zwischen den beiden letzten Konferenzen hingewiesen: »Es wird damit gerechnet, daß die Auslandsschulden dieser Länder, die 1973 über 100 Milliarden Dollar betrugen, bis zum Ende dieses Jahres das Doppelte betragen werden.« Wir dürfen hinzufügen, daß diese Situation und diese Entwicklung, die damals katastrophal aussahen, nur den Auftakt zu einer noch rapideren Verschlechterung der Lage der Entwicklungsländer nach der Konferenz von Colombo und zu weiteren vergeblichen Bemühungen um die Ingangsetzung einer ernsthaften internationalen Aktion zur Verringerung dieser Bürden bildeten.

Diesem Überblick über die Finanzlage entspricht auch das sehr düstere Bild, das von der Entwicklung auf dem Sektor der Industrialisierung, und das noch düsterere, das von der Nahrungsmittelproduktion in den Entwicklungsländern gezeichnet wird. Diese seien durch die betrübliche Lage auf dem Nahrungsmittelsektor gezwungen, immer größere Mengen an Lebensmitteln zu immer höheren Preisen in den entwickelten Ländern zu kaufen. Danach folgt eine Aufzählung der gescheiterten Aktionen, an denen die blockfreien und die Entwicklungsländer, entsprechend den Beschlüssen der Konferenz von Algier, im Laufe der vergangenen drei Jahre beteiligt waren.

Es waren dies im einzelnen die Aktion zur Reform des Währungssystems, die zwei Sondertagungen der UN-Vollversammlung von 1974 und 1975 sowie die Anstrengungen, die bei ihrer 29. ordentlichen Tagung unternommen wurden, bei der positive Standpunkte in bezug auf die Schaffung einer neuen Weltwirtschaftsordnung vertreten wurden. Dazu kam noch der bis dahin ergebnislos verlaufene sogenannte Nord-Süd-Dialog, wie die in Paris von vier Ausschüssen über die Wirtschaftsbeziehungen zwischen entwickelten und Entwicklungsländern geführten Besprechungen bezeichnet wurden. Und es wurde auch die optimistische Beurteilung der vierten UNCTAD-Tagung korrigiert, von der nunmehr festgestellt wird, daß sie »keine Förderung der Bestrebungen der blockfreien und der anderen Entwicklungsländer bewirkt« habe.

Kurzum, bei der Einschätzung der internationalen Wirtschaftslage fanden die Delegationschefs keinen einzigen Anlaß zu Optimismus oder zu der Hoffnung auf eine baldige Besserung der Lage. So blieb ihnen nur eins – sie »äußern den Wunsch, daß die auf verschiedenen internationalen Foren in Gang befindlichen Verhandlungen über die weltweite wirtschaftliche Zusammenarbeit und Entwicklung zu einem festen

Bestandteil des wechselseitigen und konvergierenden Prozesses werden mögen, der die Umsetzung der Neuen Weltwirtschaftsordnung in die Praxis beschleunigen soll«. Dabei bleibt nach wie vor unklar, was mit dem »wechselseitigen und konvergierenden Prozeß« eigentlich gemeint ist.

Der restliche Teil der Deklaration enthält je einen Passus über Blockfreiheit und Wirtschaftsentwicklung, über die neue Weltwirtschaftsordnung, über das kollektive Zurückgreifen auf die eigenen Kräfte und über die Interdependenz im Rahmen der globalen Ökonomie. Das alles ist eine Wiederholung der entsprechenden Leitsätze und Beschlüsse der vergangenen Gipfeltreffen der blockfreien und Entwicklungsländer. Der Sinn dieser Aufzählung früherer Thesen geht aus einem Appell an die entwickelten Länder hervor, der gegen Ende der Deklaration erscheint: »Die Staats- oder Regierungschefs der blockfreien Länder stellen daher an die Welt der Entwickelten die Forderung, ihrem Glauben an die Prinzipien der globalen Interdependenz durch Akzeptierung einer ganzen Reihe von Maßnahmen, die einzig zu einer echten internationalen Zusammenarbeit und zur Entstehung einer neuen Wirtschaftsordnung führen, überzeugenderen Ausdruck zu verleihen.«

Der Schlußteil der Deklaration bringt eine Rückschau auf die früheren Gipfelkonferenzen, so wie sie – mit weniger Aussagekraft, jedoch dafür mit um so größerem Aplomb – auch die Politische Deklaration gibt. Im einzelnen wird gesagt: »Das Belgrader Gipfeltreffen bahnte den Weg für die Bildung der UNCTAD. Bei dem Gipfeltreffen von Kairo wurde an die internationale Gemeinschaft die Aufforderung gerichtet, die Weltwirtschaft auf eine Weise umzugestalten, die mit der dringend notwendigen Wirtschaftsentwicklung der Entwicklungsländer in Einklang stünde. Auf dem Gipfeltreffen in Lusaka verpflichteten sich die blockfreien Länder zur Aktivierung des Geists des Zurückgreifens auf die eigenen Kräfte. Die von dem Gipfeltreffen in Algier ausgegangenen Initiativen führten die blockfreien Länder zur Bekräftigung dieses Geists durch die kollektive Macht der Verhandlungsführung, die auf dem Recht der dauerhaften unumschränkten Herrschaft über die natürlichen Reichtümer und wirtschaftlichen Aktivitäten, auf der Entwicklung des Produzentenzusammenschlusses und auf der Proklamierung einer neuen Weltwirtschaftsordnung durch die Vereinten Nationen begründet ist. Das Gipfeltreffen von Colombo kündigt nach Ansicht der Staats- oder Regierungschefs eine neue Phase an, in der das immer mehr zunehmende Wirtschaftspotential der blockfreien und der anderen Entwicklungsländer einen Aufschwung der Entwicklung der neuen Weltwirtschaftsordnung, einschließlich des neuen internationalen Währungs- und Finanzsystems, bewirken wird.«

Dieser Schlußakkord der Wirtschaftsdeklaration läßt vielleicht deutlicher als jeder andere Teil der Abschlußdokumente von Colombo erkennen, daß an die Stelle neuer Initiativen eine Wiederholung der alten Formeln gesetzt wurde – bei verbaler Akzentuierung unklarer und sichtlich nicht neuer Ideen und Postulate von der Art des »wechselseitigen und konvergierenden Prozesses« oder der Reform des Währungssystems, zu der praktisch schon vordem alles gesagt worden war, was dazu zu sagen ist.

Das Aktionsprogramm läßt ebenfalls eine Stagnation erkennen und neue Aussagen über die Art des Herangehens an die bestehenden Probleme vermissen. Es gab auch nur mehr sehr wenig, was dem bereits Gesagten hinsichtlich der Absichten, Forderungen oder Erwartungen der Blockfreien in deren früheren Dokumenten oder den Schriftstücken der 77er Gruppe noch hätte hinzugefügt werden können. Die einzige Neuheit dieses Aktionsprogramms gegenüber früheren Programmen war die Einbeziehung einer größeren Anzahl von – unverkennbar weniger wichtigen – Fragen, was in dem offensichtlichen Bemühen geschah, das Vorhandensein einer Dynamik und einer Innovation vorzuspiegeln, die es in Wirklichkeit gar nicht gab.

Das Aktionsprogramm gliedert sich in zwei Hauptabschnitte: einen, der die wirtschaftliche Zusammenarbeit der blockfreien und der anderen Entwicklungsländer untereinander, und einen zweiten, der die internationale Zusammenarbeit in Entwicklungsfragen zum Gegenstand hat.

Im ersten dieser beiden Abschnitte werden folgende Themen behandelt: Rohstoffe, allgemeiner Handel, Währungs- und Finanzfragen, Industrialisierung, Ernährungswesen und Landwirtschaft, Technik und Verkehr, Fischzucht, Telekommunikation, Versicherungswesen, Behördenwesen, Gesundheitswesen, die Rolle der Frau, das Forschungs- und Informationssystem, Fremdenverkehr, Sport und dergleichen mehr.

Im zweiten Abschnitt werden Richtlinien aufgestellt, die eine Wiederholung der entsprechenden Direktiven in früheren Aktionsprogrammen sind und auf die Ingangsetzung von Aktionen zur Durchsetzung der bereits früher gestellten Forderungen abzielen.

Ein weiteres hervorstechendes Merkmal dieser Konferenz neben den bereits angeführten Besonderheiten ist die große Aufmerksamkeit, die die Bewegung internen Fragen widmete. Die Behandlung dieser Fragen erfolgte in zwei Dokumenten: einmal im Aktionsprogramm, in dessen Schlußteil, und zum andern in einem besonderen Schriftstück über Koordination. Das Aktionsprogramm sah die Bildung von 15 Tätigkeitsabschnitten sowie die Ernennung bestimmter Koordinationsländer für diese Abschnitte vor, die zusätzlich zu den bereits vordem, nämlich auf der Konferenz von Algier bestellten, in Funktion treten sollten.

Verantwortlich sollten die Koordinationsländer sein, und die Aktivitäten sollten in Anbetracht des Fehlens eines eigenen Budgets der Bewegung aus Mitteln dieser Länder finanziert werden. So begann eine großangelegte und intensive Aktion, die eine Vielzahl von Zusammenkünften mit sich brachte, auf denen alle erdenklichen Themen behandelt wurden – angefangen von der wirtschaftlichen Entwicklung bis hin zu Sport und Fremdenverkehr. Auch dies bewirkte wieder, daß der Eindruck einer großen Dynamik entstand – dieser Eindruck, der so charakteristisch ist für die Zeit nach Colombo und der in Wirklichkeit nur eine Fassade war, hinter der sich eine anhaltende Stagnation in allen wesentlichen Fragen der weltweiten Zusammenarbeit auf wirtschaftlichem Gebiet verbarg.

Das Sonderdokument über Koordination enthält vor allem den Beschluß über die Schaffung eines Koordinationsbüros aus Vertretern von 25 Ländern, 12 afrikanischen, acht asiatischen, vier lateinamerikanischen und einem europäischen. Es wird als Organ konstituiert, das jederzeit zusammentreten kann – so wie der UN-Sicherheitsrat. Sein Sitz ist New York, und es setzt sich aus ständigen Vertretern der ausgewählten Länder zusammen. Seine Einberufung kann von jedem Mitgliedsland der Blockfreienbewegung gefordert werden; der förmliche Beschluß über seinen Zusammentritt ergeht durch die Mitglieder bei einer formlosen Zusammenkunft. Die Beschlußfassung erfolgt in Form des Konsens; teilnehmen dürfen daran nur die Büromitglieder, nicht hingegen die übrigen Mitglieder der Bewegung; zu den Sitzungen sind diese allerdings zugelassen.

Der Konferenzbeschluß definiert: »Das Koordinationsbüro ist das Organ der blockfreien Länder, das mit der Koordinierung ihrer gemeinsamen Aktionen zur Umsetzung der bei Gipfelkonferenzen, Ministerkonferenzen, Zusammenkünften der Blockfreiengruppe bei den Vereinten Nationen und bei den sonstigen Blockfreientreffen angenommenen Beschlüsse und Programme in die Praxis betraut ist.« Vorsitzender des Büros ist der Vertreter desjenigen Landes, in dem die jeweils letzte Konferenz abgehalten wurde. Es kann auch ein »Ministertreffen des Koordinationsbüros« stattfinden, das Erklärungen für die Öffentlichkeit abgeben darf.

All dies deutet darauf hin, daß hier ein Organ geschaffen wurde, das den ständigen Organen der Vereinten Nationen oder auch der Verbündetenorganisationen entspricht, Organen also, für die die Behandlung aktueller Fragen ihr Hauptarbeitsgebiet ist. Diese Neuerung war mithin der energischste Schritt in Richtung einer Akzentverlagerung auf aktuelle Fragen – sei es im Rahmen der Beziehungen zwischen den Mitgliedsländern der Bewegung oder im Weltmaßstab. Diese Evolution – und das ist sehr bezeichnend – vollzog sich zu einem Zeitpunkt, da es zu einer Stagnation in der Aktivität der Blockfreienbewegung hinsichtlich der Verwirklichung ihrer langfristigen und grundlegenden Forderungen kam, also der Aktivität auf einem Gebiet, das den festesten Kitt für den Zusammenhalt ihrer Mitglieder bildete, die bei aktuellen Fragen unweigerlich, ihrer Ausrichtung und ihren Interessen entsprechend, divergieren mußten, wie dies die bisherige Praxis gezeigt hatte. Mit dieser Entwicklung wurde dann auch die Basis für Divergenzen und innere Schwierigkeiten geschaffen, die vordem nicht vorhanden gewesen waren.

Des weiteren verabschiedete die Konferenz von Colombo noch 32 Resolutionen. Manche darunter betreffen Fragen, die auch früher in dieser Form behandelt wurden; doch daneben finden wir auch bis dahin ungewohnte Themen. So gab es etwa eine Resolution über die Apartheid im Sport, eine andere über den Gebrauch des Vetos (in der eine Revision der Vetoklausel in der UN-Charta gefordert wird), je eine weitere über die Restitution von Kunstschätzen und die von einzelnen Kunstwerken, ferner eine über Hilfeleistungen im Fall von Naturkatastrophen u. a. m.

Zusammenfassend läßt sich sagen: Bei der Konferenz von Colombo wurden die Widersprüche offenkundig, die sich mit der Zeit in der Blockfreienbewegung angehäuft hatten. Es war eine Konferenz, die eine optimale Entwicklung der Programme und Postulate und zugleich eine drastische Konfrontation mit Schwierigkeiten markierte. Das führte zur Stagnation der grundlegenden Aktivität der Bewegung, insbesondere im Rahmen der Bemühungen um die Schaffung einer neuen Wirtschaftsordnung. Dennoch war die Konferenz von Selbstvertrauen erfüllt und von Optimismus in ihren Urteilen über die Weltlage und die Möglichkeiten für das Wirken der Blockfreien.

c) *Die Entwicklung der internen Probleme der Bewegung und die Konferenz von Havanna 1979*

aa) *Die Bewegung vor wachsenden Schwierigkeiten*

Die Stagnation bei der Realisierung einer neuen Weltwirtschaftsordnung hielt nach der Konferenz von Colombo trotz der wiederaufgenommenen Bemühungen der Blockfreienbewegung um eine Neubelebung dieser Aktion weiterhin an. Weitgehend trugen dazu die neuen und im Vergleich zu den bisherigen noch schwereren Schläge bei, die die Weltwirtschaft in diesen Jahren trafen. Unter anderem kam es in diesem Zeitabschnitt, zwischen der Konferenz von Colombo und der von Havanna, zu einem neuen sprunghaften Anstieg der Rohölpreise. Diese gingen konstant in die Höhe, bis 1979, als sie die Grenze von rd. 21 Dollar pro Barrel erreichten, um dann über diese Grenze hinüberzuschnellen.

Für die Entwicklungsländer freilich wog am schwersten der Umstand, daß die unablässige Aufwärtsbewegung der Erdölpreise nach der Stagnation im Jahr 1976 von einem Anstieg der Preise aller von ihnen eingeführten Waren begleitet war. Zugleich indes kam es zu einer starken Erhöhung der Zahlungsbilanzdefizite der entwickelten Länder und zu einer zusehends an Umfang zunehmenden Störung des Außenhandels, außerdem aber auch zu einer starken Instabilität im Verhältnis zwischen den Währungen der entwickelten Länder; besonders für den US-Dollar war ein Absinken der Goldparität sowie auch der Parität gegenüber den westeuropäischen Währungen zu verzeichnen.

Der Anteil der Entwicklungsländer – die OPEC-Staaten ausgenommen – am Welthandel nahm im Laufe der siebziger Jahre weiterhin ab. War der Anteil in den sechziger Jahren, wie in Algier registriert, von 21,3% auf 17,6% abgesunken, so beschleunigte sich diese Abwärtsentwicklung in den siebziger Jahren, so daß die Entwicklungsländer am Ausgang dieses Jahr-

ICH BESTELLE HIERMIT:

___ Exemplare

___ Exemplare

___ Exemplare

___ Exemplare

___ Exemplare

Verlag R. S. Schulz · 8136 Percha am Starnberger See

An die Buchhandlung

Absender:

zehnts nur mehr mit 12,9% am Welthandel beteiligt waren. Gleichzeitig kam es zu einer plötzlichen Zunahme der Zahlungsbilanzdefizite und der Auslandsverschuldung dieser Länder.

Die Jahre nach Colombo waren nicht nur wirtschaftlich, sondern auch politisch sehr schwierig, vor allem ist auf die dramatische Wendung in der Nahostsituation hinzuweisen. Die Rede ist von der überraschenden Israelreise des ägyptischen Präsidenten Sadat am 18. November 1977, die eine Phase intensiver Friedensgespräche zwischen den beiden Ländern einleitete, die im März 1979 in einen Friedensvertrag mündeten.

Sadat hatte sich zwar, wie er zu Beginn seiner Aktion erklärte, zum Ziel gesetzt, mit seinem Vorstoß eine allgemeine Verständigung zwischen allen Arabern und Israel herbeizuführen, hatte jedoch damit keinen Erfolg. Der israelische Ministerpräsident Begin war allzu unnachgiebig; und Sadat sah sich dem Widerstand aller übrigen arabischen Länder ausgesetzt. Da diese hinsichtlich des Grads der Feindseligkeit gegenüber Sadats Ägypten keine einmütige Haltung einnahmen, kam es neben der Isolation Ägyptens zu einer Spaltung in der arabischen Welt. Auch alte Kontroversen tauchten dabei wieder auf und nahmen akute Form an.

Dieser Vorgang blieb indes nicht auf die arabischen Länder beschränkt, blieb kein Einzelfall in der dritten Welt. Gleich nach Beendigung des kalten Kriegs traten viele bis dahin schlummernde Konflikte und Kontroversen zwischen einzelnen blockfreien Ländern an die Oberfläche. Es mag sein, daß sich angesichts der Verringerung der Wahrscheinlichkeit einer Verstrickung der Blöcke in einzelne bilaterale Streitigkeiten der Hang, diese offen auszutragen, verstärkt hatte. Je weiter die siebziger Jahre fortschritten, desto höher stieg die Zahl der Zwischenfälle innerhalb der Welt der Blockfreien; bis zur Konferenz von Colombo vollzog sich dieser Anstieg noch langsam, danach aber nahm er einen jähen Aufschwung. Der bedenklichste dieser Zwischenfälle war zweifellos der Krieg zwischen

Äthiopien und Somalia, der sich im Laufe des Jahres 1977 zu einem echten Krieg auswuchs.

Bei diesem Konflikt wurde die Zurückhaltung der Supermächte erkennbar. Zwar wurde Äthiopien von der Sowjetunion ausgiebig mit Waffen versorgt, doch ungeachtet dessen blieben ähnliche Waffenlieferungen aus dem Westen für Somalia aus. Ebenfalls im Frühjahr 1977 kam es zu einem Konflikt in Zaire, bei dem einerseits aus Angola in die Provinz Shaba (früher als Katanga bekannt) einmarschierte Streitkräfte mitwirkten, während andererseits der Regierung in Kinshasa marokkanische Truppen zu Hilfe kamen, die mit offener Unterstützung der Vereinigten Staaten nach Zaire verlegt worden waren. Doch kam es auch dabei zu keiner unmittelbaren Konfrontation der beiden Supermächte, da sich die Sowjetunion nicht auf einen Wettstreit mit dem Westen einließ.

Diese Zurückhaltung sowie das in Anbetracht des aktiven, von Zusammenarbeit und Verhandlungen gekennzeichneten Verhältnisses zwischen den beiden Supermächten entstandene Gefühl einer größeren Sicherheit bewirkten, daß die Tendenz zu freierer Sympathie- und Antipathiekundgebung in der dritten Welt noch mehr Auftrieb erhielt. So nahmen die mehr oder weniger offenen, mehr oder weniger heftigen Konflikte in diesem Teil der Welt noch nie dagewesene Ausmaße an. Manche dieser Konflikte waren von kurzer Dauer und wurden sogar von Perioden enger Verbundenheit zwischen den Widersachern abgelöst, andere wiederum reichten tiefer und hielten länger an.

Um eine Vorstellung von der Sachlage in der dritten Welt der siebziger Jahre zu vermitteln, sei nachstehend die Mehrzahl dieser Konflikte angeführt: Da haben wir den Konflikt zwischen Afghanistan und Pakistan, zwischen Algerien und Mauretanien, zwischen Algerien und Marokko, zwischen Angola und Zaire, zwischen Kampuchea und Vietnam, zwischen dem Zentralafrikanischen Kaiserreich und Senegal, zwischen Tschad und Libyen, zwischen Kuba und der Mehrzahl der lateinamerikanischen Staaten, zwischen Ägypten und fast allen übrigen arabischen Ländern, zwischen Äthiopien und dem Sudan, zwischen Äthiopien und Somalia, zwischen Indien und Pakistan, zwischen Indien und Bangladesch, zwischen dem Iran und dem Irak, zwischen dem Iran und Syrien, zwischen Jordanien und Syrien, zwischen Libyen und Tunesien, zwischen Libyen und dem Sudan, zwischen Süd- und Nord-Jemen, zwischen Ghana und Togo, zwischen Kenya und Somalia, zwischen Tansania und Uganda u. a. m.

Dies muß man sich vor Augen halten, wenn man die sich innerhalb der Blockfreienbewegung immer stärker geltend machende Tendenz verstehen will, die darauf abzielte, das Augenmerk mehr auf aktuelle Probleme zu richten und in Streitfällen solidarisch zu handeln und sich gegenseitig zu helfen. Diesen Ambitionen war die Bewegung augenscheinlich nicht gewachsen, und so riefen die Solidaritätsbeschlüsse nur die Unzufriedenheit jener hervor, die handfeste Unterstützung erwarteten; und gleichzeitig wurde die Bewegung unnötig belastet. Man vergleiche diese Situation mit dem Zustand der ersten Jahre der Bewegung, als diese sich nicht so sehr mit aktuellen Fragen befaßte, sondern sich an den Standpunkt hielt, den Tito auf der Konferenz von Belgrad vorgeschlagen hatte, als er die Unstimmigkeiten über aktuelle Fragen zu zweitrangigen Problemen erklärte. Damals passierte die Bewegung mühelos eine Reihe von Konflikten zwischen ihren Mitgliedern, ohne daß sich dies in den Beziehungen zwischen diesen nachteilig ausgewirkt hätte, da sie sich aufgrund langfristiger und grundlegender gemeinsamer Interessen miteinander verbunden fühlten.

Dieser Geist, den Nyerere in Daressalam am Vorabend der Konferenz von Lusaka mit der Zusammenarbeit zwischen Arbeitnehmern mit verschiedenen Anschauungen in einer gemeinsamen Gewerkschaft verglichen hatte, wurde durch ein Verhältnis ersetzt, das dem in Verbündetenorganisationen herrschenden ähnelte. Und die nach der Konferenz von Algier entstandene Organisationsstruktur, die in Colombo eine reichverzweigte, institutionell-formelle Gestalt angenommen hatte, war dazu angetan, diese neue Sachlage zu unterstreichen.

Vielleicht hätte diese Entwicklung keine so ernsten Folgen gezeigt, wie sie während der Vorbereitung der Konferenz von Havanna und bei dieser selbst zutage traten, wenn nicht gleichzeitig die Bemühungen um die Schaffung einer neuen Weltwirtschaftsordnung weiterhin stagniert hätten. Die Enttäuschung und die Besorgnis, die von den führenden Männern der blockfreien Länder in der Wirtschaftsdeklaration von Colombo so beredt und ausgiebig zum Ausdruck gebracht worden waren, erhielten in den Jahren nach dieser Konferenz neue Nahrung.

Die plötzliche Verschlechterung der Wirtschaftslage aller Entwicklungsländer verleitete manche von ihnen, auch blockfreie, um Unterstützung dort anzusuchen, wo sie sie zu erhalten hofften. So entfalteten einige arabische und andere islamische Staaten auf einmal intime Beziehungen zu den arabischen Erdölausfuhrländern und kamen so in den Genuß eines größeren Anteils an den – übrigens recht dürftigen – Summen, die diese von ihrem ungeheuren Gewinn, den sie durch die Rohölpreiserhöhungen erzielten, hergaben.

Bezeichnenderweise war es in Wirklichkeit so, daß – was in der Bewegung nicht offen ausgesprochen wurde – die OPEC-Länder, insbesondere die im Mittelmeerraum und im Nahen und Mittleren Osten, durch die erhöhten Preise alljährlich große Exportgewinne von anderen Entwicklungsländern einheimsten. Ihre Auslandshilfe blieb stets unter dem Niveau der aus jenen herausgepreßten Zusatzeinnahmen. Gewiß, es gab dabei auch Ausnahmen, doch diese blieben auf einige arabische oder islamische Länder mit guten Beziehungen zu den erdölausführenden Staaten – den arabischen und den anderen – beschränkt.

Ferner gab es unter den Entwicklungsländern auch einige, die bestrebt waren, besondere Beziehungen zu bestimmten Ländern des Westens oder zu deren Wirtschaftsorganisationen anzubahnen. Natürlich handelte es sich dabei um Länder, die ohnehin bessere Beziehungen zum Westen anstrebten. Dieser

Trend war also lediglich eine Weiterentwicklung bereits vorhandener Affinitäten, die bereits in Colombo beobachtet worden waren und sich nach Colombo verstärkten. Damit aber war ein weiterer Anlaß zu Reibereien innerhalb der Blockfreienbewegung gegeben – zwischen den prowestlich eingestellten Mitgliedern nämlich und denjenigen, die zur Gegenseite hin orientiert waren. Denn die Länder, die aufgrund ihrer inneren Entwicklung für gute Beziehungen zur Sowjetunion prädestiniert waren, traten damals ihrerseits wiederum in engere Verbindung zu diesem Land und zu den übrigen Ländern des europäischen Ostens. Ein besonders zugkräftiges Bindemittel waren auf dieser Seite umfangreiche Waffenlieferungen, die natürlich auch zu Konflikten mit Nachbarländern ermunterten. Die Rückwirkung dieser Konflikte war dann wiederum eine noch engere Bindung an den Osten. Besonders begünstigt wurde dieser Prozeß durch die Aktivität kubanischer Soldaten und Instruktoren, die in eine Reihe blockfreier Länder gingen und dort eine sehr wichtige Rolle bei der außenpolitischen Umorientierung spielten.

So nahm die Differenzierung innerhalb der Bewegung stetig zu, und es zeigte sich eine Tendenz zu politischen Kontroversen auf ihren Konferenzen. Die Heftigkeit, mit der sich diese Tendenz geltend machte, und die Gefahren, die sich daraus für die Bewegung ergaben, waren vor allem auch dadurch bedingt, daß diese sich in erster Linie im politischen Tagesgeschäft betätigte und zu einer Art Schiedsrichter oder Wahrer einzelner aktueller Interessen und Beziehungen umfunktioniert wurde.

Unter diesen Umständen erfolgte auch der Zusammentritt des Koordinationsbüros auf Ministerebene in Neu-Delhi vom 7. bis 12. April 1977. Auf diesem ersten Treffen des Büros wurde die in Colombo formulierte Linie fortgesetzt. Das Abschlußkommuniqué erinnert ganz an die dortigen Deklarationen. Allerdings wird darin bezüglich der politischen Beziehungen in der Welt bereits Besorgnis geäußert, wenn auch der Optimismus noch die Oberhand behält: »Das Büro konstatierte, daß bestimmte positive Tendenzen in den internationalen Beziehungen seit dem fünften Gipfeltreffen anhalten...« Doch ein kleines Stück weiter im Text heißt es: »Gleichzeitig sind viele Krisen ungelöst geblieben oder haben sich sogar verschlimmert, und manche neue, mit Gewaltanwendung verbundene Spannungen und Rivalitäten sind entstanden oder haben sich auf neue Gebiete ausgeweitet.«

Über die beiden bereits in Gang befindlichen Auseinandersetzungen zwischen Angola und Zaire und zwischen Somalia und Äthiopien fällt kein Wort in dem Dokument – weder bei der allgemeinen Lagebeurteilung noch in der Einzelaufführung der bestehenden Probleme. Vielmehr werden nur wieder all jene Fälle aufgezählt, die auch schon in der Deklaration von Colombo Erwähnung fanden.

Die Analyse der Wirtschaftslage beginnt: »Das Büro konstatierte, daß sich die ungünstige Weltwirtschaftslage seit dem Gipfeltreffen in Colombo infolge des Fehlens jedweden Fortschritts in Richtung einer Umstrukturierung der Weltwirtschaft weiter verschlechtert hat.« Anschließend werden alle Unternehmungen aufgezählt, die auch in Colombo bereits angeführt und zu denen dort ähnliche Urteile und Feststellungen abgegeben wurden. Zusätzlich wird lediglich die Hoffnung ausgesprochen, daß die Konferenz in Paris letzten Endes doch noch irgendwelche Ergebnisse zeitigen werde – eine Hoffnung, die sich alsbald als trügerisch erweisen sollte.

Ohne nähere Begründung betont das Büro, daß gegen die Blockfreienbewegung schwerwiegende Angriffe geführt würden. Daß davon jedoch in der Analyse der internationalen Situation kein Wort erwähnt wird, läßt darauf schließen, daß man nicht den ganzen Ernst der Lage enthüllen wollte. Folgendes lesen wir in den »Beschlüssen« des Büros: »Die blockfreien Länder müssen konkrete Aktionen einleiten, um allen Bestrebungen entgegenzutreten, die auf die Untergrabung der Identität der Bewegung und auf die Herabwürdigung ihrer überragenden Rolle in der Welt der Entwicklungsländer abzielen.«

Diese pythischen Hinweise lenkten seinerzeit außerhalb des engbegrenzten Kreises der in der Bewegung aktiv tätigen Staatsmänner noch nicht die Aufmerksamkeit der Öffentlichkeit auf sich; doch bereits im nächsten Jahr wurde offenbar, daß sich eine bedenkliche Aktion zur Zersetzung der Bewegung oder zu ihrer Umpolung auf Blockpositionen anbahnte. Dies war ebenso wie die Auswirkungen der immer heftiger werdenden Konflikte zwischen einigen blockfreien Ländern bereits auf dem Treffen des Koordinationsbüros zu spüren, das – wieder auf Ministerebene – vom 15. bis 20. Mai 1978 in Havanna abgehalten wurde.

Hier traten bereits in der Debatte Divergenzen auch im Zusammenhang mit Grundfragen zutage, insbesondere in bezug auf das Konzept der neuen Wirtschaftsordnung, jedoch auch hinsichtlich der politischen Orientierung der Bewegung. Dies fand seinen Niederschlag auch im Abschlußkommuniqué, in dessen erstem Kapitel, das eine Analyse der Weltlage bringt, ein Abschnitt diesen grundlegenden Divergenzen gewidmet ist. Diesmal fallen noch ominösere Worte als ein Jahr zuvor: »Das Büro bestätigte erneut die Entschlossenheit der blockfreien Länder, den Zusammenhalt, die Einheit und die Solidarität der Bewegung zu wahren, und betonte damit die Wichtigkeit des Kampfs gegen Manöver, die auf die Einengung ihres Aktionsradius, die Diskreditierung ihrer Ziele sowie ihre Aufspaltung und Schwächung – zwecks ihrer Vernichtung – abzielen. Das Büro konstatierte, daß es wichtig ist, daß die Bewegung all diesen Manövern entgegentritt und den Kampf um die Festigung ihrer Einheit und Solidarität fortsetzt. Auch betonte es die Notwendigkeit einer strikten Einhaltung der Prinzipien und der Politik der Blockfreiheit, wie sie die Staats- oder Regierungschefs auf ihren Gipfelkonferenzen definiert haben, sowie die Notwendigkeit der Wahrung ihrer Wesensmerkmale.«

Charakteristisch ist, daß wir im gleichen Kapitel eine Verurteilung von Interventionen und jedweder sonstigen Einmischung in die inneren Angelegenheiten der einzelnen Länder finden, die an Ausführlichkeit und Entschiedenheit weit über alles bisher Gesagte hinausgeht. Über die Konflikte zwischen den blockfreien Ländern steht in diesem Dokument sehr wenig. Ausdrückliche Erwähnung findet lediglich der sich immer heftiger gestaltende Zusammenstoß zwischen Vietnam und Kampuchea; »das Büro gab« dabei »der Hoffnung Ausdruck«, daß der Streit »friedlich, auf der Basis gegenseitiger Respektierung der Unabhängigkeit, Souveränität und territorialen Integrität sowie der Nichteinmischung in die inneren Angelegenheiten des andern« beigelegt werden würde »und daß es zu diesem Zweck zu Verhandlungen zwischen beiden Ländern kommen wird«.

Sonstige Kollisionen und Zwistigkeiten werden in dem Schriftstück mit keinem Wort erwähnt, doch ist in den Abhandlungen zu den einzelnen Regionen zwischen den Zeilen zu lesen, daß das Büro von Besorgnis über diese Zusammenstöße erfüllt war. Kurz nach dem vorhergehenden Treffen des Büros nämlich war der Krieg auf der Somalihalbinsel ausgebrochen, und die kriegerischen Auseinandersetzungen in der westlichen Sahara waren in vollem Gang.

Die Stellungnahme zur Entwicklung auf wirtschaftlichem Gebiet beginnt mit einem Satz, der eine fast wörtliche Wiederholung einer Stelle aus dem Abschlußkommuniqué des vorhergehenden Treffens des Büros in Neu-Delhi ist: »Das Büro prüfte die Weltwirtschaftslage und stellte mit Besorgnis fest, daß seit seinem letzten Treffen im April 1977 in Neu-Delhi nur ein kleiner oder fast gar kein Fortschritt in Richtung einer Neustrukturierung der Weltwirtschaft erzielt wurde und daß die Kluft zwischen entwickelten und Entwicklungsländern nach wie vor immer breiter wird.«

Konkret wird neben den bereits früher festgestellten Mißerfolgen das Scheitern der in Paris tagenden Konferenz über die Weltwirtschaftsprobleme hervorgehoben. Diese Konferenz war bereits vor dem Blockfreiengipfel von Colombo in eine schwere Krise geraten, tagte aber nach wie vor weiter, ohne daß sie bisher zu irgendeiner Verständigung geführt hatte. Außerdem schleppte sich auch noch die Rohstoffdebatte dahin, die zu dem Zerwürfnis auf der Konferenz der UNCTAD in Nairobi geführt hatte. Die Probleme der Verschuldung und der Rohstoffe waren nach wie vor ungelöst.

Im Rahmen der Darlegung der Thesen für eine internationale Entwicklungsstrategie verurteilt das Büro »Alternativeinstellungen« bzw. die Hervorhebung von »grundlegenden Bedürfnissen« beim Kampf um die Umstrukturierung der Weltwirtschaft. Diese Tendenzen werden verworfen und für schädlich erklärt.

Eine Zusammenschau all dessen, was sich bei den beiden Zusammenkünften des Büros tat, die nach der Gipfelkonferenz von Colombo und vor der Ministerkonferenz von Belgrad – 25. bis 30. Juli 1978 – stattfanden, zeigt, daß die Zusammenkunft in Havanna die wichtigste Versammlung der Blockfreien zwischen den Gipfeln von Colombo und Havanna war.

bb) Die Belgrader Ministerkonferenz von 1978

An der Blockfreien-Ministerkonferenz von Belgrad nahmen 85 Länder als Vollmitglieder teil. Als Sonderteilnehmer war – so wie bereits bei der Gipfelkonferenz von Colombo – Belize vertreten. Wie ihre Vorgängerinnen veröffentlichte auch diese Konferenz wieder als ihr Hauptdokument eine Deklaration, und zwar tatsächlich nur eine einzige Deklaration, die dafür in zwei Hauptteile gegliedert war, einen politischen und einen Wirtschaftsteil. Das Dokument ist sehr umfangreich; in seinem Aufbau folgt es dem Vorbild der früheren Deklarationen. Daneben wurden noch ein Aktionsprogramm für wirtschaftliche Zusammenarbeit sowie vier Resolutionen verabschiedet.

Diese verhältnismäßig niedrige Zahl von Resolutionen fällt auf. Drei von ihnen stehen in Bezug zueinander, nämlich die Nahost- und die Palästinaresolution sowie die Resolution über die Hoheitsrechte bezüglich der nationalen Reichtümer in den okkupierten arabischen Gebieten, befassen sich doch alle drei mit der Nahostproblematik – die ersten beiden geradezu als Beschlüsse über einschlägige Regionalfragen. Die letzte, vierte Resolution schließlich stellt einen Höflichkeitsakt gegenüber dem Gastgeberland Jugoslawien dar – in Form einer Danksagung für die erwiesene Gastfreundschaft.

Das heißt nun nicht, daß diese Konferenz den einzelnen regionalen Fragen weniger Aufmerksamkeit gewidmet hätte als ihre Vorgängerinnen. Sämtliche Regionalfragen haben in den politischen Teil der Deklaration Eingang gefunden und werden dort jeweils in einem eigenen Abschnitt behandelt; vermieden wurde nur die übliche Wiederholung. Damit wurde die Zahl der Schriftstücke sowie auch deren Seitenzahl herabgesetzt; die Struktur der Abschlußdokumente aber und deren Inhalt blieben im herkömmlichen Rahmen.

Recht besehen ist die Belgrader Ministerkonferenz die erste Blockfreienversammlung, bei der es zu einer sehr scharfen Polemik und zu Kontroversen sowohl in Grundfragen als auch – und dies noch mehr – in bezug auf aktuelle Probleme in verschiedenen Teilen der Welt kam. So wurden Regionalprobleme zum Gegenstand einer oft sehr bissigen Debatte. Die Ausklammerung dieser Probleme und insbesondere der darüber herrschenden Kontroversen aus den Abschlußdokumenten entsprang lediglich einem Konsens, mit dem man vermeiden wollte, daß diese Streitigkeiten an die große Glocke gehängt würden, wodurch die Einheit der Bewegung hätte gefährdet werden können.

Eine besonders starke Kontroverse entspann sich um den Krieg auf der Somalihalbinsel zwischen Somalia und Äthiopien, wobei namentlich durch die Beteiligung kubanischer Soldaten an diesem Konflikt Öl ins Feuer gegossen wurde, sodann um den Konflikt zwischen Vietnam und Kampuchea. Sehr gallig war die Debatte über die westliche Sahara, d. h. über den dortigen Konflikt, in den Algerien und Marokko sowie Mauretanien verwickelt waren. Auch die Aktionen Frankreichs in einzelnen Teilen Afrikas, aber auch die Anwesenheit kubanischer Streitkräfte in verschiedenen Ländern dieses Kontinents lösten Polemik aus.

Ein Konsens wurde über keine dieser Fragen erzielt. Es wurde lediglich vereinbart, daß der Beschluß der Sondergruppe der OAU (Organisation für Afrikanische Einheit) zu respektieren sei, was im Grunde genommen auch nur eine Form des Beiseiteschiebens dieser unangenehmen Kontroversen war.

Ungemein belastend wirkte der Konflikt zwischen Ägypten und den übrigen arabischen Ländern. Es war unverkennbar, daß diese Frage nur vorläufig beiseite geschoben war und daß zu erwarten stand, daß die diesbezügliche Kontroverse bei der nächstbesten Gelegenheit in den Vordergrund des Interesses der Blockfreienbewegung rücken würde.

Die Auseinandersetzungen um die aktuellen Probleme und Konflikte beherrschten weitgehend die allgemeine Debatte, und, was noch bedeutsamer ist, in ihnen traten immer stärker blockfreundliche Ausrichtungen zutage; insbesondere wurde die offene Hinwendung Kubas und einiger weiterer Mitglieder der Bewegung zur Sowjetunion deutlich. So etwas war auch zu erwarten gewesen, hatte doch der kubanische Außenminister bereits vor diesem Treffen, auf der Zusammenkunft des Koordinationsbüros in Havanna, offen die Ansicht geäußert, daß sich die Bewegung den »sozialistischen Ländern« anschließen müsse, womit er den Sowjetblock meinte. Unter dem Druck der übrigen Mitglieder des Büros ging er von diesem Standpunkt wieder ab, damit nach außen hin die Einheit gewahrt bliebe.

Die schwerwiegendste Folge dieser Kontroverse war das Bestreben einiger Mitgliedsländer, insbesondere des Zentralafrikanischen Kaiserreichs, Kampucheas, Gabuns, Saudi-Arabiens, Somalias und Zaires, das nächste Gipfeltreffen nicht in Havanna abzuhalten. Diese Opposition gegen die Haltung Kubas veranlaßte letzteres, auf dem Belgrader Ministertreffen vorübergehend eine gemäßigtere Haltung einzunehmen und den Antrag auf den Anschluß der Bewegung an den Sowjetblock nicht zu wiederholen.

Der jugoslawische Präsident Tito allerdings gab, als er, der üblichen Praxis gemäß, als Gastgeber die Versammlung eröffnete, in seiner Rede zu diesem Anlaß deutlich zu verstehen, daß er über die neuen Tendenzen sehr besorgt sei und für die Debatte starke Kontroversen erwarte.

In seiner Eröffnungsrede unterstrich Tito unter anderem: »Die Politik der Blockfreiheit ist ihrer Natur gemäß gegen Imperialismus, Neokolonialismus, Rassismus und alle anderen Arten von Fremdherrschaft und Ausbeutung gerichtet. Sie richtet sich gegen eine Politik der Stärke, gegen politische und wirtschaftliche Hegemonie sowie gegen alle Formen fremder Einmischung und Abhängigkeit.« Dabei war sofort klar, daß der betonte Hinweis auf »alle anderen Arten von Fremdherrschaft« sowie der Gebrauch des Terminus »Hegemonie« auf die Politik der Sowjetunion hindeuteten.

Tito führte weiter aus: »Diese Orientierung der Blockfreienbewegung läßt sie zugleich auch zu einer Anti-Block-Bewegung werden. Unsere Bewegung sieht weder im Kräftegleichgewicht der Blöcke noch in der Vorherrschaft eines Blocks über den anderen die Zukunft für die Welt.« Ein wenig weiter wird er noch präziser: »Darum ist die Blockfreienbewegung ein unabhängiger, einheitlicher und selbständiger Faktor in der Weltpolitik, und das muß sie bleiben.« Es steht außer Zweifel, daß dies die Antwort auf das war, was sich zwei Monate vorher bei der Zusammenkunft des Koordinationsbüros ereignet hatte.

Die kontroversen Fragen fanden in den Abschlußdokumenten dieses Treffens keinen Niederschlag. In diesen Schriftstücken wurde auch der von Kuba gestellte Antrag weggelassen, dem zufolge jeder Staat das Recht haben sollte, Hilfe von außen anzufordern und anzunehmen, was unter den obwaltenden Umständen offensichtlich zur Rechtfertigung von Interventionen dienen sollte. Was sich denn auch in den Fällen Kampuchea und Afghanistan als zutreffend herausstellte.

Mit der Anführung dieser Beispiele soll nicht gesagt werden, daß wirklich grundlegende Kompromisse geschlossen oder Konzessionen gemacht wurden. Obschon bereits damals bei der Abfassung der Schriftstücke der Blockfreien ein unumschränkter Formulierungsfetischismus herrschte, ginge es zu weit zu behaupten, durch das Erwähnen – oder auch Nichterwähnen – einer bestimmten Formel habe man einen tatsächlichen Einfluß auf das Weltgeschehen nehmen wollen. Doch gewannen diese Nebensächlichkeiten dadurch an Bedeutung, daß sie die Standpunkte und die Politik der einzelnen Hauptakteure anzeigten.

So wird es, wenn wir nun einen eingehenden Blick auf die endgültige Fassung der Deklaration des Ministertreffens werfen, niemanden wundernehmen, daß in diesen Text folgender Satz aufgenommen wurde: »Sie (die Minister) betonen das Erfordernis einer strengen Einhaltung und konsequenten Anwendung der Prinzipien und Kriterien der Blockfreiheit und der Beschlüsse der Bewegung sowie der Wachsamkeit gegenüber jedem Versuch, die Bewegung zu unterminieren oder ihre Prinzipien zu verletzen. Sie haben mit Nachdruck darauf hingewiesen, daß es notwendig ist, jeden Versuch, die Bewegung von innen heraus oder von außen her zu schwächen oder von ihren Grundprinzipien abzuweichen, zu bekämpfen.«

Solche Formulierungen waren bei allen Zusammenkünften während der letzten Jahre aufgetaucht; sie spiegelten eine wachsende Besorgnis wider, die in dem Gefühl wurzelte, daß die weitere Stagnation bei der Realisierung der grundlegenden Ziele und das Stärkerwerden der Zentrifugalkräfte innerhalb der Bewegung parallel liefen. Jetzt erfaßten diese Formulierung auch offene, nämlich öffentliche, Debatten, und nicht nur Auseinandersetzungen innerhalb des geschlossenen Kreises der Teilnehmer, die den Masseninformationsmedien unzugänglich waren.

Der politische Teil der Deklaration enthält eine sehr optimistische Einschätzung der Politik und der Rolle der Bewegung. Um dieses optimistische Bild, das offensichtlich auf die Aufrechterhaltung des Glaubens an die Bewegung zugeschnitten war, nicht zu verwischen, wurde in diesem Teil jede Erwähnung der Stagnation bei der Realisierung ihrer großen Hauptaufgabe, der Errichtung einer neuen Weltwirtschaftsordnung, vermieden.

Doch ein aufmerksames Nachlesen der aufgezählten Erfolge zeigt, daß es sich bei diesen nur um die Abhaltung von Treffen und Zusammenkünften und die Formulierung von Intentionen und Empfehlungen handelt, nicht aber um Erfolge im Sinne einer tatsächlichen Einflußnahme auf das internationale Geschehen. Ferner ist auch die Rede von der Unterstützung für diese oder jene Unternehmung hinsichtlich der Entkolonialisierung oder irgendeiner anderen politischen Aktion, womit allerdings nicht gesagt ist, daß die Unterstützung jeweils wirklich ein konkretes Ergebnis gezeigt hätte.

Die Tendenz, die sich nach Algier zeigte bzw. nach dem Stocken der Bestrebungen, die von dieser, der vierten Gipfelkonferenz in Gang gebracht worden waren, könnte als Übergang zu einer nach innen gerichteten Dynamik bezeichnet werden, einer Scheindynamik im Vergleich zu der vorher dagewesenen wirklichen Dynamik – die wirklich in dem Sinne war, daß dadurch das Verhalten anderer Akteure auf der Weltbühne beeinflußt worden war, so daß sich daraus Aktionen ergeben hatten, beispielsweise die Schaffung einer neuen Organisation namens UNCTAD oder die Diskussion der Prinzipien einer neuen Wirtschaftsordnung auf der 6. und 7. Sondertagung der UN-Vollversammlung. Obwohl es sich bei letzterer Aktivität lediglich um die Formulierung eines Aktionsprogramms und ein Durchsetzen der Aufnahme bestimmter Fragen in die Tagesordnung der Weltpolitik handelte, ist sie dennoch als echte dynamische Beeinflussung des Geschehens in der Welt zu werten.

Bald nach Algier und noch deutlicher bei der Konferenz von

Colombo und nach dieser verlagerte sich die Dynamik auf die Errichtung einer stetig zunehmenden Zahl von Verwaltungsorganen innerhalb der Bewegung. Dies hatte eine steigende Massenproduktion von Dokumenten zur Folge, deren Inhalte von einem Treffen zum andern übernommen und immer wieder in neuer Fassung dargeboten wurden, ohne daß eine tatsächliche Wirkung erzielt worden wäre. Gewiß, in dieser Zeit schritt die Entkolonialisierung fort und gelangte – mit Ausnahme des äußersten Südens Afrikas – praktisch zum Abschluß; doch blieb die Rolle der Blockfreienbewegung dabei auf eine formelle Unterstützung reduziert.

Die Hauptfaktoren bei der Auflösung der letzten europäischen Kolonialreiche in Afrika, der portugiesischen und spanischen, waren die Kämpfe mit der jeweiligen Befreiungsbewegung und die tiefgreifenden Veränderungen in den Mutterländern selbst, die in Portugal und Spanien zu einer Veränderung der politischen Lage und Ordnung, jedoch auch zu einem gründlichen Wandel in der Einstellung zur Kolonialfrage führten. Damit wird der großen Rolle der Blockfreien in den früheren Phasen des Kampfs gegen den Kolonialismus kein Abbruch getan – damals, als sie die öffentliche Meinung in den Mutterländern selbst stark beeinflußten und eine großangelegte Aktion der antikolonialen Kräfte und Bewegungen in den Kolonien förderten, um nicht zu sagen: ermöglichten.

Was die internationale Situation anbelangt, so entwirft der politische Teil der Deklaration ebenfalls ein optimistisches Bild, jedenfalls ein optimistisches Gesamtbild; doch wird auch mit Nachdruck darauf hingewiesen, daß sich für die Bewegung aus der neuen Konstellation eine wachsende Gefahr dadurch ergebe, daß die Aktivität der Blöcke zwar zurückgehe, die einzelnen Großmächte als selbständige Akteure jedoch mehr und mehr in den Vordergrund träten. So lesen wir am Schluß der Stellungnahme zur politischen Weltlage folgendes: »Die verstärkte Rivalität zwischen den Blöcken und Militärbündnissen, der Kampf um Einflußnahme sowie die Eskalation des Wettrüstens bilden die Quelle großer Besorgtheit der Blockfreienbewegung und unterstreichen die unveränderte Bedeutung der Erhaltung ihrer Einheit.«

Nicht so sehr die Tatsache, daß die besagten Aktionen den »Blöcken und Militärbündnissen« zugeschrieben werden, ist dabei entscheidend, sondern vielmehr der ausdrückliche Hinweis auf die Gefahr, die daraus für die Erhaltung der Einheit der Bewegung erwachsen könnte. Der Akzent wird dann im nächsten Abschnitt, der die Nichteinmischung in die inneren Angelegenheiten der Länder behandelt, auf einzelne Staaten und die »imperialistischen und rassistischen Kräfte« gesetzt. Deren Wirken mache sich außer in einer Verschärfung der allgemeinen politischen Weltlage vorwiegend in Druckversuchen und anderen aggressiven Aktionen gegenüber einzelnen Ländern bemerkbar, deren Unabhängigkeit dadurch gefährdet werde.

Ansonsten ähnelt diese Deklaration früheren derartigen Schriftstücken; sie bringt eine Wiederholung der bekannten Standpunkte in allen politischen Grundfragen, angefangen von Entspannung und Wettrüsten bis zur Einzelbehandlung konkreter Fälle. Doch am Ende dieses allgemeinen Teils der Deklaration erscheint ein Abschnitt, der in der Struktur der Deklarationen der Blockfreienbewegung neu ist. Er ist betitelt: *Die Festigung der Solidarität und der Aktionseinheit der blockfreien Länder.* Und damit wird allen deutlich vor Augen geführt, daß die Bewegung in einen Zustand geraten war, in dem die Erhaltung ihrer Einheit zur primären Zielsetzung ihrer Mitglieder geworden war, womit naturgemäß die auf die Weltbühne gerichteten Aktivitäten zu kurz kommen mußten, ungeachtet der zum Ausdruck gebrachten Entschlossenheit, es nicht dazu kommen zu lassen.

In dem Abschnitt der Deklaration, der sich mit »internationalen Einzelfragen« befaßt, finden wir die üblichen Standpunkte zu den bereits früher behandelten Problemen. Die Streitigkeiten, die die Gemüter der Teilnehmer des Treffens in Wallung gebracht hatten, werden mit keinem Wort erwähnt, wenn man von einer Andeutung absieht, in der der Wunsch geäußert wird, Konflikte möchten mit friedlichen Mitteln beigelegt werden. Da keiner der damaligen Konflikte so gelagert war, daß nicht auch im Abschlußdokument differierende Meinungen hätten wiedergegeben werden müssen, wurde einfach die Methode der Ausklammerung der vorhandenen Unstimmigkeiten im Namen des Konsens angewandt.

Weitere Themen dieses Teils sind die Vereinten Nationen, die friedliche Nutzung der Kernenergie sowie die Zusammenarbeit auf dem Gebiet des Informationswesens; dann erscheint darin aber auch – und dies ist der erste derartige Fall in einem Dokument der Blockfreienbewegung – ein Abschnitt über die Menschenrechte, in dem neben den bereits früher vorgebrachten Angriffen gegen Diskriminierungen und Rassismus auch die Bedeutung der Menschenrechte für die Erhaltung des Weltfriedens und der internationalen Sicherheit hervorgehoben wird. Neben den persönlichen Rechten des einzelnen werden hier auch die kollektiven Rechte der Völker und ethnischen Gruppen sowie der religiösen Minderheiten betont. Zudem werden nachdrücklich auch die sozialen und wirtschaftlichen Elemente dieser Rechte herausgestellt.

Am Ende des politischen Teils der Deklaration werden noch das genaue Datum der nächsten Gipfelkonferenz festgesetzt sowie der Tagungsort, nämlich Havanna. Auch eine Empfehlung an diese Konferenz wird angenommen, in der vorgeschlagen wird, das übernächste, d. h. das siebte, Gipfeltreffen 1982 im Irak abzuhalten.

Im Wirtschaftsteil der Deklaration enthält bereits der erste Satz die Feststellung, daß die Minister »tiefe Besorgnis über den mangelnden Fortschritt bei der Schaffung einer neuen Weltwirtschaftsordnung geäußert« hätten. Gleichzeitig wird die übliche Erklärung für diesen unbefriedigenden Verlauf gegeben: »Die Außenminister konstatierten besorgt, daß es zu einer ausgesprochenen Verschlechterung der internationalen Wirtschaftspolitik der entwickelten Länder gekommen ist, was sich auf die wirtschaftlichen Aussichten der Entwicklungsländer ungünstig auswirkt, da dadurch deren Bemühungen um eine beschleunigte Entwicklung behindert werden.« Gleichzeitig wird erneut zu Solidarität und wirtschaftlicher Zusammenarbeit aufgerufen und die politische Bedeutung einer neuen Wirtschaftsordnung für die minderentwickelten Länder unterstrichen.

In der Übersicht über die Weltwirtschaftslage wird der Akzent wie bisher auf die Lage der Entwicklungsländer gesetzt; doch wird auch das Vorhandensein einer allgemeinen Krise des Weltwirtschaftssystems hervorgehoben. Apropos, wir finden hier einen Satz, der fast wörtlich aus früheren Dokumenten übernommen worden ist: »Die Außenminister konstatierten besorgt, daß bei der Änderung der Weltwirtschaftsstruktur kein Fortschritt in Richtung einer Verbesserung der Lage der Entwicklungsländer zu verzeichnen ist.«

In seinen übrigen Teilen verkörpert der Text die Standardpositionen der blockfreien Länder; es wird lediglich noch hervorgehoben: »Linderung der Armut und Gewährleistung des Wohlstands der Ärmsten in ihren Ländern sind die grundlegenden Ziele der Nationalpläne und der Entwicklungsstrategien der Entwicklungsländer.« Zu erwähnen sind noch die Erwartungen hinsichtlich der bevorstehenden internationalen Zusammenkünfte sowie die Unzufriedenheit mit den bisherigen Treffen.

Bei der künftigen Entwicklungsstrategie wird den bereits traditionellen Forderungen zugunsten der minimal entwickelten Länder sowie der Länder ohne Meerzugang die Priorität eingeräumt. Besonders Afghanistan hatte sich dafür sehr stark gemacht – sowohl bei den Zusammenkünften der Blockfreien als auch auf den Foren der Vereinten Nationen.

Der Wortlaut der Deklaration läßt auch die wachsende Resignation hinsichtlich der Mitarbeit der entwickelten Länder bei der Verwirklichung einer neuen Weltwirtschaftsordnung erkennen. So wird im Zusammenhang mit der Betonung der Notwendigkeit der Zusammenarbeit der blockfreien Länder untereinander auch folgendes hervorgehoben: »Die Bedeutung ist um so größer, als die Verhandlungen mit den entwickelten Ländern über die kritischsten Fragen der internationalen wirtschaftlichen Zusammenarbeit und Entwicklung, die den Grundstein einer neuen Weltwirtschaftsordnung bilden sollen, noch immer keine konkreten und zufriedenstellenden Ergebnisse zeitigen.«

In Verbindung mit der Wirtschaftshilfe für die Entwicklungsländer wird erneut die Rolle der OPEC erwähnt, was darauf hindeutet, daß man das Bedürfnis verspürte, dadurch, daß man den OPEC-Ländern Anerkennung zollte, die Einheit und den Zusammenhalt der Bewegung zu festigen, obwohl sich immer mehr Länder in steigendem Maß unzufrieden mit dem Verhalten dieser »reichen und unentwickelten« Länder zeigten. Im Aktionsprogramm der Konferenz wird mit Bedauern konstatiert, daß nicht genügend blockfreie Länder dem Auftrag zur Ingangsetzung des allgemeinen Entwicklungsfonds Folge geleistet hätten, der bereits 1973 in Algier erteilt worden war.

Gegen die Deklaration der Ministerkonferenz von Belgrad wurden mehr Vorbehalte geltend gemacht, als dies bisher üblich gewesen war – Vorbehalte, die anschauungsbedingte Unterschiede erkennen lassen, die sich nicht nur auf eine einzige Kontroverse beschränken. Die meisten dieser Vorbehalte betrafen aktuelle Einzelfragen; und dies zeigt, wie stark die Bewegung auf diese Fragen reagierte und wie sehr die zunehmende Akzentverschiebung in Richtung aktueller Probleme ihre Einheit beeinträchtigte.

Tiefgreifende Kontroversen versuchte man entweder in Form von Kompromissen oder durch Ausklammerung des betreffenden Problems aus den Abschlußdokumenten dieses Treffens beiseite zu schieben, wie bei der Behandlung dieser Schriftstücke bereits weiter oben aufgezeigt wurde. Die Vorbehalte wurden zu Fragen gemacht, die in der Deklaration ausgesprochen werden. Obwohl diese Fragen nicht zu den schwersten

Fällen der Meinungsverschiedenheiten zählen, müssen sie aufgezählt werden, um zu zeigen, wie viele strittige Probleme in der Deklaration enthalten sind.

Die meisten Vorbehalte hatte man gegen den Abschnitt, in dem die Selbstbestimmung und Unabhängigkeit von Osttimor gefordert wird. Es war Indonesien, das sich dieser Forderung entgegenstellte, da es das fragliche Gebiet für sich beanspruchte. So sammelte es denn auch Vorbehalte dagegen und brachte deren zwanzig zusammen – von arabischen Ländern, einschließlich Ägyptens, und einigen asiatischen, darunter Indien.

Sieben arabische und afrikanische Länder hatten Vorbehalte zu dem Schriftstück, mit dem die Vereinigung Koreas unterstützt wird. Das betreffende Schriftstück spiegelt das Bestreben wider, keinesfalls die Vereinigten Staaten verbal anzugreifen. Ähnlich motiviert ist der Vorbehalt von achtzehn Ländern gegen die Forderung nach der Unabhängigkeit von Puerto Rico. Zu diesen Ländern gehörten Peru und einige afrikanische Staaten (Elfenbeinküste, Gabun, Liberia, Rwanda und Zaire); bei den übrigen handelte es sich um arabische und asiatische Länder, zu denen Saudi-Arabien, Indien, Bangladesch und Indonesien gehörten.

Dreizehn islamische Staaten meldeten Vorbehalte gegen den gesamten Abschnitt – oder einige seiner Teile – an, in dem die Regierung Zyperns bei dem nach der Intervention türkischen Militärs entstandenen Streit der Unterstützung versichert wird.

Der Vorbehalt von sechs Ländern gegen den Beschluß über die Abhaltung der 6. Gipfelkonferenz in Havanna wurde bereits erwähnt. Je ein Land oder zwei bzw. drei Länder schließlich hatten Vorbehalte zu weiteren sieben Fragen: zu Chile, Belize, Südafrika, Moyotte, einigen Aspekten des Nahost- und Palästinaproblems sowie dem Problem des Unterstützungsfonds für Vietnam und Laos (den Vorbehalt zu letzterer Frage hatte Kampuchea).

All dies deutete darauf hin, daß es bei der Konferenz in Havanna zu einer offenen Diskussion über eine Reihe von Fragen kommen würde, über die schwerlich eine Verständigung erzielt werden würde. Doch diese Fragen, die mittels Vorbehalt zu dem Konsens über Inhalt und Wortlaut der Deklaration vorerst geklärt worden waren, waren nicht einmal die gravierendsten. Weit besorgniserregender war, was aus der Deklaration ausgeklammert worden war, da keine einvernehmliche Fassung gefunden werden konnte. Doch auch einige Grundfragen im Zusammenhang mit den hauptsächlichen und langfristien Aktivitäten der Blockfreienbewegung gaben Anlaß zu großen Sorgen. Und schließlich drohte auch die Gefahr, daß die Länder, die einen Vorbehalt gegen Havanna als Tagungsort der Folgekonferenz hatten – und nicht nur diese, sondern auch einige weitere, die ihrer Abneigung gegenüber Havanna nicht durch einen formellen Vorbehalt Ausdruck verliehen hatten –, nicht in die kubanische Hauptstadt kommen würden.

Diese Sachlage führte dazu, daß nach dem Ministertreffen eine sehr lebhafte diplomatische Aktivität einsetzte. So kam es, daß an der Zusammenkunft des Koordinationsbüros auf Ministerebene, die vom 4. bis 9. Juni 1979 in Colombo stattfand, 76 Länder teilnahmen, während doch das Büro nur 25 Mitglieder zählte. Diese starke Besetzung zeigt, daß die Kontroversen innerhalb der Bewegung rege Aktionen auslösten. Verstärkt wurde diese Aktivität noch dadurch, daß eine neue Kontroverse in den Vordergrund des Interesses trat, ausgelöst durch die Intervention Vietnams in Kampuchea und die Errichtung eines neuen Regimes im besetzten Land unter der Protektion der Besatzerstreitkräfte. Eigentlich war diese Frage noch vor dem Treffen des Koordinationsbüros in Colombo aufgeworfen worden, nämlich in New York, wo das Büro je nach Erfordernis, entsprechend der Entwicklung der Lage, praktisch permanent tagte. Dort hatte sich gezeigt, daß fünf Büromitglieder auf seiten Heng Samrins und Vietnams waren, zwanzig jedoch die weiterhin amtierende legale Regierung unterstützten. So erschien denn deren Delegierter, Yeng Sari, auch zu der Zusammenkunft des Büros in Colombo.

Diese Kontroverse verzögerte die Eröffnung der Versammlung; und das Treffen endete dann auch eigentlich erst in den Morgenstunden des 10. Juni. Die Frage konnte nicht bereinigt und ein Beschluß auf der Grundlage der in New York zutage getretenen Mehrheit nicht angenommen werden, da die Bewegung strikt nach dem Konsenssystem vorgeht und Mehrheitsbeschlüsse abgelehnt werden. Da nun die Vorschläge für die Teilnahme Yeng Saris ohne Mitspracherecht als auch der vietnamesische Antrag, entweder beide Delegationen zuzulassen oder keine, zurückgewiesen wurden, blieb Yeng Sari wohl da, nahm jedoch nicht an der Debatte teil. Die formelle Stellungnahme der Teilnehmer des Treffens erfolgte im Abschlußkommuniqué im Anschluß an die Aufzählung der Anwesenden. Hier wurde auch folgender Passus eingefügt: »Bezüglich der Teilnahme Kampucheas an diesem Treffen des Koordinationsbüros wurden Konsultationen durchgeführt, die noch im Gange sind, ohne daß bisher ein Konsens erzielt worden wäre. Solange ein solcher nicht zustande kommt, wird weder diese noch sonst eine Frage in bezug auf Kampuchea im Plenum oder in den Ausschüssen zur Sprache gebracht.«

So wurde durch die Einsicht der Delegierten Kampucheas eine Lösung erzielt, die jedoch lediglich einen Aufschub des Problems bedeutete, das zwangsläufig bei der Gipfelkonferenz der Blockfreien wieder auftauchen mußte. Nun, schließlich wohnte Kampuchea der Zusammenkunft des aus 25 Mitgliedern bestehenden Koordinationsbüros in Colombo ebenso wie weitere 51 Länder lediglich als Mitglied der Bewegung bei. Ganz anders sah die Frage auf der Konferenz von Havanna aus.

Das Treffen des Koordinationsbüros stand noch vor einem weiteren heiklen Problem, nämlich der Ägypten-Frage, wie sie von der Palästinensischen Befreiungsorganisation, Syrien, dem Irak und Algerien aufgeworfen worden war, die aufgrund der am 26. März 1979 erfolgten Unterzeichnung des Friedensvertrags zwischen Israel und Ägypten für letzteres den Ausschluß aus der Bewegung oder die Suspension der Mitgliedschaft forderten. Diese Frage wurde vertagt, da das Büro die Ansicht vertrat, »daß sie außerhalb seines Zuständigkeitsbereichs liegt und es sich daher nicht mit ihr befassen kann. Daher stellt es die Entscheidung über den Antrag der 6. Konferenz der Staats- oder Regierungschefs der blockfreien Länder anheim«.

Hinsichtlich der Materie selbst, d. h. des Nahost- und Palästina-Problems, formulierte das Treffen – ebenso wie dies früher schon andere Blockfreienkonferenzen verschiedentlich getan hatten – sehr scharfe und bestimmte Standpunkte, mit denen es alle Forderungen der arabischen Länder unterstützte und Israel und die ihm Beistand leistenden Vereinigten Staaten verurteilte. Besonders gilt dies für die Abmachungen von Camp David und den Friedensvertrag zwischen Ägypten und Israel. Auf diese Weise konnten die Initiatoren des Ausschlusses oder der Suspension Ägyptens trotz des Widerstands einer großen Zahl von Ländern gegen diese Maßnahme doch noch Genugtuung empfinden. Doch auch die Verurteilung der Ergebnisse von Camp David und des ägyptisch-israelischen Friedensvertrags wurde wiederum mit Vorbehalten bedacht, die folgende sechs Länder hatten: Elfenbeinküste, Kamerun (nunmehr Benin), Gabun, Mali, Senegal und Zaire.

Hinsichtlich der Grundprobleme im politischen Bereich ist hervorzuheben, wie die Einstellung gegenüber den Blöcken angesichts der vordem an den Tag gelegten und noch immer vorhandenen Bestrebungen, die Bewegung an den Sowjetblock als »natürlichen Verbündeten« anzuschließen, formuliert wurde. Diesem Problem sind zwei Abschnitte gewidmet.

Hier der Wortlaut des ersten: »Die wirkliche Blockfreiheit als weltweiter, unabhängig von den Blöcken in den internationalen Beziehungen wirkender Faktor ist frei von den Rivalitäten und vom Einfluß der Großmächte und Blöcke und stellt einen bedeutenden Fortschritt dar bei der Durchsetzung der beharrlichen Forderungen der Menschheit nach freiheitlichen, friedlichen und gleichberechtigten Beziehungen zwischen allen Ländern, ohne Ansehen ihrer Größe, ihrer Lage und ihrer

Macht, sowie nach entschlossener Verwerfung jeglicher Art von Abhängigkeit oder ungleichen Beziehungen, seien diese nun politischer, militärischer, wirtschaftlicher oder kultureller Natur.«

Der zweite Passus schließt unmittelbar an den ersten an; er lautet: »Das Büro bestätigte erneut den Glauben an eines der wesentlichen Prinzipien und Ziele der Blockfreiheit, nämlich die Nichtzugehörigkeit zu Militärbündnissen und die Weigerung der blockfreien Länder, direkt oder indirekt an gleichwelchen militärischen oder gegen andere gerichteten Abkommen oder von den Großmächten begründeten Militärbündnissen teilzunehmen.«

Zieht man im Zusammenhang mit dem Obengesagten noch in Betracht, daß in dem Schriftstück das Wort »Hegemonie« oder »Hegemonismus« neben dem Ausdruck »Herrschaft« erscheint, so wird klar, daß die Konferenz gegenüber den Bestrebungen einiger Länder, darunter insbesondere Kubas und Vietnams, um jeden Preis eine Schwächung des blockfreien und selbständigen Charakters der Bewegung herbeizuführen bzw. diese an einen Block zu binden, fest blieb. Doch allein schon die Weiterführung derartiger Bestrebungen machte für den bevorstehenden Blockfreiengipfel in Havanna die Notwendigkeit deutlich, diese Divergenzen auf irgendeine Weise in den Griff zu bekommen, um die Einheit der Blockfreien zu wahren.

So kam es kurz vor dem 6. Gipfeltreffen nicht nur zu Mißhelligkeiten durch die Stagnation der Bemühungen um eine neue Weltwirtschaftsordnung, sondern auch zu Streitigkeiten im Zusammenhang mit einer ganzen Reihe interner Konflikte, vor allem jedoch auch dadurch, daß das Gastgeberland Kuba und einige weitere Länder blockfreundliche Positionen in die Bewegung hineinzutragen versuchten. Zudem war die Bewegung durch die Aktionen zur Bewältigung von aktuellen Fragen in Schwierigkeiten geraten, bewirkte diese Aktivität doch, daß häufig Beschlüsse über kontroverse Fragen zu fassen waren.

Hier ist noch anzufügen, daß auch diesmal die Übersicht

über die Weltwirtschaftslage mit dem Satz beginnt: »Das Büro konstatierte, daß die Tatsache, daß die entwickelten Länder nicht die Maßnahmen ergriffen haben, die für die Verwirklichung struktureller Veränderungen in der Weltwirtschaft nötig sind, weitreichende Folgen für das Wirtschaftsgefüge in den Entwicklungsländern hat.« Danach werden – erstmals in einem Dokument der blockfreien Länder – auch die Zahlungsbilanzdefizite der entwickelten Länder erwähnt und darauf hingewiesen, daß sie »als Vorwand für den Aufschub von Maßnahmen zugunsten der Entwicklungsländer« benutzt würden.

Im übrigen äußert das Büro Besorgnis und Unzufriedenheit praktisch in bezug auf jede bisher in Gang gesetzte und laufende Aktion – sowohl vor einzelnen UN-Foren als auch auf der fünften UNCTAD-Tagung. Dann wird auch hier wieder die ungemein hohe Bedeutung der Blockfreienaktion zur Verwirklichung einer neuen Wirtschaftsordnung sowie aller Sonderaktionen auf wirtschaftlichem Gebiet für die Stärkung der Unabhängigkeit und Selbständigkeit jedes Landes wie auch der Bewegung in ihrer Gesamtheit unterstrichen.

Besondere Aufmerksamkeit widmet man auch einigen Organisationsfragen. So wird die Praxis bestätigt, Beschlüsse durch Konsens zu fassen, wobei Vorbehalte gemacht werden dürfen, die nicht die Gültigkeit des Beschlusses in Abrede stellen. Sodann wird empfohlen, zu Fragen, die bereits in den Deklarationen behandelt wurden, keine Sonderresolutionen mehr abzufassen. Diese Empfehlung wurde offensichtlich durch die Erkenntnis ausgelöst, daß die Abschlußdokumente allmählich allzu umfangreich geworden und mit Wiederholungen angereichert waren. So wird auch empfohlen, die Reproduktion des Inhalts von Dokumenten der Bewegung und der Vereinten Nationen zu vermeiden und angeregt, man solle es dabei bewenden lassen, auf bestimmte Stellen, die erneut zu betonen seien, Bezug zu nehmen.

Danach folgt die Empfehlung, vor der Schaffung »neuer Organe, Mechanismen oder Programme« die betreffenden Vorschläge zunächst »sorgfältig« durch Fachgruppen »prüfen zu lassen«. Dies ist offensichtlich die Reaktion auf die in der Organisation der Bewegung eingetretene Proliferation in Form des Einsatzes von allerlei Körperschaften und Sonderprogrammen nach der Konferenz von Algier und ganz besonders nach der Konferenz von Colombo.

Das Ergebnis des Treffens zeigt an sich, daß man allmählich darauf gekommen war, daß sich die Bewegung nicht allzu tatkräftig entwickelte, was zusätzliche Schwierigkeiten neben den ohnehin schon bestehenden schuf, die sich durch den Mißerfolg darin ergaben, die Anliegen von allgemeiner und fundamentaler Bedeutung für alle blockfreien Länder, in erster Linie indes eine neue Weltwirtschaftsordnung, voranzutreiben.

Schließlich erstellte das Büro einen Vorschlag für die Tagesordnung der Konferenz in Havanna; es kündigte an, daß Kuba den Entwurf der Abschlußdokumente in der ersten Juliwoche in Umlauf setzen werde, und rief dazu auf, Einwände bis spätestens zur ersten Augustwoche vorzubringen; es selbst, das Koordinationsbüro, werde dabei als vorbereitender Konferenzausschuß tätig sein.

cc) Die Gipfelkonferenz von Havanna 1979

Der Blockfreiengipfel von Havanna, der dort vom 3. bis 9. September 1979 abgehalten wurde, war von allen Zusammenkünften der führenden Staatsmänner der Bewegung am stärksten von ernsthaften Auseinandersetzungen betroffen. Diese knüpften an die unterschiedlichen Standpunkte an, die insbesondere schon bei der im Sommer 1978 in Belgrad abgehaltenen Außenministerkonferenz vertreten worden waren. Die Debatten setzten bereits um den ersten Entwurf der Abschlußdokumente ein, die Kuba aufgrund des Beschlusses des Koordinationsbüros im vorhinein den Mitgliedern der Bewegung zugestellt hatte.

Das Koordinationsbüro trat unmittelbar vor der Eröffnung der Konferenz am 28. und 29. August noch einmal in Havanna zusammen. Und am 30. August begann das Ministertreffen aller Mitglieder. Die Hauptdebatten wurden bei diesem Treffen im politischen sowie im Wirtschaftsausschuß geführt, die beide ihre Tätigkeit am 31. August aufnahmen. Mithin wurde an vier Stellen debattiert, jedoch nur die Debatten, die auf den Sitzungen der Staats- und Regierungschefs, in der Vollversammlung, geführt wurden, waren öffentlich. Immerhin aber ließen die Plenarsitzungen in Anbetracht der bestehenden tiefgreifenden Unterschiede die grundlegenden Strömungen und Richtungen der Debatte erkennen.

Die Konferenz wies die bis dahin größte Teilnehmerzahl auf: 96 Länder nahmen an ihr als Vollmitglieder teil; und zusammen mit den mit Beobachterstatus vertretenen Ländern ergab sich eine Gesamtzahl von 104 Teilnehmerländern, zu der noch die PLO als 105. Teilnehmer kam. Als Gäste waren die Delegierten von weiteren 10 Staaten anwesend. All dies zeigt, daß an der Konferenz auch außerhalb der Reihen der blockfreien Länder großes Interesse bestand. So hatte auch die sehr lebhafte diplomatische Aktivität Jugoslawiens sowie einiger weiterer Länder in der Zeit vor der Konferenz vereinzelte Tendenzen zur Passivität, die vordem bestanden hatten, in den Hintergrund gedrängt.

Wie üblich wurde die Konferenz von dem Gastgeber, Fidel Castro, eröffnet. Castro hielt bei dieser Gelegenheit eine Rede, die den formellen Willkommensgruß beträchtlich überschritt und sofort die wichtigsten Streitfragen zur Debatte stellte. Vor allem beschuldigte er die Vereinigten Staaten und »ihre alten und neuen... Verbündeten, die Regierung Chinas«, hinter dem Antrag zu stehen, der gefordert hatte, die Konferenz solle nicht in Havanna abgehalten werden. Es war dies eine Anspielung auf die Debatte auf dem Belgrader Ministertreffen vom Vorjahr.

Castro erklärte auch, daß von derselben Seite eine Aktion für eine wesentliche Änderung des Entwurfs der Abschlußdokumente gestartet worden sei. Dies war ein ungewöhnlich grober Angriff gegen die Unterbreiter der Abänderungsanträge, unter denen Länder waren, die von allem Anfang an zu den Bahnbrechern der Blockfreiheit gehörten, darunter auch Jugoslawien, das Gastgeberland der ersten Konferenz, das eine große Zahl wesentlicher Amendements beantragt hatte.

Im weiteren Verlauf seiner Rede wiederholte Kubas Staatschef seine schon vordem immer wieder öffentlich vorgebrachte These, daß eine »neue revolutionäre Ära« der Bewegung angebrochen sei und daß sie ein natürlicher Verbündeter der Sowjetunion sein müsse. Als einziges Ziel auf politischer Ebene definierte er den Kampf gegen den Imperialismus, d. h. gegen den Westen. Auch ergriff er durchaus dediziert und scharf Partei für das Regime Heng Samrins in Kampuchea und gegen die legale Regierung dieses Landes.

Dieses Problem tauchte in der Eröffnungsrede deshalb auf, weil noch vor der Eröffnung der Konferenz, bei dem Ministertreffen, auf Antrag des Koordinationsbüros die Frage der Teilnahme des Delegierten Kampucheas erörtert worden war. Der Streit wurde auch bis zum Ende der Konferenz nicht beigelegt, so daß der Platz Kampucheas unbesetzt blieb, obwohl dieses Land statistisch als Teilnehmer zählte. Dies deswegen, weil nicht die Teilnahme des Landes umstritten war, sondern nur die Frage, wer das Recht habe, es zu vertreten.

Bei der Behandlung der Wirtschaftsprobleme vertrat Castro weitgehend Thesen, die seine politische Orientierung widerspiegelten, und er ironisierte die Bestrebungen um die Verwirklichung einer neuen Weltwirtschaftsordnung. Diese hätte nämlich Zusammenarbeit mit dem Westen bedeutet; und dem gegenüber sollte die Bewegung, wie er zusammen mit der Sowjetunion wünschte, eine antagonistische Haltung einnehmen. Allerdings war dieser Angriff gegen die Grundaufgabe, die sich die Bewegung bereits bei der Konferenz von Algier gestellt hatte, ja, die sie sich in weniger präzisierter Form bereits seit

1961 stellte, nicht von der Darlegung eines Alternativprogramms zur Lösung der schwierigen Wirtschaftsprobleme der blockfreien und aller anderen Entwicklungsländer begleitet.

Was blieb, war lediglich die verschwommen zum Ausdruck gebrachte These vom »Kampf«, anstelle der These von Verhandlungen mit den industriell entwickelten Ländern. Damit wurde gleichzeitig eine Krise des gesamten Weltwirtschaftssystems in Abrede gestellt und durch eine These ersetzt, die von einem frontalen Zusammenstoß zwischen den Ländern um die Sowjetunion herum, einschließlich der Blockfreienbewegung, einerseits und den industriell entwickelten Ländern des Westens andererseits sprach. So wurde hier auf wirtschaftlicher wie auf politischer Ebene eine neue Ära und ein Abweichen von den bei allen vorherigen Konferenzen festgelegten Programmen und Zielen verkündet.

Die maßgebende Ansprache als Vertreter der Mehrheit der Teilnehmer hielt zu Beginn der Debatte auf der Plenarsitzung Jugoslawiens Präsident Tito. Tito ließ sich nicht auf eine Polemik mit Castro ein, sondern trug seine Interpretation der Ziele und Aufgaben der Blockfreienbewegung vor. Die Rede war als Darlegung des Programms der Konferenzmehrheit gedacht und wurde auch so aufgenommen. Spätere Redner beriefen sich auf sie und hielten die von ihr vorgezeichnete Linie ein, ja, auch die übrigen Redner vermieden tunlichst jegliche Polemik.

Man kann sagen, daß in der öffentlichen Debatte des Gipfeltreffens zwei verschiedene Anschauungen, zwei verschiedene Interpretationen der Blockfreiheit dargelegt wurden und daß die Konfrontation dieser beiden Gesichtspunkte den Hauptinhalt der gesamten Konferenz bildete. Neben dieser Kontroverse tauchten weitere auf: Da war das bereits erwähnte Problem der Vertretung Kampucheas, jedoch auch der von den arabischen Ländern unternommene Versuch, Ägypten das Recht zur Teilnahme an der Konferenz streitig zu machen.

Gleich zu Beginn der Debatte, im Anschluß an die Höflichkeitsakte der Eröffnung, beschwor Tito Erinnerungen an die

Belgrader Konferenz und die Anfangsgründe der Blockfreienbewegung herauf. Zum Unterschied von Castro hob Tito hervor, daß eine Kontinuität im Wirken der Blockfreienbewegung bestehe und daß diese Kontinuität streng zu wahren sei. Dabei unterstrich er besonders die Selbständigkeit der Bewegung und ihre Unabhängigkeit von den Blöcken beim Kampf für die Interessen der blockfreien und aller übrigen Entwicklungsländer sowie aller sonstigen bedrängten Länder. Mit Nachdruck wies er das Ansinnen zurück, daß die Bewegung irgend jemandes Werkzeug oder Hilfstruppe sein sollte.

Tito zählte die Erfolge und Resultate auf, die die Bewegung während ihres fast zwanzigjährigen Bestehens erzielt hatte, und hob auch die vor ihr stehenden Aufgaben hervor, wobei er namentlich die Konfrontation mit den derzeitigen militärischen Interventionen unterstrich. Sodann erwähnte er die wichtigsten aktuellen Fragen, einschließlich der Entwicklung der Entspannung in der Welt im allgemeinen und in Europa im besonderen.

Seine Ausführungen zu den Wirtschaftsproblemen begannen mit den Sätzen: »Die Schaffung einer neuen Weltwirtschaftsordnung stellt den einzigen Weg zur Überwindung der akuten Entwicklungsprobleme und der tiefgreifenden Krise dar, die die Weltwirtschaft erfaßt hat. Hier geht es nicht nur um die Interessen einer Gruppe von Ländern, sondern um die Interessen der ganzen Welt.«

Eine Anspielung auf die Polemik, die bei dieser Konferenz in Gang gebracht wurde, erscheint erst gegen Ende der Rede: »Auf uns sind die Augen der ganzen Welt gerichtet. Dies erfordert von uns gegenseitiges Verständnis und gegenseitige Achtung, volle Gleichberechtigung, guten Willen zur Überwindung der bestehenden Differenzen, ein tiefgreifendes Solidaritätsgefühl und den höchsten Grad von Verantwortung.« Und im Zusammenhang damit unterstrich er noch: »Unsere Bewegung ist den Kernproblemen der heutigen Welt – den Fragen des Friedens, der Sicherheit, der Entwicklung und des allgemeinen Fortschritts – zugewandt.« Und er beschloß diese These mit dem nachdrücklichen Hinweis: »Wir dürfen nie aus den Augen verlieren, was uns gemeinsam ist und was uns vereint. Wir müssen uns allem entgegenstellen, was uns entzweit und was dem Eindringen fremder Interessen in unsere Reihen Vorschub leistet.« Den Schlußakkord der Rede bildete ein Aufruf zur Bekräftigung der »ursprünglichen Prinzipien der Politik der Blockfreiheit«.

Im weiteren Verlauf der Debatte zeigte sich, daß die Meinungen in der Weise geteilt waren, daß die Mehrheit, und zwar eine große Mehrheit, die »ursprünglichen Prinzipien« und die ursprüngliche Interpretation der Bewegung vertrat, während die Minderheit mehr oder weniger zur Ausrichtung der Bewegung auf die Sowjetunion neigte, wie dies von Castro in der Eröffnungsrede vorgeschlagen worden war. Diese Scheidung der Geister war jedenfalls das wichtigste und ein für die Bewegung fatales Problem. Doch in der Diskussion wurden auch die Kontroversen auslösenden Faktoren der aktuellen Politik sehr lebhaft erörtert. Zu diesen Faktoren rechneten insbesondere die vietnamesische Intervention in Kampuchea und die ägyptischen Beziehungen zu Israel, wie dies bereits aus der Debatte bei dem Treffen des Koordinationsbüros zu ersehen war, das zwei Monate vor der Konferenz stattgefunden hatte.

Im Falle Kampuchea standen zwei Standpunkte einander gegenüber. Die Verfechter der einen These, allen voran Vietnam, vertraten die Ansicht, die Intervention sei gerechtfertigt, sei sie doch auf den Ruf der revolutionären Regierung hin erfolgt, die im Kampf gegen das Unterdrückerregime Pol Pots entstanden sei; somit könne eigentlich gar nicht von einer Intervention gesprochen werden. Dies ist bekanntlich auch die sowjetische These. Die Mehrheit hingegen blieb dabei, es handle sich sehr wohl um eine Intervention, und Heng Samrins Regierung sei erst nach dem Einmarsch und mit Hilfe der vietnamesischen Truppen gebildet worden.

Neben dieser Differenz bestanden auch unterschiedliche Standpunkte zu der akuten Frage der Vertretung Kampucheas auf der Konferenz. Die Frage wurde nicht gelöst, da kein Konsens zu erzielen war. Drei Vorschläge wurden gemacht. Der erste plädierte für die Anerkennung der legalen Regierung, der zweite für die Anerkennung des Vertreters des Heng Samrinschen Regimes und der dritte dafür, den Platz unbesetzt zu lassen und sowohl die eine als auch die andere Delegation abzuweisen.

So wurde die Debatte über diese Frage zu keinem Abschluß gebracht; und am Ende der Konferenz faßte man einen Sonderbeschluß, der auf Konsensbasis angenommen wurde und dem zufolge das Büro die Frage weiter prüfen und der Ministerkonferenz, die 1981 in Neu-Delhi stattfinden sollte, Bericht erstatten sollte. Diese Lösung unterscheidet sich grundlegend von dem oben zitierten dritten Vorschlag, da auf diese Weise nicht durch eine Zurückweisung der Platz unbesetzt gelassen, sondern die Zulassungsdiskussion fortgesetzt wurde, anstelle einer für beide Regierungen negativen Lösung also ein Zustand geschaffen wurde, bei dem das Problem in der Schwebe blieb.

Auch die zweite aktuelle kontroverse Frage konnte in keinem einzigen der Organe der Konferenz mittels Konsens geklärt werden, und so wurde am Ende auch über sie ein Sonderbeschluß gefaßt, mit dem auf Konsensbasis bestimmt wurde, daß in die Deklaration ein Absatz aufzunehmen sei, in dem der Separatfrieden zwischen Ägypten und Israel sowie das Abkommen von Camp David verurteilt wird. Die Entscheidung über die Frage der Suspension Ägyptens hingegen wird dem Koordinationsbüro anheimgestellt, mit der Auflage, daß es die Ministerkonferenz in Neu-Delhi auch über diese Frage zu unterrichten habe.

Abgesehen von diesen ungewöhnlichen Sonderbeschlüssen, blieb die Struktur der Abschlußdokumente auf der Linie der zunehmenden Erweiterung des Textumfangs, wie sie schon im Verlauf der letzten Gipfelkonferenzen zu beobachten war. Der Hinweis auf die Notwendigkeit kürzerer Texte und auf den Verzicht auf Resolutionen, in denen Dinge wiederholt werden, die bereits in der Deklaration enthalten sind, blieb unberücksichtigt. Ja, Havanna leistete sogar einen weiteren Beitrag zur Weitschweifigkeit und Wiederholungsfreudigkeit der Abschlußdokumente; neben einer sehr ausführlichen Deklaration und einem Aktionsprogramm wurden auch noch 21 Resolutionen verabschiedet.

Zum Teil mag dies die Folge einer unbehaglichen Verfassung der Konferenzteilnehmer angesichts so vieler und wichtiger nicht beigelegter Streitigkeiten gewesen sein. Mitgespielt haben dürfte auch das Gefühl der Notwendigkeit, tunlichst und nach Kräften Aktivität zu zeigen, damit die Dokumente nicht den Eindruck erweckten, als habe die Konferenz nur über Zerwürfnisse verhandelt. Dies war um so leichter möglich, als die Dokumente nicht in der Vollversammlung durchgesprochen wurden, sondern in zwei Ausschüssen, die die ganze Zeit über, von ihrer Konstituierung bis zum Ende der Konferenz, ausschließlich mit der Abfassung der Schriftstücke beschäftigt waren.

Anzufügen ist noch, daß das Gastgeberland Entwürfe für sämtliche Abschlußdokumente vorgelegt hatte, weshalb es auch in erster Linie die Verantwortung für deren Weitschweifigkeit und die darin vorkommenden Wiederholungen trägt. Inhaltlich allerdings kam es aufgrund der bei den Ausschüssen geführten Debatten zu beträchtlichen Änderungen, die in den Wesenskern der Hauptdokumente eingriffen, besonders aber die grundlegenden Standpunkte betrafen. Am deutlichsten wird dies anhand der Tatsache, daß die Deklaration weder im politischen noch im Wirtschaftsteil auch nur die geringste Ähnlichkeit mit den Ausführungen Castros in seiner Eröffnungsrede hat, sondern hauptsächlich auf den ursprünglichen Prinzipien und Standpunkten fußt, die von Belgrad im Jahre 1961 bis Havanna die Tätigkeitsbasis der Bewegung gebildet hatten.

Sehr kurz sind in dieser Deklaration, die den Namen »Schlußdeklaration« trägt, die allgemeinen Abschnitte geraten, sowohl der des politischen als auch der des Wirtschaftsteils – wenigstens im Vergleich zu ihrem Umfang in den bisherigen

Deklarationen. Sehr umfangreich hingegen sind die Abschnitte, die Probleme einzelner Länder oder Weltregionen behandeln und keinen Anlaß zu Kontroversen gaben, sowie die, die konkrete Einzelprobleme betreffen.

Was die heftigen Kontroversen über Kampuchea und Ägypten betrifft, so kommen diese in der Deklaration nicht zum Vorschein, von ganz knappen Andeutungen abgesehen. Dies bewirkte eine ausnehmende Inhaltsarmut des Südostasienabschnitts des Schriftstücks. Interessanterweise ist zu vermerken, daß aus der Masse der am Ende der Konferenz vorgelegten Dokumente jegliche Erwähnung des Kriegs zwischen Tansania und Uganda sowie der nach dem Sturz des Regimes Idi Amins und der Beendigung der Kriegsoperationen fortgeführten Okkupation Ugandas durch tansanische Militär ausgeklammert blieb.

Hinsichtlich des Inhalts der Deklaration verdient zunächst erwähnt zu werden, daß die allgemeine Einleitung des politischen Teils, die zwei Abschnitte umfaßt, eine Abhandlung über die Politik der Blockfreiheit und eine Stellungnahme zur Weltlage, eine konsequente Reproduktion der früheren grundsätzlichen Standpunkte darstellt. Es darf ohne Übertreibung gesagt werden, daß der von Castro in der Eröffnungsrede vertretene Standpunkt verworfen wurde. Wohl sind an einigen Stellen, insbesondere in der Stellungnahme zur Weltlage, etwas extremere Ausdrücke zu finden, als dies früher üblich war, doch kann dieser Umstand – mag er auch den Einfluß Kubas und der mit ihm verbundenen Länder widerspiegeln – auch der gestiegenen Erbitterung der meisten blockfreien Länder gegen die Staaten des Westens zugeschrieben werden, die sich nach wie vor weigerten, etwas für die Besserung der immer drückender werdenden Lage der Entwicklungsländer zu tun, und sich auch den Forderungen der Palästinenser und der rassisch diskriminierten Eingeborenen in Afrika widersetzten. Die Stagnation im politischen wie im wirtschaftlichen Bereich mußte zu einer radikaleren und schärferen Ausdrucksweise bei der Beurteilung der Weltlage führen, die vor allem gegen die Großmächte des Westens gerichtet war.

Der Gesamtton der politischen Deklaration läßt sowohl im allgemeinen Abschnitt als auch – und dort noch stärker – in den Sonderteilen gleichzeitig Optimismus und Enttäuschung über den Gang der Ereignisse erkennen. Dominant ist auch hier der Stil der Aufrufe und Appelle sowie der Wiederholung der Standpunkte von früher; doch wird dies alles mehr und mehr in die schwülstige Form der UN-Resolutionen gekleidet.

Der Wirtschaftsteil der Deklaration beginnt herkömmlich: »Die Staats- oder Regierungschefs prüften die Entwicklung der Weltwirtschaftslage und konstatierten mit tiefer Besorgnis, daß sich die Wirtschaftsprobleme, vor denen die Entwicklungsländer stehen, nach der 5. Gipfelkonferenz noch weiter verschärft haben, was sich in der steten Erweiterung der trennenden Kluft zwischen entwickelten und Entwicklungsländern sowie in der Stagnation der Verhandlungen über die Umstrukturierung der internationalen Wirtschaftsbeziehungen offenbart.«

Die Konferenz weist darauf hin, daß die Verschuldung der Entwicklungsländer bis 1977 auf 300 Milliarden Dollar angestiegen und weiterhin im Steigen begriffen sei und daß sich die Handelsbedingungen verschlechtert hätten. Gleichzeitig wird konstatiert, daß man den Verpflichtungen nach Maßgabe der Entwicklungsstrategie für die siebziger Jahre nicht nachgekommen sei, da der Zustrom von Mitteln in die Entwicklungsländer auf weniger als die Hälfte dessen abgesunken sei, was vereinbart worden war. Bei der Bewertung der Aussichten für die neue Entwicklungsdekade wurde festgestellt, daß sie noch ärger seien als die der letzten Dekade.

Zu vermerken ist noch, daß die Konferenz die Mitgliedsländer aufrief, dem Fonds für gegenseitige Hilfe beizutreten, dessen Gründung auf der Konferenz von Algier 1973 beschlossen worden war, der jedoch im Herbst 1979 noch nicht in Funktion war, da sich nicht genügend Länder in die Teilnehmerliste eingetragen hatten. Darüber hinaus wurde der Ausschuß für die

Vorbereitung dieses Fonds aufgerufen, erneut zusammenzutreten und seine Satzung dahingehend abzuändern, daß er seine Tätigkeit auch mit weniger Mitgliedern aufnehmen könne.

Dies ist jedenfalls ein bedeutsamer Hinweis darauf, wie schwach der Anklang war, den die Idee der Errichtung dieses Fonds bei den Ländern fand, die aufgrund der Einnahmen, die sie durch den Erdölverkauf erzielten, den anderen Mitgliedern der Bewegung hätten helfen können. Wie aus vom Internationalen Währungsfonds veröffentlichten Angaben hervorgeht, hatten sich die Einnahmen der erdölausführenden Länder zu jenem Zeitpunkt, d. h. im Spätsommer 1979, aufgrund der Rohölverteuerung um insgesamt 75 Milliarden Dollar erhöht; und der Anstieg der von den Entwicklungsländern – in Fremdwährung – geleisteten Ausgaben für Erdöleinkäufe betrug 12 Milliarden Dollar. Die Gesamthilfe der OPEC-Staaten für die Entwicklungsländer hingegen lag 1978 nur bei 3,7 Milliarden Dollar. Es ist durchaus begreiflich, daß dies unter den Blockfreien böses Blut machte; einige Teilnehmer der Debatte in Havanna brachten dies auch offen zum Ausdruck. Noch weiter verschlimmert wurde die Sache dadurch, daß die OPEC-Staaten einige ausgewählte Länder begünstigten und diesen auf bilateraler Basis vorzugsweise Hilfe zukommen ließen, während andere Regionen völlig vernachlässigt wurden.

Schließlich wird in diesem Dokument erstmals die Feststellung getroffen, daß das ungeregelte Verhältnis zwischen den Währungen der industriell entwickelten Länder zusammen mit der herrschenden Inflation ein echtes Hindernis für ein aktiveres Angehen der weltweiten Probleme sei. Die Staats- und Regierungschefs geben ihrer Besorgnis über das Scheitern der Bemühungen um eine Währungsreform Ausdruck, von der eine Verbesserung des bestehenden Zustands erwartet worden sei.

Das Aktionsprogramm ruft – wie schon die Programme der früheren Versammlungen – zu mehr Aktivität in allen Bereichen und zu besserer Zusammenarbeit der blockfreien Länder untereinander auf. Und man solle Methoden ausfindig machen, die wirksam dazu beitragen, die Stagnation auf dem Weg zu einer neuen Weltwirtschaftsordnung zu überwinden. Ebenso wie in der Deklaration erscheinen auch hier wieder viele der bei früheren Gelegenheiten schon behandelten Themen. Sehr reich verzweigt ist die Struktur der Programme und der mit diesen befaßten Organe. Auch die hohe Zahl der Koordinatoren wird beibehalten; doch wird empfohlen, die Verbindung mit dem Koordinationsbüro zu verbessern.

In puncto Organisation wurde ein Anhang beigefügt, der Empfehlungen in bezug auf die Konferenzführung, die Tätigkeit des Koordinationsbüros, das Konsensverfahren und die Durchführung gefaßter Beschlüsse enthält. Von den vielen zweitrangigen Beschlüssen sind einige hervorzuheben, deren Annahme bereits vordem auf dem Ministertreffen des Koordinationsbüros empfohlen worden war. Es sind dies vor allem der Beschluß über den Verzicht auf eine weitschweifige Reproduktion des Inhalts früherer Beschlüsse und anderer Dokumente sowie der über den Verzicht auf Schaffung neuer Organe oder Programme ohne Konsultation der einschlägigen Fachleute und ohne diesbezügliche Empfehlung seitens des Koordinationsbüros. Auch wird gefordert, daß alle Zusammenkünfte, die auf gleichwelche Weise im Namen der Bewegung einberufen werden sollten, auf den von den Minister- oder Gipfelkonferenzen der blockfreien Länder bestätigten Grundsätzen begründet sein müssen.

Interessant ist auch, daß die Abhaltung einer Ministerkonferenz vor dem Gipfeltreffen und das in Havanna praktizierte Verfahren, bei dem noch vor der Eröffnung des Gipfeltreffens der politische und der Wirtschaftsausschuß ihre Tätigkeit aufnahmen, zur ständigen Prozedur erhoben wurde. Unter den Vorzeichen der neuentstandenen Situation mußten offensichtlich künftige Kontroversen und somit auch das Ansetzen einer etwas größeren Zeitspanne für die Erzielung eines Konsens einkalkuliert werden, damit Beschlüsse der Staats- und Regierungschefs auf der Vollversammlung dann ohne Verzug gefaßt werden könnten.

Eine ganze Reihe von Bestimmungen dieses Dokuments enthält, ungeachtet seiner gegenteiligen Empfehlung, Wiederholungen und ein Wiederaufgreifen von in Colombo gefaßten Beschlüssen zu Organisationsfragen. So werden etwa erneut Bestimmungen erwähnt wie die, daß jeder Beschluß auf Konsensbasis zu fassen sei, oder die, daß auch die Länder, die nicht ins Koordinationsbüro gewählt wurden, zur Teilnahme an dessen Treffen und Debatten berechtigt sind. Auch wird empfohlen, möglichst geringen Gebrauch von Vorbehalten zu machen; ungeachtet dessen gab es derer am Schluß dennoch eine Vielzahl, wenngleich sie nicht einmal die heikelsten Fragen betrafen.

Die Konferenz von Havanna erweiterte auch das Koordinationsbüro, was eine gewisse Erschwerung dessen operativer Führung mit sich brachte. Diese organisationsmäßige Ausweitung war, wie auch bei den Vereinten Nationen mit ihren verschiedenen Organen, aller Wahrscheinlichkeit nach das Ergebnis des Bestrebens, die ausreichende Repräsentation bestimmter Anschauungen und Interessen zu gewährleisten. Das neue Büro zählte nun insgesamt 35 Mitglieder: 17 afrikanische, 12 asiatische, 5 lateinamerikanische und ein europäisches.

Zusammenfassend läßt sich sagen, daß die Konferenz von Havanna unter den gegebenen Umständen ein außerordentlicher Erfolg der Bewegung war, insbesondere im Hinblick auf die Wahrung der Einheit. Freilich war sie nicht imstande, zu einer Beschleunigung der Regelung jener besonders wichtigen Probleme beizutragen, die schon seit vielen Jahren einer Lösung harrten. Doch die Erhaltung der Einheit war schließlich das Wichtigste, da sie der Bewegung ermöglichte, ihre Tätigkeit fortzusetzen, um unter günstigeren Umständen ihre Ziele verwirklichen zu können.

Besonders wichtig war die Erhaltung der Einheit in bezug

auf die ursprünglichen Grundsätze der Bewegung, d. h. die langfristigen und grundlegenden Probleme, derentwegen sich die blockfreien Länder in erster Linie zusammengetan hatten – damals, 1961, in Belgrad. Diese Einheit kam offensichtlich zustande, nachdem sich die Länder, die mit ihrem Standpunkt in der Minderheit waren, in erster Linie Kuba, überzeugt hatten, daß in diesem Punkt kein Feilschen möglich sei. Für sie tat sich damals die Alternative auf, nachzugeben oder aus der Bewegung auszuscheiden.

Die letztere Möglichkeit wurde verworfen – höchstwahrscheinlich deshalb, weil die Aussichten für eine Regelung der Grundanliegen dieser Länder außerhalb der Bewegung noch geringer gewesen wären. Die Anlehnung an eine Großmacht auf bilateraler Basis kann keine genügend verläßliche Grundlage für die wirtschaftliche Existenz eines Landes sein. Die Geschichte nämlich zeigt, daß sich die Haltung der Großmächte schnell ändert, sobald ein Wandel in den allgemeinen Verhältnissen und der internationalen Konstellation eintritt. Besonders die jüngste Vergangenheit hat erkennen lassen, daß auch die Beziehungen der dritten Welt zur Sowjetunion nicht gerade durch große Stabilität gekennzeichnet sind.

Außerdem darf angenommen werden, daß keine der Großmächte an einem Ausgang der Aktion interessiert war, bei dem einfach eine kleine Ländergruppe isoliert worden wäre. Mithin konnte auch Kubas ausländischer Freund, konkret gesprochen, die Sowjetunion, kein Interesse daran haben, eine Trennung aufgrund der Nichtverständigung in Grundsatzfragen zu verlangen. Dies schließt allerdings ein, daß die Verfechter der Minderheitsstandpunkte letztere weiterhin beibehielten. Es wäre naiv anzunehmen, daß durch Reden und Verhandlungen bei einer internationalen Konferenz ein echter Wandel in den grundlegenden Anschauungen und Standpunkten eines Staats oder einer miteinander verbundenen Staatengruppe herbeigeführt werden könnte.

Andererseits wurden alle aufschiebbaren Fragen, d. h. die

Streitigkeiten um Ägypten und Kampuchea, auch wirklich aufgeschoben, und sie blieben somit nach Havanna ungelöste Streitfragen in der Bewegung.

dd) Die Ministerkonferenz von Delhi 1981

Das nächste Blockfreien-Ministertreffen wurde programmgemäß vom 9. bis 13. Februar 1981 abgehalten. Bei dieser Versammlung wurde gleichzeitig auch das zwanzigjährige Bestehen der Blockfreienbewegung gefeiert. Dabei wurde erneut die Rolle Titos bei der Gründung der Bewegung unterstrichen, nachdem bereits in Havanna feierlich und durch Akklamation eine Sonderresolution gefaßt worden war, in der ihm Anerkennung für sein Wirken in der Bewegung gezollt wurde.

In der Zwischenzeit, d. h. in dem zwischen Havanna und Delhi liegenden Zeitraum, war es indes zu einem neuen Interventionsakt gekommen, der die blockfreien Länder in zwei Lager teilte. Ende Dezember 1979, also gar nicht lange nach der Konferenz von Havanna, erfolgte die sowjetische Militärintervention in Afghanistan und der Sturz der Regierung dieses Landes samt der Ermordung ihres Präsidenten, Hafizul Amins. Die Angelegenheit wurde auf der Zusammenkunft der ständigen Blockfreienvertreter bei den Vereinten Nationen in New York erörtert, so wie dies bei wichtigen Fragen, die sich in der Zeit zwischen den einzelnen Konferenzen ergaben, schon früher praktiziert worden war.

Auf ihrer langwierigen Sitzung konnten sich die ständigen Vertreter nicht einig werden. Es kam zu einer Scheidung der Geister, ähnlich der im Fall der vietnamesischen Intervention in Kampuchea. Die Frage blieb ungelöst, und die Entscheidung darüber wurde der folgenden Ministerkonferenz anheimgestellt, die für 1981 nach Delhi angesetzt war.

Erörtert wurde die Afghanistan-Frage und die Frage der Vertretungsvollmacht für Kampuchea auch bei den Zusammenkünften der Vollversammlung der Vereinten Nationen im Rahmen einer ordentlichen – und einer eilig einberufenen Sondersitzung. Auf den Tagungen der Vereinten Nationen trat die Gespaltenheit in den Reihen der Blockfreien noch deutlicher zutage als bei deren eigenen Zusammenkünften. Bei der Abstimmung auf der Tagung von 1979 über den Antrag des Vollmachtsausschusses auf die Erteilung der Vollmacht für die Delegation der legalen Regierung Kampucheas, die dann auch anerkannt wurde, während das Regime Heng Samrins eine Abfuhr erhielt, stimmten die in der Vollversammlung vertretenen blockfreien Länder wie folgt: 35 sprachen sich für die Erteilung der Vollmacht an die Delegation der legalen kampucheanischen Regierung aus, 24 dagegen, 23 enthielten sich der Stimme, und fünf waren zum Zeitpunkt der Abstimmung abwesend.

Weitgehend war für dieses Stimmenverhältnis auch die große Unpopularität der legitimen Regierung Pol Pots maßgeblich – ein Einflußfaktor, der bei der politischen Wertung der Stimmenverteilung zu berücksichtigen ist. In welch hohem Maß dieser Faktor mitspielte, wird auch aus dem Stimmenverhältnis ersichtlich, das sich ergab, als es um die Stellungnahme zu der vietnamesischen Intervention in Kampuchea ging. Als die Verurteilung der Intervention zur Abstimmung gebracht wurde, stimmten von den Blockfreien 43 für die Verurteilung Vietnams, und 12 dagegen; im einzelnen waren dies: Afghanistan, Angola, Kuba, Äthiopien, Grenada, Guyana, Laos, Moçambique, Nicaragua, São Tomé und Principe, Vietnam und die Demokratische Volksrepublik Jemen.

Noch eindeutiger war die Stimmenverteilung, als bei der außerordentlichen Tagung, die nach der sowjetischen Intervention in Afghanistan eilends einberufen wurde, die Verurteilung dieser Intervention zur Abstimmung gebracht wurde. 58 blockfreie Länder stimmten für, neun gegen die Verurteilung, und 17 enthielten sich der Stimme. Die Nein-Stimmen wurden abgegeben von Afghanistan, Angola, Kuba, der Demokratischen Volksrepublik Jemen, Äthiopien, Grenada, Laos, Moçambique und Vietnam.

Nicht vertretbar wäre die Annahme, diese Abstimmungen könnten als Gradmesser für die definitive Politik der einzelnen Mitgliedsländer der Bewegung in allen grundsätzlichen Fragen dienen. Sie können lediglich einen eindeutigen Hinweis darauf geben, daß es bei Streitigkeiten von der Art der Kampuchea- und der Afghanistan-Frage in der Bewegung eine Minderheit gab und gibt, die den mehrheitlichen Standpunkt nicht teilt.

Die Ministerkonferenz von Neu-Delhi 1981 zählte 94 Teilnehmer, zu denen auch die Palästinensische Befreiungsorganisation und die Südwestafrikanische Volksorganisation (SWAPO) gehörten. Sie verabschiedete eine Deklaration mit zwei Teilen, einem politischen und einem Wirtschaftsteil, und eine Übersicht über die Realisierung des Aktionsprogramms. Resolutionen zu Sonderfragen gab es keine. Die einzige Resolution, die gefaßt wurde, beinhaltete die Danksagung an den Gastgeber. Doch fand bei dem Treffen auch eine Festsitzung aus Anlaß des zwanzigjährigen Bestehens der Bewegung statt, und dabei wurden eine weitere Resolution und ein Aufruf verfaßt, die beide den 20. Jahrestag der Belgrader Konferenz zum Thema haben.

Im politischen Teil der Deklaration werden zunächst ein historischer Rückblick auf die Evolution der Bewegung gebracht und ihre Grundprinzipien wiederholt. Anschließend geht man unverzüglich zu dem über, was als zentrale politische Frage angesehen wird, nämlich zum Thema Wirtschaftsordnung: »Die Minister bestätigten, daß die Schaffung einer neuen Weltwirtschaftsordnung ein unlösbarer Bestandteil des Kampfs der Völker für die politische, wirtschaftliche, soziale und kulturelle Freiheit ist und daß die Festigung der politischen Unabhängigkeit im Wege der wirtschaftlichen Emanzipation erstrangige Bedeutung besitzt.«

Daran schließt folgender Passus an: »Sie betonten ein weiteres Mal, daß das Weltwirtschaftssystem von heute, das auf Ungerechtigkeit, Ungleichheit, Ausbeutung und Abhängigkeit beruht, unvereinbar mit den Entwicklungsbedürfnissen und Forderungen der Entwicklungsländer ist. Im Zusammenhang damit wiesen sie erneut mit Nachdruck darauf hin, daß die Gegenwartskrisen im Weltwirtschaftssystem nach wie vor die Ungereimtheiten seiner Struktur und den unverändert weiterbestehenden Mangel an Gerechtigkeit in den internationalen Wirtschaftsbeziehungen widerspiegeln.«

Hierauf folgt die bekannte Feststellung: »Die Minister konstatierten erneut einen ungenügenden Fortschritt bei den weltweiten Verhandlungen über die Reorganisation der derzeitigen internationalen Wirtschaftsbeziehungen und über die Schaffung einer neuen Weltwirtschaftsordnung, was größtenteils Schuld der unnachgiebigen Haltung der entwickelten Länder ist, die nicht den erforderlichen politischen Willen zeigten und politischen und wirtschaftlichen Druck ausübten, um ihre privilegierte und beherrschende Stellung gegenüber den Entwicklungsländern aufrechtzuerhalten.«

Hier sei gleich die entsprechende Parallelfeststellung in der Einleitung des Wirtschaftsteils der Deklaration angefügt: »Im Zusammenhang mit dem kaum nennenswerten Fortgang bei den multilateralen Wirtschaftsverhandlungen zur Realisierung einer neuen Weltwirtschaftsordnung nach der Annahme der Deklaration und des Aktionsprogramms der 6. Sondertagung der UN-Vollversammlung gaben die Minister ihrer tiefen Enttäuschung und ernsten Besorgnis darüber Ausdruck, daß es auch der 11. Sondertagung der UN-Vollversammlung nicht gelungen ist, ihre Ziele zu erreichen, sowie darüber, daß die 35. ordentliche Tagung hinsichtlich der Aufnahme allgemeiner Verhandlungen auf einem toten Punkt angelangt ist.«

Dies zeigt die Kontinuität des erfolglosen Bemühens um einen Systemwandel in den Weltwirtschaftsbeziehungen. Die erwähnte 6. außerordentliche Tagung der UN-Vollversammlung war im Frühjahr 1974, im Anschluß an die Konferenz von Algier, und die 11. im Jahr 1980 abgehalten worden; diese war der 35. ordentlichen Tagung vorausgegangen, die im Herbst des gleichen Jahres stattfand. Mithin wurde bei der 20-Jahrfeier der

Bewegung ein anhaltender, lange Jahre währender Mißerfolg der Aktion hinsichtlich der Schaffung einer neuen Weltwirtschaftsordnung festgestellt.

Es wird konstatiert, daß die Strategie der UN für die achtziger Jahre unbefriedigend und daß überdies diejenige für das vorhergehende Jahrzehnt auch nicht annähernd realisiert worden sei.

Was die politische Weltlage anbelangt, so wird in der Deklaration die eingetretene ernstliche Verschlechterung hervorgehoben. Im politischen Teil folgt unmittelbar auf die Kundgebung der Unzufriedenheit mit dem Stand der Dinge hinsichtlich der Wirtschaftsordnung eine Stellungnahme zu der Verschärfung der Rivalität zwischen den beiden Supermächten, zu dem fortlaufenden Wettrüsten und den vorhandenen Anzeichen für die Verstärkung des Drucks auf die Länder der dritten Welt auf allen Kontinenten. Die Priorität wird wieder zwei Gebieten eingeräumt: dem Süden Afrikas und dem Nahen Osten.

Die Deklaration wendet sich auch den Streitsituationen in und um Afghanistan sowie den Verhältnissen in Südostasien zu. In beiden Fällen werden klare Standpunkte formuliert; gefordert werden der Abzug der fremden Truppen aus den betroffenen Ländern sowie die Respektierung ihrer Souveränität und Integrität. Vorbehalte wurden in beiden Fällen nur von seiten der Delegationen der unmittelbar betroffenen Länder, d. h. Afghanistans und Vietnams, gemacht.

Ferner befaßt sich die Deklaration auch mit dem Krieg zwischen dem Irak und dem Iran, wobei man darauf bedacht ist, keine der beiden Seiten herauszufordern und der Bewegung jede Möglichkeit der Vermittlung und des Bemühens um eine friedliche Beilegung des Streits offenzulassen. Daneben werden in der Deklaration all jene Fragen behandelt, die auch auf der Konferenz von Havanna aufgeworfen worden waren.

Bei dem anläßlich des zwanzigjährigen Bestehens der Blockfreienbewegung erlassenen Aufruf handelt es sich um ein politisches Dokument, in dem sich die Minister der Rolle zuwenden, die die Bewegung während der vergangenen zwanzig Jahre, von der Belgrader Konferenz bis zu dem gegenwärtigen Treffen, gespielt hat. Zum Abschluß wird an alle Länder der Welt appelliert, zusammenzuarbeiten und den Weltfrieden und die Gleichberechtigung aller Länder der Welt zu erhalten.

Auch in Delhi gab es vereinzelte Vorbehalte, doch war deren Zahl hier weit kleiner als bei der Konferenz von Havanna und bei dem Belgrader Ministertreffen von 1978; auch betrafen sie Fragen von geringerem Belang. Die beiden wichtigsten darunter waren, wenn man von den bereits erwähnten Vorbehalten Afghanistans und Vietnams absieht, die Vorbehalte Botswanas, Jamaikas, Swasilands, Senegals und Nigerias zu dem Passus, in dem die Mitglieder der Vereinten Nationen aufgerufen werden, die Vollmachten Israels nicht mehr gelten zu lassen, sowie die Vorbehalte Pakistans, Bangladeschs, Bhutans, Bahrains, Lesothos, der Vereinigten Arabischen Emirate, Malaysias, Omans, Ägyptens, Zaires und Senegals zu dem Passus, in dem die Unabhängigkeit für Puerto Rico gefordert wird.

Fern blieben der Konferenz der Delegierte Kampucheas, da der Streit um dessen Vollmacht noch nicht geregelt war, jedoch auch der Vertreter Burmas, das sich nach Havanna aus der Bewegung zurückgezogen hatte – mit der Forderung, diese solle aufgelöst und an ihrer Stelle eine neue gebildet werden, eine, die wirklich blockfrei wäre. Auch in bezug auf Ägypten wurde keinerlei Einigung erzielt; und in dem Abschnitt der Deklaration, der den Nahen Osten betrifft, werden ähnliche Formulierungen gebracht wie in Havanna.

Betrachten wir die letzten zwei Jahre der ersten beiden Jahrzehnte des Bestehens der Bewegung, d. h. die Periode, die mit der Gipfelkonferenz in Havanna beginnt und noch die Ministerkonferenz in Delhi umfaßt, in ihrer Gesamtheit, so wird deutlich, daß dies der Zeitabschnitt ist, in dem sich erstmals unterschiedliche Ansichten und Standpunkte geltend machten, die so geartet waren, daß ihnen nicht mittels Konsens beizukommen war, weshalb zu ihrer Ausklammerung Zuflucht genommen werden mußte. Dies gilt für die Fragen der Vollmacht Kampucheas und der Suspension Ägyptens, jedoch auch für die Stellungnahme zur Lage in Afghanistan, obschon dessen neuer Regierung nicht das Recht abgesprochen wurde, das Land innerhalb der Bewegung und bei den Vereinten Nationen zu vertreten. Weit größere Aufmerksamkeit verdient allerdings das augenscheinliche Fortbestehen divergenter Standpunkte in den wichtigsten Fragen: in den Grundsätzen und der Politik der Bewegung bezüglich ihrer langfristigen und grundlegenden Anliegen und Interessen. Bei der Ministerkonferenz in Delhi ergab sich zwar keine Situation, die der von Havanna ähnlich gewesen wäre; doch wird aus dem Wortlaut der Abschlußdokumente deutlich, daß besonderes Gewicht auf die ursprünglichen Prinzipien und die Wahrung der wesensechten Politik der Blockfreiheit gelegt wurde.

Angefangen von der Rekapitulation des zurückgelegten Wegs bis zu den Lagebeurteilungen in bezug auf die aktuellen Geschehnisse und den Stellungnahmen zu den bevorstehenden Hauptaufgaben ist in der Deklaration eine indirekte Polemik mit nur angedeuteten Standpunkten zu spüren. Ja, an mehreren Stellen ist sogar ausdrücklich von der Notwendigkeit der Wahrung der Einheit und von Kräften die Rede, die von außen her daran arbeiten, zwischen die blockfreien Länder einen Keil zu treiben und ihre Bewegung und deren Aktionen zu schwächen.

In Neu-Delhi wurde formell konstatiert, daß die Bewegung nun 95 Länder umfasse und daß von ihrem Anfang in Belgrad, wo 25 Länder versammelt waren, bis zu ihrem heutigen Stand ein weiter Weg zurückgelegt worden sei.

Es steht außer Zweifel, daß die Bewegung nach dem ersten starken Widerhall, den sie 1961 in der Welt fand, Krisen durchlief, um schließlich einen Zustand der Reife zu erreichen, in dem sich ihre Rolle als Vertreterin der Länder der dritten Welt und als weltpolitischer Faktor gefestigt hatte. Doch dies stellte sie auch vor sehr schwierige Probleme und Prüfungen in einer von Krisen tief erschütterten Welt.

II. Die Hauptrichtungen des Wirkens der Bewegung

Jedes Verhandeln, jedes Sich-Zusammentun und noch mehr jedes gemeinsame Handeln von Staaten stellt einen politischen Akt dar, fällt in den Bereich der Weltpolitik. Die Abhaltung der Belgrader Blockfreien-Gipfelkonferenz mit der aus ihr erwachsenden Bewegung war zweifellos ein politischer Vorgang, und die daran Beteiligten waren sich dieses Charakters ihres Vorgehens voll bewußt. Dennoch stellen sie in dem Hauptdokument, das von jener Konferenz herausgegeben wurde, in der Belgrader Deklaration, mit Nachdruck fest – eine Feststellung, die sie später immer wieder einmal wiederholten –, daß sich ihr Unterfangen wesentlich von den seinerzeit üblichen politischen Kollektivaktionen unterscheide. Sie unterstrichen, daß ihr Zusammenschluß weder hinsichtlich seiner Intentionen noch der ihm zur Verfügung stehenden Möglichkeiten der Schaffung eines neuen Blocks gleichkomme.

Dieser besonders stark betonte Hinweis, daß es sich hier nicht um einen Block handle, gründet sich auch darauf, daß es nach dem Zweiten Weltkrieg, zu Beginn der nuklearen Ära, zu Zusammenschlüssen besonderer Art gekommen war, die sich von den früheren militärpolitischen Bündnissen unterschieden. Bei diesen, den klassischen Bündnissen, war es so gewesen, daß in Friedenszeiten eine allgemeine und formlose politische Zusammenarbeit vorausgesetzt wurde, während das eigentliche Wirksamwerden des Bündnisses dem Kriegsfall vorbehalten war. Ja, es war sogar üblich, daß das gemeinsame militärische Vorgehen ausdrücklich für diesen Fall vereinbart wurde.

Anders geartet sind die beiden militärischen Hauptbündnisse, die nach dem Zweiten Weltkrieg entstanden, d. h. der Nordatlantikpakt und der Warschauer Pakt, auch als »Blöcke« bekannt. Sie kamen sofort, d. h. bereits in Friedenszeiten, zum

Tragen. Im Rahmen dieser Bündnisse sind institutionalisierte Formen regulärer Zusammenarbeit und gemeinsamen Vorgehens auf politischem Gebiet vorgesehen; und im militärischen Bereich wurde jeweils eine gemeinsame Organisation geschaffen, die auch ein gemeinsames Oberkommando und die Vereinheitlichung von Ausrüstung und Waffen mit einschließt. Im Gegensatz zu dieser festen organisationsmäßigen Verbundenheit sind die Verpflichtungen für den Kriegsfall elastischer als die, die in den klassischen Bündnissen üblich waren. Vorgesehen sind Konsultationen über die zu ergreifenden Maßnahmen, obschon die These akzeptiert wird, daß ein Angriff auf ein Mitglied des Bündnisses als Angriff auf alle anderen Mitglieder anzusehen sei.

In dieser größeren Elastizität in der Formulierung der Verpflichtungen für den Kriegsfall spiegelt sich in erster Linie ein Realismus, der in den in der Vergangenheit gemachten Erfahrungen wurzelt, jedoch auch das Einkalkulieren der neuen allgemeinen Gegebenheiten der nuklearen Ära wider. Das Bündnis wird nicht mehr einfach als Mittel zur Einbeziehung neuer Akteure in einen eventuellen Konflikt begriffen, sondern vornehmlich als Mittel zur Abwendung der Gefahr eines Angriffs bzw. zur Vermeidung eines Kriegs. Andererseits stützt sich die Zuverlässigkeit des Bündnisses nicht auf feste, starre formelle Verpflichtungen, sondern auf die vorhandene enge Zusammenarbeit und Organisation auf militärischem Gebiet, doch nicht nur auf diesem.

Dieser Bündnistyp trug in das internationale Leben die bislang nicht bekannte Komponente der Paktgebundenheit hinein, daher auch die üblicherweise dafür gebrauchte Bezeichnung »Block«. Durch die Schaffung und das Wirken zweier Blöcke auf der internationalen Bühne – und insbesondere durch die klare ideologische und politische Differenzierung dieser beiden Blöcke – wurde eine Polarisation der politischen Beziehungen herbeigeführt. Beide Machtzentren waren und sind bestrebt, ihre Einflußsphäre, wenn nicht gar ihren Herrschaftsbereich, zu erweitern. So trat noch in den fünfziger Jahren ein Zustand ein, bei dem jeder Zusammenschluß Bestandteil des einen oder des anderen Blocks war oder doch als solch ein Bestandteil gewertet wurde. Dies nun bedeutete wiederum, daß jeder Zusammenschluß, der aus diesem Rahmen heraustrat, als Schaffung eines dritten Blocks angesehen wurde.

Besagte Polarisation war zu Beginn der sechziger Jahre in der Welt so weit fortgeschritten und wurde so sehr als gegebene Tatsache hingenommen, daß diejenigen, die die Blockfreien nicht als eigenen Block betrachteten, diese Gruppe als »Nummer 3« apostrophierten, sie also als dritte Kraft oder dritten Zusammenschluß begriffen. Bestärkt wurde diese Anschauungsweise dadurch, daß die Welt in sozialer Hinsicht. d. h. in bezug auf die gesellschaftlichen und wirtschaftlichen Verhältnisse, in zwei Teile zerfiel: den entwickelten Norden, der den Kernraum darstellte, in dem bereits direkt nach dem Krieg führende souveräne Staaten existierten, und die Region, die, aus neubefreiten und Entwicklungsländern bestehend, gerade erst im Begriff war, ihre eigene Welt zu bilden, die denn auch die »dritte Welt« genannt wurde.

Der grundlegende Unterschied zwischen der dritten Welt und der anderen, von der sie sich abtrennte, beruhte darin, daß dort politische Bündnisse und zwei verhältnismäßig entwickelte Gesellschaftsformen bestanden, während hier eine bündnisfreie Zone existierte, die Länder mit einem anderen, dritten Gesellschaftstyp umfaßte, eben die Entwicklungsländer. Doch heißt dies nicht, daß hier nun ein drittes politisches Zentrum geschaffen wurde und so ein politisch-strategisches Dreieck entstehen mußte.

Heute mag dies einfach und verständlich erscheinen, doch zum Zeitpunkt der Belgrader Konferenz, in den Anfängen der Blockfreienbewegung, war dies noch nicht ganz klar und wurde schon gar nicht allgemein akzeptiert. Deshalb kam es dann auch zu der ausdrücklichen Erklärung der Teilnehmer jener Konferenz, daß sie keinen neuen dritten Block zu schaffen gedächten. Nun, überdies wären sie dazu ja auch gar nicht imstande gewesen, selbst wenn sie es gewollt hätten.

Damit ein modernes Bündnis organisiert werden und damit es wirklich entsprechend den Prinzipien tätig werden kann, auf denen es aufbaut, bedarf es nämlich auch eines hinlänglich starken und einflußreichen Zentrums in Gestalt einer Großmacht und überdies noch einer ausreichenden Homogenität und Übereinstimmung in Fragen der aktuellen Politik. Diese Voraussetzungen waren in der Gruppe der in Belgrad versammelten Länder ganz offenkundig nicht gegeben. Und der Erfolg des Unternehmens, die Erweiterung der Reihen der Teilnehmer der Bewegung, ließ solche Voraussetzungen immer weniger möglich erscheinen.

In einem solchen Zusammenschluß, dessen Anliegen und Aspirationen von Mitglied zu Mitglied variieren, ist ein Zusammenhalt nur auf der Grundlage von Bedürfnissen und Bestrebungen möglich, die über die vorhandenen außenpolitischen Unterschiede hinaus allen Mitgliedern gemein sind. Und daß sich solch eine Gemeinsamkeit einzig und allein bei langfristigen und fundamentalen Bestrebungen und Bedürfnissen ergeben kann, liegt auf der Hand. Bei der Belgrader Konferenz wurde das, wie wir gesehen haben, sehr klar von ihrem Einberufer, Tito, und dann auch in der Belgrader Deklaration zum Ausdruck gebracht. Dieses Dokument ist in der Tat Ausdruck des Strebens nach einer Änderung der Welt und der Beziehungen und der Ordnung in der Welt, wie auch in der Einleitung nachzulesen ist, und nicht eine gemeinschaftlich akzeptierte Plattform zum Zweck der Behandlung der Unzahl aktueller Probleme, die die auf der Konferenz versammelten Länder angingen oder interessierten.

Daraus folgt auch, daß die Politik der blockfreien Länder auf eine Änderung des internationalen Systems ausgerichtet war und ist, und nicht so sehr auf die Lösung einzelner Konflikte bzw. aktueller Fragen. Das heißt nun nicht, daß man nur langfristige Probleme im Auge hätte, doch kann man sie von den aktuellen Fragen trennen. Auch heißt »langfristig« nicht, daß die betreffenden Probleme Zukunftsfragen wären, sondern nur, daß sie – aktuelle Fragen wie andere auch – nicht im Rahmen der Tagespolitik und sofort bzw. einfach dadurch, daß irgendwelche entsprechenden Beschlüsse oder Maßnahmen getroffen werden, gelöst werden können.

Somit unterscheidet sich die Blockfreienbewegung von den Blöcken dadurch, daß in ihr die Außenpolitik, d. h. die Politik, die die fortlaufende Auseinandersetzung mit den jeweiligen *aktuellen* Problemen zum Gegenstand hat, *nicht koordiniert* wird. Das Ziel der blockfreien Länder ist eine Koordinierung ihrer Aktionen zur Lösung *langfristiger* Probleme. Dieses Ziel ist der kleinste gemeinsame Nenner der Blockfreienbewegung, obwohl ihr in einigen Fällen die Formulierung gemeinsamer Standpunkte auch in bezug auf aktuelle Fragen gelang.

Doch auch die langfristigen Aktionen können wiederum in zwei Gruppen unterteilt werden. Die erste bilden Aktionen, die die direkte Änderung bestimmter charakteristischer Formen oder bestimmter Verhältnisse in der Welt, mithin eine direkte Änderung der Welt, bezwecken. Zu diesen Aktionen sind die Abschaffung des Kolonialismus, die Eliminierung der Blockpolitik und Liquidierung der Blöcke oder auch die Einführung einer neuen Wirtschaftsordnung zu rechnen.

Neben diesem Einsatzbereich der Bewegung gibt es einen zweiten, und die hier unternommenen Aktionen haben die Änderung der die internationalen Beziehungen betreffenden Grundsätze zum Gegenstand, eine Änderung durch die Einführung und Anwendung der Prinzipien der friedlichen und aktiven Koexistenz. Ziel der Tätigkeit in diesem Bereich ist die Formulierung neuer Verhaltensregeln für die Tagespolitik, für die zwischenstaatlichen Beziehungen. Diese Aktivität könnte man »Koexistenzaktivität« nennen.

Freilich, keine Klassifikation hat ganz starre Grenzen, die nicht überschritten werden könnten – auch die hier nicht. Immerhin aber macht es uns obige Klassifikation, die anhand der hervorstechendsten Merkmale der politischen Aktivität der Blockfreienbewegung vorgenommen wurde, leichter, uns über letztere eingehend zu informieren und sie gründlich zu analysieren.

Das *unmittelbare* Ziel der Aktivität auf dem Gebiet der Koexistenz, also der auf die Prinzipien bezogenen Aktivität, ist die Proklamation von Verhaltensregeln. Die Beeinflussung des tatsächlichen Zustands der internationalen Beziehungen soll durch die *Anwendung* dieser Regeln erreicht werden und ist mithin ein *indirektes* Ziel. Dementsprechend wird der Verlauf einer Aktion in zwei Stufen geplant, auch wenn ihre Ingangbringung von dem Wunsch und der Hoffnung begleitet ist, daß die Prinzipien möglichst im Anschluß an ihre Verkündung dann auch verwirklicht werden. Diese Aufteilung in zwei Stufen oder Phasen ist jedoch das Ergebnis der realen Bedingungen und des herrschenden Zustands in der Welt; und es wäre naiv, vor dieser Tatsache die Augen zu schließen.

Abschließend sei noch darauf hingewiesen, daß die Verwirklichung der Ziele im einen wie im andern Fall natürlich nur auf der Basis des globalen Konsens unter Außerachtlassung einer mehr oder weniger unbedeutenden Minderheit von Opponenten zustande kommen kann.

1. Die direkte politische Aktivität

a) *Die Einstellung gegenüber den Blöcken – Frieden und Sicherheit*

Schon allein die Wahl ihres Namens gleich bei der ersten Konferenz, der Belgrader, zeigt, daß die Bewegung als blockexterner Zusammenschluß gedacht war. Das bedeutet, daß sich Einberufer wie Teilnehmer jener Konferenz vollkommen im klaren darüber waren, daß jede Aktion zu den Anliegen, die das einigende Band zwischen ihnen bildeten und sie zur Koordinierung ihrer Bemühungen veranlaßt hatten, außerhalb der Blöcke geführt werden müsse. Nun scheint auf den ersten Blick mit dieser Formulierung alles gesagt, bei näherem Zusehen jedoch wird man gewahr, daß sie eben doch unzureichend ist, da sich die Haltung der Blockfreienbewegung nicht darin erschöpft, daß ihre Teilnehmer außerhalb der Blöcke stehen.

Zur Erfassung des Wesens der Blockfreiheit in vollem Umfang bedarf es der Berücksichtigung zweier weiterer Merkmale. Das sind erstens die Unabhängigkeit vom politischen Einfluß gleichwelchen Blocks und gleichwelcher Großmacht und zweitens der aktive Einsatz bei konkreten, definierten Aktionen. Diese zweite Komponente macht den positiven Gehalt der Definition der Blockfreiheit oder Nichtpaktgebundenheit aus. Doch wird auch die Unzulänglichkeit des letzteren Terminus erkennbar, der durch das *Nicht-* auf den ersten Blick zu einem Negativum wird und die Vorstellung erweckt, als handle es sich einfach um eine *Nicht*-Bindung, um Losgelöstheit von jedem Engagement.

Die hier angeführten Merkmale der Blockfreiheit sind heute besonders wichtig, heute, da wir sogar den Zusammenhalt innerhalb der Blöcke selbst schwächer werden sehen und die Großmächte, insbesondere die Supermächte, immer häufiger eigenmächtige Aktionen auf der einen wie auf der anderen Seite, im Westen wie im Osten, durchführen. Ja, nicht nur bei den Bemühungen um die Erweiterung der jeweiligen Einflußsphäre und des jeweiligen Herrschaftsbereichs, sondern auch bei allen Verhandlungen erhält die bilaterale Verständigung immer mehr das Übergewicht über blockgebundene Absprachen.

Die Blockfreienbewegung führt also Aktionen außerhalb der Blockpolitik durch – als selbständige und abgegrenzte Aktivitäten und unabhängig vom Einfluß jedes außerhalb der Bewegung befindlichen Machtzentrums, wie immer dieses auch geartet sein mag, ob es sich dabei nun um eine einzelne Großmacht oder um eine Staatengruppe um eine Großmacht herum handelt.

Eine Änderung der bestehenden Ordnung in der Welt, wie sie die Blockfreien anstreben, kann den Blöcken eigentlich nicht gelegen kommen, denn sie könnte – oder würde höchstwahrscheinlich – die Machtpositionen der Blöcke schwächen. Hier sei an die beredte Einleitung zur Belgrader Deklaration von 1961 erinnert, in der gerade dieses Ziel der Bewegung in den Mittelpunkt der Aufmerksamkeit gerückt wird. Diese Einleitung beginnt: »Die Staats- und Regierungschefs der blockfreien Länder geben angesichts der möglicherweise zu einem Weltkonflikt führenden Krisen, die beim Übergang von der alten, auf Herrschaft begründeten, zu einer neuen, auf Zusammenarbeit zwischen den Völkern gestützten Ordnung entstehen, einer Ordnung, die auf Freiheit, Gleichheit und sozialer Gerechtigkeit basiert und zum Wohlstand führt, in Erwägung der Tatsache, daß die dynamischen Prozesse und Formen einer gesellschaftlichen Veränderung häufig einen Konflikt zwischen der alten, feststehenden Ordnung und den neuen, erst heranwachsenden, von der Vernunft geleiteten Kräften zur Folge haben, in Erwägung dessen, daß ein dauerhafter Friede nur dann zu erzielen ist, wenn diese Konfrontation der alten und der neuen Ordnung das Entstehen einer Welt bewirkt, aus der die Herrschaft von Kolonialismus, Imperialismus und Neokolonialismus in all ihren Erscheinungsformen ausgemerzt ist, ... folgende Erklärung ab ... «

Dieser fundamentale Passus aus der Einleitung der Belgrader Deklaration bleibt auch nach den zwanzig Jahren des Wirkens der Bewegung die Ausgangsposition für die Gemeinschaftsaktionen der blockfreien Länder, die unabhängig von dem Einfluß der Blöcke und Großmächte sein müssen, ist es doch augenscheinlich, daß deren Verhaltensweise sowie ihre politischen Konzeptionen und ihre politische Praxis im Mittelpunkt der Änderungsbestrebungen der Bewegung stehen.

Die angestrebten Veränderungen beeinträchtigen sicher die erworbenen Privilegien und die Interessen der Großmächte. Dies gilt nicht nur für die Frage der politischen Vorherrschaft und der Unterwerfung anderer unter den eigenen Willen, sondern auch für die bestehenden Privilegien auf wirtschaftlichem Gebiet.

Nun könnte dies ein Grund für die Entwicklung feindseliger oder antagonistischer Beziehungen zwischen der Gesamtheit der blockfreien Länder einerseits und den Blöcken, Großmächten und industriell entwickelten Ländern andererseits werden. Doch die Bewegung hat von Anfang an die Ansicht vertreten, daß die Anbahnung neuer, andersgearteter Beziehungen in der internationalen Gemeinschaft, sofern sie von Frieden und Stabilität begleitet ist, im langfristigen Interesse aller, auch der mächtigsten Länder, liege. Aus dieser Einschätzung der Lage heraus entwickelten sich die politischen Aktivitäten der Bewegung zur grundlegenden Änderung der bestehenden ungleichen Beziehungen und zur Durchsetzung der Gleichberechtigung für materiell schwächere Länder und Völker und damit auch ihre Taktik, insbesondere die genaue Festlegung der Haltung gegenüber den Großmächten.

Diese Haltung vereinigt in sich den Widerstand gegen die üblichen internationalen Beziehungen und die Bekämpfung des Trachtens nach Wahrung der erworbenen Privilegien und nach Hinzugewinnung neuer mit der Bereitschaft zu Verhandlungen zum Zweck der Verwirklichung der gewünschten Veränderungen durch globalen Konsens. Zur Veranschaulichung des Gesagten sei wiederum ein Zitat aus der Belgrader Deklaration angeführt, ist diese doch das erste Dokument der Bewegung und als solches vornehmlich mit der Definition der fundamentalen Leitsätze und Anschauungen der blockfreien Länder befaßt (dies war übrigens auch der Grund dafür, daß gerade dieses Schriftstück 1979 in Havanna so viel zitiert wurde, als dort die Diskussion über die Grundprinzipien und Hauptzielsetzungen der Bewegungen anlief):

»Die bei dieser Konferenz vertretenen nichtpaktgebunden Länder wollen keinen neuen Block bilden und können auch kein Block sein. Sie hegen den aufrichtigen Wunsch nach Zusammenarbeit mit jeder Regierung, die bestrebt ist, zur Festigung des Weltfriedens beizutragen.

Die blockfreien Länder wünschen dies um so mehr, als sie sich dessen bewußt sind, daß Frieden und Stabilität in der Welt weitgehend vom Stand der Beziehungen zwischen den Großmächten abhängen.«

Durch diese wohlausgewogene doppelgleisige Aktion in Form des Widerstands gegen die Hegemonialpolitik der Großmächte bei gleichzeitiger Eröffnung des Dialogs mit ihnen gelang es der Blockfreienbewegung nach und nach, die feindseligen Stellungnahmen, die im Osten wie im Westen über sie abgegeben wurden, wenn nicht völlig niederzuschlagen, so doch wenigstens zu entkräften, zumindest jene, die auf Fehldeutungen beruhen. Dazu gehörte die Unterstellung, die blockfreien Länder unterstützten indirekt oder sogar vorsätzlich die Position des einen oder des anderen Blocks.

Es war dies eine Einstellung, wie sie während des kalten Kriegs häufig anzutreffen war. Sie war eher Ausdruck der unkritischen und intransigenten Kaltkriegsstandpunkte der Blöcke als Spiegelbild der Politik der Blockfreien. Dies ist leicht einzusehen, wenn man den Hang der konfrontierten Parteien in Betracht zieht, alles, was nicht unmittelbaren Nutzen oder unmittelbare Vorteile für das eigene Lager mit sich bringt, als feindlich anzusehen. Im Zuge des Abflauens des kalten Kriegs rückte man im großen und ganzen von dieser Konfrontationshaltung ab. Allerdings bekunden die Großmächte bei jeder Lageverschärfung die Neigung, sie wieder aufleben zu lassen, wenn auch nicht in der ursprünglichen generalisierenden und scharfen Form. Die Kritiken und Einwände dieser Art sind subtiler und selektiver geworden, ja, sie werden sogar vorgebracht, um angebliche Inkonsequenzen der Politik der Blockfreiheit anzuprangern.

Ferner ist noch eine Interpretation der Blockfreiheit herauszustellen, die darin besteht, daß der Bewegung die Verpflichtung zugeschrieben wird, einen von beiden Blöcken äquidistanten Standpunkt einzunehmen, d. h. Unterstützung und Widerstand hinsichtlich der Aktionen von Ost und West gleichmäßig zu verteilen. Dies ist selbstverständlich eine ganz und gar sinnlose These, und sie wird heutzutage auch immer seltener vertreten. Sie geht von der Annahme aus, daß die Bewegung eine Art Mittelpunktstellung zwischen den beiden gegnerischen Parteien, den Blöcken oder Supermächten, einnimmt und sich dabei aber im Rahmen der bestehenden Ordnung hält. Von dieser Vorstellung von der Rolle der Blockfreien machte man sich in dem Maße frei, in dem die Einsicht zunahm, daß die Bewegung vornehmlich fundamentale Änderungen der bestehenden Weltordnung anstrebt.

Schließlich müssen wir noch mit einer dritten Einstellung zu der Politik der Bewegung den Blöcken, Groß- und Supermächten gegenüber aufräumen, die darin besteht, die Blockfreiheit als Neutralismus hinzustellen. Dies ist eine unhaltbare Konzeption, weil nämlich die Blockfreiheit den Rahmen des Neutralismus sprengt, obwohl es zwischen ihnen Berührungspunkte gibt. Der Neutralismus nimmt den herrschenden Zustand und die bestehende Ordnung sowie die vorhandenen Spielregeln und Beziehungen in der Welt in Kauf und wünscht nicht, an einem gegebenen Konflikt zwischen zwei gegnerischen Parteien teilzunehmen; er strebt allenfalls eine Abschwächung bzw. die Beilegung des betreffenden Konflikts oder der betreffenden Dauerkonfrontation an.

Die Neutralen sind bei ihrer Aktion eingeengt durch die Auflage bzw. die aus eigenem Entschluß übernommene Verpflichtung, die Legitimität der gegensätzlichen Positionen zu akzeptieren, keine der beiden Parteien zu unterstützen und ihrerseits in den Konflikt, wenn überhaupt, so nur mit der Zustimmung oder doch mit dem stillschweigenden Einverständnis beider Parteien aktiv einzugreifen. Daß die Blockfreienbewegung – obwohl es in Ausnahmesituationen vorkommen mag, daß sie auch einmal eine solche Rolle spielt – ihre grundlegende Aktivität nicht derart einengt, dies auch gar nicht tun kann, liegt auf der Hand. Das ist schon allein deswegen ausgeschlossen, weil sie ja darauf aus ist, die internationale Ordnung als solche zu ändern.

Zur Veranschaulichung des Unterschieds zwischen Blockfreiheit und Neutralismus wollen wir einen Blick auf die Zusammenarbeit zwischen den beiden im Rahmen der Europadebatte werfen, die auf der in Helsinki tagenden Konferenz über Sicherheit und Zusammenarbeit in Europa eröffnet wurde. Soweit es um die Erhaltung und Erweiterung der in der Schlußakte erreichten Ergebnisse geht, gibt es keinen Unterschied in den Bestrebungen zwischen den Blockfreien und den neutralen Ländern Europas, die in der sogenannten NN-Gruppe einträchtig zusammenarbeiten. Doch bei der Behandlung der auch die europäischen Länder angehenden Probleme im Zusammenhang mit der internationalen politischen und Wirtschaftsordnung kam eine solche Übereinstimmung der Ansichten bisher nicht zustande.

In der Weltpolitik hielten sich die blockfreien Länder an die Leitsätze, die in den bekannten grundlegenden Dokumenten der Bewegung, d. h. in den Abschlußdokumenten der Gipfelkonferenzen ihrer Mitglieder, dargelegt sind. Hinsichtlich der Wahrung der Unabhängigkeit von den Blöcken und des Kampfs für den Frieden, zweier Aufgaben, die von der Bewegung stets mit der Problematik der Beziehungen zwischen den Blöcken in Verbindung gebracht wurden, stimmen ihre Standpunkte und ihre Politik weitgehend mit denen der neutralen Länder überein. Allerdings ist die Aktivität der Blockfreien aufgrund ihrer gemeinsamen Standpunkte und des Zusammenwirkens der Bewegung dennoch spezifischer Natur; und eine Analyse ergibt, daß sich ihre Politik klar von der Politik des Neutralismus bzw. der neutralen Länder abhebt.

Die blockfreien Länder bemühten sich auf internationaler Ebene sehr wohl, die Spannungen abzubauen und den konstruktiven Dialog zwischen den Vereinigten Staaten und der Sowjetunion zu unterstützen, wovon auch die Aktion am Ausgang der Belgrader Konferenz zeugt. Doch beschränkten sie sich nicht auf solch eine Mittlerrolle und bezogen im Rahmen der Ost-West-Konfrontation entschiedene und bisweilen sehr scharf formulierte Positionen gegenüber einzelnen Aktionen oder einer bestimmten Politik der einen oder anderen Seite, während des kalten Kriegs und nach dessen Beendigung.

Um die Darstellung dieses Aspekts des Wirkens der Blockfreienbewegung zu vereinfachen, ist es am besten, ihre Aktivitäten in den sechziger und den siebziger Jahren getrennt zu analysieren. In den sechziger Jahren ging sie vor allem gegen die Bekämpfung der Befreiungsbewegungen durch den Westen an und verurteilte die neokolonialistischen Standpunkte und Aktionen des Westens. Diese Einstellung und die darauf basierenden Aktionen der Bewegung wurden im Westen häufig als Beweis für eine antiwestliche und prosowjetische Orientierung ausgelegt.

Es sei daran erinnert, daß dies die Zeit des aktiven Einsatzes der USA im Vietnamkrieg und der stetigen Verschärfung dieser kriegerischen Auseinandersetzung war, die dann kurz vor dem Ausgang der sechziger Jahre ihren Höhepunkt erreichte. Gleichzeitig war dies auch die Periode, in der der Westen ganz offen gegen die Befreiungsbewegungen in Simbabwe und Namibia auftrat. Im Zusammenhang damit muß auch die westliche Unterstützung Portugals beim Kampf gegen die Befreiungsbewegungen in den portugiesischen Kolonien in Afrika, insbesondere in Angola und Moçambique, gesehen werden. Darüber hinaus fehlte es in jenem Jahrzehnt auch an einer nennenswerten Aktivität zur Regelung der Wirtschaftsprobleme in den Entwicklungsländern, während zugleich der Aktionsspielraum der großen übernationalen Unternehmen, die ihren Sitz in den führenden Ländern des Westens hatten, geschützt und gewahrt wurde.

Parallel zu der Kritik an dieser Politik des Westens und zu ihrer Verurteilung zeigte die Bewegung Verständnis für die tätigen Initiativen der Sowjetunion, die den Befreiungsbewegungen – wenn auch in beschränktem Umfang, so doch immerhin überhaupt – materielle Hilfe und diplomatischen Beistand zukommen ließ. Im Fall Vietnam war diese aktive sowjetische Unterstützung sogar von erheblicher Bedeutung und großem Umfang. Doch auch unter diesen Gegebenheiten hielt die Bewegung Abstand von der Sowjetunion.

Die Blockfreienbewegung bzw. die blockfreien Länder bewerteten natürlich die Hilfe, die auf die Stärkung der blockfreien Zone in der Welt abzielte, und die Hilfe, die lediglich der Erweiterung des Einflusses des jeweiligen Blocks dienen sollte, unterschiedlich. Diese Unterscheidung machte sich zumeist im Wortlaut der bei den Vereinten Nationen gefaßten Resolutionen sowie der eigenen Proklamationen und politischen Dokumente geltend. Anhand dieser Texte können wir zwei charakteristische Erscheinungen registrieren. Die erste ist die Tatsache, daß die Blockfreien großes Gewicht auf den Sieg der Befreiungsbewegungen legten und noch in der Phase des bewaffneten Kampfs die Vorbedingungen dafür schufen, daß später allseitige Beziehungen auf der Basis der Prinzipien der Blockfreiheit entwickelt werden konnten; die zweite ist die Einstellung zur Politik der Kolonialherren und des – diese unterstützenden – Westens. Die Blockfreien sahen in beiden Träger einer falschen Politik und nicht Gegner, die ein für allemal als Feinde zu betrachten und als solche zu bekämpfen seien, wie dies den Gepflogenheiten der Kaltkriegspolitik östlicher Prägung entsprach.

Eines der bedeutsamen und greifbaren Ergebnisse dieser eigenständigen Politik der Blockfreien war der Umstand, daß die neubefreiten Länder durchwegs für die Blockfreiheit optierten und der Bewegung beitraten. So bewirkte das Fortschreiten der Entkolonialisierung in den sechziger Jahren die Ausbreitung der Blockfreiheit und nicht die Stärkung des Blocks, der mit den Kolonialherren bzw. mit dem Westen in Fehde lag. Dies war ein höchst bedeutender Beitrag der Blockfreienbewegung zu einer gedeihlicheren Entwicklung der allgemeinen politischen Lage und insbesondere zur Beendigung des kalten Kriegs.

Indes vermochte all dies nichts an den vehementen verurteilenden und kritischen Stellungnahmen zu ändern, die die führenden politischen Kreise der Vereinigten Staaten und anderer Länder des Westens gegenüber der Blockfreienbewegung abgaben und mit denen sie diese bezichtigten, eine antiwestliche und prosowjetische Politik zu betreiben. Doch gerade die Gefaßtheit, mit der die Bewegung diesen Reaktionen des einen Lagers, jedoch auch den von der anderen Seite kundgegebenen Protektionsansprüchen begegnete, ist typisch für die Politik der Blockfreiheit und unterscheidet sie von Neutralismus und Äquidistanzpolitik.

Auf die Periode, die vom Befreiungskampf und vom Kampf um die Verwirklichung und Wahrung einer echten Unabhängigkeit in der dritten Welt beherrscht wurde, also von Aktionen, bei denen die Rolle des Hauptgegners bzw. der Hauptgegner vom Westen bzw. von einigen Staaten des Westens übernommen wurde, folgte eine Periode, in der der Kampf gegen die Kolonialherrschaft beiseite geschoben wurde – und zwar in dem Maße, in dem die antikolonialistische Aktion Erfolg hatte. Gleichzeitig aber wurde durch den Rückzug der Vereinigten Staaten aus Vietnam eine Ära des Abbaus der aggressiven politischen Positionen des Westens in seinen Beziehungen zur dritten Welt angekündigt und auch tatsächlich eingeleitet.

In dieser Periode, die sich im wesentlichen mit den siebziger Jahren deckt, nahm der Westen den verbliebenen Problemen des Kolonialismus und den einschlägigen Sekundärfragen gegenüber eine Haltung ein, die weit konstruktiver als seine bisherige war. Es ist dies die Zeit, in der beispielsweise das systematische Bemühen um die Regelung des Simbabwe-Problems einsetzte. Anstatt dem rassistischen Regime in diesem Land mehr oder weniger offene Unterstützung zu gewähren, nahm zunächst Amerika und dann auch – in noch stärkerem Maß – Großbritannien die Rolle des Mittlers auf sich, mit dem Ziel, eine friedliche Lösung des Problems und die Herrschaft der Mehrheit, d. h. der eingeborenen, überwiegend schwarzen Bevölkerung des Landes, herbeizuführen.

Solche Wendungen in der Politik dieser führenden Mächte des Westens gingen nicht ohne Reibereien ab. Was vor allem Schwierigkeiten bereitete, war die Bewältigung der vorhandenen Widerstände im eigenen Lager und die Überwindung des Trägheitsgesetzes und aller sonstigen Faktoren, die die Beibehaltung des alten Kurses begünstigten. Bis sich die neue Entwicklung richtig durchsetzte, vergingen Jahre. Sodann mußte man das Vertrauen der Befreiungsbewegungen gewinnen und schließlich die Länder der dritten Welt im weiteren Sinn, insonderheit die blockfreien Länder, davon überzeugen, daß es wirklich von guten Absichten geleitete und konstruktive Anstrengungen seien, die da unternommen wurden.

Der amerikanische Rückzug aus Vietnam und die daran anschließende Einstellung des Kriegs in Indochina, die Auflösung der portugiesischen und spanischen Kolonialreiche, die Bildung einer die Mehrheit vertretenden Regierung in Simbabwe, die grundsätzliche Anerkennung der Berechtigung der Forderungen nach einer neuen Weltwirtschaftsordnung und andere ähnliche Entwicklungen bewirkten, daß die von der Blockfreienbewegung geübte Kritik am Westen an Gewicht und Schärfe verlor. Dieser bedeutende Umschwung vollzog sich nur allmählich, einsetzend etwa seit dem Blockfreiengipfel von Algier.

Stimuliert wurde diese Wende auch durch weitere Ereignisse auf internationalem Schauplatz, insbesondere durch den unentschiedenen Ausgang des Kriegs im Nahen Osten zwischen Arabern und Israel, vielleicht aber sogar noch mehr durch das erfolgreiche Vorgehen der erdölausführenden Länder, die sich in der OPEC zusammengeschlossen hatten. Das Zusammenfallen dieser Ereignisse mit den zunehmenden wirtschaftlichen Schwierigkeiten, die alle industriell entwickelten Länder des Westens erfaßten, machte diese geneigter, ihre Beziehungen zu den blockfreien Ländern zu verbessern und mehr Verständnis für die Probleme der dritten Welt zu entwickeln.

Unter diesen veränderten Gegebenheiten bestand die Möglichkeit der Entfaltung intensiverer und gehaltvollerer Beziehungen zwischen der Blockfreienbewegung und den industriell entwickelten Staaten des Westens. Da damals auch alle blockfreien und Entwicklungsländer eine umfassende Verhandlungsbereitschaft zeigten, begann der Dialog zwischen den Blockfreien und dem Westen.

Auf der anderen Seite, in der Sowjetunion, wurden all diese Vorgänge aufmerksam verfolgt. Doch wurde dort bei ihrer Interpretation das Schwergewicht darauf gelegt, herauszustellen, daß der Westen zum Rückzug gezwungen und in die Defensive gedrängt worden sei. Nun, schließlich waren die dramatischsten Ereignisse im Verlauf dieses Umschwungs ja auch die Niederlage der Vereinigten Staaten in Vietnam und die faktische, wenn auch nicht formelle Niederlage Israels, des Schützlings Amerikas, im Nahen Osten. Aufgrund dessen begann die Sowjetunion, entsprechend ihrer alles unter dem Blickwinkel der Blockpolitik betrachtenden Weltanschauung, der zufolge jeder Mißerfolg der anderen Seite als gute Gelegenheit für einen Vorstoß in der eigenen Sache gewertet wird, ihre Politik der dritten Welt und insbesondere den blockfreien Ländern und deren politischen Konzepten gegenüber stark zu aktivieren.

Hier sei noch einmal an den scheinbar nur theoretischen und verschwindend geringen Unterschied zwischen der Haltung der Blockfreien und der der Sowjetunion bei der Unterstützung der Befreiungsbewegungen erinnert. Durchaus begreiflich ist jedoch, daß die Sowjetunion den Ausgang des Entkolonialisierungsprozesses als unbefriedigend betrachtete, waren doch die davon erhofften Vorteile und die erwünschte Ausweitung des sowjetischen Einflusses in den fraglichen Weltregionen ausgeblieben. Hatte man in der UdSSR bereits vordem beharrlich die Theorie verfochten, daß es keine dritte Welt und keine besondere Rolle der blockfreien oder der Entwicklungsländer gäbe, und die Bipolarität der Welt hervorgehoben, also betont, daß es nur zwei Lager gäbe und nur eine Alternative, nämlich die, sich entweder für den Westen oder für den Osten zu entscheiden, so werden diese Ansichten seitens der UdSSR in den frühen siebziger Jahren mit ganz besonderer Intensität vertreten.

So ist es nicht weiter verwunderlich, daß gerade in dieser Zeit, offensichtlich in dem Bestreben, alle Möglichkeiten und die bei der Unterstützung der Befreiungsbewegungen in Afrika und Asien erlangten Vorteile zu nutzen, eine forcierte Aktion der UdSSR zur Verstärkung ihres Einflusses in verschiedenen Ländern und Regionen der dritten Welt einsetzte. Es war dies eine Doppelaktion, bestehend aus einem direkten Einsatz, der vornehmlich in Form von Waffenlieferungen erfolgte, und einem indirekten, der sich mittels der Zusammenarbeit mit Kuba vollzog. Die Tatsache der Waffenlieferungen läßt sich anhand der vorhandenen Angaben über den Umfang der Waffenausfuhr in die Länder der dritten Welt nachprüfen. Wie aus den Unterlagen des unparteiischen Instituts SIPRI (Stockholmer Internationales Friedensforschungsinstitut) hervorgeht, steigert die Sowjetunion diese Ausfuhr alljährlich weiter; und sie ist so während der siebziger Jahre, mit knappem Abstand hinter den Vereinigten Staaten liegend, zum zweitgrößten Waffenexportland der Welt geworden.

Ein Höhepunkt dieser Entwicklung wurde am Ende der siebziger Jahre erreicht. Den maßgeblichen Beitrag hierzu lieferte die Sowjetunion mit ihrer Unterstützung für Vietnam bei dessen Interventionen in Kampuchea und Laos, dann aber auch mit ihrem unmittelbaren Eingreifen in Afghanistan. Kurzum, die Beziehungen zwischen den Blockfreien und der Sowjetunion erfuhren durch diese Entwicklungen und durch Versuche letzterer zur Beeinflussung der Bewegung eine Belastung, die größer war, als die Belastung in den Beziehungen zwischen den Blockfreien und dem Westen in den sechziger Jahren.

Dennoch ließ die Bewegung zu keinem Zeitpunkt und in

keinem Fall einseitige Standpunkte gelten oder sich auf eine einseitige Ausrichtung festlegen. Damit soll gesagt werden, daß sie es verstand, Akzente zu setzen und bei ihrer Reaktion auf die Aktivitäten und Standpunkte der Parteien, der Blöcke und Großmächte, das Gewicht je nachdem auf die eine oder andere Seite zu verlagern. Die vorstehende Darstellung der beiden Zeitabschnitte des Bestehens der Blockfreienbewegung erfolgte zu dem Zweck, den eigentlichen Sinn der Politik der Blockfreiheit aufzuzeigen, zu zeigen, daß es sich hierbei um eine Politik handelt, die sich nicht nach den Standpunkten der Blöcke und Großmächte richtet und sich noch weniger von ihnen dirigieren läßt, die jedoch den allgemeinen Kursbewegungen und den jeweiligen Gegebenheiten der Politik dieser größten Machtzentren in den internationalen Beziehungen Rechnung tragen muß.

Es liegt auf der Hand, daß sich trotz der aufgezeigten Schwerpunktverlagerung der Kritik im Verlauf der beiden Jahrzehnte immer wieder einmal die Notwendigkeit der Apostrophierung dieser oder jener Aktion oder Politik der einen oder anderen Seite ergab. Dies führte letztendlich auch dazu, daß die extrem negativen Standpunkte und Urteile im Osten wie im Westen der Erkenntnis Platz machten, daß die Blockfreien, mag die von ihnen betriebene Politik für die jeweilige Partei auch inakzeptabel sein, dennoch weder ignoriert noch als Bestandteil des eigenen oder des anderen Blocks behandelt, noch zu einer Art Hilfstruppe im Konflikt zwischen den Blöcken gemacht werden können.

Am Ausgang der siebziger Jahre kam es zu einem Wiederaufleben der in den Reihen der Bewegung selbst latent vorhandenen Kontroverse um Sinn und Berechtigung der Position ihrer Unabhängigkeit von beiden Großmächten. Am stärksten kam dies auf der Gipfelkonferenz von Havanna 1979 zum Ausdruck. Doch auf eben dieser Konferenz wurde die Unabhängigkeit erneut bekräftigt und die These von der Notwendigkeit einer Hinwendung zur Sowjetunion verworfen. Überdies besteht ein hohes Maß an Wahrscheinlichkeit, daß dies auch in Zukunft so bleiben wird.

Der Sieg der streng blockfreien Position in Havanna, auf die dort auch die Länder einschwenkten, die anfangs für die Anlehnung an die Sowjetunion eingetreten waren, ist ein sehr bedeutsames Ereignis und zeigt, daß diese Position tatsächlich als Basis der Bewegung unersetzlich ist. Die Minderheit von Havanna begriff nämlich trotz ihrer engen und privilegierten Beziehungen zur Sowjetunion, daß sie weder eine dauerhafte und zuverlässige Lösung ihrer Wirtschaftsrobleme noch eine sichere und bleibende Garantie ihrer politischen Unabhängigkeit beinhalteten.

Und was die Mehrheit der Mitglieder der Bewegung anbelangt, so ist die Bedeutung ihres Zusammenhalts, mit dem sie das Fortbestehen des Zusammenschlusses der Länder des Südens – Süden im weltpolitischen Sinn – sicherten, leicht zu ermessen, wenn man sich vor Augen hält, wie es ohne diesen Zusammenschluß aussähe. Es wäre naiv zu glauben, daß die Großmächte gleichwelcher Seite ohne den Druck seitens der Bewegung bereit wären, den Entwicklungsländern eine konstruktive Entwicklungshilfe in angemessenem Umfang zu gewähren. Daß auf der vorhandenen Grundlage bereits etwas erreicht wurde, davon zeugen auch die bisher erzielten Ergebnisse, wie bescheiden sie auch sein mögen. Die derzeitige hohe Zahl der in der Bewegung vereinten Länder wäre allerdings auf keiner anderen Basis denkbar als auf der der strikten Unabhängigkeit vom einen wie vom anderen Block und überhaupt von jeder Großmacht und jedem politischen Machtzentrum.

So ist die Position der strikten Blockfreiheit in der Tat die Voraussetzung für die Blockfreienbewegung, obwohl diese Position kein politisches Ziel an sich ist. Die Notwendigkeit der Durchsetzung dieser Position in der politischen Praxis wurde vor Havanna niemals bestritten, noch war sie Gegenstand einer ernstlichen Auseinandersetzung. Die Unabhängigkeit von den

Blöcken sollte also nicht als politisches Ziel, sondern als Voraussetzung und unerläßlicher Bestandteil der Politik der Blockfreienbewegung betrachtet werden.

b) *Der Antikolonialismus und der Widerstand gegen den Neokolonialismus*

Die antikoloniale Aktion der Länder, die 1961 der Blockfreienbewegung beitraten, hatte bereits vor der Belgrader Konferenz sehr ansehnliche Ergebnisse gezeigt. Nun, ohne gewisse Ergebnisse auf diesem Gebiet wäre die Konferenz in der Tat gar nicht möglich gewesen. Erinnern wir uns nur daran, daß die aktivsten und einflußreichsten unter ihren Teilnehmern neben Tito Nehru, Nasser und Sukarno waren, deren Länder – wie auch die meisten übrigen Teilnehmerländer – ihre volle Unabhängigkeit erst nach dem Zweiten Weltkrieg im Zuge der ersten großen Welle der weltweiten antikolonialen Aktion erlangt hatten.

Demnach stand der Antikolonialismus 1961 in Belgrad auf der Tagesordnung, da auf verschiedenen Kontinenten, insbesondere aber in Afrika, noch immer viele Kolonien bestanden. Die Vertreter der Völker dieser Kolonien wurden nach Belgrad eingeladen, wo sie den Verlauf der Konferenz mitverfolgten und die Gelegenheit wahrnahmen, direkte Kontakte mit den versammelten Staatsmännern anzuknüpfen. Bis auf wenige Ausnahmen trafen in der jugoslawischen Hauptstadt alle Führer der bereits siegreichen antikolonialen Bewegungen mit den Führern derjenigen Bewegungen zusammen, die noch um die Unabhängigkeit ihres Landes kämpften.

Doch die der Belgrader Konferenz vorausgegangenen Aktivitäten hatten bereits einen großen Erfolg gebracht; ein Jahr vor Belgrad nämlich hatten die Vereinten Nationen, wie wir gezeigt haben, mit der Entkolonialisierungsdeklaration die Abschaffung des Kolonialismus gefordert. Demzufolge brauchte die

Blockfreienbewegung nach ihrer Konstituierung in dieser Hinsicht nicht mehr in Aktion zu treten. Ihre Zielsetzungen waren klar; es ging darum, das, was proklamiert worden war, in die Tat umzusetzen.

Die Fortsetzung der antikolonialen Aktion nach der Konferenz von Belgrad gehört zu den größten Erfolgen der Blockfreienbewegung, denn während der zwanzig Jahre ihres Bestehens kam es praktisch zur definitiven Abschaffung des Kolonialismus, wenn man von der Ausnahme Namibia und dem Weiterbestehen der Rassendiskriminierung und des Minderheitsregimes in Südafrika absieht. Der letztgenannte Fall gehört zwar formell nicht zur Kategorie des Kolonialismus, doch konnte die Herrschaft einer rassischen Minderheit über die Mehrheit der Bevölkerung eines Landes nur in der Ära des Kolonialismus entstehen und mußte zur Zielscheibe von Angriffen einer konsequenten antikolonialen Bewegung werden. An dem von den Blockfreien erzielten Erfolg bei der Liquidation des Kolonialismus ändert auch der Umstand nichts, daß dabei auch andere Faktoren mitwirkten, insbesondere die Tatsache, daß den Kolonialherren allmählich die Lust verging, ihre immer unrentabler werdenden Kolonialbesitzungen unter immer größeren Opfern zu erhalten. Man muß hierbei nämlich in Betracht ziehen, daß die antikoloniale Aktion seit der Belgrader Konferenz sehr stark dazu beitrug, daß die Befreiungsbewegungen in ihrem Kampf aktiv wurden. Außerdem bewahrte sie die Mehrheit dieser Bewegung davor, in den Kaltkriegskonflikt verwickelt und so zum Objekt der Rivalität zwischen den beiden Blöcken bzw. den beiden Supermächten zu werden.

Die selbständige und auf dem Selbstbestimmungsrecht basierende Existenz der antikolonialistischen Befreiungsbewegungen bestärkte den Kampfgeist der Kolonialvölker und trug so maßgeblich dazu bei, daß die Kolonialherren den Rückzug antraten. Einen ebenso großen Beitrag leistete dazu aber auch die Politik der Blockfreienbewegung, insbesondere der darin tätigen Länder, die erst vor kurzem ihre Freiheit erlangt hatten und gute, auf der Basis der Gleichberechtigung begründete Beziehungen zu ihren ehemaligen Mutterländern aufrechterhielten.

Das erste Jahrzehnt des Bestehens der Bewegung war das fruchtbarste hinsichtlich der Zahl der Länder, die ihre Unabhängigkeit erlangten; doch auch im Verlauf dieses Dezenniums begann die Frage der Wirtschaftsentwicklung und des wirtschaftlichen Wohlstands in den Entwicklungsländern, und das heißt, auch in den blockfreien Ländern, bereits in den Vordergrund der Aufmerksamkeit zu rücken. Im zweiten Jahrzehnt kam es dann zur definitiven Verschiebung des Hauptakzents von der kolonialen auf die wirtschaftliche Problematik. Dieser Vorgang läßt sich seit den Vorbereitungen für die Gipfelkonferenz von Lusaka und besonders deutlich bei dieser Konferenz selbst verfolgen.

Bezeichnend für diese zweite Entwicklungsphase im Dasein der Blockfreienbewegung ist, daß die Aktion für die Unabhängigkeit Simbabwes und für die Abschaffung der Rassenherrschaft der weißen Minderheit in diesem Land in erster Linie auf die Wiederholung der Forderung beschränkt blieb, Großbritannien solle erneut die Verantwortung für seine ehemalige Kolonie übernehmen und deren Entkolonialisierung durchführen, wie es dies vor Smiths Staatsstreich versprochen hatte. Was die verbliebenen Kolonialbesitzungen, die spanischen und die portugiesischen, anbelangt, so stoßen wir, wenn wir die damalige Zeit durchgehen, ausschließlich auf beinahe routinemäßige Bekundungen der Solidarität mit den dortigen Befreiungsbewegungen. Nach der Auflösung dieser beiden letzten Kolonialreiche und nachdem auch in Simbabwe der Antirassismus aus den dort geführten Verhandlungen, bei denen die britische Regierung vermittelt hatte, als Sieger hervorgegangen war, reduzierte sich die antikoloniale Aktion praktisch auf Namibia und Südafrika. So kam es beispielsweise zur Unabhängigkeit des mittelamerikanischen Belize bereits ohne nennenswerten Einsatz der Blockfreienbewegung; und dasselbe gilt für eine Reihe von über die ganze Welt verbreiteten Minikolonien auf diversen Inseln.

Beginnend mit der Konferenz von Belgrad, bezog die Bewegung auch die Frage des Anspruchs der palästinensischen Araber auf ihren eigenen Staat in den Fragenkomplex des Antikolonialismus ein. Schon auf der Belgrader Konferenz selbst wurde diese Frage – im dritten Punkt der Deklaration – unmittelbar im Anschluß an die anderen Sonderfragen der kolonialen Problematik behandelt. In der Deklaration von Kairo wurde sie in unmißverständlicher Weise in den Abschnitt eingefügt, der überschrieben ist: *Die konzentrische Aktion für die Befreiung der noch abhängigen Länder und für die Elimination von Kolonialismus, Neokolonialismus und Imperialismus.*

In Weiterentwicklung ihrer in Belgrad bezogenen Ausgangsposition, die die Verurteilung der »im Nahen Osten betriebenen imperialistischen Politik« und die Unterstützung »aller Rechte der arabischen Bevölkerung Palästinas nach Maßgabe der Charta und der Resolutionen der Vereinten Nationen« beinhaltete, gelangte die Bewegung über die in Kairo ausgesprochene Unterstützung für die Palästinenser bei deren Kampf gegen »Kolonialismus und Rassismus« am Ausgang des zweiten Jahrzehnts ihres Bestehens zur Anerkennung sämtlicher Standpunkte der PLO und zur Bereitschaft, diese als Mitglied aufzunehmen.

Die ursprüngliche Einstellung der Bewegung zu dem Konflikt zwischen Arabern und Israel wird hier deshalb eigens vermerkt, um deutlich zu machen, daß die Einbeziehung der Palästina-Frage in den antikolonialen Fragenkomplex nur allmählich erfolgte. Nun ist diese Frage gewiß im Zuge der Entkolonialisierung entstanden, doch handelt es sich dabei eigentlich um einen Konflikt zwischen zwei Völkern, die sich laut Beschluß der Vereinten Nationen in die ehemalige Kolonie Palästina teilen sollten.

Mit Nachdruck ist auch noch darauf hinzuweisen, daß bei diesem Konflikt die Supermächte bzw. die Großmächte von allem Anfang an aktiv waren. Die Sowjetunion, die ursprünglich Israel unterstützt hatte, legte sich nach einem scharfen

Zickzackkurs auf die Unterstützung der Araber fest, während die USA nach anfänglicher Passivität dazu übergingen, Israel in entscheidender Weise Beistand zu leisten. Der Konflikt als solcher verlor jedoch auch nach dem Ende der britischen Kolonialherrschaft nicht seine Bedeutung als Befreiungskampf oder auch als »Erbfolgekrieg«. Doch wurden schließlich die strategischen Fragen immer wichtiger, die sich hier zwischen den beiden Supermächten ergaben, von denen jede die Wahrung ihres Einflusses in diesem Gebiet als wesentlichen Bestandteil ihrer Globalstrategie betrachtet.

Als die blockfreien Länder organisiert in Aktion zu treten begannen, lag die Rollenverteilung der Supermächte im Nahen Osten bereits fest. Wenn man sich auf der Belgrader Konferenz, in Anbetracht der Tatsache, daß die Supermächte in den Konflikt und seine strategischen Belange verwickelt waren, nicht schlüssig werden konnte, wie weit für die Araber, mochte deren Forderung nach einem eigenen Staat auch noch so berechtigt sein, Partei zu ergreifen sei, so wurden diese Vorbehalte später gänzlich fallengelassen, da völlig klar wurde, daß die Supermächte ihre Interessen im Nahen Osten nicht aufgeben würden und die Aktion der Palästinenser ohne die Unterstützung der Sowjetunion auch nicht die geringsten Erfolgsaussichten hätte.

Ähnliche Situationen ergaben sich zwar auch anderswo, doch nirgends waren die Vorzeichen so gravierend und die Aussichten auf eine Lösung des gegebenen Problems so gering. Auch in Vietnam kam es zur Einmischung beider Blöcke bzw. Supermächte, doch ließ das Interesse zumindest einer der beiden Mächte, nämlich der USA, schließlich nach. Und so konnte denn auch eine Lösung zustande kommen, obschon sich später erweisen sollte, daß der sowjetische Einfluß auf Vietnam Probleme innerhalb der Bewegung heraufbeschwor.

Im Fall von Simbabwe – und vordem von Angola – engagierten sich ebenfalls beide Seiten; doch auch in diesen Fällen kam eine Lösung zustande, die weitgehend die Unabhängigkeit dieser Länder gewährleistete, wiewohl der sowjetische Einfluß in Angola nachhaltiger erkennbar blieb und durch die Anwesenheit kubanischer Einheiten, die beim Kampf gegen die Guerillas eingesetzt waren, die gegen die Regierung in Luanda agierten, verstärkt wurde.

Zusammenfassend läßt sich in bezug auf die politischen Aktivitäten der Bewegung in der Frage des Antikolonialismus sagen, daß sie sich stets der Gefahren bewußt war, die aus der Ausnutzung des Befreiungskampfs für die Ziele des einen oder des anderen Blocks bzw. der einen oder anderen Supermacht erwachsen konnten. Bis auf den Fall des Kampfs der Araber im Nahen Osten verwahrte sich die Bewegung erfolgreich dagegen, in irgendeiner Weise in den Rivalitätskampf der Supermächte hineingezogen zu werden. Im Falle Palästinas war dies einfach nicht möglich; und das wirkte sich wiederum auf die Beziehungen innerhalb der Bewegung aus. So gab es dazu unterschiedliche Standpunkte einiger Mitgliedsländer der Bewegung, die bei den Debatten in Havanna Kontroversen auslösten.

Nunmehr müssen wir uns noch der Problematik des Neokolonialismus zuwenden, und damit den Versuchen, formell unabhängigen Ländern, insbesondere solchen, die noch vor kurzem Kolonien waren, einen fremden Willen aufzuzwingen. Die in den Reihen der Bewegung am weitesten verbreitete Definition des Neokolonialismus kennzeichnet diesen als Aktivität, die darauf abzielt, sich auch nach der Ära des Kolonialismus weiterhin die Vorteile zu sichern, die die Herrschaft über die Kolonien seinerzeit mit sich brachte.

Der Terminus »Neokolonialismus« wurde in der Bewegung vor allem in den sechziger Jahren verwendet, als die Interventionen in die inneren Angelegenheiten der Länder der dritten Welt ausschließlich vom Westen ausgingen, und zwar vorwiegend von Ländern, die einst Kolonialmächte gewesen waren – daher die Bezeichnung »Neokolonialismus«. Als dann aber Fälle vorzukommen begannen, in denen – direkt oder indirekt

– die andere Seite am Werk war, also Länder, die nicht Kolonialmächte gewesen waren, ging man zunächst dazu über, einfach von »Intervention« zu sprechen.

Mit dem Terminus »Neokolonialismus« war, wie aus der zitierten Überschrift aus der Deklaration von Kairo zu ersehen ist, gewöhnlich auch der Terminus »Imperialismus« verbunden; und häufig wurde im Zusammenhang damit auch von »Herrschaft« gesprochen. In den siebziger Jahren gesellte sich im Zeichen der Aktionen aus dem Osten zu diesen Begriffen ein weiterer, nämlich der des »Hegemonismus«. Hinweise auf Interventionen in die inneren Angelegenheiten eines Landes wurden dann auch mit dem Zusatz »gleichwelcher Seite« versehen. Dies geschah auch in den Fällen Kampuchea und Afghanistan, um nur die markantesten herauszugreifen.

Im Rahmen dieser Begriffsdefinitionen ist noch der Terminus »Imperialismus« zu erläutern. Das Wort leitet sich, wie ersichtlich, von »Imperium« ab und bezeichnete ursprünglich auch die Kolonialpolitik der Kolonialreiche. Später wurde der Ausdruck immer häufiger in einer erweiterten Bedeutung verwendet – in Verbindung zum Neokolonialismus gebracht oder auch nicht, stets aber zum Westen in Bezug gesetzt.

In der Blockfreienbewegung wurde der Terminus »Imperialismus« in den siebziger Jahren vielseitig, variations- und nuancenreich verwendet – zunächst häufig in Verbindung mit dem Begriff »Hegemonismus«, dann nämlich, wenn etwa in einer Deklaration ein Urteil oder ein Standpunkt ganz allgemeiner Art vertreten werden sollte; oft aber auch dann, wenn man das Vorgehen oder die Politik des Westens kritisieren wollte, ohne irgendeine Regierung oder auch das gesamte westliche Lager beim Namen zu nennen. Meist war von »imperialistischen Standpunkten«, einem »imperialistischen Vorgehen« oder einer »imperialistischen Politik« dann die Rede, wenn man damit zwar einen Akt der westlichen Regierungen oder einiger von ihnen verurteilte, jedoch diese Regierungen nicht direkt nennen wollte.

So wurde beispielsweise die Schuld an diesem oder jenem Beschluß, dieser oder jener Politik der USA oder der Staaten Westeuropas auf »imperialistische Interessen« oder »imperialistische Kreise« geschoben, obschon klar war, daß der betreffende Beschluß von keinerlei »Kreis«, sondern nur von der zuständigen Regierung gefaßt werden konnte. Mit dieser Anklage wurde die eigene öffentliche Meinung der Blockfreien befriedigt – schließlich wurde ja ein sehr strenges Urteil bzw. eine sehr scharfe Kritik abgegeben –, ohne daß damit eine bestimmte Regierung oder ein bestimmter Staatsmann offen angegriffen worden wäre.

In der Mannigfaltigkeit dieser Terminologie spiegelt sich die heterogene Zusammensetzung der Bewegung wider; und indem man zu solchen Termini Zuflucht nimmt, überwindet man interne Schwierigkeiten und erzielt einen gerade erforderlichen Konsens. Anfangs löste diese Blockfreienterminologie im Westen scharfe Reaktionen aus, die jedoch in den letzten Jahren abebbten. Die oberflächlichen Interpretationen dieser Taktik der Bewegung, die darin die Sprache des Ostens und eine einseitige Hinorientierung zur UdSSR sehen wollten, verstummten mit dem Erscheinen des Terminus »Hegemonismus« und ähnlicher Termini, die in derselben indirekten Manier gegen den Osten eingesetzt wurden wie der Begriff »Imperialismus« gegen den Westen. In bezug auf den Kolonialismus behält die Bewegung nach wie vor ihre feste und kompromißlose Haltung bei, obschon es in der Welt immer weniger Kolonien gibt; und noch unnachgiebiger geht sie gegen Neokolonialismus, Imperialismus, Herrschaftsstreben und Hegemonismus vor, d. h. gegen jeden Eingriff in die inneren Angelegenheiten eines Landes, von welcher Seite dieser auch immer kommen mag. Nunmehr aber verlagert sich ihr Aktionsschwerpunkt von diesem Gebiet auf das Bemühen um die Verwirklichung einer neuen Weltwirtschaftsordnung. Dieser Terminus ist, wie wir gesehen haben, gerade im Zuge der Brandmarkung der neokolonialistischen Privilegien in den neubefreiten Ländern entstanden.

Die einzigen Fragen, die von dem ganzen ursprünglich so ausladenen Komplex der Aktion gegen den Kolonialismus übriggeblieben sind, sind praktisch die Nahost-Frage und die – zumindest in engem Bezug zu diesem Komplex stehende – Südafrika-Frage; alles übrige wird als zum Fragenbereich der »Neuen Ordnung« gehörig betrachtet. Bei dieser – das sei hier gleich vorweggenommen – handelt es sich definitionsgemäß nicht einfach um eine neue Wirtschaftsordnung, sondern um eine Änderung der politischen Beziehung in Richtung der Abschaffung der Privilegien und Vorteile der entwickelten Länder, die das Vorwärtskommen der Entwicklungsländer auf wirtschaftlichem Gebiet erschweren.

Damit ist klargelegt, daß wir es hier nicht mit einer Verschmelzung zweier konzeptionell verschiedener Einsatzbereiche, nämlich der antikolonialen und der wirtschaftlichen Aktivitäten, zu tun haben, sondern mit einer Einbeziehung der Probleme des Neokolonialismus und ähnlicher Erscheinungen in den Rahmen der Bemühungen um das Erlangen der wirklichen Gleichberechtigung für die neuen Länder bzw. die Entwicklungsländer im allgemeinen, die nun einmal nicht allein durch die völkerrechtliche Anerkennung dieser Länder und die Respektierung ihrer Souveränität erreicht werden kann, sondern vor allem davon abhängt, ob und wieweit ihnen die Festigung ihrer Wirtschaftsbasis ermöglicht wird.

c) *Die Abrüstung*

Bei den Abrüstungsdebatten der Vereinten Nationen zeigten sich nach dem Zweiten Weltkrieg auch einige der Länder, die später zu den Blockfreien zählten, von Anfang an aktiv. Diese Aktivität bestand zu Beginn hauptsächlich in der Unterstützung all jener Anträge, die ihrer Formulierung nach radikal waren. Damals gab es zwischen den Standpunkten dieser Länder und denen der um die Sowjetunion herum gruppierten kaum Unterschiede. Erst später, Anfang der fünfziger Jahre, brachten die Vorläufer der Blockfreien die Idee von der Nutzung künftiger Rüstungseinsparungen für die Bedürfnisse der wirtschaftlichen Entwicklung zur Sprache. Doch auch dies war eine Position, die nur der Formulierung nach radikal war.

Dieser Verbalradikalismus war überhaupt kennzeichnend für die erste Phase der Abrüstungsdebatte. Es ist dies die Phase, die bis zur Eröffnung der Verhandlungen über die Begrenzung der strategischen Waffen Ende der sechziger Jahre währte. Der Radikalismus diente als Mittel, um die gute Absicht der daran Beteiligten darzutun, obschon klar war, daß für die Verwirklichung der Parole von der allgemeinen und vollständigen Abrüstung unter internationaler Kontrolle keine Aussichten bestanden. Die beiden miteinander wetteifernden Parteien waren in erster Linie bestrebt, die Schuld am Scheitern der Abrüstungsgespräche der anderen Seite in die Schuhe zu schieben.

Erst trachtete die Sowjetunion danach, die Vereinigten Staaten zu diskreditieren; doch die andere Seite holte zum Gegenschlag aus, indem sie die Ablehnung der internationalen Kontrolle durch die Sowjetunion als Ursache für das Fehlschlagen der Verhandlungen bezeichnete. Diese Taktik des Sich-gegenseitig-Überbietens in Beschuldigungen änderte sich erst dann ein wenig, nachdem beide Seiten erfolgreiche Versuche mit thermonuklearen Bomben durchgeführt hatten. Daraufhin setzte erstmals eine kurze Periode des Miteinanderredens ein. Diese beschränkte sich allerdings praktisch auf einen Abschnitt des Jahres 1955, da die unternommenen Bemühungen bereits im Herbst dieses Jahres wieder eingestellt wurden. Das Wettrüsten ging weiter und wurde alsbald zu einem Wettrennen um die Vervollkommnung der interkontinentalen Raketen. Viel später erst sollten die Gespräche beginnen, die unter dem Namen SALT (Gespräche über die Begrenzung der strategischen Rüstung) bekanntgeworden sind.

Die Rolle, die die blockfreien Länder – zunächst einzeln oder in kleineren Gruppen, dann, ab 1961, geschlossen als Bewegung auftretend – in den Debatten spielten, beschränkte sich während dieser gesamten Phase auf das Vorbringen der Forderung, die Frage der Bereitstellung von Mitteln für die wirtschaftliche Entwicklung der Entwicklungsländer in den Mittelpunkt der Gespräche zu stellen. In allen übrigen Fragen unterstützten sie bereits formulierte Anträge; und so war wiederum ihre Rolle bei den öffentlichen Debatten wie etwa in der UN-Vollversammlung oder später bei den Konferenzen über die Nichtverbreitung von Kernwaffen gar nicht so unerheblich.

Durch die Aufnahme des Dialogs zwischen den beiden Supermächten im Rahmen der SALT-Konferenzen wurden die Blockfreien wie auch alle anderen Länder, einschließlich der Verbündeten der Supermächte innerhalb der Blöcke, von den Verhandlungen ausgeschlossen. Doch behandelte ein Sonderausschuß der Vereinten Nationen parallel zu dem Dialog über die nukleare und sonstige strategische Abrüstung – in fruchtlosen Diskussionen – das Thema der Begrenzung der Streitkräfte in Mitteleuropa sowie der weltweiten Abrüstung. Bei Gesprächen über die erstere Frage blieben die Blockfreien den Zusammenkünften des Abrüstungsausschusses begreiflicherweise fern; ansonsten aber nahmen sie daran teil. Allerdings war es so, daß dieser Ausschuß den Rüstungsstand in der Welt kaum zu beeinflussen vermochte. Von Zeit zu Zeit wurde eine Übereinkunft in irgendwelchen spezifischen Fragen erzielt, so etwa über das Verbot der biologischen Waffen sowie über einige Restriktionen in bezug auf chemische Waffen. Doch all dies könnte erst dann an Bedeutung gewinnen, wenn es zu einer erheblichen Senkung des strategischen Waffenkontingents käme.

Wenn wir die von den Blockfreien veröffentlichten Dokumente verfolgen, werden wir gewahr, daß wohl in jedem großes Gewicht auf die Abrüstungsfrage gelegt wird, daß aber keines neue Initiativen oder Standpunkte bringt, die sich von dem unterscheiden würden, was in der Debatte bei den Vereinten Nationen gesagt wurde oder in anderen Institutionen, bei denen die führenden Mächte mitreden. Wie auch die übrigen Länder aus dem bilateralen Dialog UdSSR – USA ausgeklammert, reduzierten die blockfreien Länder ihre Aktion vornehmlich auf Aufrufe zu energischeren Schritten und auf Bemühungen, durch großangelegte Debatten auf der Konferenz des Abrüstungsausschusses der UN die öffentliche Meinung der ganzen Welt auf den Plan zu rufen und so einen moralischen Druck auf die führenden Mächte auszuüben, die nun einmal die Betreiber des Wettrüstens und die Besitzer des größten Teils des in der Welt vorhandenen Waffenarsenals sind.

Die nach dem Anlaufen der SALT-Konferenz gestartete Aktion der blockfreien Länder zur Ingangsetzung des Dialogs zwischen den Supermächten über Rüstungsbegrenzung und Verringerung des vorhandenen Waffenarsenals hatte noch einen anderen Hintergrund: Die Blockfreien und die übrigen Länder der minderentwickelten Weltregionen sahen sich nämlich häufig veranlaßt, ihre eigene Rüstung zu verstärken. Teilweise war dies durch die Angst vor einer Intervention von außen bedingt, teilweise aber auch durch nachbarliche Streitigkeiten zwischen Ländergruppen in einzelnen Regionen.

In der Phase des Dialogs über den Rüstungsstopp auf dem Gebiet der strategischen Waffen konzentrierten sich die Abrüstungsforderungen der blockfreien Länder im wesentlichen auf Begrenzungen bei den schwersten Waffensystemen und auf den Abbau der Arsenale der Supermächte. Die Parole von der totalen Abrüstung aller Länder der Welt wurde zwar nicht fallengelassen, jedoch zurückgestellt. Die eigene Aufrüstung wird mit der allgemeinen Weltlage gerechtfertigt, wobei hervorgehoben wird, daß der Frieden durch das in den Arsenalen der Supermächte angehäufte Potential bedroht sei; die verhältnismäßig begrenzte Waffenmenge in den bedrohten Ländern stelle ohnehin keine Gefahr für den Weltfrieden dar. Diese Waffenvorräte könnten nur dann vernichtet werden, wenn die Großen zu erkennen gäben, daß sie das Abrüstungsproblem ihrerseits ernst nähmen.

So kommt es zu der scheinbar paradoxen, in Wirklichkeit aber durchaus begreiflichen Situation, daß viele blockfreie Länder scharfe Angriffe gegen die Supermächte richten, zu gleicher Zeit aber ihr eigenes Waffenpotential verstärken. Nun könnte dieser Zustand und die Logik dieses Verhaltens einfach als normale Reaktion auf die allgemeinen Verhältnisse und die Gesamtentwicklung in der Welt betrachtet werden. Doch diese Erhöhung des Waffenkontingents in den Reihen der blockfreien Länder hat zwei weitere Gründe: Sie wurde zum einen durch die steigende Zahl regionaler Konflikte mit ausgelöst, zum anderen aber auch durch die verbesserten finanziellen Möglichkeiten der erdölausführenden Länder stimuliert.

Und so entsteht eine ganz neue Situation. Nicht genug damit, daß sich in den Blockfreienländern enorme Waffenmengen anhäufen und die Waffenzufuhr aus den entwickelten Ländern des Ostens und des Westens ständig weiter ansteigt, machen sich auch ganz offen proklamierte Ansprüche auf den Besitz von Atomwaffen geltend. In Anbetracht der wirtschaftlichen Macht der erdölausführenden Staaten sowie der Abhängigkeit der übrigen Länder von der von jenen gewährten Wirtschaftshilfe sehen die Blockfreien davon ab, diese Mitglieder der Bewegung zur Senkung ihrer Waffenkontingente und zum Verzicht auf ihre nuklearen Ambitionen zu drängen.

Das wiederum beeinträchtigt natürlich die Möglichkeiten der Blockfreien für eine stärkere Einflußnahme in der Welt und den Verlauf der Abrüstungsdebatte zwischen den beiden Supermächten. Freilich, diese Möglichkeiten sind auch ohnehin nicht groß, sind doch nicht einmal die Widerstände innerhalb der Blöcke imstande, auf das Verhalten der Supermächte einzuwirken. Dennoch ist der Ausfall des Einflusses der Blockfreien ein Negativum. Verschlimmert wird die Sache durch die Häufung von Kriegen und Interventionen in den Reihen der Mitglieder der Bewegung, durch die nun erst recht jede Möglichkeit einer konstruktiven Aktivität in der Weltpolitik zunichte gemacht wird. Diese ihre Schwäche hat die Bewegung frühzeitig erkannt; und sie unternahm daraufhin verstärkte Anstrengungen zur Einstellung dieser Zusammenstöße, Interventionen und Kriege.

Besonders negative Entwicklungen sind natürlich die vietnamesische Intervention in Kampuchea und dann der Krieg zwischen dem Irak und dem Iran, ganz zu schweigen von den Konflikten in Afrika, als da sind der Krieg auf der Somalihalbinsel, der Streit um die Westsahara oder die Zusammenstöße in Angola und Zaire u. a. m.

Die relative Machtlosigkeit und Passivität der Bewegung in der Abrüstungsfrage ist jedoch schließlich eine Folgeerscheinung des Verhaltens der Blöcke und vor allem der Supermächte selbst. Dabei darf auch ein bereits erwähnter Umstand nicht vergessen werden, nämlich die Verwicklung der Groß- und Supermächte in die Streitigkeiten in der dritten Welt. So ist es durchaus logisch, wenn die Bewegung den Hauptakzent auf die Verringerung der strategischen Waffen, in erster Linie der Kernwaffen, setzt und dabei ihre eigene Aufrüstung weiterbetreibt.

Die Supermächte als die Hauptanstifter des Wettrüstens und auch die mit ihnen verbundenen anderen Staaten des Nordens werden in den Mittelpunkt der Diskussion gestellt. Diese Haltung ist, ungeachtet der Tatsache, daß auch das Verhalten so manchen blockfreien Landes bzw. die Toleranz der Bewegung so manchem ihrer Mitglieder gegenüber zu kritisieren gewesen wäre, durchaus verständlich, ging sie doch von der Notwendigkeit aus, die Abrüstungsdebatte hier anzusetzen.

Was indes die Bewegung selbst anbelangt, so hätte man von ihr doch erwarten können, daß sie gegen einzelne extreme Fälle von Waffenanhäufung, insbesondere aber gegen Ambitionen auf Kernwaffenbesitz, energischer und entschlossener vorginge. Ob dem einen oder anderen blockfreien Land die Kernwaffenherstellung gelungen ist, ist dabei nicht einmal so entscheidend – die Politik der Bewegung wird auch schon durch die öffentliche und offizielle Proklamierung solcher Ambitionen und Pläne schwer genug belastet.

Was die bereits bald nach dem Zweiten Weltkrieg aufgestellte Forderung nach Verwendung von Rüstungseinsparungen für die Befriedigung von Bedürfnissen der Entwicklungsländer angeht, so wurde bisher nichts davon realisiert, schon deshalb nicht, weil derartige Einsparungen gar nicht erzielt wurden, vielmehr die Rüstungskosten weiter ansteigen, nicht nur in den Blöcken, sondern auch in der blockfreien Welt. Die für die Wirtschaftsentwicklung zur Verfügung stehenden Mittel wurden und werden weiterhin auch noch durch die Erhöhung der Rüstungsausgaben der erdölausführenden Länder gekürzt, die Waffen in außerordentlichen Mengen anhäufen. Damit in engem Zusammenhang steht auch das Scheitern des Wirtschaftsentwicklungsfonds der Blockfreien.

d) *Regionale Streitigkeiten und aktuelle Weltkonflikte*

Obwohl schon bei den Vorbereitungsarbeiten für die Einberufung der Belgrader Konferenz betont wurde, daß das Haupteinsatzgebiet der Bewegung das Bemühen um die Regelung geschichtlich bedingter langfristiger Probleme sei, die in Bezug stünden zu Funktion und Inhalt der Weltordnung, nahmen die in Belgrad versammelten Länder auch zu regionalen Konflikten sowie zu aktuellen Fragen von Weltgeltung Stellung. Nun, es wäre wirklich nicht normal gewesen, wenn Staatsmänner mit einer von intensivem politischem Einsatz erfüllten Vergangenheit eine Konferenz abgehalten und dabei vor dem aktuellen Geschehen die Augen verschlossen hätten.

Den Blockfreien geht es nach wie vor in erster Linie um eine Änderung des gesamten Systems der internationalen Beziehungen und des Verhaltens der Staaten zueinander. Daneben befaßt sich die Bewegung jedoch auch mit regionalen Konflikten im Rahmen des aktuellen Weltgeschehens.

Bereits am Anfang, d. h. bei der Belgrader Konferenz, bestand die Blockfreienbewegung aus Ländern, die so weit über die Welt verstreut waren, daß die Schwierigkeiten bei der Koordinierung der Standpunkte in den meisten regionalen Streitfällen nicht zu übersehen waren. Zudem gab es unter den blockfreien Ländern selbst Konflikte. Dies trifft sogar für die 25 Mitgliedsländer von Belgrad zu. Am deutlichsten machte sich damals wohl das schlechte Verhältnis zwischen Ägypten und Tunesien bemerkbar. Doch auch die Beziehungen zwischen der provisorischen algerischen Regierung und den Nachbarländern Algeriens warfen Probleme auf, und diese führten in der Folge sogar zum Ausbruch offener Feindschaft zwischen Algerien und seinen Nachbarn, insbesondere Marokko.

Damals kristallisierten sich bei den Blockfreien auch verschiedene Standpunkte zu der Konfrontation zwischen Arabern und Israel heraus, gar nicht zu reden von der weiten Auffächerung nicht so leicht koordinierbarer Standpunkte zu Fragen wie der des Vietnamkriegs oder der, welche Regierung China bei den Vereinten Nationen vertreten sollte. Eine weitere Stimmenteilung ergab sich bei der UNO auch in der Frage der Vollmacht für Kongo-Kinshasa, das heute als Zaire bekannt ist.

In Belgrad war es trotz allem noch verhältnismäßig leicht, zu einer Standpunktkoordinierung zu gelangen, die in der Weise erfolgte, daß die abgegebenen Stellungnahmen und die gestellten Forderungen sehr allgemein gehalten und so formuliert wurden, daß alle Unstimmigkeitsfaktoren daraus ausgeräumt wurden, so daß die darin enthaltenen Aussagen für alle annehmbar waren. Diese Reduktion auf den kleinsten gemeinsamen Nenner ließ die große Konzentration auf die grundlegenden und langfristigen Aufgaben erkennen, derentwegen die Konferenz einberufen worden war.

Bereits auf der zweiten Konferenz setzten Bestrebungen um die Herausarbeitung expliziterer und bestimmterer Standpunkte ein, die sich dann von Gipfel zu Gipfel verstärkten. Die wichtigste Motivation für diesen Trend war ohne Zweifel der Nahostkonflikt um Palästina. Die Anzahl der arabischen Länder in der Bewegung war von Anfang an sehr hoch, und zudem stieg mit den Jahren auch die Zahl arabischer und anderer Länder, die energisch und rückhaltlos für die arabische Seite eintraten.

Einen eindeutigeren Standpunkt – selbstverständlich ausschließlich zugunsten der arabischen Sache – nahm die Bewegung nach dem Nahostkrieg von 1967 und der Weigerung Israels ein, sich aus den besetzten arabischen Gebieten zurückzuziehen. Dies wirkte sich begreiflicherweise auf die Orientierung der Bewegung bei ihrer ersten Konferenz nach diesem Krieg aus, d. h. bei der Konferenz von Lusaka im Jahre 1970. Dieses Eingehen auf Entwicklungen, die nicht unbedingt eine Fortsetzung des antikolonialen Kampfs darstellten, führte dann auch zu einem verstärkten Einsatz der Bewegung bei allen übrigen regionalen Streitigkeiten. Diese Tendenz wurde so stark, daß einzelne Mitgliedsländer bei Problemen, die sie mit Nachbarländern hatten, die nicht der Bewegung angehörten, die Solidarität und den Einsatz der Blockfreien für sich forderten – geradezu so, als riefen sie den Beistand eines Verbündetenpakts an. Dies führte in der Folge, wie wir schon gesehen haben, dazu, daß in die jeweilige Schlußakte Verpflichtungen eingearbeitet wurden, die den zwischen Verbündeten üblichen entsprechen.

Wenn ein Land jedoch in einen konkreten Konfliktfall ernsthaft auf die Hilfe der Bewegung zurückgreifen wollte, wurde es meistens enttäuscht. Der Frage des arabisch-israelischen Streits kommt allerdings auch hier eine Ausnahmestellung zu. Der energische Einsatz der Bewegung in dieser Frage ist auf die entsprechend der Mitgliederzahl große Rolle zurückzuführen, die die Araber und deren direkte Verbündete in ihr spielten, jedoch auch auf die Art, wie der Streit klassifiziert wurde.

In der ersten Phase engagierte sich die Bewegung aufgrund der Erwägung, daß man es hier mit einer Frage zu tun habe, die in den Bereich der antikolonialen Aktion falle. Doch dann wurde der Streit auch als Rassismus und Genozid beurteilt, obschon füglich daran gezweifelt werden darf, daß diese Attribute den Gegebenheiten entsprachen. Die Einbeziehung dieser Frage in den Problemkomplex des Antikolonialismus bedeutete ihre Einstufung in eine globale Kategorie der gezielten politischen Aktivität der Bewegung, und schon allein dadurch war deren intensiver Einsatz ein folgerichtiges Verhalten. In Belgrad gab es diesen Einsatz noch nicht, und daher wurde diese Frage dort mit großer Zurückhaltung behandelt.

Nach dem Ende des kalten Kriegs zwischen den Blöcken stieg in der dritten Welt die Zahl der Streitigkeiten und Konflikte an. Damit häuften sich natürlich auch die Zusammenstöße zwischen den Mitgliedsländern der Blockfreienbewegung. Und da diese immer stärker dazu neigte, intensiver auf diese Streitigkeiten einzugehen und dazu Stellung zu nehmen, wurden dadurch auch ihre eigenen inneren Zwistigkeiten verstärkt.

Diese Entwicklung führte wiederum dazu, daß die Probleme der aktuellen Politik immer mehr in den Mittelpunkt der Aufmerksamkeit der Bewegung rückten, sowohl auf den Gipfelkonferenzen als auch bei den dazwischenliegenden Zusammenkünften verschiedener ihrer Körperschaften. Dadurch kamen Mißstimmungen auf; und immer häufiger wurden von einzelnen Mitgliedern Vorbehalte gegen die Abschlußdokumente der jeweiligen Zusammenkünfte angemeldet, die dann jedoch trotz aller Schwierigkeiten im Zusammenhang mit aktuellen Streitigkeiten und Konflikten mittels Konsens immer wieder verabschiedet werden konnten.

Am Ende des zweiten Jahrzehnts des Bestehens der Bewegung verschärften sich, ausgelöst durch die Teilung der arabischen Länder in zwei Lager, die das von Ägypten mitunterzeichnete Abkommen von Camp David ausgelöst hatte, mehr aber noch durch die vietnamesische Intervention in Kampuchea, die Gegensätze innerhalb der Blockfreien, was insbesondere auf der Konferenz von Havanna sichtbar wurde. Im ersten der beiden Fälle forderte die Mehrheit der arabischen Länder den Ausschluß Ägyptens aus der Bewegung oder die Suspension seiner Mitgliedschaft. Diese Forderung beinhaltete praktisch auch das Verlangen nach Umwandlung der Bewegung in eine Verbündetenorganisation. Aus diesem Grund wurde sie, ungeachtet der starken Vertretung der Araber, von der Mehrheit der Mitglieder abgelehnt. Ein Konsens wurde weder in bezug auf Ägypten noch auf Vietnam erzielt. Die aktuellen Probleme zerrütteten somit die Einhelligkeit in der Bewegung, wie dies Tito bereits in Belgrad vorausgeahnt hatte.

2. Die Koexistenz – Die Reform der internationalen Beziehungen

Die Koexistenzprinzipien oder -regeln enthalten praktisch alle Normen, zu deren Einhaltung sich die blockfreien Länder in ihrem Verhalten und ihren Beziehungen untereinander und Drittländern gegenüber verpflichten, ja, sogar sämtliche Leitsätze, die nach der Überzeugung der Blockfreien jedes Land in seinen Beziehungen zu anderen Ländern befolgen sollte. Dies brachte manche Beobachter der Blockfreienbewegung auf die Idee, Koexistenz und Blockfreiheit gleichzusetzen.

Diese Gleichsetzung ist falsch, da es sich um zwei voneinander unabhängige politische Konzepte handelt, die zu jeweils einer eigenen praktischen Politik führen. Blockfreiheit beinhaltet eine besondere Einstellung einer Anzahl von Ländern der herrschenden Weltlage gegenüber und zugleich die Vereinigung dieser Länder zum Zweck einer Änderung dieser Lage und der Schaffung besserer Bedingungen für sich selbst und andere in einer ähnlichen Lage befindliche Länder – aufgrund der Überzeugung, daß solch eine Änderung förderlich für alle Länder sein wird, auch für diejenigen, die unter der herrschenden Ordnung Vorteile und Privilegien genießen. Somit bedeutet Blockfreiheit eine Politik bzw. eine politische Zielsetzung, die weit über den Rahmen dessen hinausgeht, was man unter dem bloßen Namen vermuten könnte.

Koexistenz beinhaltet eine Reihe von Verhaltensregeln oder

Prinzipien, auf denen die internationalen Beziehungen beruhen sollen. Diese Prinzipien als Mittel zur Regelung der internationalen Beziehungen können auch im Rahmen der bestehenden Ordnung Geltung haben.

Zusammenfassend könnte man sagen, daß Blockfreiheit eine Politik ist, Koexistenz hingegen eine Methode und ein Modus zur Entfaltung der Beziehungen im Rahmen eben dieser Politik. Damit steht der Platz fest, den das Bemühen, die Koexistenzregeln zum Bestandteil der internationalen Beziehungen zu machen, in der Gesamttätigkeit der Blockfreienbewegung einnimmt. Kurz gesagt – die Einführung und Respektierung der Koexistenzregeln ist Nahziel, die Errichtung einer neuen internationalen Ordnung weitergestecktes Ziel der Bewegung.

Die übliche Unterscheidung, der zufolge die Koexistenz in den Bereich der politischen Aktivitäten, die neue Ordnung hingegen in den der wirtschaftlichen fällt, wird dadurch nicht ihrer Gültigkeit beraubt. Es ist doch so, daß sich die rein politischen Aktivitäten stets mehr oder weniger auf aktuelle Probleme beziehen. Zu diesen Problemen zählen auch Fragenkomplexe wie blockfreie Orientierung, Antikolonialismus und Abrüstung; auch dies sind aktuelle Probleme, deren Regelung von Regierungsbeschlüssen abhängt. Zugleich aber sind sie so beschaffen, daß ihre Lösung eine Änderung der Weltlage bewirken kann; und so greifen sie auch in den Bereich der langfristigen Problemstellungen hinein, gehören mithin auch zum zentralen Problemkreis der Blockfreienbewegung, zu den Anliegen, die im Mittelpunkt ihrer Aufmerksamkeit stehen.

Andererseits ist eine Änderung der Weltordnung, die auch als Änderung des Systems der internationalen Beziehungen bezeichnet werden könnte, nicht einfach Sache eines Regierungsbeschlusses; hier geht es um tiefgreifendere gesellschaftliche Wandlungen. Das System der internationalen Beziehungen beruht vor allem auf der materiellen Macht der Staaten, auf dem Kräfteverhältnis, und ist abhängig von der wirtschaftlichen Entwicklungsstufe, und nicht von politischen Entscheidungen.

Somit ist es verständlich, daß sich die Blockfreienbewegung in ihrem Bemühen um die Änderung der Beziehungen in der Welt eine Änderung der Weltwirtschaftsordnung als Grundlage für ein neues System der Beziehungen zur strategischen Aufgabe gemacht hat. Welcher Art und wie stark die Verbindung ist, die sich von hier aus zu den politischen Beziehungen ergibt, wird bei der Erörterung der Problematik der Wirtschaftsordnung gezeigt werden.

Die vorstehenden Betrachtungen über Sinn und Gehalt der Koexistenzproblematik und die damit in Verbindung stehenden grundlegenden Thesen der Blockfreiheit zur Änderung der Weltordnung dürfen jedoch nicht allzu starr aufgefaßt werden. Nachdem wir die enge und unlösbare Verbindung zwischen Politik und Wirtschaftsproblemen bereits herausgestellt haben, wird es uns ein leichtes sein zu begreifen, daß im Rahmen der Koexistenzprinzipien auch Fragen zur Sprache kommen, die ebensogut in Darlegungen über Politik einbezogen werden könnten. Die beiden politischen Aktionen zur Schaffung einer neuen Ordnung und zur Durchsetzung der Koexistenzprinzipien lassen sich nicht hermetisch voneinander trennen, sondern berühren einander und durchdringen sich gegenseitig.

Formuliert wurden diese Prinzipien, wie in den vorhergehenden Kapiteln aufgezeigt wurde, noch vor der Belgrader Konferenz. So wurde beispielsweise das Programm von Bandung den Koexistenzprinzipien zugrunde gelegt, die auf der Gipfelkonferenz von Kairo 1964 ausgearbeitet und den Vereinten Nationen zur Annahme vorgelegt wurden.

Die dritte und endgültige Fassung wurde auf der UN-Vollversammlung von 1970 verabschiedet, nachdem der Sonderausschuß, der die Korrekturen und Erweiterungen der alten Fassung vorgenommen hatte, die neue Fassung zur Annahme vorgelegt hatte. Da die blockfreien Länder den vorgenommenen Änderungen und Ergänzungen zustimmten, werden wir diese Fassung als Ausdruck des Standpunkts der Blockfreienbewegung unserer Betrachtung zugrunde legen. Wir können dies mit um so größerer Berechtigung tun, als viele Begriffe, die in der Deklaration von Kairo nur angedeutet sind, in dem neuen Dokument eine umfassendere Auslegung erfahren.

Grob gesprochen, könnte man sagen, daß der Sinn der Einführung der Koexistenzprinzipien darin besteht, daß damit Richtsätze angenommen werden, denen zufolge die internationalen Probleme, und das heißt, die Zusammenarbeit ebenso wie die Konfrontation, aufgrund allgemein anerkannter Normen geregelt werden, und nicht durch eine Machtpolitik, durch Gewaltanwendung oder Androhung von Gewalt. Mithin haben wir es hier mit einer Aktion zu tun, die von denselben Motiven inspiriert ist wie die Aktionen, die zur Ausarbeitung der Völkerrechtsnormen führten, oder wie die, die der UN-Charta zugrunde liegen.

Dies gab Anlaß zu dem Einwand, die ganze Angelegenheit sei eigentlich nichts Neues, sonder lediglich die Wiederholung dessen, was bereits in der UN-Charta und in einer ganzen Reihe von Resolutionen der Vereinten Nationen kodifiziert sei. Doch die UN-Charta ist ein grundlegendes Dokument, das einen ganzen Komplex von Problemen behandelt und die Verhaltensregeln nur in groben Umrissen angibt. Diese Regeln sind bisweilen nicht nur sehr unvollkommen, sondern stehen zum Teil auch im Widerspruch zu den Auffassungen, die sich inzwischen im Rahmen der internationalen Beziehungen durchgesetzt haben. Zur Veranschaulichung dieser Tatsache braucht man sich nur vor Augen zu halten, daß in der UN-Charta jegliche ausdrückliche Verurteilung des Kolonialismus fehlt, ebenso die Forderung, daß die Länder, die die Herrschaft über die »Gebiete ohne Selbstregierung« innehaben, diesen die Unabhängigkeit gewähren sollen.

Schließlich schlugen die blockfreien Länder vor, daß alle in den zwischenstaatlichen Beziehungen einzuhaltenden Grundsätze und Regeln in einem Dokument zusammengefaßt werden sollten. Dieser Vorschlag wurde akzeptiert; und so wurden dann diese Prinzipien ausgearbeitet und schließlich – 1970 –

angenommen. Dabei ergab sich jedoch die Frage, in welcher Form die Kodifikation vorgenommen werden solle – in Form einer Deklaration oder in Form einer Konvention. Auf den ersten Blick schien es günstiger, eine Konvention zu verabschieden, die für alle Staaten bindend sein würde. Doch es liegt auf der Hand, daß die Ratifizierungsprozedur für solch ein Dokument zwangsläufig dazu geführt hätte, daß seine weltweite Durchsetzung erschwert worden wäre. Ebenso sicher ist, daß viele Staaten noch Abänderungen beantragt hätten; und so hätte dieses Dokument letztlich viel von seinem Gehalt verloren, oder sein Geltungsbereich wäre auf eine begrenzte Zahl von Staaten reduziert worden.

Eine Deklaration mit Weltgeltung ist in solchen Fällen unbedingt die angemessenere Lösung. Es wäre schließlich auch naiv anzunehmen, daß so ein inhaltsschweres, problemorientiertes Dokument allen Staaten aufgezwungen werden könnte. Eine Deklaration maßt sich solche Autorität nicht an, sondern will nur beispielgebend wirken, will Muster sein, will politische Aktivitäten zur Realisierung der verkündeten Grundsätze begünstigen. Diese Merkmale hat sie übrigens mit anderen Völkerrechtsnormen gemein.

So also entstand die *Deklaration über die völkerrechtlichen Prinzipien betreffs der freundschaftlichen zwischenstaatlichen Beziehungen und der Zusammenarbeit nach Maßgabe der UN-Charta*. Dies ist das Dokument, das wir unserer Betrachtung der Aktivität der blockfreien Länder in bezug auf die Koexistenz zugrunde legen werden, wobei wir nicht in der Weise verfahren werden, daß wir eine juristische Analyse dieses Dokuments vornehmen, sondern so, daß wir es als Wegweiser für die Untersuchung der Beweggründe und des Gehalts der politischen Aktivität der Bewegung auf diesem wichtigen Gebiet benutzen.

Obschon nicht daran zu zweifeln ist, daß die Blockfreien zutiefst davon überzeugt waren, daß die Respektierung der Koexistenzprinzipien zum Wohl der ganzen Welt beitragen würde, war es doch in erster Linie der absehbare Nutzen, den die Einführung dieser Regeln ihren eigenen Ländern bringen würde, der sie zu ihrer Aktion veranlaßte. Nun, darin liegt ja, zumindest im großen und ganzen gesehen, kein Widerspruch. Stets und unter jedem System traten diejenigen, die unter der Übermacht der anderen zu leiden hatten, dadurch, daß sie sich dieser Übermacht entgegenstellten, für die Interessen der Allgemeinheit ein.

Daher wird uns bei der folgenden Betrachtung als erstes interessieren, welche konkreten Gegebenheiten und welche Beziehungen im internationalen politischen Geschehen den Ausgangspunkt für die Forderung der Blockfreien nach bestimmten grundsätzlichen Lösungen bildeten. Dies zu wissen ist eine unerläßliche Voraussetzung für das Verstehen des gesamten Prozesses der Kodifizierung der Koexistenzgrundsätze, zumal sich in der Folge erweisen sollte, daß diejenigen, die die Aufstellung dieses oder jenes Grundsatzes beantragt hatten, unter veränderten weltpolitischen Vorzeichen in ihren Standpunkten und ihrer Politik von den von ihnen selbst formulierten Bestimmungen abwichen.

Gleichzeitig werden wir uns gegen die naive Interpretation staatsmännischer Aktivität auf dem Schauplatz des Weltgeschehens verwahren, die von der Annahme ausgeht, daß die Staatsmänner nur irgendwelche theoretischen Konzepte realisieren, anstatt die Interessen des Landes, in dessen Namen sie sprechen und handeln, zu vertreten, wie es ihnen eigentlich die Loyalität ihrem Volke gegenüber gebietet.

a) Das Verbot der Androhung oder Anwendung von Gewalt

In der ersten Fassung der Deklaration lautet dieses Prinzip: »Die Staaten müssen sich in ihren auswärtigen Beziehungen des Mittels der Androhung oder Anwendung von Gewalt enthalten, das gegen die territoriale Integrität oder die politische Unabhängigkeit irgendeines anderen Staates gerichtet ist, oder auch anderer Methoden, die nicht im Einklang mit den Zielen der Vereinten Nationen stehen«.

So lautet dieses Prinzip in der Urfassung der Deklaration von Kairo aus dem Jahre 1964. In bezug auf den allgemeinen Gehalt ist es in der Deklaration von 1970 ähnlich formuliert, doch ist die endgültige Fassung präziser aufgrund der differenzierten Aufzählung verschiedener Situationen, auf die in der Deklaration von Kairo nur summarisch hingewiesen wird. Dies gilt insbesondere auch für die Bestimmung, der zufolge die Verletzung durch einen Waffenstillstand zustande gekommener Demarkationslinien verboten ist. Im Nachgang dazu heißt es, daß das Recht gleichwelcher Partei auf Anfechtung der betreffenden Demarkationslinie dadurch nicht berührt werde. Solche Waffenstillstandslinien sind mithin auch dann vor einer Verletzung durch militärische Gewalt geschützt, wenn eine der beteiligten Seiten von der Unrechtmäßigkeit dieser Grenzlinien überzeugt ist.

Weiterhin werden auch alle denkbaren Aktionen vom Hoheitsgebiet eines Landes aus gegen ein anderes Land in allen möglichen Situationen, einschließlich der des Bürgerkriegs, detailliert angeführt. Jede solche Aktion sowie die Tolerierung jeder Fremdaktion dieser Art auf dem eigenen Hoheitsgebiet werden untersagt. Ebenso werden auch die Besetzung und Aneignung fremden Territoriums untersagt. Sollten derartige Akte vollzogen werden, so würden sie nicht als rechtmäßig anerkannt werden.

Schon die hier gebotene knappe und unvollständige Wiedergabe dieses einen Prinzips läßt die grundlegende Motivation der blockfreien Länder erkennen. Im wesentlichen sind dies zwei Beweggründe. Der erste ist das Gefühl der Ohnmacht bei einem eventuellen Angriff oder einer gewaltsamen Gebietsabtrennung durch einen stärkeren Nachbarn oder einen Nachbarn, der die Unterstützung, also die materielle oder militärische Hilfe, einer stärkeren Macht genießt. In der Deklaration wird nämlich auch die Gewährung wie auch immer gearteter Unterstützung oder Hilfe für einen Staat, der die Bestimmungen des Prinzips der Gewaltlosigkeit verletzen sollte, ausdrücklich untersagt.

Der zweite Beweggrund besteht in der Überzeugung, daß, falls es zu einer in diesem Prinzip untersagten Handlung käme, das bedrohte Land nicht oder kaum in der Lage sein dürfte, sich allein oder im Verein mit befreundeten Ländern zu verteidigen. Es war augenscheinlich unvorstellbar, daß auch nur eines der Mitgliedsländer der Bewegung imstande sein würde, durch Einsatz seiner Streitkräfte mit einem Schlag das Unrecht aus der Welt zu schaffen, das ihm durch eine erfolgte Okkupation oder Annektion eines Teils seines Gebiets widerführe.

Auf allen drei Kontinenten, über die sich die blockfreien Länder im wesentlichen erstrecken (Asien, Afrika und Lateinamerika), gibt es eine Vielzahl umstrittener Grenzen, die auf die während der Kolonialherrschaft erfolgte Grenzziehung zurückgehen. Am häufigsten sind diese Grenzstreitigkeiten in Afrika, wo sich die meisten der erst in jüngster Zeit befreiten Länder befinden. Und so beschloß auch die Organisation für Afrikanische Einheit, daß sie und ihre Mitglieder jeder gewaltsamen Grenzänderung entgegentreten werden, wie stichhaltig die Argumente auch sein mögen, die zugunsten einer solchen Änderung vorgebracht würden.

Doch es steht außer Zweifel, daß man – und darauf lassen auch die bei der Abfassung der Deklaration von Kairo sowie bei der Ausarbeitung der endgültigen Formulierungen in der UNO geführten Diskussionen schließen – auch die Situation im Nahen Osten und die die Streitkräfte Israels und der arabischen Nachbarstaaten trennenden Demarkationslinien im Auge hatte. Denn auch in den sechziger Jahren galten ja noch die Demarkationslinien, die, bereits am Ausgang des ersten kriegerischen Konflikts 1948/49 gezogen, nach dem Rückzug des israelischen Heers nach dem Krieg von 1956 unter Vornahme geringfügiger Korrekturen festgelegt worden waren.

Diese Linien wurden weder zum Zeitpunkt der ersten noch zum Zeitpunkt der endgültigen Fassung der Koexistenzprinzipien als rechtmäßig anerkannt, ungeachtet der später – nach dem Krieg von 1967, bei dem Israel seine Besatzungszone weit über sie hinweg ausdehnte – von den arabischen Ländern gestellten Forderung, die israelischen Einheiten sollten sich bis zu ihr zurückziehen. Mithin wurde durch den Wortlaut der Deklaration von Kairo auch eine Handhabe geschaffen, gegen die Verletzung der ursprünglichen Demarkationslinien durch Israel vorzugehen. Wie berechtigt dieses Tun war, wurde durch das Verhalten Israels nach dem Krieg von 1967 bestätigt.

Bezeichnend jedoch für die Unwirksamkeit dieses Prinzips in der praktischen Politik ist die Tatsache, daß es eigentlich nie in den Mittelpunkt einer diplomatischen Aktivität gegen die Verletzung von Grenzen oder Demarkationslinien oder die Anwendung oder Androhung von Gewalt gestellt wurde. Anfangs gab es zwar bescheidene Aktionen im Sinne des Prinzips, doch im Endergebnis wurden durch die Proklamation des Prinzips in der Praxis nicht jene Neuerungen geschaffen, die zum Zeitpunkt der feierlichen Verkündung der Deklaration erwartet worden waren.

Die Grenzänderungsversuche in Afrika und Lateinamerika wurden zwar vereitelt, jedoch geschah dies auf der Grundlage bestehender zwischenstaatlicher Übereinkünfte, und nicht so sehr aufgrund der Kairoer Deklaration oder der UN-Charta.

Im Nahen Osten kam es 1967, als die Debatte über die Formulierung der Koexistenzprinzipien noch im Gange war, wieder zum Krieg und zur Okkupation großer Gebiete durch Israel. Es waren dies Gebiete, auf die Israel noch nie Anspruch erhoben hatte; und zunächst bestritt es auch ihren Status als eine durch Kriegsoperationen besetzte Zone nicht. Später allerdings kam es zu ihrer Eingliederung in das israelische Staatsgebiet und zu ihrer Besiedlung mit Juden.

Durch eine einmütige Resolution des Sicherheitsrats forderten die Vereinten Nationen gleich nach der Beendigung des

Kriegs den Abzug der israelischen Truppen aus diesen besetzten Gebieten; doch Israel erkannte diese Resolution niemals an und stellte sich konsequent allen Forderungen nach ihrem Vollzug gegenüber taub. So blieben die Koexistenzdeklaration wie die Resolution des Sicherheitsrats jahrelang völlig wirkungslos – um genau zu sein: sechs Jahre, von 1967 bis 1973.

Schließlich schob auch die andere Seite die Koexistenzprinzipien beiseite und unternahm eine militärische Aktion, bei der 1973 ein Teil des besetzten Territoriums zurückgewonnen wurde. Ägypten sicherte sich die Rückgabe des restlichen ihm gehörenden Gebiets in der Folge durch ein Abkommen. Unter isralischer Besatzung verblieben die syrischen Golanhöhen und das Westufer Jordaniens.

Als Ägypten 1973 seine bewaffnete Aktion mit der Überschreitung des Suezkanals begann, tat es dies freilich, ohne diesen Schritt mit komplizierten völkerrechtlichen Bestimmungen zu begründen. Die Regierung in Kairo bezeichnete ihre Aktion einfach als Notwehr. Das Recht auf Notwehr nämlich kann nicht verjähren. Überdies hatte Ägypten während der ganzen Zeit zwischen den Kriegen von 1967 und 1973 eine aktive diplomatische Kampagne geführt, um die Durchsetzung des Sicherheitsratsbeschlusses über den Abzug der israelischen Streitkräfte zu erreichen. Mit anderen Worten, Ägypten stellte sich auf den Standpunkt, es habe durch sein geduldiges Warten auf die Befolgung der Koexistenzprinzipien bzw. auf die Umsetzung der Resolution des Sicherheitsrats in die Praxis seine Bereitschaft unter Beweis gestellt, den am Ausgang des Kriegs von 1967 unter den Auspizien der Vereinten Nationen geschlossenen Waffenstillstand und darüber hinaus auch die Demarkationslinie zu respektieren, obschon diese als unrechtmäßig angesehen wurde.

Unter den vorhandenen Gegebenheiten blieb Ägypten nur die Alternative, entweder die durch die Niederlage entstandene Situation in alle Ewigkeit weiter zu dulden oder sich die inzwischen erfolgte Verstärkung der eigenen Streitkräfte zunutze zu machen und den Krieg, der in einem Augenblick der eigenen Ohnmacht beendet worden war, wiederaufzunehmen. Offenbar ist es so, daß die Koexistenzprinzipien für die Festlegung des Verhaltens der hochentwickelten Länder des Nordens wichtiger sind als für die dritte Welt. Das heißt jedoch nicht, daß durch die Anerkennung dieser Prinzipien ein Krieg zwischen den Blöcken völlig auszuschließen ist. Doch die Erfahrungen, die diese Länder gemacht haben, und der Gedanke an die katastrophalen Folgen, die ein Krieg zwischen Ost und West zeitigen würde, bilden zweifellos einen Faktor, der ihr Verhalten mitbestimmt. Und daher waren sie auch leichter zu bewegen gewesen, den in der Deklaration verwendeten Formulierungen zuzustimmen.

b) *Die friedliche Beilegung von Streitigkeiten*

Die in der UN-Deklaration von 1970 enthaltene Definition dieses Prinzips lautet:

»Jeder Staat hat seine internationalen Streitigkeiten so zu regeln, daß Frieden, Sicherheit und Recht in der Welt dadurch nicht gefährdet werden.«

Eine inhaltlich ähnliche Darlegung dieses Prinzips ist in der Deklaration von Kairo aus dem Jahr 1964 enthalten. In beiden Fällen steht dieses Prinzip in denkbar engem Bezug zu den entsprechenden Bestimmungen der UN-Charta. Es wird hiermit hervorgehoben, daß die Staaten nicht das Recht beugen und durch ihr Vorgehen die durch einen Streit entstandene Lage nicht weiter verschlimmern dürfen, sondern sich um eine friedliche Beilegung des Zwists bemühen sollten.

Auch hier beruht das besondere Interesse der blockfreien Länder in erster Linie auf dem Gefühl des Bedrohtseins und auf der Überzeugung, daß ein möglicher Gegner über das größere militärische Potential verfügen könnte. Vielleicht mehr als in irgendeinem anderen Zusammenhang stand hier die Nahostsituation als latente Krise und Kriegsgefahr im Mittelpunkt der Aufmerksamkeit. Freilich darf man darüber auch die anderen Streitigkeiten nicht aus den Augen verlieren, durch die in den sechziger Jahren die latente Kriegsgefahr kundgetan wurde. Gemeint sind die Verschärfung des Vietnamkonflikts sowie die Kubakrise und die militärischen Auseinandersetzungen zwischen Indien und Pakistan.

Im Zusammenhang mit diesem Prinzip muß aber auch das allgemeine Interesse der blockfreien Länder an der Stärkung der Vereinten Nationen und überhaupt aller internationalen Institutionen, die als Instrumente für die Beilegung von Streitigkeiten dienen können, hervorgehoben werden, da dies eine verständliche Gegenaktion zu dem Bestreben war, Sicherheit im Rahmen der Blockorganisationen zu finden. Die friedliche Regelung von Streitigkeiten durch im Rahmen der UNO unternommene Aktionen ist das beste Argument für die Abnahme des Einflusses der Blöcke auf das internationale Geschehen.

Die Auswirkungen dieses Prinzips auf die internationalen Beziehungen sind schwer abzuschätzen, denn die darin enthaltene Verpflichtung bestand ja bereits seit Verabschiedung der UN-Charta. Die Aufnahme des Prinzips in die Deklaration von 1970 erfolgte auch nur zur erneuten Bekräftigung der bereits bestehenden Verhaltensnormen.

Die blockfreien Länder standen jedenfalls immer häufiger vor der Situation, daß einzelne Mitglieder der Bewegung das Prinzip der friedlichen Streitbeilegung nicht respektierten. In den siebziger Jahren nämlich wuchs die Zahl der offenen Konflikte zwischen Entwicklungsländern, darunter auch zwischen den Blockfreien. Eine Ursache für diese Entwicklung war zweifellos auch die Tatsache, daß man sich bei irgendwelchen Streitigkeiten vor einer direkten Intervention der Blöcke bzw. der Supermächte sicherer fühlte.

Damals war bereits der Prozeß des Rückzugs der USA aus Vietnam im Gange, und die Wahrscheinlichkeit, daß sich die USA in irgendwelche neue Kriegsabenteuer hineinziehen lassen würden, war gering. Gleichzeitig zeigten beide Supermächte die Bereitschaft, den Ländern der dritten Welt Waffen zu liefern. Daran änderten auch die Übereinkommen und die Verhandlungen über die Vermeidung von Konfrontationen in bezug auf Streitigkeiten in der dritten Welt nichts, die sie 1972 in Moskau und 1973 in Washington miteinander führten.

Andererseits gab es bereits in den sechziger Jahren und noch mehr dann nach 1970 gemeinsame Interventionen zum Zweck der Beendigung der laufenden Kriegsoperationen, insbesondere der im Nahen Osten. So ging die Verringerung der Gefahr eines weltweiten Atomkriegs, wie sie auch von den blockfreien Ländern auf ihren Konferenzen konstatiert wurde, Hand in Hand mit einer Zunahme kleiner, räumlich begrenzter Kriege, meist in Weltregionen, in denen sich starke blockfreie Länder befinden.

Im Zusammenhang damit können wir nur die Feststellung wiederholen, daß sich die Regierung eines Landes im Falle der Verschärfung eines Streits immer dann über die Bestimmungen der Koexistenzprinzipien hinwegsetzte, wenn das nationale Interesse auf dem Spiel stand oder entsprechende materielle Voraussetzungen vorhanden waren. Dies war zumal bei Grenzstreitigkeiten der Fall, die ja bekanntlich mit am schwersten einvernehmlich zu regeln sind. Die Beilegung eines Grenzstreits im Süden des indisch-pakistanischen Grenzgebiets mittels Schiedsspruchs ist da nur eine Ausnahme, die die Regel bestätigt. Bei dem betreffenden Gebiet handelt es sich um ein bedeutungsloses, praktisch unbesiedeltes Sumpfland. Im Fall von Kaschmir dagegen dachten weder Indien noch Pakistan jemals auch nur im entferntesten an eine Streitbeilegung mittels Schiedsspruchs oder durch sonstige Vermittlung. Nun geht es bei den Zerwürfnissen in der dritten Welt meistens um Grenzstreitigkeiten; und diese Tatsache macht es verständlich, warum das hier besprochene Prinzip in der Praxis der zwischenstaatlichen Beziehungen in diesem Teil der Welt so wenig Geltung hat.

c) *Die souveräne Gleichheit der Staaten*

Das Konzept für dieses Prinzip wurde der UN-Charta entnommen, in der es in einer 1945 angenommenen Fassung enthalten ist. Es lautet:

»Alle Staaten genießen souveräne Gleichheit. Sie haben gleiche Rechte und Pflichten und sind gleichberechtigte Mitglieder der internationalen Gemeinschaft, unabhängig von Unterschieden wirtschaftlicher, sozialer, politischer oder sonstiger Natur.«

Auf dieses Prinzip legten die blockfreien Länder stets großen Wert. Dies ist auch verständlich bei einer Bewegung, die weitgehend aus Mitgliedern besteht, denen dieses Recht noch in der jüngsten Vergangenheit versagt war. Durch den Begriff »souveräne Gleichheit« sollte zum Ausdruck gebracht werden, daß die Anerkennung von Unabhängigkeit und Souveränität nicht genügt – es muß die Anerkennung einer echten Gleichheit dazukommen.

In dem 1970 von den Vereinten Nationen angenommenen Text nun liegt der Akzent eher auf der Anerkennung der Gleichberechtigung von Staaten mit verschiedenen gesellschaftlichen und politischen Systemen, während das Interesse der blockfreien Länder in der Praxis in erster Linie der Zuerkennung gleicher Rechte für Staaten gilt, die sich in bezug auf die wirtschaftliche Macht und die Fähigkeit, die Gleichstellung mit anderen Staaten aus eigener Kraft zu erringen, voneinander unterscheiden. Mit einem Wort, die Ausgangsposition der Blockfreien bestand in der Feststellung, daß die Staaten ungleich hinsichtlich der wirtschaftlichen Kriterien sind.

Und so haben die Blockfreien bei unzähligen Gelegenheiten die Gleichberechtigung zwischen Großen und Kleinen, zwischen Reichen und Armen gefordert. Das Beharren auf dieser Gleichberechtigung war für sie stets eines der Grundanliegen im internationalen Geschehen, da die großen und mächtigen Staaten ihrer Übermacht oft auch ohne offene und damit erkennbare Anwendung von Druck oder Zwang Geltung verschaffen können. Die grundlegende Handhabe hierfür hat die UN-Charta selbst geliefert, indem sie bestimmten Ländern – um es genau zu sagen: den fünf ständigen Mitgliedern des Sicherheitsrats – Sonderrechte innerhalb der Weltorganisation eingeräumt hat.

Offen und energisch sind die blockfreien Länder niemals gegen diese Rechte der ständigen Sicherheitsratsmitglieder aufgetreten. Doch wurde die Ausübung dieser Rechte wiederholt bei den Diskussionen innerhalb der Bewegung kritisiert. Reichliche Nahrung erhielt diese Kritik durch die Entwicklung in der Welt, die erkennen ließ, daß die privilegierten Mächte meist die Urheber von Spannungen und Kriegsgefahr waren und durchaus nicht die ihnen in der Charta zugedachte Rolle spielten, die darin bestehen sollte, einmütig und geschlossen für Frieden und Sicherheit und für gerechte internationale Beziehungen einzutreten. Daher herrschte auch die Ansicht, daß die fünf ständigen Sicherheitsratsmitglieder (die USA, die UdSSR, Großbritannien, Frankreich und China) das ihnen erwiesene bzw. das von ihnen auf der Konferenz von San Francisco 1945 für sich durchgesetzte Vertrauen nicht gerechtfertigt hätten.

Die blockfreien Länder sind der Meinung, eine endgültige Lösung dieses Problems sei erst mit der Einführung einer neuen internationalen Ordnung zu bewerkstelligen; doch könne in der Zwischenzeit vor allem auch das geschlossene Auftreten der Mehrheit von ihnen im Rahmen der Vereinten Nationen die Arroganz der Großen und Mächtigen abbauen und ihre Vormachtstellung erschüttern.

Der Begriff »souveräne Gleichheit« stammt aus der UN-Charta und soll kurz und prägnant die Gleichheit aller Staaten in bezug auf ihre Rechtsstellung als selbständige Akteure auf dem Schauplatz des Weltgeschehens ausdrücken. So ist in diesem Terminus neben dem betonten Hinweis auf die Rechts- und Stellungsgleichheit der Staaten auch das selbständige Mitwirken jedes Staats als souveränes Subjekt auf der internationalen Bühne mit eingeschlossen.

Dieser Begriff, der Begriff der Souveränität, taucht ebenso wie der der Unabhängigkeit sehr oft in den von der Blockfreienbewegung gebrauchten Formulierungen auf. Wie bereits an anderer Stelle erklärt wurde, ist mit Unabhängigkeit nicht Willkür oder Ausbruch aus der universalen Interdependenz gemeint, ohne die keine internationale Zusammenarbeit möglich ist. Das gleiche gilt auch für den Begriff der Souveränität. Dadurch, daß man die Souveränität aller Staaten ohne Sonderprivilegien für die Mächtigen unter ihnen fordert, tut man dem Postulat nach Übertragung souveräner Rechte auf die organisierte internationale Gemeinschaft keinen Abbruch.

Recht besehen, tritt die Blockfreienbewegung dadurch, daß sie solches Gewicht auf internationale Übereinkünfte und Konventionen sowie die Kodifizierung der Verhaltensregeln für die internationalen Beziehungen legt, ganz unverkennbar in der Praxis für die Übertragung von souveränen Rechten auf die internationale Gemeinschaft ein. Freilich geht dieser Vorgang Hand in Hand mit einer Einschränkung der souveränen Rechte der einzelnen Staaten; doch hat diese Einschränkung nach den Plänen der Bewegung so zu erfolgen, daß sie einheitlich ist und alle Staaten gleichermaßen betrifft, daß sie ausschließlich auf die Interessen der Gemeinschaft ausgerichtet ist, freiwillig auf sich genommen wird und keinerlei Privilegien oder Vormachtstellung für einzelne Staaten schafft.

Es braucht nicht besonders betont zu werden, daß das beharrliche Festhalten an einer derartigen Entwicklung für jene Mitglieder der Blockfreienbewegung, die sich bedroht fühlen, ganz natürlich ist. Mithin ist es auch verständlich, daß Länder, die Grund zu der Annahme haben, daß andere Länder, die wirtschaftlich sehr stark sind, dies zuungunsten der Schwächeren ausnutzen könnten, zu Vorkämpfern für die souveräne Gleichheit werden. Nun ist es aber eine immer deutlicher in Erscheinung tretende Tatsache, daß vorstehende Feststellung nicht nur für die Länder gilt, die sich in der Blockfreienbewegung zusammengeschlossen haben, sondern für eine weit umfassendere Staatengruppe in der Welt von heute.

Letzten Endes können sich selbst die Supermächte nicht mehr allein auf ihre eigene Kraft stützen. Von dem Augenblick an, da man wußte, daß der Einsatz ihrer Waffen nicht mehr den Sieg der einen oder anderen Seite, sondern nur noch die beiderseitige totale Vernichtung mit sich bringen würde, blieb von der früheren Sicherheit, mit der man sich auf die eigene militärische Macht verlassen hatte, nur wenig übrig. Und so gelangten die Regierungen in Washington und Moskau auch zu der Überzeugung, daß sie ihre Interessen durch bilaterale Verhandlungen zu wahren hätten und nicht länger auf den Sieg im Wettrüsten setzen dürften.

Freilich wäre es naiv, nun anzunehmen, daß sich damit das Prinzip der souveränen Gleichheit der Staaten tatsächlich durchgesetzt hätte. In den Fragen, die die Möglichkeit des Ausbruchs eines Atomkriegs in sich bargen, versuchte man in steigendem Maß zu Übereinstimmungen zu kommen; in bezug auf alle übrigen Fragen jedoch läßt sich dies kaum behaupten. Und doch sind gerade diese, mögen sie von der Warte der Supermächte aus auch zweitrangig sein, von lebenswichtigem Interesse für die meisten blockfreien Länder.

In der Praxis der internationalen Beziehungen trat dann immer deutlicher zutage, daß diese Regel nicht nur für das Verhalten der Großen den Kleinen gegenüber gilt, sondern sich auch in den Beziehungen zwischen Mitgliedern der Blockfreienbewegung manifestiert. Gemeint sind die Streitigkeiten in einzelnen Regionen der blockfreien Welt. Doch geht es in diesen Fällen gewöhnlich nicht um die Nichtanerkennung des Prinzips der souveränen Gleichheit, sondern um seine unterschiedliche Anwendung.

Wie bei den übrigen Prinzipien, die auf konkrete Fälle zwischenstaatlicher Konfrontation Bezug nehmen, so ist es auch hier: Die Sachlage ein und desselben Streitfalls kann, je nachdem, von welcher Warte aus sie betrachtet wird, ganz verschieden aussehen. Dies kommt daher, weil die Interaktion zwischen souveränen Subjekten stets mehr oder minder von Streitigkeiten in Form von Interessenkollisionen durchsetzt ist, die allein durch die Anerkennung der Spielregeln gewöhnlich nicht zu beheben sind. Mit anderen Worten, es wäre schwer, normale internationale Beziehungen zu unterhalten, wenn man bei jedem Streitfall den Schuldigen ausfindig machen und eine Lösung zugunsten desjenigen herbeiführen wollte, der in dem betreffenden Fall eindeutig recht hat.

Zu dieser Einsicht gelangten anhand praktischer Erfahrung auch die blockfreien Länder; und daher lassen sie sich in ihrem Verhalten hinsichtlich des Prinzips der souveränen Gleichheit vorzugsweise von dem Bemühen um Verständigung und Kompromissen leiten. Die »souveräne Gleichheit« hat nur die Gewähr dafür zu bieten, daß dieses Verhalten und dieses Bemühen durch Freiwilligkeit und Gleichberechtigung bestimmt sind, das heißt, daß beide Seiten in übereinstimmender Weise einlenken.

d) *Nichtintervention und Nichteinmischung*

Hier zunächst die Definition dieses Prinzips:

»Kein Staat und keine Staatengruppe haben das Recht, aus welchem Grund auch immer, sei es direkt oder indirekt, in die inneren oder auswärtigen Angelegenheiten irgendeines anderen Staats einzugreifen. Somit ist nicht nur eine bewaffnete Intervention, sondern auch jede andere Form der Einmischung sowie auch jede Drohung, die gegen einen Staat oder dessen politische, wirtschaftliche oder kulturelle Struktur gerichtet sind, völkerrechtswidrig.«

In der Deklaration von Kairo fehlt eine separate Formulierung dieses Prinzips, obschon sie die darin enthaltenen Bestimmungen auch bringt, und zwar im Rahmen anderer Prinzipien, als da sind Selbstbestimmung, Unabhängigkeit, Integrität, Gewaltverzicht und andere.

Es liegt auf der Hand, daß die Aufstellung eines eigenen Nichteinmischungsprinzips den in den Jahren nach der Abfassung der Deklaration von Kairo aufgetretenen Bedürfnissen entsprach. Heute ist es völlig überflüssig, die Wichtigkeit solch einer gesonderten Bestimmung über das Verbot von Interventionen besonders hervorzuheben.

Die blockfreien Ländern sahen anfänglich vorwiegend die Gefahr offener Gewaltanwendung und kriegerischer Aktionen, die der in der Welt herrschenden Kaltkriegssituation entsprach. Daneben bestand die große Gefahr, daß es zu einem Krieg zwischen den Großmächten selbst bzw. den Blöcken kommen könnte. Das Prinzip der Nichtintervention kam als Ergebnis der im Rahmen der Beziehungen zu den Großmächten gemachten Erfahrungen zustande, die zeigten, daß diese Staaten unter den gegebenen Umständen Meister darin waren, allerlei Ausflüchte zu erfinden, um mehr oder minder offene und gewaltsame Interventionen zu rechtfertigen.

Freilich steht so ein Verhalten im Widerspruch zum Geist der UN-Charta und wird von dieser sogar verboten, wie ihrem Wortlaut zu entnehmen ist, obschon darin stets nur von offenen Kriegen – erklärten oder nicht erklärten – die Rede ist. Indes hat es Interventionen um »höherer« Ziele willen, Ziele von der Art, wie sie die Erhaltung der »christlichen Werte« oder der »Errungenschaften der Zivilisation« darstellt, auch früher schon gegeben; und es fiele wahrlich schwer, alle heuchlerischen Vorwände für Interventionen aufzuzählen, die zum Zweck der Beherrschung oder Beeinflussung, wenn nicht gar der direkten Unterwerfung schwächerer Völker unternommen wurden. Nun, die Vorwände und Methoden wurden modernisiert und verfeinert, insbesondere nach dem Zweiten Weltkrieg; und in diesem Zusammenhang sind vor allem diverse Eingriffe in das Wirtschaftsleben und die wirtschaftlichen Interessen verschiedener Länder aufzuführen.

Die Fassung des Nichteinmischungsprinzips in der UN-Deklaration von 1970 enthält einen besonderen Absatz, der genau auf diese modernen Formen der Intervention zielt. Darin werden neben politischen ausdrücklich auch wirtschaftliche Maßnahmen zum Zweck der Unterwerfung eines Staats unter den Willen eines anderen untersagt. Ebenso wird auch jede Unterstützung oder Duldung bewaffneter, subversiver oder terroristischer Aktivitäten zum Zweck der Einmischung in die inneren Auseinandersetzungen oder Konflikte eines anderen Landes oder zum Zweck der Herbeiführung eines Regimewechsels in einem anderen Land verboten.

Hier finden wir dann auch noch die Bestätigung des Rechts auf freie Wahl der inneren Strukturen und auf Wahrung der nationalen Identität. Und wieder ist auch vom wirtschaftlichen und kulturellen Bereich die Rede, und nicht nur vom politischen. Kurzum, in diesem Text geht es darum darzutun, daß sich ein Land gegen jegliche Bestrebungen wehren muß, es zu unterwerfen oder hinsichtlich seines inneren Aufbaus oder in seinen auswärtigen Beziehungen nach dem Willen des Intervenienten zu dirigieren, auch wenn diese Bestrebungen nicht in Form eines offenen Kriegs oder direkter Gewaltanwendung zum Ausdruck kommen.

Der Wortlaut der UN-Deklaration bringt übrigens, wie schon angedeutet, nichts, was nicht auch in der Deklaration von Kairo enthalten wäre. In letzterer finden wir Einzelpunkte wie Widerstand gegen wirtschaftlichen Druck und kulturellen Zwang, ebenso gegen subversive Aktionen und die Aufzwingung bestimmter außenpolitischer Ausrichtungen. Doch der Druck der Blöcke auf die Länder der dritten Welt änderte sich auch nach Beendigung des kalten Krieges nicht wesentlich. Nur waren es nunmehr anstelle der festgefügten Blöcke einzelne Mächte, insbesondere die beiden Supermächte, die nach Erweiterung und Festigung ihres Einflusses und ihrer Vorherrschaft in der dritten Welt strebten.

Zum Unterschied von den obenbesprochenen Prinzipien hat das hier behandelte in erster Linie, wenn auch nicht ausschließlich, die Beziehungen der Großmächte zu den weniger mächtigen Ländern zum Gegenstand. Nun, an diesen Beziehungen, die bei der Formulierung dieses Prinzips eine maßgebliche Rolle spielten, hat sich genaugenommen bislang nicht viel geändert; und es hat ganz den Anschein, als würde sich daran auch in Zukunft nichts ändern. Immerhin aber kam es unerwarteterweise dazu, daß in einer Hinsicht eine Änderung eintrat, die weder bei der Abfassung der Deklaration von Kairo noch bei der der UN-Deklaration vorauszusehen war. Diese Änderung ergab sich im Bereich der Ausübung wirtschaftlichen Drucks dadurch, daß die erdölausführenden Länder schließlich in der Lage waren, ihrerseits Druck auf die Abnehmerländer dieses wichtigen Rohstoffs auszuüben.

Der erste Einsatz des Erdöls als politisches Druckmittel hing mit dem Nahostkrieg von 1973 zusammen. Es wäre jedoch zuviel gesagt, wollte man behaupten, die Erhöhung der Rohölpreise als gemeinsame Aktion der Ausfuhrländer sei aufgrund dieses kriegerischen Konflikts erfolgt. Die ersten Ansätze in Richtung Preiserhöhung wurden noch vor dem ägyptischen Vormarsch über den Suezkanal gemacht, der in aller Stille vorbereitet worden war. Es war sogar so, daß die Preisgespräche zwischen der OPEC und den supranationalen Erdölkonzernen, die im Gange waren, als die Kriegsoperationen einsetzten, bei deren Beginn unterbrochen und erst nach Einstellung des Feuers wieder aufgenommen wurden.

Zudem ermunterten die Blockfreien die Ausfuhrländer verschiedener Rohstoffe bereits seit der Gipfelkonferenz von Lusaka im Jahre 1970, sich zwecks Durchsetzung höherer und stabilerer Preise für ihre Ausfuhrgüter zusammenzuschließen. Die OPEC ist die einzige Erzeuger-Organisation, die ihre Preisvorstellungen durchsetzen konnte. Dieses Ergebnis kam aufgrund besonderer, die Mitglieder dieser Organisation begünstigender Umstände zustande. Erstens hatte sich die Verwendung des Erdöls als Energiequelle derart stark durchgesetzt, daß es unmöglich war, in kurzer Zeit und ohne ausnehmend hohe Kosten und Investitionen Alternativlösungen zu finden. Dann entfällt ein sehr hoher Anteil der Erdölausfuhr auf eine verhältnismäßig kleine Zahl von Entwicklungsländern; und unter diesen wiederum sind es die Länder des Nahen und Mittleren Ostens, meist arabische Länder und alle mehr oder weniger miteinander verbunden, die die Hauptmenge an Öl liefern.

All diese Umstände begünstigten den Zusammenschluß dieser Länder und das Entstehen einer geschlossenen Haltung den Hauptverbrauchern, d. h. den industriell entwickelten Ländern des Westens, gegenüber. Was den Ostblock angeht, so deckten die dortigen Staaten ihre Bedürfnisse in der Hauptsache aus sowjetischen Quellen. Gleichzeitig war kein Ostblockland in der Lage, größere Mengen Erdöl auf dem Weltmarkt anzubieten. Somit waren die Handelspartner auf dem freien Weltmarkt die OPEC-Länder einerseits und die entwickelten Industrieländer des Westens sowie die übrigen Entwicklungsländer andererseits.

Nun kann der Zusammenschluß zwecks Preiserhöhung an sich noch nicht als Nutzung eines wirtschaftlichen Vorteils zur Druckausübung bezeichnet werden, zumal dem Verbraucher in den entwickelten Ländern durch Hochschrauben der Verbrauchersteuern für Rohölderivate im vorhinein schon Preise auferlegt werden, die die handelsüblichen weit übersteigen, so daß ein großer Teil der Erlöse wieder in die Staatskassen der Verbraucherländer fließt. Mithin war die Preiserhöhung von 1973 wohl auch bei Anlegung des strengsten Fair-play-Maßstabes gerechtfertigt. Die Folgeerhöhungen bewirkten auch jeweils eine Zunahme des steuerbedingten Zuflusses in die Staatskassen der Verbraucherländer; und dies wiederum begünstigte weitere Erhöhungen durch die OPEC-Länder.

In Erwägung dessen müssen wir uns bei der Aufzählung der zu wirtschaftlichen Druckmitteln gehörenden Maßnahmen auf die des Embargos bzw. der Drohung mit Lieferungseinstellung beschränken. Diese Maßnahmen wurden auch angewandt, zeitigten aber bisher noch keine nennenswerten Ergebnisse. Das Embargo von 1973 führte nicht zu den geforderten Entscheidungen. Immerhin erfolgte die Modifizierung des Standpunkts Japans und der westeuropäischen Länder zur Palästinafrage zweifellos unter dem Einfluß der Drohung mit dem Einsatz der »Erdölwaffe«.

Doch muß man sich erinnern, daß die Situation, für die diese Drohungen galten, durch die mangelnde Bereitschaft Israels entstanden war, der Resolution des Sicherheitsrats über den Abzug aus den okkupierten Gebieten Folge zu leisten. Der Krieg von 1973 brachte zwar eine gewisse Befriedigung der Ansprüche Ägyptens, hatte jedoch keine Auswirkung auf die Lage hinsichtlich der übrigen besetzten Territorien. Dabei ist es in diesem Zusammenhang nebensächlich, ob dieses oder jenes arabische Land bei der Gestaltung seiner Beziehungen zu Israel klug verfuhr – was zählt, ist die Tatsache, daß es durch die Aktion der Vereinten Nationen nicht gelang, Israel zum Rückzug zu bewegen, und daß nicht einmal die teilweise erfolgreiche militärische Aktion der Ägypter die gewünschten Ergebnisse zeitigte. Mehr noch – die israelische Regierung Begins und mit ihr weitgehend auch die Opposition des Landes lehnen es ab, über den Rückzug Israels und die Anerkennung des Rechts der Araber auf einen Staat auf dem Boden Palästinas im Geist der Resolution über die Teilung dieser ehemaligen britischen Kolonie auch nur zu verhandeln.

Zum Schluß ist noch darauf hinzuweisen, daß es einigermaßen unlogisch ist, das Verbot wirtschaftlichen und anderweitigen Drucks immer nur der Einmischung in die inneren Angelegenheiten eines Staates zuzuordnen. Gewiß, bei den Versuchen der großen und entwickelten Länder, den Entwicklungsländern ihren Willen aufzuzwingen, ist dies wohl angebracht. Doch im Fall des Einsatzes der »Erdölwaffe« gegen die hochentwickelten Länder trifft dies unverkennbar nicht zu. Freilich hat ein Embargo Auswirkungen auf die innere Entwicklung und Lage eines Landes, aber dies gilt ja für jede Form von Gewaltandrohung. Und doch können solche Aktionen eine Sache für sich sein und müssen nichts mit Interventionen zu tun haben.

e) Die Pflicht der Staaten zur Zusammenarbeit im Einklang mit der UN-Charta

Dieses Prinzip betrifft die gesamte Materie der internationalen Beziehungen und enthält praktisch den gesamten grundlegenden Sinn der Koexistenz. Die Eingangsformel lautet:

»Die Staaten haben ohne Rücksicht auf die hinsichtlich des politischen, wirtschaftlichen und sozialen Systems zwischen ihnen bestehenden Unterschiede auf den verschiedenen Gebieten der internationalen Beziehungen untereinander zusammenzuarbeiten: zwecks Erhaltung des Weltfriedens und der internationalen Sicherheit sowie Förderung von Stabilität und Fortschritt in der Weltwirtschaft, des allgemeinen Wohlstands der Völker und der internationalen Zusammenarbeit ohne Diskriminierung...«

Im Zuge der Konkretisierung dieser allgemeinen Leitsätze werden einige der wichtigsten Gebiete der Zusammenarbeit einzeln aufgeführt. An erster Stelle erscheint das Eintreten für Frieden und Sicherheit; gleich danach die Erfordernis der Zusammenarbeit hinsichtlich der Respektierung der Menschenrechte und der allgemeinen Freiheiten sowie der Beseitigung der rassischen und religiösen Diskriminierung; dann die Zusammenarbeit auf wirtschaftlichem und sozialem Gebiet sowie in den Bereichen Kultur, Technik und Handel, und schließlich die Zusammenarbeit im Rahmen der Vereinten Nationen im Einklang mit deren Charta.

Im Schlußabschnitt folgt dann noch einmal ein Gesamtüberblick über die angeführten Gebiete der Zusammenarbeit, die einem bestimmten Ziel zugeordnet werden: »Die Staaten müssen ihre Anstrengungen vereinen, um das wirtschaftliche Wachstum in der ganzen Welt und insbesondere in den Entwicklungsländern zu beschleunigen.«

Dieser letzte Satz steht anstelle des in die Deklaration von Kairo aufgenommenen Prinzips der Zusammenarbeit zwischen entwickelten und Entwicklungsländern. Dies ist überhaupt der einzige Satz in der UN-Deklaration von 1970, in dem die Verpflichtung zur Förderung der Entwicklung in den Entwicklungsländern festgehalten ist (die negativen Aspekte der Nord-Süd-Beziehungen werden hier im Zusammenhang mit der Nichteinmischung in die inneren Angelegenheiten behandelt).

In der Reduzierung dieser höchst bedeutsamen Materie auf nur einen Satz im Rahmen des allgemeinen Aufrufs zur Zusammenarbeit kommt jedenfalls der Mangel an Bereitschaft, zur Lösung dieses Problems beizutragen, zum Ausdruck, was für die Zeit der Formulierung der UN-Deklaration, d. h. am Ausgang der sechziger Jahre, für die entwickelten Länder des Westens wie des Ostens auch besonders charakteristisch war. Wie aus der geschichtlichen Entwicklung der Bewegung zu erkennen ist, kam es erst in den beginnenden siebziger Jahren zur allgemeinen Anerkennung der Notwendigkeit einer Reformation der Weltwirtschaftsordnung unter besonderer Berücksichtigung der Entwicklung in den Entwicklungsländern.

Aus der Sicht der blockfreien Länder ist die Frage der Aktivität zur Förderung der Entwicklung des sogenannten Südens eng verbunden mit den übrigen politischen Fragen von Weltrang, insbesondere mit der Problematik der Festlegung der Verhaltensregeln für die zwischenstaatliche politische Interaktion auf dem Schauplatz des Weltgeschehens. Dieser Bezug wurde denn auch auf sehr klare und unzweideutige Weise herausgestellt, und zwar im Zusammenhang mit der bereits damals erkannten Notwendigkeit einer verstärkten Aktion hinsichtlich der weltweiten Zusammenarbeit auf wirtschaftlichem Gebiet, aus der später die Aktion zur Errichtung einer neuen Weltwirtschaftsordnung hervorging. Somit wird die weitere Behandlung dieser Frage den Kapiteln über die Aktivität auf dem Wirtschaftssektor vorbehalten.

f) Gleichberechtigung und Selbstbestimmung

Das in der Deklaration von 1970 so bezeichnete Prinzip faßt zwei Prinzipien der Deklaration von Kairo zusammen: das Prinzip der Selbstbestimmung und der freien Entwicklung und das der Menschenrechte und der rassischen Gleichberechtigung. Die Inhaltsfülle dieses Prinzips bewirkte, daß auch seine Definition etwas länger ausfiel. Nachstehend ihr Wortlaut:

»Gemäß dem durch die Charta festgelegten Prinzip der Gleichberechtigung und Selbstbestimmung der Völker haben alle Völker das Recht, ihren politischen Status völlig frei und ohne fremde Einmischung zu bestimmen und ihre wirtschaftliche, soziale und kulturelle Entwicklung weiterzuführen; dieses Recht hat von jedem Staat, entsprechend den Bestimmungen der Charta, respektiert zu werden.

Jeder Staat ist gehalten, zusammen mit den übrigen Staaten oder einzeln für sich das Prinzip der Gleichberechtigung und Selbstbestimmung der Völker im Einklang mit den Bestimmungen der Charta durch praktische Anwendung zu fördern und der Organisation der Vereinten Nationen zu helfen, den ihr durch die Charta anvertrauten Aufgaben bei der Anwendung dieses Prinzips nachzukommen, um so

a) die freundschaftlichen Beziehungen und die Zusammenarbeit zwischen den Staaten zu fördern und

b) unter Beachtung des frei zum Ausdruck gebrachten Willens der beteiligten Völker die baldige Abschaffung des Kolonialismus herbeizuführen.«

Im weiteren Text wird dann noch nachdrücklich auf die Verpflichtung zur Respektierung der Menschenrechte hingewiesen und jede Form der Unterwerfung von Völkern untersagt. Zugleich wird dann auch die Integrität eines jeden Staats garantiert, dessen Verhalten mit diesem Prinzip im Einklang steht.

In diesem Prinzip kommt das Bestreben der blockfreien Völker zum Ausdruck, zur Abschaffung des Kolonialismus und vor allem der hierarchischen Gestaltung der Beziehungen zwischen den Völkern beizutragen. In gewisser Weise haben wir es hier mit der Fortsetzung der Aktion zu tun, die zu der bekannten Deklaration der Vereinten Nationen von 1960 über die unverzügliche Auflösung aller Kolonien geführt hatte. Die antikolonialistische Ausrichtung war ja eine der Hauptklammern, die die Länder, die sich in der Folge zur Blockfreienbewegung zusammenschlossen, am Anfang der Nachkriegsperiode miteinander verband. Die Einbeziehung der antikolonialen Aktion in die Deklaration von 1970 beruhte aber teilweise auch auf der 1966 erfolgten Annahme der Menschenrechtskonvention durch die Vereinten Nationen, die ebenfalls die Verpflichtung zur Abschaffung der Kolonien und ähnlicher Abhängigkeitsverhältnisse enthält, was wiederum auf das Betreiben der blockfreien Länder zurückzuführen ist.

Diesmal stand diese Forderung im Vordergrund und war in das Prinzip der Achtung der Menschenrechte eingearbeitet. Die Menschenrechtsbestimmungen selbst waren sehr kurz und allgemein gehalten, da diese Materie bereits in der Konvention von 1966 ausgearbeitet worden war. Immerhin aber wurde auch 1970 wieder das Selbstbestimmungsrecht mit in sie hineingenommen, so wie es auch in der Konvention gehandhabt worden war. Dies zeigt, daß es viele Fälle gab, in denen Formulierungen zustande kamen, die den besonderen Zielen einiger Staatengruppen innerhalb der Vereinten Nationen entsprachen.

Doch der Text von 1970 zeichnet sich zudem noch durch eine besondere Komponente aus, die ebenfalls die Grundhaltung der blockfreien Länder widerspiegelt. Gemeint ist die Zusicherung der freien Wahl bei der Schaffung und Weiterentwicklung der eigenen Gesellschaft und des eigenen Staats sowie ihrer Institutionen. In diesem Abschnitt kommt das Trachten der neubefreiten und sonstigen – Druckversuchen von außen ausgesetzten – Länder zum Ausdruck, sich gegen die Bestrebungen der großen und mächtigen Staaten zur Wehr zu setzen, die ihnen ihre Modelle der inneren Ordnung aufzuoktroyieren gedachten. Damit liegt auch der – ablehnende – Standpunkt zu all jenen Aspirationen fest, die darauf abzielen, mit verschiedenen Mitteln zunächst solche Verhältnisse innerhalb eines Landes zu schaffen, die es erlauben, diesem dann leichter und ohne die Notwendigkeit offener Gewaltanwendung den Willen der jeweiligen Großmacht aufzuzwingen bzw. es einem der – der einen oder anderen Supermacht botmäßigen – Blöcke oder Lager einzuverleiben.

Das hier behandelte Koexistenzprinzip betrifft zum Unterschied von manchen der anderen die grundlegenden und langfristigen Belange der Blockfreienbewegung und reflektiert keine besonderen, durch eine gegebene politische Situation oder das Kräfteverhältnis in der Welt zu einem bestimmten Zeitpunkt inspirierten Interessen. Sein Wortlaut ist so gehalten, daß er die allgemeine Zustimmung, den allgemeinen Konsens, ermöglichte, was freilich große Vorsicht und Zurückhaltung erforderte. Dadurch wiederum wurde allerdings die Möglichkeit geschaffen, daß ihn diese oder jene Seite auf ihre Weise auslegen und mißbrauchen kann. Doch dies ist in den internationalen Beziehungen nun einmal nicht zu vermeiden; ob angenommene Verhaltensregeln auch praktiziert werden, hängt stets von dem realen Kräfteverhältnis in der Welt ab.

g) Gewissenhafte Erfüllung von Rechtsverpflichtungen

Dies ist eine sehr komplizierte Materie, obschon sie in der Deklaration von 1970 recht kurz gefaßt ist. Das Prinzip wird eingangs definiert: »Jeder Staat hat die im Einklang mit der Charta der Vereinten Nationen übernommenen Verpflichtungen gewissenhaft zu erfüllen.«

Im weiteren Text indes wird ausgeführt, daß die Erfüllung der Verpflichtungen auf der Grundlage der »allgemein anerkannten Prinzipien und Regeln des Völkerrechts« zu erfolgen habe. Danach wird wieder die Vorrangigkeit der auf der UN-Charta beruhenden Verpflichtungen hervorgehoben, die wichtiger seien als jede andere Verpflichtung.

Die Kompliziertheit dieser Materie liegt darin, daß einerseits die blockfreien Länder Wert darauf legen, daß alle Errungenschaften zugunsten der Vielzahl der in der internationalen Gemeinschaft bestehenden schwächeren Staaten und alle völkerrechtlichen Regeln respektiert und so der Willkür der mächtigen Staaten Schranken gesetzt werden, und daß andererseits die in der Vergangenheit, in der Ära der ungleichen Beziehungen, geschlossenen Verträge weiterbestehen (und damals sind Verträge zustande gekommen, die den Großmächten, den industriell entwickelten Ländern oder deren Unternehmen bestimmte, oft sehr bedeutende Privilegien auf dem Hoheitsgebiet der Entwicklungsländer einräumten; es sind dies die sogenannten ungleichen Verträge) und die aus jener Zeit übernommenen Verpflichtungen weiterhin erfüllt werden.

Es mußte eine Fassung gefunden werden, die für die blockfreien Länder annehmbar war und den Widerstand gegen die Verpflichtung zur Erfüllung von unter militärischem oder wirtschaftlichem Druck aufgezwungenen Verträgen nicht beeinträchtigte, dabei aber zugleich die Gültigkeit und die Respektierung der im Interesse der Entwicklungsländer liegenden Verpflichtungen gewährleistete. Die Formel »im Einklang mit der Charta der Vereinten Nationen« und die Bedingung der Einhaltung der Verpflichtungen aufgrund der »allgemein anerkannten Prinzipien und Regeln des Völkerrechts« sollten solch einen möglichen Interessenkonflikt von vornherein ausschließen.

Die blockfreien Länder sahen den Sinn des hier behandelten Prinzips darin, daß es als zusätzliche Bestätigung der Gültigkeit und Verbindlichkeit aller übrigen Prinzipien der Deklaration, jedoch auch der anderen in der UN-Charta enthaltenen bzw. der im Zuge der Blockfreienaktionen bei den Vereinten Nationen proklamierten Regeln und Verpflichtungen dienen sollte.

Außer Zweifel steht, daß dieses Prinzip auch für die Länder des Westens akzeptabel war, die sich in Streitfällen stets auf ihre Rechte zu berufen pflegten, die ihnen durch seinerzeitige Vereinbarungen aufgrund der zu dem betreffenden Zeitpunkt geltenden völkerrechtlichen Regeln und Prinzipien eingeräumt worden waren. In der Praxis dürfte es das weltpolitische Geschehen und das Verhalten der Staaten wohl am wenigsten beeinflußt haben, und das wird wohl auch so bleiben. Dies wird weitgehend schon an seinen Bestimmungen deutlich, dann aber auch an dem Umstand, daß darin ohne weiteren Zusatz wiederholt wird, was bereits in der UN-Charta steht oder was in der Praxis der internationalen Beziehungen als selbstverständlich gilt.

Man könnte sagen, daß dieses Prinzip, das sowohl in der Deklaration von Kairo als auch in der von 1970 als letztes erscheint, als notwendiger Schlußakkord begriffen wurde, der die Gültigkeit des Völkerrechts bestätigen und dabei der Charta den Vorrang einräumen sollte, den diese freilich ohnhin besitzt.

3. Strategie und Taktik der politischen Aktion

Bei der Belgrader Konferenz wurde – und dies gilt für den Arbeitsablauf dieses Treffens ebenso wie für die dabei verabschiedeten Abschlußdokumente – das Fundament gelegt für drei Arten des politischen Einsatzes der Bewegung. Die erste ist im Hauptteil der Deklaration von Belgrad erfaßt. Es ist – wir wollen es einmal so bezeichnen – das *reformatorische* Wirken der Bewegung. Gemeint ist das Streben nach einer Änderung der Weltordnung, wie es auch im Initialgedanken in der Einführung des Dokuments festgehalten ist, wo es heißt, daß sich die Welt, was die internationalen Beziehungen angeht, in einem Stadium des Übergangs von der alten zu einer neuen Ordnung befinde.

Die zweite Art des Einsatzes ist, könnte man sagen, die *militante*. Sie umfaßt die Ausübung von Druck in konkreten Situationen zum Zweck der Herbeiführung eines bestimmten Ergebnisses im Rahmen des aktuellen Weltgeschehens. Zu dieser Kategorie gehören im Repertoire der Belgrader Deklaration beispielsweise die Forderung nach Aufhebung des französischen Stützpunkts in Bizerta in Tunesien sowie weitere Forderungen dieser Art. Hier geht es um eine politische Aktion im Rahmen der bestehenden Ordnung, die so geartet ist, daß sie ein militantes Vorgehen erfordert, d. h. ein entschlossenes Auftreten und die Geltendmachung präziser Forderungen mit dem Ziel, die andere Seite dazu zu zwingen, auf sie einzugehen und ihnen nachzukommen.

Die dritte Art des Einsatzes, die zu Beginn, d. h. bei der Einberufung der Belgrader Konferenz, nicht eigens vorgesehen war, ist die *vermittelnde*. Enthalten ist sie in dem Appell und dem Brief an die USA bzw. die Sowjetunion, betreffend die damals sehr gespannten Beziehungen zwischen den beiden Mächten. Zum Ausdruck kam diese Art des Einsatzes in dem Bemühen Nehrus, der sein Auftreten in Belgrad ausschließlich diesem Problem widmete. Dies soll nun allerdings nicht heißen, daß die Vermittlerfunktion in der Deklaration selbst nicht zum Ausdruck gekommen wäre, wenn es nicht zu Nehrus Initiative und den beiden Sonder-Abschlußdokumenten gekommen wäre.

Im Rückblick auf die vergangenen zwanzig Jahre des Bestehens der Bewegung scheinen diese drei Formen ihres politischen Einsatzes in den internationalen Beziehungen unumgänglich gewesen zu sein. Die Grundlage für den Zusammenschluß der Mitgliedsländer und damit für das Zustandekommen der Bewegung bildete jedoch zweifellos die reformatorische Funktion, denn in den Fragen der Tagespolitik ist – ob es nun um militante Forderungen oder um Vermittlungsaktionen geht – eine völlige Einheit kaum vorstellbar.

Somit können wir feststellen, daß das reformatorische Wirken der Bewegung trotz allem die fundamentale Form ihrer Aktivität darstellt, die dazu führte, daß sie ihre einflußreiche

Stellung in der internationalen Völkergemeinschaft einnehmen konnte. Folglich bilden die dieser Einsatzart entsprechenden Formen von Taktik und Strategie das Rückgrat der allgemeinen Strategie und Taktik der Bewegung. Damit aber ist zugleich gesagt, daß die beiden anderen Einsatzarten, die militante und die vermittelnde, als Neben- oder Zusatztätigkeiten und ihre Formen von Taktik und Strategie als notwendige Ergänzung zur grundlegenden Strategie und Taktik der Bewegung zu betrachten sind.

Allerdings setzt allein schon der reformatorische Einsatz komplizierte Aktionsmethoden voraus, vor allem deshalb, weil es sich hier um eine Aktivität auf längere Sicht handelt. Sie erheischt sowohl Geduld und Bedacht bei langwierigen Verhandlungen, Kompromißbereitschaft mit eingeschlossen, als auch die Fähigkeit, auf die andere Seite Druck auszuüben. Letzteres pflegt besonders in kritischen Situationen notwendig zu sein, wenn die Bereitschaft zu einem konstruktiven Dialog fehlt.

Übrigens erwuchs das Reformatorentum in diesem Fall weitgehend aus der militanten Aktion der antikolonialistischen Bewegungen; die reformatorische Art des Einsatzes kristallisierte sich aus einer Gruppe bzw. Serie militanter Aktionen heraus, die in der Zeit, die der Belgrader Konferenz vorausging, in einer Reihe antikolonialer Befreiungskriege gipfelten.

Auch leuchtet ein, daß das Element des Kompromisses bei dem Ringen um die Erzielung von Fortschritten im langfristigen Prozeß der Änderung der Welt sehr nahe an die Vermittlungstaktik herankommt, die auch der Kompromißbereitschaft oder doch wenigstens einer Initiative in dieser Richtung bedarf. Dies gilt sogar für den antikolonialen Kampf. Die einfachsten und einleuchtendsten Beispiele dafür dürften die seinerzeitigen Unabhängigkeitskämpfe im ehemals französischen Teil Nordafrikas sein.

Sowohl Tunesien wie Marokko, wie Algerien schlossen während ihres antikolonialen Kampfs Kompromißabkommen mit

Frankreich. Besonders bemerkenswert ist dies im Falle Algeriens. Das Abkommen von Evian ist zweifellos ein Kompromiß. Die führenden algerischen Revolutionäre wie Ben Bella hegten sogar Bedenken, es zu unterzeichnen. Und doch gelangte man über diesen Kompromiß zur endgültigen Unabhängigkeit.

Daraus folgt, daß sich im reformatorischen Wirken der Bewegung zahlreiche strategisch-taktische Merkmale häuften, die eine – teilweise sogar weitgehende – Affinität zu Taktik und Strategie des militanten und des vermittelnden Wirkens im Bereich der aktuellen Politik schufen. Die Einbeziehung dieser beiden Einsatzformen in die Hauptaktivität der Bewegung ließ von allem Anfang ihres Bestehens an eine sehr verwickelte Situation in bezug auf die Methoden, d. h. in bezug auf Taktik und Strategie, entstehen. Auf das ohnehin schon komplizierte Gefüge der Gestaltung der grundlegenden langfristigen Aktivitäten wurden auch noch die mit den aktuellen Fragen verknüpften Probleme und die dafür geeigneten Lösungsvorschläge aufgepfropft.

Die Erläuterung dieses Sachverhalts war notwendig, da darin die Erklärung für eine ganze Reihe von Problemen liegt, die während der Entwicklung der Bewegung auftauchten und am Ausgang des zweiten Jahrzehnts ihres Bestehens, d. h. etwa um den Zeitpunkt der Konferenz von Havanna, zu ernsthaften Unstimmigkeiten und Auseinandersetzungen, ja, sogar zum Entstehen einer oppositionellen Minderheit innerhalb der Bewegung führten.

Diese Auseinandersetzungen und Differenzen rührten aber freilich nicht nur daher, daß die hier besprochene Materie so mannigfaltig ist und daß es sogar in den grundlegenden Aktivitäten der blockfreien Länder taktisch-strategische Unterschiede gab, sondern waren auch durch die Zusammensetzung der Bewegung bedingt. Jedes Land nämlich verschaffte in seiner Tätigkeit innerhalb der Bewegung seinen politischen Erfahrungen und den Methoden, die es unter seinen spezifischen Bedingungen bei seinen Bemühungen um die Verwirklichung seiner nationalen Ziele und Bestrebungen erarbeitet hatte, Geltung. Mit der Zeit, als immer mehr neue Länder Mitglieder wurden, gestaltete sich das Bild, das die Bewegung bot, immer mannigfaltiger; und die Unterschiede in den Einsatzmethoden wurden zusehends größer.

Es wäre schwer, wenn nicht gar unmöglich, eine Systematisierung und Klassifizierung all dieser Unterschiede durchzuführen. Wenn wir hier auf sie eingehen, so nur, um zwei grundlegende – man könnte auch sagen: extreme – Typen des taktisch-strategischen Herangehens an die Probleme der Bewegung herauszustellen. Die erste Art beruht auf den Standpunkten der Länder, die, während ihrer Unabhängigkeit, bereits beträchtliche Erfahrungen auf dem Gebiet der internationalen Beziehungen gewonnen hatten. Diese Länder hatten gelernt, daß die nationalen Ziele nicht nur mit einer einzigen Methode zu erreichen sind, sondern daß man sein Vorgehen den aktuellen Umständen und Verhältnissen anpassen muß. Das Pendant dazu bildet die Einstellung der Länder, die gerade erst ihre Freiheit erlangt haben und deren Führer von der Vorstellung befangen sind, es könne einzig und allein militant vorgegangen werden, und Taktik und Strategie seien ganz nach diesem Richtsatz zu gestalten.

Diese Einteilung in zwei Kategorien ist freilich nur sehr grob und annähernd, gewannen doch Bewegungen wie die in Algerien bereits während des Befreiungskampfs eine Fülle an politisch-strategischen Erfahrungen. Doch schon eine Betrachtung der verschiedenen Debatten lange vor Havanna läßt die aufgezeigten beiden Tendenzen bzw. Ansätze erkennen, die für solch eine Zweiteilung innerhalb der Bewegung sorgten. Als typisch für die militante Strömung erscheint dabei deren Neigung zur Vereinfachung der Probleme und zu einer generellen Schwarz-Weiß-Malerei bei der Einstufung der handelnden Personen.

Wir brauchen uns da nur an die Debatten auf der Konferenz

von Kairo 1964 und bis zu einem gewissen Grad auch an die der Folgekonferenzen zu erinnern, bei denen sich unter den Teilnehmern vereinzelt auch solch eine Neigung zur Simplifizierung zeigte, die jedoch nicht die Oberhand gewann. Im Grunde genommen brachte die Bewegung in ihren Abschlußdokumenten eine Synthese der Standpunkte zustande, die vielleicht nicht immer die Einstellung der Mehrheit widerspiegelte, durch ihre Ausgewogenheit jedoch auch für jene, die in ihrem Kurs verschiedentlich von der Linie der vorgeschlagenen Dokumente abwichen, gerade noch annehmbar waren.

Wenn wir die Belgrader Deklaration betrachten, die wir wieder zum Ausgangspunkt wählen wollen, so erkennen wir darin eine rationale Kombination der verschiedenen Konzeptionen und eine sehr ausgewogene Zusammenstellung der diversen Einsatzarten. Da die Konferenz von Belgrad eine verhältnismäßig beschränkte Zahl von Teilnehmern hatte, da es sich dabei um die erste Konferenz der Bewegung handelte und es somit ganz am Anfang viel zu sagen gab und da schließlich doch die Formulierungen sehr knapp gehalten wurden, konnte in dieser Deklaration ein hohes Maß an Ausgewogenheit erzielt werden.

Im Laufe der Jahre wurden die Dinge, wie nicht anders zu erwarten, komplizierter, sowohl durch das Ansteigen der Mitgliederzahl als auch durch die Erfordernis des Übergangs von allgemeinen Formulierungen zu konkreteren. Außerdem machte sich, hervorgerufen durch die zunehmende Mitgliederzahl, auch eine Tendenz zur Überschätzung der Rolle der Bewegung geltend. Besonders das Erreichen der Mehrheit in der UN-Vollversammlung löste eine überschäumende Hochstimmung aus und bewirkte, daß man in übertriebenem Maß auf die Stimmenmacht baute, die indes nicht der einzige bestimmende Faktor in der internationalen Gemeinschaft ist. Auch die blockfreien Länder mußten dies allmählich einsehen und erkennen, daß es vor allem bei den wichtigsten Fragen und ganz besonders bei denen, die wirtschaftliche Belange betrafen, keinen Sinn hatte, mit dem Gedanken zu spielen, sie würden bei der Abstimmung leichtes Spiel haben, indem sie einfach von ihrer Mehrheit Gebrauch machten.

Indes gewann damals, insbesondere um die Zeit der Konferenz von Algier, das militante Vorgehen auch im Bereich der langfristigen und grundlegenden Fragen, also im Zentralbereich des reformatorischen Wirkens der Bewegung, die Oberhand. Wir wollen allerdings nicht vergessen, daß im Rahmen des reformatorischen Einsatzes die Anwendung des gesamten Spektrums der strategisch-taktischen Möglichkeiten erlaubt und sogar unerläßlich ist. Es soll hier also nur hervorgehoben werden, daß sich der militante Charakter in den Methoden durchsetzte.

Ausschlaggebend für diesen Trend war wiederum das Vertrauen auf die Macht der Stimmenzahl, d. h. auf die Mehrheitsposition bei den Vereinten Nationen. Hinzu gesellte sich alsbald die Überzeugung, daß man Mittel habe, um die Wirkung dieser Stimmenmehrheit noch zu verstärken, nämlich den Einsatz des Druckmittels Erdöl durch die OPEC. So kam es zu einem – ungerechtfertigten – Optimismus und zu der Tendenz, bei der Behandlung langfristiger Fragen so vorzugehen, als seien sie kurzfristig lösbar. Es war geradezu verpönt, das Wort »langfristig« auch nur zu erwähnen; und die Bewegung wandte sich de facto einer beschleunigten Lösung der Grundprobleme zu. Das Ausbleiben des erwarteten raschen Fortschritts – insbesondere im Bereich der Wirtschaftsfragen – ließ natürlich ein verstärktes Frustrationsgefühl aufkommen. Verstärkt wurde dieses dadurch, daß nicht nur rasche und bedeutende Erfolge ausblieben, sondern darüber hinaus auch noch die Verhandlungen über die Nord-Süd-Beziehungen, unverkennbar längst im Scheitern begriffen, völlig zum Erliegen kamen. Die Nord-Süd-Problematik aber bildete das zentrale Anliegen der Bewegung, das Gebiet, auf dem sie sich am stärksten einsetzte und an dem alle Länder am meisten interessiert waren. Bereits zum Zeitpunkt der Konferenz von Colombo, also 1976, wurde klar, daß die seit einigen Jahren bestehenden hochfliegenden Hoffnungen begraben werden mußten.

In diesem Zusammenhang soll hier noch der Prozeß der stufenweise fortschreitenden Selbsterkenntnis, den die Bewegung durchmachte, kurz umrissen werden, d. h. der Prozeß der Erkenntnis ihrer Bedeutung, ihrer Möglichkeiten, ihr gesetzter Grenzen, ihrer aktiven Verpflichtungen und der ihr zur Verfügung stehenden Mittel zur Erreichung ihrer Ziele. Die verschiedentlich abgegebenen Erklärungen der Staatschefs und Regierungen der Mitgliedsländer zeigen uns jedoch, daß es in den Reihen der Bewegung in all diesen Punkten keine völlig einheitliche Vorstellung gibt und auch nie gegeben hat. Und es ist sogar unwahrscheinlich, daß es sie jemals geben wird. Dies ist allerdings auch gar nicht notwendig, ja, es wäre wohl nicht einmal von Vorteil. Daß es Unterschiede gibt, ist, sofern sie nicht völlig inkompatibel sind, also nicht unweigerlich und unaufhaltsam zur Spaltung führen, sogar nützlich. Unterschiede schaffen kreative Debatten und schützen damit vor Dogmatismus, denn dieser ist das zwangsläufige Ergebnis des Fehlens jeglicher Debatte, also eines Zustandes, bei dem es keine Unterschiede in den Ansichten gibt oder solche nicht zum Ausdruck gebracht werden dürfen.

Wir wollen daher die Synthese und den Konsens, wie sie in den Abschlußdokumenten der Gipfelkonferenzen verkörpert sind, als Richtschnur nehmen, anhand der wir verfolgen können, welche Entwicklung die politischen Vorstellungen der maßgebenden Personen der Bewegung nahmen. Ganz zu Beginn dieses Evolutionsprozesses, in Belgrad, überwog zweifellos die Konzeption, die es als Aufgabe der Bewegung ansah, die Welt zu ändern und darin Gegebenheiten und Beziehungen zu schaffen, die für die kleineren Länder und die Entwicklungsländer günstiger oder annehmbarer wären als bisher.

Mit dem Fortgang der Jahre machte sich mehr und mehr, besonders stark in der Zeit des Übergangs vom kalten Krieg zur Entspannungsära, die Forderung nach Wahrung aktueller Interessen geltend, mit der eine Auffassung einherging, die die Bewegung in steigendem Maß als Zusammenschluß zum Zweck der Verfolgung einer gemeinsamen Außenpolitik sah. Auf dieser Grundlage kamen auch die Formulierungen über die gegenseitige Hilfeleistung im Fall einer Aggression oder bei Notfällen anderer Art zustande. Eine verstärkt militante Haltung und die Ausrichtung auf aktuelle Belange, verbunden mit der Erwartung rascher Ergebnisse durch geschlossene Aktionen der Blockfreien – dies waren die Grundpfeiler dieser Einstellung.

In den ausgehenden siebziger Jahren sollte diese Stimmung, dieser Geist, der in der Bewegung beherrschend wurde, zu einem fördernden Element für die Aktion der Minderheit werden, die den totalen Einsatz im aktuellen Zeitgeschehen forderte, und zwar durch die Ausrichtung auf den Sowjetblock, den man für die Macht hielt, die unter den gegebenen Umständen die Realisierung der Grundforderungen der Bewegung noch am ehesten kurzfristig ermöglichen könnte.

Der Vorschlag zum Anschluß an den Sowjetblock als »natürlichen Verbündeten« war denn auch im Grunde genommen gar nichts anderes, als die Verlagerung des Einsatzschwerpunkts der Bewegung von den langfristigen Bestrebungen, die Verhältnisse und Beziehungen in der Welt zu ändern, in die Domäne der aktuellen Politik. Die Probleme der Entwicklungsländer sollten also durch den Rückgriff auf die vorhandenen Kräfte (Block oder Großmacht) im Rahmen der herrschenden Ordnung gelöst werden.

Auch die sich immer komplexer gestaltende organisatorische Struktur der Bewegung begünstigte das militante Element der Bewegung in ihrer Aktivität, d.h. den Einsatz im Rahmen der auf die Lösung aktueller Fragen zugeschnittenen Taktik und Strategie. Es setzte sich die Meinung durch, die Grundfragen in vielen Bereichen, angefangen von Sport und Informationswesen bis hin zu den Wirtschaftsbeziehungen und zum technischen Fortschritt, könnten ebenso kurzfristig gelöst werden wie die aktuellen Fragen.

Diese allgemeine Ausrichtung auf das rasche Erzielen entscheidender Ergebnisse bewirkte jedoch lediglich eine verstärkte Enttäuschung, die sich gegen Ende der siebziger Jahre in der Bewegung auszubreiten begann. Dies alles führte dann zu der Explosion auf der Konferenz von Havanna und zu dem entschiedenen Bestreben, die Bewegung auf den Kurs zurückzuführen, der in Belgrad abgesteckt worden war.

Freilich, es war schwer und praktisch unmöglich, die in so übermäßiger Zahl vorhandenen Institutionen der Bewegung wieder abzubauen, doch setzte sich langsam eine etwas reellere Einschätzung der Möglichkeiten all dieser Institutionen durch. Was aber das Wichtigste war – alle grundlegenden Thesen kamen wieder zur Geltung; und es wurde eine realistische Wiederaufnahme des Dialogs mit den entwickelten Ländern vorbereitet. Die Bewegung legte ihren Einsatzschwerpunkt wieder auf die Regelung der Grundprobleme in der Welt – oder, um es mit den Worten der Belgrader Deklaration zu sagen: auf die Regelung der Weltordnung.

In strategischer Hinsicht bedeutete dies vor allem zweierlei: erstens die Rückorientierung auf längere Fristen für das Erzielen von Ergebnissen und zweitens die Ablehnung des Anschlusses der Bewegung an einen Block oder irgendwelchen Arrangements mit einem der Blöcke oder auch mit beiden. Mit anderen Worten, die Bewegung begann sich wieder völlig frei und unabhängig im blockfreien Raum zu bewegen; und sie steht nun nicht nur außerhalb der Blöcke, sondern auch außerhalb des auf diese ausgerichteten Beziehungssystems.

Diese Rückkehr zu den ursprünglichen Leitsätzen schließt militante Aktionen oder ein militantes Vorgehen im Rahmen der langfristigen Aktionen nicht aus, doch wird dabei den strategischen Belangen und Erwägungen der Vorrang eingeräumt. Ebensowenig bedeutet dieser Schritt, daß die Bewegung nun das aktuelle politische Geschehen ignorieren müßte oder könnte; sie tat dies ja auch in Belgrad nicht, und in dieser Hinsicht hat sich seit 1961 nichts geändert. Durch neue, auf den ursprünglichen Leitsätzen beruhende Aktivitäten soll praktisch das verlorene Gleichgewicht in strategisch-taktischer Hinsicht wiederhergestellt werden. Wir haben es nun also wieder mit allen drei Formen der Aktivität zu tun, wobei das Wesentliche das reformatorische Vorgehen ist, das sich bei dem Bemühen, der Welt zum Übergang von der »alten« zu einer »neuen« Ordnung in den internationalen Beziehungen zu verhelfen, mehr auf den Einfluß stützt, denn auf die Gewalt. Dies bedeutet die Abschaffung der Ungleichheit und der Herrschaft der Stärkeren über die Schwächeren mit allen damit einhergehenden Konsequenzen, einschließlich der Erhaltung des Friedens und der konstruktiven Zusammenarbeit zwischen allen Staaten.

4. Die gemeinsamen Wirtschaftsinteressen

a) Die politische Bedeutung der wirtschaftlichen Probleme

Bei der Untersuchung der geschichtlichen Voraussetzungen, unter denen die Blockfreienbewegung entstand, haben wir festgestellt, daß sich die Lage der neubefreiten Länder hinsichtlich der wirtschaftlichen Entwicklung und der Sicherstellung eines Minimums an Wohlstand nach ihrer Befreiung verschlimmerte. Doch der Rückgang der wirtschaftlichen Aktivität und des Lebensstandards war nicht in allen Ländern gleich. Es gab dabei Unterschiede, wie auch der Entwicklungsstand und das Wohlstandsniveau in der Ära des Kolonialismus verschieden gewesen waren. Noch stärker ausgeprägt war diese Differenzierung in denjenigen Entwicklungsländern, die keine Kolonien gewesen waren oder die ihre Unabhängigkeit zu einem wesentlich früheren Zeitpunkt erlangt hatten.

Es gibt überdies keine Regel, die es gestatten würde, einen direkten Bezug zwischen dem wirtschaftlichen Entwicklungsstand und dem Zeitpunkt der Unabhängigkeitserlangung eines Landes herzustellen. So paradox es klingen mag, es ist eine

Tatsache, daß beispielsweise in Afrika gleich nach dem Ende des Zweiten Weltkriegs zwei Länder, die nie Kolonien gewesen waren, auf der niedrigsten wirtschaftlichen Entwicklungsstufe standen – Liberia und Äthiopien. Daß letzteres ab Mitte der dreißiger Jahre von Italien besetzt und dem italienischen Kolonialreich einverleibt gewesen war (1936–1941), tut dabei nichts zur Sache, da die Wirtschaftslage des Landes während dieser kurzen Zeit, da es Koloniestatus hatte, unverändert blieb.

Was Liberia anbelangt, so war die Herrschaft, die die aus den USA eingewanderten Neger, die diesen Staat auch gegründet hatten, dort innehatten, einer Kolonialherrschaft zwar nicht unähnlich, doch war sie autonom und hatte kein Mutterland hinter sich, denn die Vereinigten Staaten übten keine derartige Funktion aus. Die Rückständigkeit Liberias wie Äthiopiens indes läßt sich dadurch erklären, daß in diesen beiden Ländern bis in die jüngste Zeit hinein, auf jeden Fall aber bis zum Zweiten Weltkrieg, keine nennenswerten ausländischen Kapitalanlagen erfolgten. Solche Investitionen nämlich pflegten – wenngleich sie von dem Bestreben inspiriert waren, dem Mutterland bzw. den anderen Ländern, aus denen sie kamen, Gewinne zu verschaffen, und vornehmlich auch diese Funktion erfüllten – doch zur wirtschaftlichen Entwicklung der Länder, in denen sie vorgenommen wurden, beizutragen. Freilich konnten und sollten diese Investitionen – allein schon von ihrer Größenordnung her – nicht als Grundlage für eine autonome Wirtschaftsentwicklung in den Kolonien dienen; doch waren sie immerhin besser als die totale Stagnation in jenen Weltregionen, in denen solche Investitionen fehlten.

Wir können zur Gesamtheit der Entwicklungsländer alle Länder zählen, denen der Anschluß an die Industrierevolution nicht einmal mit einiger Verspätung gelang und die nicht die Fähigkeit zur selbständigen Weiterentwicklung und zur Vollziehung des Anschlusses an den industrialisierten Teil der Welt hatten. Ob die Ausklammerung aus dem Industrialisierungsprozeß durch die gewaltsame Intervention des kolonialen Mutterlands oder durch die gesellschaftlichen Verhältnisse des jeweiligen Landes erfolgte, ist dabei unwesentlich.

Wir haben gesehen, daß manche Länder, die keine Kolonien waren, wirtschaftlich weiterzurückblieben und geringere Fähigkeiten zur Entwicklung zeigten als andere, die bis zum Zweiten Weltkrieg Kolonien blieben. Im Grunde genommen bestand der schädliche Einfluß der Mutterländer in den Kolonien darin, daß sie eine gesellschaftliche Entwicklung vereitelten, die diesen Ländern als Rahmen für eine intensivere wirtschaftliche Aktivität und ein rascheres Voranschreiten ihrer wirtschaftlichen Entwicklung hätte dienen können. Dies war insofern ein weit größeres Negativum als die wirtschaftliche Ausbeutung, als diese doch auch Investitionen ins Land brachte und Investitionen im Land selbst förderte.

Somit war das Bild, das sich nach dem großen Fortschritt des Entkolonialisierungsprozesses in der Welt zeigte, ein sehr buntes; und die verschiedenen Entwicklungsstufen in bezug auf die wirtschaftlichen Umstände wie auf alle anderen Entwicklungsmaßstäbe ließen sich weder geographisch, d. h. nach Regionen und Kontinenten, noch historisch, d. h. nach geschichtlichen Affinitäten im Lauf der vergangenen Jahrhunderte, auf einen gemeinsamen Nenner bringen. Das, was die hier zur Debatte stehenden Länder miteinander gemein haben, ist, daß sie aus dem großen Entwicklungsstrom der letzten zwei Jahrhunderte herausgetrieben wurden, d. h. daß sie die Industrialisierung, die auf der Mobilisierung des eigenen Menschenreservoirs und der eigenen wirtschaftlichen Ressourcen beruht, nicht mitgemacht haben.

Die Industrialisierung in den meisten der Länder, die zu den industriell entwickelten zu rechnen sind, beispielsweise in denen Westeuropas, wurde zwar auch mit Hilfe des Imports von Kapital und technischen Erkenntnissen durchgeführt; doch wurde die Entwicklung hier, ungeachtet der Bedeutung des Importanteils daran, in der Hauptsache stets durch den im Land selbst erzeugten Mehrwert gefördert. Hier führten Kapitalverflechtung und Interdependenz auch dann, wenn sie nicht ganz ausbalanciert waren, zu einer Entwicklung, die hinsichtlich der Hauptantriebskraft, d. h. der wirtschaftlichen Aktivität der Gesellschaft des betreffenden Landes, im wesentlichen autonom war.

Außerhalb der Zone der schnellen Industrialisierung standen die Länder, denen die Voraussetzungen für solch eine Entwicklung fehlten, sei es, weil sie, wie beispielsweise der größte Teil Osteuropas, in gesellschaftlicher und politischer Hinsicht zurückgeblieben oder weil sie sowohl gesellschaftlich zurückgeblieben als auch unter dem Druck eines Kolonialsystems oder eines diesem ähnlichen Systems in ihrer normalen Entwicklung behindert waren. Gegenstand unserer Betrachtung ist, da uns hier die dritte Welt interessiert, der zweite Fall.

Es war also so, daß die wirtschaftliche Entwicklung in den Kolonien oder abhängigen Ländern einerseits von dem in der zweiten Hälfte des 19. Jahrhunderts erreichten Stadium der gesellschaftlichen Entwicklung und andererseits vom Verhalten der Kolonialmacht geprägt wurde. Zu einer Weiterentwicklung der gesellschaftlichen Verhältnisse als Voraussetzung für die industrielle Entwicklung kam es in keinem dieser Länder. Die Kolonialbehörden sorgten im wesentlichen dafür, daß die gesellschaftlichen Verhältnisse bestehenblieben, die sie bei ihrer Machtübernahme angetroffen hatten – in der Erwägung, daß sie so die Entwicklung von Befreiungsbewegungen am wirksamsten verhindern oder doch erschweren könnten. Im Einklang damit standen die halben Maßnahmen auf dem Gebiet der Modernisierung; modernisiert wurde nur dort, wo es die wirtschaftliche Ausbeutung der vorhandenen Naturreichtümer verlangte.

Modernisierungen erfaßten nie größere Gebiete einer Kolonie und erfolgten auch stets nur unter Einhaltung eines Kurses, der den Ausbeuterbestrebungen der Kolonialherren entsprach und gleichzeitig dazu angetan war, die Bevölkerung in Schach zu halten. So waren die arbeitsrechtlichen Verhältnisse in den

Kolonien stets ungünstiger als im Mutterland; und die dort erreichten Erfolge der Arbeiterbewegung drangen nur in beschränktem Umfang und auch nur mit erheblicher Verzögerung in die Kolonien vor.

In den Jahren der Entkolonialisierung nach dem Zweiten Weltkrieg waren die Folgen der wirtschaftlichen und gesellschaftlichen Veränderungen und des langsamen wirtschaftlichen Wachstums in den Entwicklungsländern enorm. Besonders die neubefreiten Länder standen bei dem Bemühen, sich selbständig in die weltweite Interaktion einzuschalten, vor schwierigen Problemen. Und diese Schwierigkeiten wurden mit der Zeit nicht etwa geringer, wie die in den Regierungskreisen dieser Länder geäußerten optimistischen Erwartungen glauben machen wollten, sondern sie nahmen im Gegenteil noch zu.

Anfangs wurde, bewirkt durch die Macht der Gewohnheit, die aus der Kolonialzeit übernommene Praxis fortgesetzt, d. h. Ein- und Ausfuhr bewegten sich in ausgefahrenen Gleisen, und die Besorgung der Geschäfte lag mehr oder minder weiterhin in den Händen der Organisationen, die auch früher damit befaßt gewesen waren. Die wichtigsten Probleme ergaben sich in diesen neuen Staaten bei der Schaffung neuer Machtorgane und der Neuorganisation des öffentlichen Lebens, von der auch das politische Leben des Landes abhing. Bald indes wurde klar, daß es notwendig sein würde, radikalere Maßnahmen zu ergreifen, um den Wohlstandserwartungen der Bevölkerung gerecht zu werden; und diese Maßnahmen konnten nur in der Beschleunigung der wirtschaftlichen Entwicklung bestehen.

Da Erfahrungen in diesen Dingen fehlten, wurden ausländische Modelle zum Vorbild genommen, wobei es häufig geschah, daß man bei der Übertragung dieser fremden Thesen und Methoden auf die heimische wirtschaftliche Aktivität falsch vorging und die Notwendigkeit ihrer Anpassung an die örtlichen Bedürfnisse und Gegebenheiten außer acht ließ. Dies ist verständlich, wenn man sich das vorausgegangene Abhängigkeitsverhältnis und die ehemals beherrschende Rolle der Kolonialherren und ihrer Machtorgane in allen Bereichen des öffentlichen Lebens vor Augen hält.

Mit einem Wort, in den neubefreiten Ländern trat in der Regel nach den ersten Versuchen der neuen Organisatoren der Wirtschaft – sehr oft waren dies staatliche Stellen – eine Verschlechterung der wirtschaftlichen Gegebenheiten ein. Nach diesen ersten Schritten setzten Anstrengungen ein, die Wirtschaft anzukurbeln und zu diversifizieren. Dieser Prozeß pflegte zwar erfolgreich zu verlaufen, soweit es sich um die Erhöhung des Nationaleinkommens handelte, meistens jedoch nicht hinsichtlich der Steigerung des Lebensstandards der breiten Schichten. Einen etwas günstigeren Verlauf nahm die wirtschaftliche Entwicklung nur in Ausnahmefällen – und dabei handelte es sich durchwegs um neubefreite Länder, die sich an das Wirtschaftssystem der entwickelten Länder des Westens anschlossen, dabei die Funktion von Randgebieten dieses Systems übernehmend.

Die große Mehrheit der unabhängig gewordenen Länder schlug diesen Weg nicht ein, und dies war auch gar nicht möglich, da die Dimensionen besagter Randzonen, entsprechend den Bedürfnissen der Industrie in den hochentwickelten Ländern, in Grenzen gehalten wurden. Außerdem war klar, daß auf diesem Weg nicht die Voraussetzungen für die selbständige Entwicklung der eigenen Wirtschaft geschaffen werden konnten. Vor allem aber war es die Furcht davor, unter den politischen Einfluß der entwickelten Länder zu geraten, was die meisten diese Lösung der Wirtschaftsprobleme ablehnen ließ.

Folglich wurde die Zufuhr von Geldmitteln aus den hochentwickelten Ländern des Westens gedrosselt, wenn sie nicht sogar ganz eingestellt wurde, da die Regierungen und noch mehr die Handelsorganisationen dieser Staaten vornehmlich an der Zusammenarbeit mit den wenigen Ländern interessiert waren, die ihre Bedingungen akzeptierten und in denen Filialen der großen übernationalen Gesellschaften errichtet werden konnten.

Ausklammern werden wir aus unserer Betrachtung der Problematik der Blockfreien und der mit diesen in kooperativer Verbindung stehenden Staaten diejenigen Länder, die ihr Nationaleinkommen durch Eingehen eines Abhängigkeitsverhältnisses zu den großen Gesellschaften in den hochentwickelten Ländern zu erhöhen vermochten, als da sind Hongkong, Taiwan und Südkorea, jedoch auch solche, die genau diesen Weg einschlugen und dabei sehr kümmerliche Wirtschaftsergebnisse erzielten, wie Thailand und die Philippinen. Wir werden uns hier nur mit den Ländern befassen, die, gleich nachdem sie die Unabhängigkeit erlangt hatten bzw. beim Entstehen der Blockfreienbewegung, für die Politik der Blockfreiheit optierten.

In diesen Ländern wurde die Wirtschaftsproblematik sehr bald nach der Unabhängigkeitserlangung zum wichtigsten und dringlichsten politischen Anliegen. Die politische Macht hatte sich zu diesem Zeitpunkt mehr oder minder konsolidiert. Gewiß bestanden große Unterschiede hinsichtlich der Stabilität der einzelnen Regierungen; doch die Art der Führung der Staatsgeschäfte erfuhr dennoch über die ganze Palette von Ländern hinweg, von Indien mit der stabilen Regierung der Kongreßpartei angefangen, bis hin zu den afrikanischen Ländern mit ihren häufigen Militärputschs, kaum eine Änderung. Selbst dort, wo mehrere solcher Putschs aufeinanderfolgten, geriet das jeweilige neue Regime alsbald in Schwierigkeiten, die denen ähnlich waren, die zum Sturz des vorhergehenden geführt hatten. Ja, die Anschuldigungen der neuen Putschisten waren gewöhnlich die gleichen, die die Aufständischen vor ihnen mit mehr oder weniger Berechtigung gegen die früheren Regierungen vorgebracht hatten.

Alle Regierungen gerieten unabhängig von der Dauer ihres Mandats und der Art ihrer Ablösung durch ein neues Regime alsbald in die gleiche Lage, wie sie für die Leitung der Staatsgeschäfte in den Entwicklungsländern typisch ist. Ihre Probleme ähnelten mehr und mehr denen der Regierungen in den schon früher unabhängig gewordenen Entwicklungsländern, wie sie besonders in Lateinamerika bestanden. Freilich, das wirtschaftliche Entwicklungsniveau war und blieb unterschiedlich, sowohl innerhalb der Gruppe der neubefreiten Länder als auch der Länder, die ihre Unabhängigkeit schon früher erlangt hatten, dabei jedoch auf einer tieferen Stufe der wirtschaftlichen Entwicklung stehengeblieben waren.

Im Zuge dieser Entwicklung nahm die Blockfreienbewegung fortlaufend Länder in sich auf, deren wirtschaftlicher Entwicklungsstand entweder sehr unzulänglich war oder die bereits in eine mehr oder minder ausgeprägte Entwicklungsphase eingetreten waren, in der die innere politische Struktur bereits feste Umrisse angenommen hatte und die Wirtschaftsproblematik sowohl in der Öffentlichkeit des Landes als auch bei der Regierung in den Vordergrund des Interesses gerückt war. Das so entstehende bunte Bild blieb im Laufe der Entwicklung der Bewegung erhalten, da ihr bis zum Ende des zweiten Jahrzehnts ihres Bestehens immer wieder Länder beitraten, die soeben erst die Unabhängigkeit erlangt hatten und deren allgemeines wirtschaftliches Niveau gewöhnlich sehr niedrig war.

Mit der Zeit wurden der prozentuale Anteil und der Einfluß dieser neuentstandenen Länder doch immer geringer. Und die Bewegung ging nun in ihrer Gesamtheit oder, genauer gesagt, im Interesse und unter dem Einfluß der großen Mehrheit in ihr daran, die Wirtschaftsproblematik in den Vordergrund zu stellen, die dann zum wichtigsten Bestandteil des gemeinsamen Nenners wurde, der die so heterogenen Länder der Bewegung miteinander verband. Unter der Einwirkung des ungünstigen Trends, der sich in den siebziger Jahren in der Weltwirtschaft zeigte, wurde die Wirtschaftsproblematik dann auch in den Ländern, die sich noch im Prozeß der inneren Gärung befanden, wie er unmittelbar nach der Erlangung der Unabhängigkeit stattzufinden pflegt, außerordentlich akut.

Zur Förderung der wirtschaftlichen Entwicklung war die Mobilisierung aller inneren Ressourcen notwendig, sowohl der materiellen Reserven als auch des Menschenreservoirs. Dies aber erforderte wiederum eine gewisse Wirksamkeit des Verwaltungsapparats, umfassend den staatlichen wie den Wirtschaftsorganisationsapparat. Und an dieser Wirksamkeit eben fehlte es gewöhnlich mehr oder minder. Was außerdem fehlte, waren Arbeitskräfte, die für einen erfolgreichen Einsatz unter den Bedingungen der modernen Technik geeignet gewesen wären. Doch die schwersten Probleme warfen in fast allen diesen Ländern die gesellschaftlichen Verhältnisse auf. Ob es sich dabei nun um ausgesprochen hierarchische Stammesbeziehungen oder um irgendwelche besonderen Formen früherer gesellschaftlicher Strukturen wie das Kastensystem in Indien, oder um diverse Formen von an den Feudalismus gemahnenden Beziehungen handelte – es waren dies erstarrte gesellschaftliche Formen, innerhalb derer eine Modernisierung der Wirtschaft nur schwer zu verwirklichen war.

Besonders auffällig und wirksam waren solche erstarrten gesellschaftlichen Strukturen in den Ländern, die ihre Unabhängigkeit erst nach dem Zweiten Weltkrieg erlangt hatten; doch auch in denen, die bereits im 19. Jahrhundert unabhängig geworden waren, wie etwa den lateinamerikanischen, waren sie vertreten und in manchen sogar dominant. Eine Folge dieses Zustands war, daß auch korrekt geplante Wirtschaftsentwicklungsprojekte, die dem betreffenden Land unter anderen Umständen zum Nutzen gereicht hätten, in absolut unbefriedigender Weise ausgeführt wurden. Doch in vielen Fällen war bereits die Wirtschaftsplanung selbst so beschaffen, daß sie die wirtschaftlichen Schwierigkeiten der allernächsten Zukunft nur noch vermehrte und für die weitere Zukunft äußerst dubiose Aussichten begründete.

Der im Zuge der Modernisierungsbestrebungen erfolgende Eingriff in die von früher her festliegenden Lebensgebräuche einerseits und die wirtschaftlichen Fehlschläge sowie die kümmerlichen Ergebnisse auch der bestens geplanten wirtschaftlichen Maßnahmen und Projekte andererseits ließen in breiten Bevölkerungsschichten eine wachsende Unzufriedenheit aufkommen, die insbesondere dadurch geschürt wurde, daß sich keine Steigerung des Lebensstandards dieser Schichten abzeichnete. Hinzu kam, daß sich all dieser Unmut nicht mehr gegen eine Herrschaft von Fremdlingen, von Kolonialherren, richtete, sondern gegen eine eigene, heimische Regierung, von der man freilich weit mehr erwartete, als sie zu bieten imstande war.

So kam es in vielen neubefreiten Ländern dazu, daß immer offener zu diversen Arten von Repression gegriffen wurde. Damit sind in erster Linie die Repressionen im Gefolge der ungeordneten politischen Verhältnisse in manchen dieser Länder gemeint. So kam es in einigen gleich nach der Beendigung des Befreiungskriegs zu inneren Konflikten und sogar zu Bürgerkriegen, wie etwa in Zaire und Angola. In solchen Fällen erwächst die Repression aus rein politischen Gründen und übernimmt dann aber allmählich die Funktion der Unterdrückung der Unzufriedenheit, die sich durch getäuschte Erwartungen auf wirtschaftlichem Gebiet manifestiert.

Diesem Schicksal, nämlich dem Zwang, gegen die wegen der schlechten Wirtschaftslage erfolgten Manifestationen der Unzufriedenheit zu Repressivmaßnahmen zu greifen, entging auch Indien nicht, wo vom ersten Tag der Unabhängigkeit an eine große Stabilität der Regierung und eine Kontinuität ihres Ansehens bei den breiten Schichten der Bevölkerung und damit nur minimale repressive Methoden zu verzeichnen waren. Erst mit der Wahlniederlage der Kongreßpartei in den siebziger Jahren trat in dieser Hinsicht eine Wende ein; und seitdem erreichte die Lage in Indien nie mehr den Grad von Stabilität, den sie vorher hatte.

Im Zusammenhang damit muß unterstrichen werden, daß derartige Repressionen, so verständlich sie unter den gegebenen Umständen auch erscheinen mochten – wie überall so auch hier –, unwirksam blieben und nur dazu angetan waren, die Lage zu verschlimmern. Dies war auch der Grund dafür, daß bald alle neubefreiten Länder zusammen mit den übrigen Entwicklungsländern bei den weltpolitischen Foren, insbesondere aber bei den Organen der Vereinten Nationen, Unterstützungsanträge stellten. Der Einsatz der Regierungen dieser Länder verlief also dreigleisig: Da war zunächst die Ressourcenmobilisierung im Inland, sodann die repressive Unterdrückung von Erhebungen und schließlich das Ansuchen um Hilfe aus ausländischen Quellen, d. h. aus den entwickelten Ländern.

So kam trotz aller Unterschiede in der wirtschaftlichen Entwicklung eine Interessengemeinschaft zustande, deren raison d'être das Nichtvermögen bildete, ohne Hilfe von außen für eine beschleunigte, ja, in den meisten Fällen könnte man sogar sagen, überhaupt für irgendeine systematische wirtschaftliche Entwicklung zu sorgen. Diese scheinbar unlogische Situation trat zu einem Zeitpunkt ein, da die – gemessen am Tempo früherer Entwicklungsperioden – so ungemein rasche Nachkriegsentwicklung bereits im Gange war. So stand die Entwicklung der zurückgebliebenen Länder unter erheblich ungünstigeren Vorzeichen als die der nunmehr entwickelten Länder am Beginn ihrer Entwicklung.

Wir leben in einer Zeit, in der auch die rückständigsten Länder häufig modernste Produktionsmittel für ihre wirtschaftliche Entwicklung einsetzen müssen, da es keine anderen gibt. Dies ist eine Folge des Umstands, daß es die industriell entwickelten Länder sind, die die Produktionsmittel und überhaupt die gesamte Ausrüstung herstellen. Und für die Einfuhr von Ausrüstungsgegenständen und Maschinen müssen Preise bezahlt werden, die weder der Arbeitsproduktivität der Entwicklungsländer im allgemeinen noch den vorhandenen Einsatzmöglichkeiten moderner Ausrüstung im besonderen entsprechen.

All diese Wirtschaftsbedingungen vergrößern noch die Unterschiede zwischen den Ländern, die ohnehin verschieden weit entwickelt bzw. zurückgeblieben sind. Der sie verbindende gemeinsame Nenner ist die Abhängigkeit von der internationalen Hilfe bzw. die Notwendigkeit der Schaffung günstiger Bedingungen in der weltweiten wirtschaftlichen Interaktion, nicht jedoch eine Übereinstimmung der konkreten wirtschaftlichen Bedürfnisse und Möglichkeiten. Somit bestehen in der Gemeinschaft dieser Länder bedeutende Unterschiede, ja sogar einander widersprechende Sonderinteressen.

b) Die Affinität der Interessen der Entwicklungsländer trotz vorhandener Unterschiede

Nachdem wir die zwischen den einzelnen Entwicklungsländern auf wirtschaftlicher Ebene bestehenden Unterschiede herausgestellt haben, müssen wir nunmehr auch eine genauere Definition der sie verbindenden Affinitäten vornehmen. Diese ergeben sich hauptsächlich im allgemeinen Bereich der internationalen Beziehungen. Mit anderen Worten – gemeinsam ist allen Entwicklungsländern das Interesse an der Veränderung der allgemeinen Gegebenheiten in den Beziehungen zwischen den Ländern. Im Zusammenhang damit eine theoretische Definition des Begriffs Entwicklungsland zu bringen dürfte sich erübrigen. Wir wollen von der Annahme ausgehen, daß dies ein Zustand ist, bei dem ein Land so weitgehend vom Stand der internationalen Wirtschaftsbeziehungen abhängt, daß ihm unter den derzeitigen Gegebenheiten die Möglichkeit verwehrt ist, aus der Interaktion mit der übrigen Welt die Mittel für eine Produktionserweiterung seiner Wirtschaft, d. h. für seine wirtschaftliche Entwicklung, aufzubringen. Das Gattungsmerkmal der in diese Kategorie fallenden Länder ist also ihre besondere Orientierung im Rahmen der internationalen Beziehungen.

Auszuscheiden und abzutrennen sind dabei unbedingt die Fälle, in denen sich Entwicklungsländer an hochentwickelte Länder anschlossen oder in Gemeinschaften eintraten, denen auch entwickelte Länder angehören. Dies gilt für einzelne Entwicklungsländer, die auf diese Weise zu Randgebieten der Wirtschaftssysteme der hochentwickelten Länder wurden, wovon bereits die Rede war, sowie für den Sonderfall Osteuropa.

Im Fall der osteuropäischen Länder ist noch darauf hinzuweisen, daß es sich bei diesen, mit Ausnahme Albaniens, meist um Länder handelt, die nach dem Krieg an der Grenze zwischen Entwicklungsland und entwickeltem Land standen. Das heißt, diese Länder waren imstande, diese Grenze mittels rascher Impulse und verstärkter Anstrengungen zu überschreiten und ihre Entwicklung ohne jene hochgradige Abhängigkeit, wie sie für die unterentwickelten Länder charakteristisch ist, weiterzubetreiben. Mit anderen Worten, wir haben es hier mit Ländern zu tun, die ganz knapp vor einer Entwicklungsstufe standen, deren Erreichen ihre Weiterentwicklung auch unter dem bestehenden System der internationalen Beziehungen und erst recht unter der bestehenden Wirtschaftsordnung ermöglicht hätte.

Mit Ausnahme Jugoslawiens und Albaniens versuchen die Länder Osteuropas, ihre Probleme im Rahmen eines Wirtschaftskooperationssystems zu lösen, das Anfang 1949 als Rat für gegenseitige Wirtschaftshilfe (RGW) konstituiert wurde, der im Westen COMECON (Council for Mutual Economic Assistance) genannt wird. Gleichzeitig aber wurde in diesen Ländern ein sehr restriktives politisches System eingeführt, das der Bevölkerung ungemein hohe Anstrengungen abpreßte. Jugoslawien wußte sich im Lauf der fünfziger Jahre eine beträchtliche Wirtschaftshilfe aus dem Westen zu verschaffen und mobilisierte erfolgreich eigene Ressourcen. Im Gegensatz dazu blieb Albanien, ungeachtet seiner ursprünglichen Mitgliedschaft im RGW (von 1949 bis 1962), auf einer sehr niedrigen Entwicklungsstufe stehen, auf der es bei gleichzeitiger Festigung eines höchst repressiven inneren politischen Systems weiterhin verharrt.

Bei alledem wollen wir nicht versäumen, noch einmal zu unterstreichen, daß es sich hier nicht um eine Teilung in Länder, die von der Außenwelt abhängig sind, und solche, die dies nicht sind, handelt, da es kein Land gibt, das ohne Beziehungen zur übrigen Welt seine Existenz behaupten könnte. Die Unterscheidung erfolgt vielmehr nach dem Gesichtspunkt ob ein Land unter dem derzeit in der Welt bestehenden System – auch bei zeitweiligen Schwierigkeiten und der bisweilen auftretenden Notwendigkeit einer Unterstützung von außen – seinen Entwicklungsweg einhalten kann oder ob es in so einer Verfassung ist, daß es trotz temporärer und mitunter sogar reichlicher Unterstützung beim Kampf um seine Existenz und seine weitere Entwicklung unterliegen muß.

In diesem Zusammenhang müssen wir auch auf den Sonderfall einiger Erdölausfuhrländer eingehen. Es handelt sich hierbei um eine seltene Anomalie innerhalb der internationalen Gemeinschaft. Am drastischsten tritt sie gerade bei den rückständigsten dieser Länder in Erscheinung. Es sind Länder mit verhältnismäßig niedriger Einwohnerzahl und einem nach dem starken Anziehen der Rohölpreise in den siebziger Jahren sehr stark gestiegenen Einkommen aus der Erdölförderung. In Betracht kommen hier in erster Linie Kuwait und Saudi-Arabien, sodann einige kleinere Länder dieser Region. Sie alle verfügen über sehr umfangreiche Geldmittel, ähneln aber in jeder anderen Hinsicht durchaus den Ländern mit niedrigem Entwicklungsstand innerhalb der Gesamtkategorie der Entwicklungsländer.

Nun hatten sich diese Länder freilich auch schon in den Jahren, die dem Hochschnellen der Rohölpreise vorausgingen, in einer begünstigten Lage befunden; doch gehörten sie ihrem Gesamtstatus nach trotz allem eindeutig zu den Entwicklungsländern und waren an der Änderung der Weltwirtschaftsordnung interessiert. Durch die Erdölpreiserhöhungen trat solch eine Änderung auch tatsächlich ein, die diesen Ländern ganz besonders zugute kam und sie in den Stand setzte, sämtliche Bedürfnisse ihrer Entwicklung aus eigenen Mitteln zu befriedigen, nämlich aus den Geldmitteln, die sie durch den Verkauf ihres Rohöls gewannen. Sie wurden dadurch zwar nicht zu entwickelten Ländern im eigentlichen Sinn dieses Worts, doch hörten sie auch auf, zu den Entwicklungsländern zu gehören, da sie imstande waren, sich die nunmehr modifizierten Bedingungen ihrer Teilnahme an der weltweiten Interaktion für ihre selbständige Entwicklung zunutze zu machen.

Ihre weiter anhaltende Verbindung mit den übrigen Entwicklungsländern beruht nicht auf ihrer Wirtschaftslage, sondern ist durch politische Interessen und die geographische Lage bedingt, wozu noch die gesellschaftlichen und religiösen Bindungen an die umliegenden Länder kommen, die nun in jeder Hinsicht als Entwicklungsländer gelten können. Doch ist dies weder der erste noch der einzige Fall, in dem die Zugehörigkeit zu einer Ländergruppe, deren raison d'être der Entwickeltenstatus ihrer Mitglieder ist, nicht wirtschaftlich, sondern politisch bedingt ist. Dasselbe traf nämlich schon früher – allerdings unter ganz anderen Vorzeichen – auf Jugoslawien zu. Jugoslawien blieb aufgrund seiner Politik des Nichtengagements, die es angesichts seiner geographischen Lage in Europa betrieb, eines der aktivsten blockfreien und »Entwicklungs«-Länder, auch nachdem es jene Schwelle, die die Entwicklungsländer, wirtschaftlich gesehen, von den übrigen Ländern der Welt trennt, überschritten hatte.

Doch es wurde bereits weiter oben festgestellt, daß die wirtschaftlichen und politischen Interessen und Probleme nicht streng voneinander getrennt werden können. Und schließlich ist die Blockfreienbewegung nicht eine Bewegung wirtschaftlich minderentwickelter Länder, sondern eine Bewegung von Ländern, die sich wohl auch, jedoch nicht allein aus wirtschaftlichen Gründen besonders stark bedroht und Druckversuchen von außen ausgesetzt fühlen. Mit anderen Worten – wenn sich Jugoslawien in einer homogenen Umgebung befände und nicht von Ländern umgeben wäre, deren Gesellschaftsordnung grundlegend verschieden ist von der seinen, so hätte es vermutlich auch nicht jenes Gefühl des Bedrohtseins, das es zur Fortsetzung seiner Aktivität in der Blockfreienbewegung veranlaßt. Allerdings darf dabei nicht übersehen werden, daß die politische Lage Jugoslawiens auch ungünstige Folgen für seine Wirtschaft zeitigt; und somit beinhaltet das jugoslawische Streben nach Anschluß an die Entwicklungsländer auch eine wirtschaftliche Komponente.

Die Gemeinsamkeit der Interessen und die Ähnlichkeit der Lage aller blockfreien Länder, aus wirtschaftlicher Sicht betrachtet, beruhen auf bestimmten allgemeinen Merkmalen ihrer internationalen Stellung. Das bedeutet nun allerdings wiederum nicht, daß alle Affinitätsfaktoren ausschließlich an die fundamentalen Veränderungen in der Weltwirtschaftsordnung gebunden wären, die sich nur auf lange Sicht realisieren lassen. In eine Untersuchung der Gründe für diese interessen- und lagemäßige Ähnlichkeit ist neben solchen langfristigen Anliegen auch die aktuelle Problematik mit einzubeziehen; denn auch auf diesem Gebiet gibt es viel, was alle blockfreien Länder, ohne Rücksicht auf die Unterschiede in bezug auf Entwicklungsstufe, Wirtschaftsprofil und geographische Lage, miteinander gemein haben.

Im übrigen bilden sich Systemänderungen in den internationalen Beziehungen nur allmählich im Zuge einer Vielzahl kleinerer Veränderungen heraus. Nur die politischen Verhältnisse können sich schlagartig ändern – durch einen Regierungs- oder Regimewechsel in einem Land oder durch die Schaffung oder Auflösung von Bündnissen zwischen Ländern. Bei der Wirtschaftsordnung hingegen und überhaupt bei jedem System, mit Ausnahme der politischen Konstellationen, hängt ein Wandel nicht von Regierungsbeschlüssen ab und läßt sich nicht von heute auf morgen durchführen.

Die Gesamtheit der langfristig bedingten gemeinsamen Interessen besteht im Grunde genommen in der Übereinstimmung hinsichtlich einer ganzen Reihe von allmählichen und begrenzten Veränderungen, die über einen längeren Zeitraum hinweg erwartet werden; und daraus ergibt sich auch die Langfristigkeit der Wirtschaftsproblematik bzw. der Realisierung einer neuen Wirtschaftsordnung. Langfristigkeit darf hier nicht als langanhaltender Ruhezustand begriffen werden, auf den dann im Handumdrehen die Durchsetzung fundamentaler Veränderungen erfolgt.

Somit kommt die Affinität der *langfristigen* Interessen dadurch zustande, daß in einer Reihe von *aktuellen* Fragen und Veränderungsbestrebungen mehr oder weniger übereinstimmende Ansichten herrschen, die wiederum eine gewisse Konformität in den Erwartungen hinsichtlich weiterer Veränderungen bewirken. Doch bei Ländern mit beträchtlichen Unterschieden in ihrer Entwicklung, wie sie innerhalb der Gruppe der blockfreien und Entwicklungsländer bestehen, muß damit gerechnet werden, daß die aktuellen Probleme auch Differenzen auslösen, die zu Interessenkonflikten führen können. Daher wollen wir zunächst die aktuellen Fragen gesondert betrachten, und danach erst die langfristigen.

Neben einigen Differenzen in aktuellen Fragen gibt es unter den Anliegen der allernächsten Zukunft sicher stets auch solche, die gleichermaßen oder doch fast gleichermaßen interessant für alle blockfreien und sonstigen Entwicklungsländer sind. Nehmen wir als Beispiel die Frage der Finanzen: Das Interesse an der Erleichterung der Bedingungen bei der Gewährung von Krediten und Darlehen für die Entwicklung der Entwicklungsländer dürfte wohl allgemein sein. Dies schließt nicht aus, daß die Ansichten darüber, welchem Zweck die zu günstigen Bedingungen gewährten Geldmittel zugeführt werden sollen, auseinandergehen. Während die einen den größten Wert darauf legen, günstige Darlehen für die Industrieentwicklung zu erhalten, sind die anderen eher an der Entwicklung der Landwirtschaft – oder der Energie oder anderer Bereiche – interessiert.

Von gleichermaßen unmittelbarem Belang ist die aktuelle Frage der Begünstigung des Vorstoßes der Entwicklungsländer auf die Märkte der entwickelten Länder durch Gewährung entsprechender Bedingungen. Neben der Affinität der allgemeinen Interessen, die sich aus den Schwierigkeiten der Entwicklungsländer in der Konkurrenz mit den entwickelten ergeben, bestehen auch auf diesem Gebiet wieder Unterschiede. Während die einen vorwiegend an der Ausfuhr ihrer Rohstoffe interessiert sind, dringen die anderen eher auf Einfuhrerleichterungen für die Industrieerzeugnisse ihrer etwas höher entwickelten Wirtschaft.

Diese Affinitäten und Differenzen der Interessen bei den aktuellen Problemen und den unmittelbar bevorstehenden Aktionen bilden häufig eine Quelle von Unstimmigkeiten und Schwierigkeiten bei der Formulierung einer gemeinsamen Verhandlungsbasis. Erheblich geringer sind diese Schwierigkeiten bei den für die fernere Zukunft berechneten Maßnahmen, die nach und nach die Substanz der Weltordnung ändern sollen. Gewiß werden auch in diesem Bereich Unterschiede in der Akzentsetzung zu finden sein, doch alles, was nicht unmittelbar bevorsteht, erscheint stets in weniger rigorosen Umrissen, läßt sich stets in nicht ganz so verpflichtenden Formulierungen ausdrücken, so daß es hier weit leichter ist, zu einer Einheit zu gelangen.

Aus historischer Sicht betrachtet, nehmen die langfristigen Probleme, d. h. die Forderungen, deren Verwirklichung einen langwierigen Umwandlungsprozeß voraussetzt, letztendlich den Charakter fundamentaler gesellschaftspolitischer Veränderungen an. Es sind dies Anliegen, die stets auf einen radikalen Wandel des Bestehenden hinauslaufen, der jedoch erst für die fernere Zukunft angesetzt ist. Ist der Umwandlungsprozeß erst einmal angelaufen, so werden diese radikalen Forderungen im Laufe der Entwicklung zu konkreten und aktuellen Teilabschnitten eines Gesamtprozesses.

Mithin ist es verständlich, daß die Entwicklungsländer leichter zu einer Übereinkunft über entfernte und nicht allzu klar umrissene Ziele gelangen können, als über aktuelle und konkrete Fragen des Zeitgeschehens. Andererseits ist jedoch kaum damit zu rechnen, daß die entwickelten Länder ihr Einverständnis zur Herbeiführung langfristiger Änderungen geben, bei denen auf der Hand liegt, daß sie einen Eingriff in ihre elementarsten Interessen bedeuten. Und so bestehen wiederum weit eher Chancen für einen – freilich auch nicht eben leichten – globalen Konsens in aktuellen Fragen von bescheidenerer Tragweite, doch immerhin in Fragen, die langfristige Prozesse in Gang bringen können.

Lösungen sind überhaupt nur durch Verhandlungen über jeden einzelnen Schritt, also im Rahmen laufender Veränderungen, möglich. Diese Einzelschritte bilden Glieder in der Kette eines langfristigen Prozesses. Kommt eine genügend lange Reihe solcher Glieder zusammen, so erscheinen diese, retrospektiv gesehen, als eine einzige fundamentale und tiefgreifende Veränderung; dabei ist jedoch nicht zu übersehen, daß diese Veränderung schrittweise, aufgrund mehrerer Abkommen von begrenztem Umfang, zustande gekommen ist.

Die wichtigste Aufgabe ist daher, erfolgreich über Einzelschritte und -maßnahmen zu verhandeln und dabei die Einheit der Entwicklungsländer zu wahren und zu festigen. Die langfristigen Ziele können nur auf diesem Weg realisiert werden.

5. Die Hauptrichtungen des Einsatzes auf wirtschaftlichem Gebiet

a) Die Koppelung der kurzfristigen und der langfristigen Aktivitäten

Gemäß der Deklaration von Belgrad setzte sich die Bewegung entschlossen in allen ihren Einsatzbereichen, einschließlich des wirtschaftlichen, kurzfristige wie langfristige Ziele. Die Verquickung dieser beiden Zielsetzungen zu einer geschlossenen Gesamtaktion erfolgte erstmals im Rahmen der eingehenden Lageanalyse und der exakten Absteckung des Aufgabenbereichs bei der vom 9. bis 18. Juli 1962 in Kairo abgehaltenen Ministerkonferenz über Wirtschaftsfragen.

Aufhänger für die Abhaltung dieser Sonderkonferenz der eben erst begründeten Blockfreienbewegung war die energische Geltendmachung der Forderung nach der Einberufung einer allgemeinen Wirtschaftskonferenz bei der letzten Tagung der UN-Vollversammlung. Dies wird auch aus der bei der Konferenz angenommenen Deklaration ersichtlich, in der wir – in Punkt 56 – lesen: »Die Konferenz fordert die Teilnehmerländer zu enger Zusammenarbeit mit den Vereinten Nationen und anderen internationalen Körperschaften zwecks Gewährleistung des wirtschaftlichen Fortschritts und Festigung des Friedens zwischen allen Ländern auf«. Weiter unten, in Punkt 59, ergeht dann die ausdrückliche Aufforderung zur Abhaltung der Konferenz: »Die Konferenz spricht sich entschieden für die Abhaltung einer internationalen Wirtschaftskonferenz im Rahmen der Vereinten Nationen aus und ruft die Entwicklungsländer auf, möglichst früh, noch im Jahre 1962, die Einberufung dieser Konferenz in die Wege zu leiten.«

Die eigentliche Erklärung bringt nach einem zusammenfassenden Überblick über die aktuelle Weltlage und dem Aufruf, für die Verbesserung dieser Lage einzutreten, die Standpunkte der Teilnehmer, in folgende Kapitel gefaßt: I. Innere Entwicklungsprobleme; II. Zusammenarbeit zwischen den Entwicklungsländern; III. Welthandelsprobleme; IV. Regionale Wirtschaftsgruppen; V. Wirtschaftsentwicklungshilfe; VI. Internationale technische Hilfe; VII. Die Aktivität der UN auf dem Gebiet der Entwicklung; VIII. Empfehlungen für die weitere Zusammenarbeit.

Auf den Inhalt dieser Kapitel einzugehen erübrigt sich. Schon allein aus den Titeln wird ersichtlich, daß sich die Konferenz auf eine Zusammenlegung der Einsatzbereiche »aktuelle Fragen« und »langfristige Ziele« festgelegt hatte. Ausgangsbasis für diese Orientierung war die Überzeugung, daß eine angemessene Lösung der laufenden Aufgaben nur mit Blick auf die langfristigen Ziele möglich und daß andererseits die Realisierung der letzteren nicht anders zu erreichen sei als durch einen fortlaufenden Einsatz in den aktuellen Fragen.

Diese Orientierung blieb während der folgenden Jahre in der Blockfreienbewegung unverändert erhalten und wurde auch von der sogenannten 77er Gruppe übernommen, die innerhalb der UNCTAD die Entwicklungsländer als eigene Fraktion vertritt – neben den Fraktionen der entwickelten Länder des Westens und der um die Sowjetunion herum gruppierten Planwirtschaftsländer.

Die Praxis hat allerdings gezeigt, daß die Verquickung von Aktuellem und Langfristigem, wie sehr sie gerechtfertigt sein mag, auch eine negative Seite hat, die darin besteht, daß der herrschende Zustand, der nur auf längere Sicht zu ändern wäre, das Haupthindernis für das Erzielen von Resultaten bei den aktuellen Problemen ist. Anders ausgedrückt – die »Neue Wirtschaftsordnung« läßt sich nicht realisieren ohne einen entsprechenden Fortschritt in den aktuellen Fragen; dieser Fortschritt aber wird erschwert durch den bestehenden Zustand, d. h. dadurch daß die entwickelten Länder eine Reihe von Privilegien für sich in Anspruch nehmen.

Wir wollen im Zusammenhang damit zunächst die Aktivitäten in den aktuellen Fragen betrachten. Sie lassen sich in zwei Bereiche einteilen: in die Förderung der inneren Entwicklung im Zuge der Zusammenarbeit der Entwicklungsländer untereinander und die großangelegte internationale Aktion zur Besserung der Lage aller Entwicklungsländer. In den ersten Bereich fallen die Erhöhung der Arbeitsproduktivität und die wirksamere Nutzung aller menschlichen und materiellen Ressourcen sowie die Zusammenarbeit der blockfreien und der anderen Entwicklungsländer auf den Gebieten der Produktion und des Handels.

Zur Erreichung dieser Ziele bedarf es technischer Kenntnisse und finanzieller Mittel. Doch fehlt es in den Entwicklungsländern an diesen Voraussetzungen, weil diese Länder unzureichend entwickelt sind und das internationale Gefüge der Wirtschaftsbeziehungen mit dem darin verankerten System der Preisgestaltung und der Kreditinstitutionen keine Erhöhung dieser Mittel für die innere Entwicklung zuläßt. Auch die internationale Aktion ist nicht imstande, eine verstärkte Zufuhr dieser Mittel, eine Zufuhr in ausreichendem Umfang, zu gewährleisten. Darüber hinaus trugen auch die inneren Schwächen der Mehrheit der Entwicklungsländer dazu bei, daß das Interesse der entwickelten Länder nachließ und die internationale Aktion nicht recht hochkommen wollte.

In der Tat wurde der bei den entwickelten Ländern vorhandene Mangel an Bereitschaft zu einer wirksamen Unterstützung der Anstrengungen der Entwicklungsländer häufig damit kaschiert, daß man sich mit deren unzulänglicher Organisation und mangelnder Fähigkeit zur optimalen Nutzung der gewährten technischen und finanziellen Hilfe herausredete. Doch, was immer nun das Verhalten der entwickelten Länder beeinflussen mochte – es ist nicht zu übersehen, daß alle ihre Vergünstigungen hinsichtlich der technischen Hilfe, der Handelsvergünstigungen und der finanziellen Unterstützung durch besonders günstige Darlehen (neben handelsüblichen) denjenigen Ländern zugute kamen, die sich durch eine bessere Durchorganisierung der staatlichen Behörden und der Wirtschaftsinstitutionen vor allen anderen auszeichneten.

Bei der bestehenden Weltwirtschaftsordnung und den derzeitigen internationalen politischen Verhältnissen war es nicht möglich, eine harmonische Koordination zwischen den Notwendigkeiten der allseitigen inneren Entwicklung und den Anliegen der internationalen Aktion herzustellen. Die zur Erreichung dieses Ziels notwendigen Eingriffe und die Schaffung geeigneter Einrichtungen blieben an die Verwirklichung der langfristigen Ziele gebunden. Nutznießer der begrenzten technischen und finanziellen Hilfe und Handelsvergünstigungen waren nur die Länder, die bereits die Grenze zwischen unzulänglichem und mittlerem Entwicklungsstand erreicht hatten.

Doch auch bei ihnen war die damit herbeigeführte Erleichterung ihrer Lage eher vorübergehender Natur, denn von Dauer, wie es die wirtschaftlichen Schwierigkeiten der siebziger und beginnenden achtziger Jahre beweisen.

Dennoch aber lag die Hauptschwierigkeit für die laufende Aktion nicht darin, daß sich die bestehende Weltordnung restriktiv auf deren Expansion und Durchschlagskraft in den Entwicklungsländern auswirkte; weit schwerwiegender waren die Folgen, die sich dadurch ergaben, daß die durch zwischenstaatliche Vereinbarungen im Rahmen der laufenden Aktion erzielte Besserung der Lage vieler dieser Länder durch die allgemeinen wirtschaftlichen Strömungen und Beziehungen im Rahmen der bestehenden Weltwirtschaftsordnung so gut wie ganz wieder zunichte gemacht wurde.

Die Lage der Entwicklungsländer in ihrer Gesamtheit, insbesondere aber die der meisten besonders rückständigen unter ihnen, verschlimmerte sich zusehends infolge einer Reihe von Gegebenheiten, die durch die laufenden Aktionen, da nicht auf deren Tagesordnung stehend, nicht geändert werden konnten. Solch eine Gegebenheit ist vor allem die durchwegs zu niedrige Arbeitsproduktivität dieser Länder, die zwangsläufig dazu führt, daß sie beim Handelsaustausch auf der Basis der Welthandelspreise schlecht wegkommen. Niedrige Produktivität kann weder auf dem Binnen- noch auf dem Weltmarkt einen höheren Lebensstandard gewährleisten. Somit müssen beim Handelsaustausch aufgrund der freien Preisgestaltung diejenigen zu Schaden kommen, die weniger rationell produzieren, und das sind nun einmal die Entwicklungsländer.

Hinzu kommen noch die besonderen Vorteile, die die entwickelten Länder aufgrund ihrer vollkommeneren Organisationen und des Besitzes beträchtlicher Druckmittel für sich herausschlagen. So geriet die Preisbildung in steigendem Maß unter den Einfluß der übernationalen Gesellschaften, die allmählich eine beherrschende Stellung im Welthandel und insbesondere beim Nord-Süd-Handel gewannen; und so wurde aus der

Preisbildung eher eine Preismißbildung. Den Entwicklungsländern blieb keine andere Wahl, als diese Korporationen zu akzeptieren und ihnen günstige Tätigkeitsbedingungen auf ihrem Hoheitsgebiet zu gewähren, um auf diese Weise wenigstens ihre Produktion und ihre Ausfuhr erhöhen zu können.

So wurden diese Konzerne durch die ihnen eingeräumten Konzessionen zur Nutzung der Naturreichtümer und durch den steigenden Einfluß auf die Preisbildung im Rahmen des Nord-Süd-Handels in die Lage versetzt, in den Entwicklungsländern aktiv zu werden, ohne daß dies der allgemeinen Entwicklung dieser Länder förderlich gewesen wäre.

Die Gesamtwirkung all dieser Operationen und Aktivitäten spiegelt sich in der bekannten Verschlechterung der Lage der Entwicklungsländer wider. Zwar hat sich das Tempo des Rückgangs ihres Welthandels- und ihres Weltproduktionsanteils verlangsamt; ja, diese sind nach den neuesten Statistiken der Weltbank und der UNCTAD sogar im Steigen begriffen; doch gleichzeitig sind ihre Defizite und ihre Verschuldung angestiegen und haben alarmierende Ausmaße erreicht.

Laut Angaben der Weltbank vom Herbst 1981 konnten die Entwicklungsländer – mit Ausnahme der Erdölausfuhrländer – ihren Anteil an Welthandel und Weltproduktion verbessern, was durch die Wachstumsverlangsamung der entwickelten Länder erleichtert wurde; doch ihre Verschuldung nahm nach wie vor in drastischer Weise zu. In den minimal entwickelten Ländern aber trat eine Verschlechterung der Gesamtlage ein. So hat sich insbesondere die Kluft zwischen den entwickelten und den ärmsten Ländern vertieft, und sie vertieft sich weiter.

Mit anderen Worten – die Schwierigkeiten der Entwicklungsländer ergeben sich aus ihrer Stellung in der internationalen Gemeinschaft und aus den in dieser herrschenden Beziehungen, die auf der Voraussetzung fußen, daß alle Mitglieder dieser Gemeinschaft, d. h. alle Staaten, in gleichberechtigter Weise miteinander konkurrieren können und durchwegs ähnliche Möglichkeiten haben, die es ihnen gestatten, selbst oder über ihre Unternehmen Maßnahmen zu ergreifen, mit denen sie sich günstige Bedingungen in der wirtschaftlichen Interaktion schaffen. Nachdem dies aber in der Welt von heute nicht der Fall ist, sind all die Linderungs- und Teilhilfemaßnahmen, die im Rahmen der laufenden Aktivitäten auf bilateraler oder multilateraler Grundlage getroffen werden, nicht imstande, die sich aus der Gesamtlage ergebende negative Entwicklung aufzuhalten. Nur einigen wenigen Entwicklungsländern gelingt es, ihre Lage einigermaßen zu verbessern; für die große Mehrheit gestaltet sich die Lage jedoch noch hoffnungsloser; sie gerät noch tiefer in Schulden, und der Lebensstandard des größten Teils ihrer Bevölkerung sinkt weiterhin alarmierend.

Den kümmerlichen Ergebnissen der laufenden Aktivitäten zur Verbesserung der Lage in den Entwicklungsländern entsprach auch der Verlauf des Dialogs über die Änderungen auf lange Sicht, d. h. über den Komplex der Maßnahmen zur Schaffung einer neuen Weltwirtschaftsordnung. Wie oben aufgezeigt, handelt es sich dabei nicht um Maßnahmen, die irgendwann in ferner Zukunft durchgeführt werden sollen, sondern um unentwegt zu betreibende Aktionen, die allmählich zu einer grundlegenden Wandlung der internationalen Beziehungen führen sollen.

Das erfordert die Schaffung von Bedingungen, unter denen die Entwicklungsländer mehr und mehr die Möglichkeit haben, die Früchte ihrer Arbeit für ihre eigene Entwicklung und die Förderung des Lebensstandards ihrer gesamten Bevölkerung zu nutzen. Solange dieser Aspekt der internationalen Zusammenarbeit nur in den Rahmen des Nord-Süd-Dialogs hineingestellt wird, nimmt er zwangsläufig den Charakter einseitiger Konzessionen der entwickelten gegenüber den Entwicklungsländern an. In der öffentlichen Meinung, ja, sogar in den amtlichen Regierungserklärungen der entwickelten Länder wurde die gesamte einschlägige Problematik denn auch in diesem Sinne interpretiert.

Auf diese Weise wurde der Eindruck erweckt, als handle es

sich dabei um eine Wohlfahrtsaktion von grandiosem Ausmaß, die nachteilige Folgen für den Lebensstandard in den entwikkelten Ländern nach sich ziehen würde. Und so regte sich in der Öffentlichkeit dieser Länder sowie in den die Mehrheit ihrer Bevölkerung bildenden Kreisen mit geringerem Einkommen gegen die Gewährung solcher Konzessionen massiver Widerstand. Es kam eine Stimmung auf, die bewirkte, daß die mangelnde Bereitschaft der Regierungen der entwickelten Länder, eine energische Revision ihrer negativen Reaktion auf die Vorschläge der blockfreien und der mit diesen verbundenen Entwicklungsländer vorzunehmen, Unterstützung in Form eines normalen demokratischen Prozesses fand.

Die blockfreien Länder waren sich der negativen Wirkung, die eine Reduzierung ihrer Forderungen auf eine Hilfe des Westens für den Süden haben mußte, wohl bewußt und daher bei ihrer organisierten Aktion auf wirtschaftlichem Gebiet von allem Anfang an bestrebt, der These Geltung zu verschaffen, daß ihre Forderungen allgemeine Bedürfnisse verkörperten und ihre Erfüllung auch im Interesse der hochentwickelten Länder liege, zumindest auf lange Sicht. Doch diese These kam nicht an, da die Staaten bekanntlich meistens nicht bereit sind, ihre Augenblicksinteressen langfristigen Perspektiven unterzuordnen. In der politischen Literatur sind zahlreiche Abhandlungen über den Nachteil demokratisch gewählter Regierungen zu finden, der gerade aus ihrer Neigung erwachse, alle Probleme kurzfristig, d. h. unter dem Aspekt des Zeitraums zwischen zwei Wahlen, zu betrachten.

Dieser Mangel an Verständnis für langfristige Belange wird dadurch noch verstärkt, daß es sehr schwer ist, sichere langfristige Zukunftsprognosen aufzustellen. Die Einbeziehung quantitativer Methoden in die Wirtschaftsanalysen bewirkte lediglich eine Zunahme des Widerwillens gegen langfristige Vorhersagen, da es sich als praktisch unmöglich erwiesen hat, in unserer Zeit eine Vorhersage für mehr als zehn Jahre zu treffen, die auch nur den geringsten Anspruch auf Zuverlässigkeit hätte.

Andererseits fußten die Thesen der Blockfreien über die Zukunftsinteressen der entwickelten Länder nicht auf wissenschaftlichen Analysen, sondern waren weitgehend von eigenen Belangen und einer sehr freien Interpretation der allgemeinen Leitsätze über die weltweite Interdependenz inspiriert. Daraus wurde die Schlußfolgerung abgeleitet, daß die Industrieländer durch das Bedürfnis nach einer Erweiterung ihrer Märkte in der dritten Welt in Bedrängnis geraten und durch den steigenden Verbrauch der dort erzeugten Rohstoffe gezwungen sein würden, in engere Verbindung mit dieser Welt zu treten.

Zu Beginn der siebziger Jahre trat in den Standpunkten so gut wie aller einflußreichen industriell entwickelten Länder eine höchst bedeutsame Wende ein. Herbeigeführt wurde diese allerdings nicht durch die Überlegungen, die die Blockfreien zu ihren Vorhersagen hinsichtlich des Entstehens eines Gemeinschaftsinteresses veranlaßt hatten, sondern durch den erfolgreichen Zusammenschluß der Erdölausfuhrländer und die Erhöhung der Rohölpreise genau zu einem Zeitpunkt, da die industriell entwickelten Länder einen Prozeß gestörter Beziehungen und innerer Instabilität durchmachten.

Das heißt nun nicht, daß die von den Blockfreien seinerzeit aufgestellten Thesen über die Gemeinsamkeit der wirtschaftlichen Interessen auf längere Sicht durch den Gang der Ereignisse widerlegt worden wären – es war einfach so, daß bestimmte Momente in der laufenden Entwicklung eine neue Situation schufen, die bisher nirgendwo vorhergesehen worden war. Der Zustand der Zerrüttung, der bereits für die ausgehenden sechziger Jahre kennzeichnend gewesen war, führte auch zu einer Störung der gegenseitigen Beziehungen in der entwickelten Welt des Westens und bewirkte sogar ein Chaos in der Parität der Währungen der dortigen Länder.

Es ist – aus durchaus verständlichen Gründen – sehr schwer, jetzt herauszufinden, ob sich diese Zustände nach Ablauf einiger weiterer Jahre dieses siebten Dezenniums unseres Jahrhunderts ohne erhebliche Erschütterungen wieder normalisiert hätten. Man mag darüber denken, wie man will – Tatsache ist, daß die plötzliche Verteuerung des wichtigsten Rohstoffs für die Energieproduktion gerade zu diesem Zeitpunkt einen schweren Schock auslöste. Die Erholung von diesem Schock verlief sehr zögernd; und als Heilmittel fungierte dabei vornehmlich ein beträchtliches Steigen der Inflationsraten, das eine Senkung des tatsächlichen Ölpreises in den internationalen Abrechnungen bewirkte. In besonders hohem Maß trug dazu der ungewöhnlich jähe Kurssturz des Dollars bei, der Leitwährung bei der Ölpreisverrechnung.

Die so entstandene Lage führte zusammen mit dem geschlossenen Auftreten der OPEC-Mitglieder und der Blockfreien innerhalb der Gesamtgruppe der Entwicklungsländer zur grundsätzlichen Annahme eines Beschlusses über die Erfordernis einer gründlichen Reformation der Weltwirtschaftsordnung. Allerdings ließ sich der Nord-Süd-Dialog, der nun nicht mehr von den Blockfreien allein, sondern auch von den hochentwikkelten Ländern des Westens angeregt wurde, sehr zäh an, da letztere zu gleicher Zeit vollauf mit der Überwindung des Schocks beschäftigt waren, den die neuen Erdölpreise von 1974 ausgelöst hatten.

Diese Gespräche stagnierten während des ganzen Jahrzehnts, und an dessen Ausgang kam es zu einem zweiten Ölpreiserhöhungsschock. Die Ölpreise taten diesmal einen ähnlichen Sprung nach oben wie zu Beginn des Jahrzehnts. Dies machte die Stabilisierungsmaßnahmen des Westens weitgehend zunichte und schuf eine derart kritische Situation, daß sich die industriell entwickelten Länder, ungeachtet der Erkenntnis der Ratsamkeit der Einführung ernsthafter Reformen in der Wirtschaftsordnung, vor allem ihren eigenen Problemen zuwandten. Wenn sie bei ihrem Bemühen, mit der neuen Preiserhöhung fertig zu werden, über Trostpflästerchen kaum hinauskamen, so wurde denjenigen Entwicklungsländern, die keine Erdölquellen ihr eigen nannten, durch die neue Wendung der Dinge – Preiserhöhung plus Dürftigkeit der Ergebnisse der palliativen Regelungsversuche – einfach ein geradezu katastrophaler Schlag versetzt.

Zieht man das Fazit aus dem in den siebziger Jahren Erreichten, so gelangt man zu der Feststellung, daß die entwickelten Länder ihren Problemen nur in sehr unzureichender Weise beikommen konnten, die Lage im Süden jedoch alarmierend geworden und im Begriff war, sich weiter zu verschlechtern. Dies machte zwar die Notwendigkeit eines Angehens der anstehenden Probleme im globalen Rahmen deutlich, schuf jedoch gleichzeitig in den Wirtschaftsbeziehungen und der wirtschaftlichen Entwicklung Gegebenheiten, die ein solches Verfahren wiederum nicht zuließen. Nicht genug damit, daß die Beratungen über die langfristigen Probleme der Wirtschaftsordnung ins Stocken gerieten, dieser Stillstand wirkte sich aus den obenerwähnten Gründen auch auf die Versuche zur Lösung der aktuellen Probleme aus. In der Praxis bedeutete dies eine unmittelbare Verschlechterung der Lage der Entwicklungsländer bei gleichzeitigem Sinken der Hoffnungen, die man auf langfristige Lösungen gesetzt hatte.

Abschließend muß noch darauf hingewiesen werden, daß sich der Nord-Süd-Dialog bzw. die globale Debatte ausschließlich in Form eines Gesprächs zwischen Süden und Westen abwickelte, da die Sowjetunion und die mit ihr verbundenen Länder nicht daran teilnahmen, so wie es auch bei der auf Initiative Frankreichs einberufenen Nord-Süd-Konferenz der Fall gewesen war. Dort aber, wo die Sowjetunion offiziell vertreten war, wie etwa bei den UNCTAD-Konferenzen und in anderen UN-Foren, gereichte ihre Teilnahme den Entwicklungsländern auch nicht zum Vorteil, wenn sie ihnen nicht sogar zum Nachteil gereichte.

Offiziell beharrte die Sowjetunion auf ihrer ursprünglichen These, die die Hilfe für die Entwicklungsländer als Wiedergutmachung des von den ehemaligen Kolonialmächten in den Kolonien angerichteten Schadens betrachtete, was ausschließlich Aufgabe des Westens sei. Diese These wurde innerhalb der blockfreien Länder natürlich zu keiner Zeit akzeptiert. Die Blockfreien sahen in der wirtschaftlichen Entwicklung vor allem ein Problem der Zukunft und nicht eines, das in der Vergangenheit wurzelte: und dann wiesen sie darauf hin, daß auch Länder, die keine Kolonien gewesen waren, Schaden genommen hätten und daß einige der reichsten Länder des Westens nie im Besitz von Kolonien gewesen seien. Schließlich sei die kritische Wirtschaftslage ja durch das internationale Preisgefüge und die allgemeine Lage der einzelnen Nationalwirtschaften eingetreten. Und daran seien alle Länder beteiligt, ob sie nun Kolonien gehabt hatten oder nicht, auch die Sowjetunion.

b) Die UNCTAD – enttäuschte Erwartungen

Die Teilnehmer der Belgrader Konferenz zeigten ein hohes Maß an Verständnis für die Komplexität der Wirtschaftsprobleme und regten daher eine großangelegte Erörterung dieser Probleme im Weltmaßstab an. So kam die UNCTAD zustande, bei der sowohl kurzfristige Fragen wie langfristige erörtert wurden.

Doch vor allem ist hervorzuheben, daß die Einberufung der Konferenz sowie die spätere Formierung der UNCTAD zu einer festen Organisation und ihre gesamten Aktivitäten hochpolitische Vorgänge waren und sind. Dabei ist der Tatsache Rechnung zu tragen, daß durch die Aufgabenstellung der UNCTAD, die darauf abzielt, den wirtschaftlichen Übeln beizukommen, dem politischen Charakter ihrer Aktivitäten kein Abbruch getan wird. Wir haben es hier mit der wirtschaftsbezogenen Zielsetzung einer politischen Aktion zu tun, die insofern politisch bleibt, als es dabei um internationale Verhandlungen und zwischenstaatliche Verständigungsversuche geht.

Wir müssen also im Auge behalten, daß die im Rahmen der UNCTAD getroffenen Entscheidungen politische Beschlüsse sind, die vom Willen der beteiligten Regierungen abhängen und die gefällt werden, sobald die entsprechende einvernehmliche Bereitschaft aller Beteiligten vorhanden ist. Nun zielen diese Aktionen im konkreten Fall aber auf die Veränderung der wirtschaftlichen Realität ab, die wiederum nicht über Nacht zu bewerkstelligen ist. Dadurch nun sind den Möglichkeiten und der Durchschlagskraft der UNCTAD als Organisation Grenzen gesetzt; und diese bleiben selbst dann bestehen, wenn bei den Mitgliedsstaaten die Bereitschaft zur Erzielung eines Übereinkommens vorhanden ist.

Die UNCTAD war von allem Anfang an ein Wirkungsfeld der Bestrebungen der blockfreien Länder, langfristige Fragen der internationalen Wirtschaftsbeziehungen und insbesondere der wirtschaftlichen Entwicklung auf die Tagesordnung zu setzen. Bei der ersten UNCTAD-Tagung 1964 in Genf nahmen diese Probleme eine beherrschende Stellung ein. Dies ist auch verständlich, denn damals ging es in erster Linie um zwei Grundanliegen. Das erste war, die UNCTAD als allgemeines weltweites Forum für eine globale Debatte über Wirtschaftsfragen zu erhalten, und das zweite, alle grundlegenden Fragen auf die Tagesordnung dieser Debatte zu setzen. Zudem war man bestrebt, auch die allgemeinen Regeln für diese Debatte und die Prinzipien, auf deren Grundlage die Regelung der einschlägigen Probleme vor sich gehen sollte, festzulegen.

Gleichzeitig machte es die UNCTAD möglich, daß die blockfreien Länder als Gruppe in ihr aktiv werden konnten. Die Zahl der Blockfreien entsprach damals noch der Zahl der Teilnehmer der Belgrader Konferenz oder bestenfalls der der Wirtschaftskonferenz von Kairo 1962. Wie immer man es auch nimmt – sie bildeten selbst innerhalb der Entwicklungsländer noch eine Minderheit. Die Zahl der Entwicklungsländer wurde zunächst mit 75 definiert; und es war dies die größte Ländergruppe, die für die Teilnahme an der ersten UNCTAD-Konferenz – im Zuge der Vorbereitungen für diese von den Blockfreien um sich geschart – bereitstand. Noch im Verlauf der ersten Tagung des neuen Forums erhöhte sich diese Zahl auf 77.

Das Gruppenbildungsproblem wurde dann durch die Struktur der UNCTAD selbst gelöst, dadurch nämlich, daß zunächst drei Mitgliederkategorien geschaffen wurden, die später den Status eigener Organisationen erhielten. Es waren dies die Länder des Westens, die des Ostens und die der dritten Welt bzw. die Entwicklungsländer. So erhielt die Blockfreienbewegung mit einemmal ein neues Wirkungsfeld für ihre Aktivität auf wirtschaftlicher Ebene, bestehend aus Ländern, die von Anfang an bereit waren, genau in jener Richtung tätig zu werden, in der die Blockfreien tätig gewesen waren, als sie sich für das Zustandekommen dieser Konferenz eingesetzt hatten.

Anstelle einer bei jeder Tagung der UN-Vollversammlung erneut ad hoc zu bildenden Versammlung hatten die Blockfreien nun eine feste Organisationsform für die Zusammenarbeit aller Entwicklungsländer gewonnen. Schon zu Beginn, d. h. im Verlauf der Vorbereitungen für die erste Konferenz der UNCTAD, war die Gruppe der Entwicklungsländer fast komplett. Und doch war dies ein Zusammenschluß, zu dem die Regierung eines jeden einzelnen seiner Mitglieder gesondert ihre Zustimmung geben mußte. Die auf dieser Grundlage zustande gekommene Teilnahme von 75 Ländern zeigt, daß die politische Linie der Blockfreien weitgehend mit den ureigentlichen Aspirationen der Entwicklungsländer übereinstimmte.

Die offizielle Schaffung dreier Kategorien innerhalb der UNCTAD und ihre Behandlung als eigene Wahlkörper und Abstimmungsgremien bewirkten, daß auch die restlichen Entwicklungsländer in die dritte Kategorie mit einbezogen wurden. Nun darf jedoch nicht angenommen werden, daß ihre Einbeziehung erzwungen worden wäre, stellte sich doch nach ihrem Beitritt sehr rasch heraus, daß sie ein echtes Interesse an einer Mitarbeit in dieser Gruppe hatten, die die Bezeichnung »die 77« erhielt, obschon sie in der Dokumentation der UNCTAD offiziell als die Gruppe der »Entwicklungsländer« figurierte. Die vordem geübte Zurückhaltung einiger Entwicklungsländer ist darauf zurückzuführen, daß der Anschluß an diese von den Blockfreien geschaffene Organisation die Regierungen der betreffenden Länder doch ziemlich in Verlegenheit brachte, weil sie damals noch paktgebunden waren.

Die offizielle Kategorisierung dieser Gruppe als der der »Entwicklungsländer« nahm dem Anschluß an sie jeden politischen Gehalt, und so blieb die Blockfreienbewegung als Initiator und Organisator der einzelnen Aktionen weiterhin notwendig. Die von einzelnen Fachwissenschaftlern und besonders von oberflächlichen Beobachtern geäußerte Annahme, der Blockfreienbewegung komme bei der Weiterführung der Aktionen auf dem Wirtschaftssektor keinerlei Funktion mehr zu, erwies sich als unbegründet. In Wirklichkeit erhielten diese Aktionen durch die Tätigkeit der UNCTAD einen neuen Impuls, wie der Blockfreiengipfel von Lusaka im Jahre 1970 zeigte.

In den Reihen der blockfreien Länder selbst wurden diese neue Situation und diese neue Rolle der Bewegung nicht sogleich begriffen. Die UNCTAD wurde während der Vorbereitungen für sie, ja, auch noch in den ersten Wochen ihrer Tagung in Genf im Frühjahr 1964 einfach als außerordentliche Konferenz, d. h. als einmalige Erscheinung, betrachtet.

Erst bei der Tagung selbst wurde im Verlauf der Debatten im 4. Ausschuß der Konferenz die Idee der Bildung einer neuen Spezialorganisation geboren. Diese Idee aber wurde damals in den hinter den Kulissen der Konferenz agierenden Koordinationsorganen der Blockfreien nicht sofort aufgegriffen. Auf der Konferenz selbst stellte man lediglich die Forderung nach Einberufung neuer Konferenzen und nach Schaffung eines vorbereitenden Ausschusses dafür. Dem widersetzten sich die entwickelten Länder aufs entschiedenste; doch kam zum Schluß trotz allem ein Übereinkommen zustande, das die Schaffung einer permanenten Körperschaft und die Periodizität der Konferenz sowie die Bildung eines »sehr engen« Sekretariats bestimmte und damit faktisch das Fundament für die Weiterentwicklung der UNCTAD legte.

Es war nicht eben viel, was die UNCTAD im ersten Anlauf

erreichte. Neben dem bereits erwähnten 4. Ausschuß, der sich mit institutionellen Fragen befaßte, waren noch vier weitere tätig. Der erste beschäftigte sich mit Rohstoff-, der zweite mit Fertigprodukt- und der dritte mit Finanzfragen; das Arbeitsthema des fünften waren die Prinzipien der internationalen Zusammenarbeit auf dem Wirtschaftssektor. Konkrete Ergebnisse erzielte nur der 4. Ausschuß, indem er die Basis für eine permanente Betätigung der UNCTAD und damit ein besonderes ständiges Forum für alle internationalen Handels- und Entwicklungsfragen schuf.

Der 5. Ausschuß erarbeitete eine Prinzipienliste mit mehr oder weniger klaren Definitionen. Der wunde Punkt dabei war nur, daß manche Länder, allen voran die Vereinigten Staaten, eine größere Anzahl von Vorbehalten machten, und zwar zu einigen grundlegenden Problemen. Die restlichen drei Ausschüsse steckten eigentlich nur den Rahmen für ihren jeweiligen Wirkungsbereich ab und registrierten die von verschiedenen Seiten eingehenden Vorschläge, über die kein Einvernehmen erzielt werden konnte.

Nach längeren Überlegungen entschlossen sich die Blockfreien, von Mehrheitsbeschlüssen Abstand zu nehmen, auch von der qualifizierten Mehrheit, die die entwickelten Länder forderten, um zu verhindern, daß sie überstimmt würden. Anstelle des Mehrheitssystems fand – erstmals außerhalb der Bewegung selbst – das Konsensprinzip nun auch in einer Organisation der Vereinten Nationen Anwendung. Die blockfreien Länder erteilten ihre Zustimmung allerdings nur unter dem Vorbehalt, daß nach Ablauf einer gewissen Frist trotzdem zur Abstimmung übergegangen werden könne; doch erwies sich dies dann in der Praxis als völlig fehl am Platz.

Freilich, die Beschlußfassung mittels Konsens ist gewöhnlich nicht dazu angetan, Entscheidungsprozesse zu beschleunigen; meist zieht sie sie in die Länge. Indes gibt es bei fehlendem Einverständnis keine Alternative, handelt es sich doch um gewichtige Entscheidungen, die die Beteiligten zu ernsthaften

Veränderungen, ja, in manchen Fällen auch zu beträchtlichen Zugeständnissen und großen Opfern verpflichten. Das heißt, daß die auf internationalen Foren gefaßten Beschlüsse ohne nachträgliche Bestätigung durch die gesetzgebenden Körperschaften der einzelnen Länder nicht durchführbar sind.

Es wäre naiv anzunehmen, daß ein im Schoße eines internationalen Forums gefaßter Mehrheitsbeschluß, sei er auch mit qualifizierter Mehrheit erbracht, die gesetzgebenden Körperschaften der einzelnen Länder dazu zwingen könnte, ihn zu bestätigen. Dies wäre gerade aus der Sicht der Blockfreien auch nicht zu vertreten, die sich ja dagegen wenden, daß souveränen Ländern Entscheidungen von außen aufgezwungen werden. Andererseits ist es beim Abstimmungsverfahren so, daß eine Angelegenheit, in der ein Mehrheitsbeschluß gefaßt wurde, von der Tagesordnung abgesetzt und bei Nichtannahme des Beschlusses durch Länder, deren Mitwirkung bei seiner Durchführung unerläßlich ist, ad acta gelegt wird und danach nur sehr schwer wieder in Gang zu bringen ist.

Dagegen bewirkt das Scheitern von Verhandlungen über einen Konsens lediglich einen Aufschub der Entscheidung; und die Angelegenheit erscheint immer wieder auf der Tagesordnung. Damit werden Möglichkeiten dafür geschaffen, daß die inneren Faktoren in den einzelnen Ländern in Richtung einer Änderung der gegebenen ablehnenden Haltung wirksam werden können. Außerdem kann die Fortsetzung der Debatte im Lauf der Zeit eine günstigere Situation schaffen, den früheren Widerstand abbauen und eventuell zu einer vollkommenen Einigung führen. Im übrigen kann durch die Fortsetzung der Debatte eine Atmosphäre entstehen, die zur Beeinflussung der öffentlichen Meinung angetan ist.

Dieses Verfahren zur Regelung der Beschlußfassung über wichtige Fragen im Rahmen internationaler Organe hat auch den Vorzug, daß es für alle Beteiligten annehmbar ist, wie dies auch das Beispiel der UNCTAD zeigt. Es kann nicht schaden, nebenbei darauf hinzuweisen, daß auch die KSZE in Helsinki die Konsensmethode angenommen hat, und nicht das Stimmenmehrheitssystem. Daß die Gespräche auf dieser Konferenz dann ins Stocken gerieten, ist ganz gewiß nicht auf den Konsens als Methode, sondern vielmehr auf das fehlende Einvernehmen der Hauptteilnehmer über die wichtigsten Fragen der Zusammenarbeit und Sicherheit in Europa zurückzuführen.

Durch die Einberufung der ersten Tagung der UNCTAD 1964 in Genf und den Beschluß über die regelmäßig wiederkehrende Neueinberufung dieses Forums sowie die Annahme des Konsensbeschlußverfahrens wurde der Prozeß der Verhandlungen über Handels- und Entwicklungsfragen – und das heißt praktisch über sämtliche Fragen der Wirtschaftsbeziehungen und Wirtschaftsprobleme – in weltweitem Rahmen eröffnet. Allerdings müssen diese Konferenzen die Einschränkung in Kauf nehmen, daß sich die Sowjetunion und die an sie angeschlossenen Länder abseits halten. So werden sie faktisch auf einen Dialog reduziert – trotz des hartnäckigen Bemühens der Entwicklungsländer unter der Führung der Blockfreien, diese Form der Diskussion zu vermeiden.

Hinsichtlich des Inhalts der Gespräche sind zwei Charakteristika hervorzuheben. Das erste ist die Gleichzeitigkeit, mit der Fragen der zwischenstaatlichen Beziehungen, d. h. politische Fragen, deren Inangriffnahme die Lösung der Wirtschaftsprobleme erleichtern soll, und die Wirtschaftsprobleme selbst auf die Tagesordnung gesetzt werden; das zweite die Verknüpfung der Behandlung von spezifischen Problemen einzelner Länder oder Ländergruppen und der von allgemeingültigen Problemen von weltweitem Belang. Wir wollen uns hier zunächst mit dem letzteren Komplex befassen – der Verbindung von Spezifischem und Allgemeinem im Rahmen ein und derselben Debatte und ein und desselben Forums.

So schwer es ist, in bezug auf die Formulierung von Taktik und Strategie der Blockfreien gerade in dieser Hinsicht genaue zeitliche und sonstige Abgrenzungen vorzunehmen, so läßt sich doch sagen, daß sie anfangs, d. h. vor der Belgrader Konferenz von 1961, jedoch auch in deren Verlauf, vornehmlich allgemeine Probleme aufgriffen. Dies war vor allem deswegen notwendig, weil die Debatte ja erst anlief und so erst die Positionen im Dialog mit den entwickelten Ländern abgesteckt werden mußten. Sodann war es am Anfang wichtiger als alles andere, die Einheit einer möglichst großen Zahl von Staaten zu gewährleisten, und das war nur durch eine überwiegende Hinwendung zu jenen Problemen möglich, die mehr oder minder alle Länder gleichermaßen angingen.

Diese allgemeine Problematik umfaßte die Gewährung von Erleichterungen für die Entwicklungsländer bei ihrem Bestreben, ihre Erzeugnisse oder Rohstoffe auf dem Markt der entwickelten Länder zu placieren, sodann die Zuerkennung finanzieller Vergünstigungen, vor allem in Form besonders günstiger Darlehen, ferner die Gewährung technischer Hilfe und die Vermittlung technologischer Kenntnisse sowie die Abschaffung der bestehenden Vorrangpositionen auf dem Hoheitsgebiet der Entwicklungsländer. Doch allein schon die Aufzählung dieser allgemeinen Probleme führt zu der Erkenntnis, daß sich bei ihrer Konkretisierung Unterschiede ergeben mußten. Nehmen wir als Beispiel nur die Gewährung von wirtschaftlichen Erleichterungen – wie unterschiedlich sind doch die Ausfuhr- und Absatzinteressen der Entwicklungsländer.

Mit anderen Worten, die Entwicklungsländer – doch gilt dies auch für die Blockfreien – sind zwar durch einen gemeinsamen Nenner miteinander verbunden, der sich aus ihrer allgemeinen Lage, und nicht nur in bezug auf ihren Entwicklungsstand ergibt, sie haben jedoch Sonderinteressen, die von Land zu Land oder von Gruppe zu Gruppe bzw. von Region zu Region verschieden sind und oft sogar in Widerspruch zueinander stehen. Dies aber bedeutete, daß die Wahrung der Einheit in solch einem großen Kreis wie dem der 77er Gruppe, einem Kreis, der bald noch wuchs und schließlich alle Entwicklungsländer der Erde umfaßte, zu einem ernsten Problem wurde, sobald konkrete, spezifische Fragen auf die Tagesordnung gesetzt wurden.

In der Praxis tauchte dieses Problem erstmals bei den unmittelbaren Vorbereitungen für die erste UNCTAD-Tagung auf. Man behalf sich auf die Weise, daß jeder Zusatzantrag gleichwelchen Landes in das Gesamtprogramm einbezogen wurde, damit die Einheit gewährt wurde. Diese Methode kam auch später zur Anwendung und wurde zu einer Standardprozedur, von der kaum jemals abgewichen wurde.

Bei der ersten Tagung drehte sich die Debatte hauptsächlich um Grundprinzipien. So etwa berieten der Rohstoff- und der Fertigproduktausschuß darüber, ob den Entwicklungsländern überhaupt eine Präferenzbehandlung zu gewähren und wie dabei in methodischer Hinsicht zu verfahren sei. Allerdings wurde auch in diesen Fragen kein Übereinkommen in bezug auf das anzuwendende Verfahren erzielt. Also ergab sich die Frage der zu verfolgenden Taktik auch auf der nächsten und auf den weiteren Tagungen. Dabei setzte sich die Ansicht durch, daß die Beratungen auch weiterhin in komplexer Weise zu führen seien. Es wurden zwar Versuche unternommen, die Debatte aus dem allgemeinen Bereich herauszuführen und auf spezifische Fragen zu lenken und diese dann in kleineren Gruppen erörtern zu lassen, wie dies bei den GATT-Tagungen praktiziert wurde. Doch zum Unterschied von dieser in der Folge der Welthandelskonferenz in Havanna 1947 entstandenen Organisation hatte die UNCTAD keine festumrissenen Einsatzprinzipien. So war es innerhalb des GATT wohl möglich, im Rahmen des Gründungsabkommens konkret über Handel und Zölle zu beraten; bei der UNCTAD hingegen hatte so etwas keinerlei Erfolgsaussichten.

Die Ergebnisse der Konferenz von Delhi von 1968 waren äußerst enttäuschend. Es war weder möglich, zu spezifischen Verhandlungen überzugehen, noch konnten die vier Jahre zuvor in Genf bezogenen Positionen weiterentwickelt werden. Die Konferenz verlief also im Sande. Ebenso ergebnislos endete die dritte Folgekonferenz. Die Abhaltung der nächsten, der vierten, Konferenz fiel in die Zeit der großen Debatte über eine neue Wirtschaftsordnung, die aufgrund der von der UN-Vollversammlung auf ihrer Sondertagung von 1974 erteilten Zustimmung angelaufen war. Hier nun kam es immerhin zu einer gewissen Abgrenzung der Diskussion in Form einer vorzugsweisen Ausrichtung auf die Fragen der Rohstoffpreise und der Finanzlage der Entwicklungsländer angesichts ihrer zunehmenden Verschuldung. Doch es kam wiederum zu keinen konkreten Ergebnissen. Die durch die Erhöhung der Erdölpreise ausgelösten Schwierigkeiten hatten die ohnehin schon unstabilen Beziehungen zwischen den entwickelten Ländern dermaßen zerrüttet, daß ein günstigerer Ausgang dieser Debatte auch kaum zu erwarten war. Gerade die beiden Probleme, die sie zum Gegenstand hatte, das Finanz- und das Rohstoffproblem, waren es, die die Schwierigkeiten der entwickelten Länder heraufbeschworen hatten und die zugleich auch im Süden am akutesten waren.

All diese Mißerfolge waren im wesentlichen eine Folgeerscheinung des Hauptnachteils der UNCTAD, nämlich des Fehlens einer umfassenden Konzeption und einer genauen Definition der zu bewältigenden Aufgaben. Gewiß, die Entwicklungsländer hatten die Initiative der Blockfreien aufgegriffen, die auf die Permanenz der Debatte und die Schaffung eines ständigen Forums im Rahmen der Vereinten Nationen gedrungen hatten; und die Durchsetzung dieser Forderungen war denn auch, wie wir gesehen haben, auf der ersten Tagung 1964 in Genf gelungen. Doch damit war lediglich die Institutionalisierung der Debatte vollzogen, nicht aber auch ein Kurs festgelegt, der die Bestrebungen aller Teilnehmer in sich vereinigt hätte. Die Schaffung der drei Kategorien innerhalb der UNCTAD erwies sich nicht nur als Mittel zur Vermeidung der Gefahr des Überstimmtwerdens, sondern als eine Aufgliederung der Organisation in drei Gruppen mit jeweils völlig verschiedenen Konzeptionen von ihren Zielen.

So wurde die UNCTAD unweigerlich zu einer Enttäuschung, und dies um so mehr, als es zum Zeitpunkt ihres Entstehens, d. h. zu Beginn der sechziger Jahre, schien, als fehle nur ein Diskussionsforum; wäre ein solches erst einmal vorhanden, so würde alles wieder ins Gleis kommen. Diese kurzsichtige Überschätzung der Rolle eines Diskussionsforums ist einigermaßen verständlich, wenn man in Betracht zieht, daß alle Versuche, eine weltweite Debatte über die wichtigsten und grundlegenden Probleme in Gang zu bringen, bis dahin stets auf Schwierigkeiten gestoßen waren, da das praktisch einzige zuständige Forum, die UN-Vollversammlung, mit einer Reihe anderer Fragen überlastet war.

Dennoch war die UNCTAD ein Schritt nach vorn, wenn durch nichts anderes, so dadurch, daß sie zeigte, daß es nicht genügt, einen Diskussionsort zu finden, sondern daß auch der Rahmen festgelegt werden muß, in dem die Diskussion so zu lenken ist, daß sie den Bedürfnissen der Entwicklungsländer bzw. den Erfordernissen der Weltgemeinschaft als Ganzes gerecht wird.

6. Die neue Weltwirtschaftsordnung

a) Die Abrundung der Strategie der Wirtschaftsaktion

Im Zuge ihres vielfältigen Wirkens im Rahmen der Foren für weltweite Zusammenarbeit fanden die blockfreien Länder nach und nach zu einer eigenen Strategie, mit der sie eine Lösung ihrer eigenen und der die ganze Welt betreffenden Wirtschaftsprobleme erreichen wollten. In den vorangegangenen Kapiteln haben wir gesehen, wie bei der allmählichen Entwicklung dieser Strategie immer wieder einzelne Probleme auftauchten und wie diese gelöst wurden. Dieses Herauskristallisieren der strategischen Konzeptionen wurde nicht nur von der Notwendigkeit solcher Konzeptionen, angefangen von spezifischen wirtschaftlichen Forderungen bis hin zur Reformation des gesamten Weltwirtschaftssystems, sondern auch von der allgemeinen politischen Entwicklung in der Welt gelenkt.

Zu Beginn der Nachkriegsära, noch vor dem Aufschwung der antikolonialen Bewegung, stellten die Entwicklungsländer, damals noch gering an Zahl (die größte Gruppe derartiger Länder befand sich seinerzeit in Lateinamerika), Forderungen nach Wirtschaftshilfe, womit in erster Linie technische und finanzielle Hilfe gemeint waren. Als dann immer mehr dieser Länder auf den Plan traten, Länder, die noch rückständiger waren als die ersten, wurden die Forderungen entsprechend dringlicher und zusehends konkreter und gezielter, jedoch auch umfassender in dem Sinn, daß sie auf neue Gebiete übergriffen, beispielsweise auf das des Welthandels. Gleichzeitig begann sich die Lage der Entwicklungsländer mehr und mehr zu verschlechtern, und die Kluft zwischen ihnen und den hochentwickelten Ländern wurde zusehends größer.

Nach und nach tauchten Zweifel darüber auf, ob es möglich sein würde, die vorhandene Kluft innerhalb einiger Jahrzehnte zu überbrücken und die Welt so einzurichten, daß keine solch drastischen Unterschiede im Entwicklungsstand mehr bestehen würden, womit nicht etwa das Zustandekommen ein und desselben Entwicklungsniveaus in allen Ländern gemeint war, sondern lediglich die Reduzierung der bestehenden Diskrepanzen auf einen Stand, der normale Handelsbeziehungen zwischen allen Ländern bei gleichzeitiger Sicherstellung der selbständigen Wirtschaftsentwicklung aller Länder gewährleisten würde. Mit einem Wort, es regten sich Zweifel an der Möglichkeit der Erzielung solcher Veränderungen mittels der verhältnismäßig bescheidenen Eingriffe in die internationalen Beziehungen, wie sie bis dahin üblich gewesen waren.

In der Tat wurde die Lage der Entwicklungsländer von Jahr zu Jahr ärger. Das heißt nicht, daß es in den Entwicklungsländern kein Wirtschaftswachstum gegeben hätte. Doch die von ihnen erzielten Wachstumsraten waren nicht ausreichend – ein

Mangel der besonders durch die enorme Bevölkerungszunahme in den meisten dieser Länder verstärkt wurde, da dadurch die Wachstumsrate pro Kopf der Bevölkerung immer mehr zusammenschrumpfte.

Im Zusammenhang damit muß darauf hingewiesen werden, daß die stetige Vergrößerung des zwischen entwickelten und Entwicklungsländern bestehenden Abstands in bezug auf die Höhe des Pro-Kopf-Einkommens oder des Bruttosozialprodukts im Verhältnis zur Einwohnerzahl innerhalb eines kürzeren Zeitraums selbst dann nicht aufzuhalten wäre, wenn die Wachstumsrate der letzteren die der ersteren weit übersteigen würde. Beläuft sich beispielsweise die Wachstumsrate eines Landes mit einem Pro-Kopf-Einkommen von 100 Dollar auf 16%, so erhöht sich dieses Einkommen im ersten Jahr um 16 Dollar, während die entsprechende Erhöhung bei einem Land mit einem Pro-Kopf-Einkommen von 1000 Dollar und einer Wachstumsrate von nur 4% im gleichen Zeitraum 40 Dollar ausmacht. Der Pro-Kopf-Einkommensunterschied zwischen beiden Ländern im ersten Jahr beträgt also 24 Dollar, das heißt, die Kluft vertieft sich weiter. Ein Einholen ist erst nach einem längeren Zeitraum möglich und selbstverständlich nur unter der Voraussetzung, daß die jährliche Wachstumsrate der Entwicklungsländer die der entwickelten Länder stets um ein Vielfaches übersteigt.

In der Praxis standen die Dinge weit schlechter, da die Wachstumsraten des Pro-Kopf-Einkommens der einzelnen Entwicklungsländer sehr niedrig waren und eine Tendenz zur Stagnation oder gar zum Rückgang zeigten. Ein Absinken der Wachstumsrate machte sich auch bei den entwickelten Industrieländern des Westens und bei den um die Sowjetunion gruppierten Staaten bemerkbar. Doch am weitesten zurückgeworfen wurden zweifellos diejenigen Länder, die auf der untersten Entwicklungsstufe standen.

Angesichts dieses Zustands und dieser Entwicklungstendenz erkannten die blockfreien Länder, daß noch weit intensivere

Anstrengungen notwendig seien, um diesen für die Entwicklungsländer und insbesondere die rückständigsten unter ihnen so negativen Trend zum Stillstand zu bringen. Der in organisatorischer Hinsicht errungene Erfolg in Form der Schaffung der UNCTAD als eines ständigen Forums machte es leichter, komplizierte Probleme und Programme in weltweitem Rahmen zur Diskussion zu stellen.

Das Vorbringen der Forderung nach einer allseitigen Änderung der gesamten Weltwirtschaftsordnung ist somit eine Folgeerscheinung der Evolution im Verlauf der fünfziger und sechziger Jahre. Allerdings kann es keinen Zweifel daran geben, daß die wichtigste Voraussetzung für die Erstellung dieses neuen Konzepts durch den in den sechziger Jahren erfolgten Zusammenschluß der blockfreien Länder geschaffen wurde. Die bei UNCTAD I und UNCTAD II gemachten Erfahrungen zeigten, daß es nicht möglich sein würde, von der allgemeinen Grundsatzdebatte der ersten Tagung zu sachlich-konkreten Verhandlungen überzugehen, ohne daß vorher genauere Umrißlinien der weltweiten Debatte abgesteckt worden wären.

Freilich war dies weder leicht noch rasch durchzuführen. Heute, rückblickend betrachtet, sind wir imstande, die neue Wirtschaftsordnung im Lichte der in der Weltwirtschaft zustande gekommenen Veränderungen zu erklären. So eine logische Analyse aber, eine neue Art des Herangehens an die ganze Problematik – das war es, was damals fehlte.

Die Blockfreienbewegung war sich zwar der gravierenden, immer bedenklicher werdenden Lage der Entwicklungsländer bewußt, doch die Formulierung einer neuen Politik, einer neuen Strategie entwickelte sich nur langsam. Wir haben im Rahmen des geschichtlichen Überblicks gesehen, wie der Terminus »neue Wirtschaftsordnung« in die Dokumente der Bewegung Eingang fand. Dies geschah im Zuge der Angriffe gegen die Privilegien, die die internationalen Industriekonzerne in einigen Entwicklungsländern bei der Nutzung der dort vorhandenen Naturreichtümer genossen.

Die Gesamtkonzeption einer so umfassenden Reform, wie sie die Blockfreien heute verfechten, entwickelte sich allmählich, von Zusammenkunft zu Zusammenkunft klarere Umrisse gewinnend. Sehr fördernd wirkte dabei der Schock, den die Welt 1974 durch das Emporschnellen der Rohölpreise erlitt, das völlig unerwartet kam, obwohl sich die ersten Ansätze dafür bereits im Herbst 1973 abgezeichnet hatten. Eine entscheidende Rolle spielte dabei der Umstand, daß von diesem Schock auch die industriell entwickelten Länder schwer betroffen wurden, die sich ohnehin bereits in wirtschaftlichen Schwierigkeiten befanden, die in keinem Zusammenhang mit der Lage auf dem Ölmarkt standen.

Gerade dieser Schlag indes, der den Norden ebenso traf wie den Süden, schuf die geeignete Atmosphäre für eine weltweite Debatte, die sich in Form des »Nord-Süd-Dialogs« entwickelte. Diese Debatte aber erheischte vom Süden die Formulierung eigener Positionen und Forderungen. Unter den gegebenen Umständen blieb keine andere Wahl, als sämtliche bisher vorgebrachten Forderungen zu einem geschlossenen Ganzen abzurunden. Der Terminus »neue Wirtschaftsordnung«, der im Zuge der Erörterung einer spezifischen Frage geprägt wurde, wird zur Bezeichnung einer umfassenden Aktion der Blockfreien.

Die Art der Entstehung des Konzepts einer neuen Wirtschaftsordnung erklärt gleichzeitig auch die große Unklarheit in bezug auf den Inhalt dieses Begriffs. Gewöhnlich wird als Erklärung hierfür angeführt, daß die »neue Wirtschaftsordnung« kein im vorhinein geplantes Konzept beinhalte, das als Grundlage für die Errichtung einer weltweiten Neuordnung dienen könne, sondern einen Prozeß bezeichne. Mit anderen Worten, diesmal würden Forderungen nicht in Form gezielter Aktionen vorgebracht, wie es früher meist der Fall zu sein pflegte: so etwa, als alljährliche Überweisungen eines bestimmten Geldbetrags als Entwicklungsbeihilfe oder genau definierte Erleichterungen bei der Know-how-Vermittlung oder einige andere Vergünstigungen, im wesentlichen Handelsvergünstigungen, gefordert wurden.

Diese Begründung ist richtig, und es steht außer Zweifel, daß die unter neuen Gegebenheiten zustande gekommene Zielsetzung allgemeiner Art nicht in das Programm bestimmter Zweckaktionen gepreßt werden kann. Bei einem Prozeß aber sollten zumindest die grundlegenden der für seine Förderung vorgesehenen Maßnahmen und Aktionen einigermaßen klar festgelegt sein. Doch auch dies war in den ersten Jahren nicht der Fall – und ist es, möchte man sagen, auch heute noch nicht; zumindest fehlt immer noch ein entsprechendes feststehendes Programm. Die von der Blockfreienbewegung oder, von dieser inspiriert, im Rahmen der 77er Gruppe bei den Vereinten Nationen angenommenen Programme und Aktionen sind durchweg nicht präzis genug.

Inzwischen sind in der Öffentlichkeit diverse, häufig nicht miteinander in Einklang zu bringende Interpretationen des Programms der neuen Wirtschaftsordnung aufgetaucht, sowohl im Rahmen von in den blockfreien und Entwicklungsländern da und dort ausgearbeiteten Studien als auch bei manchen internationalen Zusammenschlüssen und Vorhaben mit ähnlicher Zielsetzung. Diese Sachlage spiegelt vor allem das Grundproblem wider, auf das der Versuch zur Schaffung einer neuen Ordnung stieß, nämlich das Fehlen des Konsens im Weltmaßstab. Und ohne diesen wäre es ein müßiges Unterfangen, das Aktionsprogramm präziser ausarbeiten zu wollen. Doch, damit nicht genug, gibt es auch innerhalb der Bewegung selbst noch Schwankungen bezüglich des Inhalts und der Hauptzielsetzungen dieses Prozesses.

Wir wollen vorerst auf die allgemeine Strategie eingehen. Schon weiter oben haben wir gesehen, daß man sich von allem Anfang an in einem Dilemma befand: Sollte man die Probleme der Entwicklungsländer in ihrer Gesamtheit und alle auf einmal zur Diskussion stellen oder diesen Komplex in einzelne Bereiche und nach geographischen Kategorien aufteilen? In den früheren Phasen des Bemühens um die Verbesserung der Lage der Entwicklungsländer überwog stets die Tendenz zur kollektiven Verhandlungsführung, d. h. zu Verhandlungen, bei denen alle entwickelten und Entwicklungsländer zugleich vertreten sein sollten.

Angelpunkt dieser Tendenz war die Überzeugung, daß eine geschlossene Verhandlungsführung insofern Vorteile böte, als sie es gestatte, die einzige machtvolle Waffe der Entwicklungsländer zum Einsatz zu bringen, nämlich ihre Einheit. Um so eher vertretbar erschien solch ein Verhandlungsrahmen, als darin auch die entwickelten Länder des Westens, zusammengeschlossen in OECD und EWG, geschlossen auftreten konnten. Die entwickelten Länder zeigten daneben allerdings von Anfang an Neigung zur Aufnahme bilateraler Kontakte mit kleineren Ländergruppen in Afrika und Asien. Diese Kontakte brachten freilich keine Ergebnisse, die einen wesentlichen Einfluß auf die weitere Entwicklung des Südens hätten ausüben können. Indes bürgerte sich die Meinung ein, der dabei zutage getretene Mangel an Erfolgen sei hauptsächlich auf die schwache Position der Länder des Südens zurückzuführen, die dadurch entstanden sei, daß sie nur in geringer Zahl aufgetreten waren.

Betrachtungen darüber anzustellen, inwieweit es zutrifft, daß die Teilnehmerzahl bei der Stärke der Verhandlungsposition mitspielt, dürfte sich erübrigen, da gute Gründe für und wider diese These vorgebracht werden können. Es darf auch an der Richtigkeit der Ansicht gezweifelt werden, daß sich ein geschlossenes Auftreten der Industrieländer zwangsläufig nachteilig auf die Verhandlungschancen der Entwicklungsländer auswirken müsse. Von weit größerer Bedeutung ist der Umstand, daß es praktisch unmöglich ist, auf einem allzu weit abgesteckten Terrain – einem Terrain, auf dem nur die allgemeinen Interessen konvergieren, die konkreten hingegen infolge der geographischen, geschichtlichen, wirtschaftlichen, sozialen und sonstigen Unterschiede sehr stark divergieren – zu konkreten Ergebnissen zu gelangen, die den Verlauf der wirtschaftlichen Entwicklung beeinflussen könnten.

Nun muß die Alternativlösung zu globalen Verhandlungen, bei denen sämtliche Entwicklungsländer mitreden, nicht unbedingt in einer Aufteilung der Gespräche unter kleinere, nicht miteinander in Verbindung stehende Gruppen von Verhandlungspartnern bestehen. Es sind ja auch kombinierte Lösungen möglich. Dabei wäre zunächst die Wirksamkeit der hohen Teilnehmerzahl für die Festlegung der allgemeinen Prinzipien sowie der allgemeinen Bedingungen für die Regelung von Einzelfragen zu nutzen. Auf dieser Grundlage würden dann die Verhandlungen in einem angemessenen Rahmen fortgesetzt, der konkrete Lösungen zuließe, die für alle Teilnehmer der jeweiligen Gruppe verbindlich wären. Die Blockfreienbewegung als Ganzes könnte dabei zu einer Art Schirmherr der Einzel- bzw. Gruppenverhandlungen zwischen Nord und Süd werden, zu einem Vermittler.

Die Tendenz zu dieser Art der Gesprächsführung zeigte sich wohl hie und da bei internen Verhandlungen der Blockfreienbewegung, führte jedoch in keinem Fall zu einer positiven Lösung. Die Macht der Gewohnheit bewirkte, daß nach wie vor Aktionsprogramme vorbereitet und Zusammenkünfte arrangiert wurden, bei denen die Welt der Entwicklungsländer in ihrer Gesamtheit Gegenstand der Debatte war, obschon sie in ihren Bedürfnissen und damit auch in ihren Forderungen immer uneinheitlicher wurde.

Zu Beginn der siebziger Jahre trat nun eine grundlegende Wende ein, herbeigeführt in erster Linie durch das Auftreten einer neuen Kategorie von Ländern, nämlich der erdölausführenden Länder mit ihrem großen und weiter zunehmenden Finanzpotential, das aufgrund des Emporschnellens der Weltmarktpreise für Rohöl entstanden war. Zusammen mit der bereits vorher vorhandenen und als zu Recht bestehend anerkannten Notwendigkeit einer Sonderbehandlung der Länder mit einem Entwicklungstiefststand ließ diese Entwicklung erkennen, daß für die Verabsolutierung der Regel von der pauschalen Behandlung der Problematik aller Entwicklungsländer das Ende gekommen war.

Schließlich waren es 31 Länder, die in die Minimalentwickeltenkategorie eingestuft waren. Wenn wir dabei die erdölausführenden Länder und die Länder, in denen die Industrialisierung weiter fortgeschritten war, wie Jugoslawien und einige lateinamerikanische Staaten, als besondere Gruppe rechnen, so kommen wir zu dem Ergebnis, daß nahezu die Hälfte der zur Gesamtkategorie der Entwicklungsländer zählenden Staaten aufgrund ihrer wirtschaftlichen Merkmale darin eine Sonderstellung einnehmen. Eine Gruppe für sich bilden ferner auch die Länder, die dem RGW beitraten oder sehr enge und umfangreiche Beziehungen wirtschaftlicher und anderweitiger Natur zur Sowjetunion unterhalten. Diese Differenzierung führte also dazu, daß man nicht mehr an der Forderung festhalten konnte, die Regelung der Probleme der Entwicklungsländer in globalem Rahmen durchzuführen.

In diesem Zusammenhang ist noch hervorzuheben, daß die Sowjetunion nach wie vor an ihrer These festhielt, daß sie nicht zur Teilnahme an der allgemeinen Aktion zur Förderung der Entwicklungsländer verpflichtet sei. Diese These wurde weiter oben näher erläutert; und so wollen wir hier nur darauf hinweisen, daß es in den ausgehenden siebziger Jahren, als man erwarten durfte, daß sich die Sowjetunion zu irgendeiner Art von Mitwirkung bei diesem Unternehmen bereitfinden würde, zu einer Verschlechterung der Ost-West-Beziehungen kam, die den sowjetischen Entschluß, sich abseits zu halten, festigte. Darüber hinaus wurden die Separataktionen der Sowjetunion in Äthiopien, Vietnam und Afghanistan, neben der schon eine Zeitlang bestehenden Verbundenheit mit Kuba und einigen weiteren Ländern, zu zentralen Streitfragen. Die Sowjetunion konzentrierte sich wirtschaftlich und politisch ganz auf diese wenigen Länder und lehnte es noch energischer als vorher ab, bei der weltweiten Aktion mitzuwirken.

Die unter solchen Umständen vor sich gehende Entwicklung der Dinge bewirkte, daß sich in der Blockfreienbewegung nach und nach eine elastischere Haltung in bezug auf das Weltgeschehen und der allgemeinen Problematik der Entwicklungsländer herausbildete. Parallel zu diesem Prozeß, teilweise aber auch in seinem Gefolge, begannen die regionalen Zusammenschlüsse und Integrationsversuche sowie die Gruppenbildung aufgrund bestimmter Ausfuhrgüter konkretere Gestalt anzunehmen. Den Stimulus für diese regionale und subregionale Gruppenbildung bildete zunächst die These der kollektiven Selbsthilfe, d. h. der Akzentverschiebung auf die wirtschaftliche Interaktion innerhalb der Entwicklungsländer. Diese Tendenz trat, wie wir wissen, am Vorabend der Gipfelkonferenz von Lusaka im Jahre 1970 zutage und stand von da an bei allen Zusammenkünften der blockfreien und der Entwicklungsländer im Brennpunkt der Aufmerksamkeit.

Somit können wir feststellen, daß sich in der Strategie der Blockfreienbewegung eine Veränderung in Form einer Hinwendung zu Teilverhandlungen zwischen einzelnen Gruppen und Kategorien anbahnte, unter Beibehaltung der Einheit der Bewegung als Gewähr für den erfolgreichen Verlauf des Gesamtprozesses, den die gesonderten Anstrengungen dieser Gruppen in ihrer Gesamtheit bildeten. Unterstützt wurde diese Entwicklung auch durch den Einstieg in die großangelegte Aktion zur Schaffung einer neuen Weltwirtschaftsordnung. Durch Systematisierung der, entsprechend der Mannigfaltigkeit der Bedürfnisse und Bestrebungen der Welt der Entwicklungsländer, sehr breitgestreuten Forderungen wurde die Grundlage geschaffen für eine nach Gruppen aufgefächerte Einzelbehandlung von Programmteilen.

Das Bemühen um die Umgestaltung der Welt im Zuge der Schaffung einer neuen Wirtschaftsordnung ist ein Abbild der in der Realität eingetretenen Veränderungen, aber auch ein Ansporn zur Weiterentwicklung in Richtung Respektierung der

Unterschiede und Sondermerkmale, ohne die die wirtschaftliche Entwicklung gar nicht in Gang gebracht, geschweige denn vorwärtsbewegt werden könnte.

b) Zielsetzung der neuen Weltwirtschaftsordnung

Wie schon bei den früheren Bemühungen um eine gemeinsame Plattform für die Debatte über die Wirtschaftsentwicklung wurde auch bei der Formulierung der Forderungen im Zusammenhang mit der neuen Wirtschaftsordnung einfach eine Kompilation und Systematisierung der Vorschläge und Anträge der einzelnen der Bewegung angehörenden Länder und Ländergruppen vorgenommen. Im Nachtrag zu mehreren früheren Kompilationen erstellt, ergab sich nunmehr eine ungewöhnlich lange Liste von Problemen und Aspirationen.

Gerade die obengeschilderten Änderungen in der Strategie – und darunter wiederum insbesondere die erwachte Bereitschaft zur Abtrennung und Vorziehung bestimmter vorrangiger Probleme und zu einer gesonderten Behandlung der Probleme der einzelnen Kategorien und Gruppen innerhalb der Entwicklungsländer – waren es, die schließlich dazu führten, daß ein Prozeß des Herausgreifens einzelner Fragen aus dem komplizierten und umfangreichen Gesamtkomplex der allgemeinen Plattform einsetzte. Bevor wir an die Betrachtung der Ergebnisse dieses Entwicklungsgangs herangehen, müssen wir eine stichwortartige Liste der im Rahmen des Programms der neuen Wirtschaftsordnung vorgebrachten Anliegen zusammenstellen.

Eine Aufstellung der wesentlichen Bestandteile dieses Programms findet sich in der Wirtschaftsdeklaration des Blockfreiengipfels von Colombo. Darin sind sieben Punkte aufgeführt, die die Grundzüge der neuen Wirtschaftsordnung beinhalten:

1. Eine gründliche Umstrukturierung des gesamten Welthandelsapparats, einschließlich die Gewährleistung vorteilhafter Handelsbedingungen und -preise für die Rohstoffländer sowie

eine Verbesserung der Möglichkeiten für die Ausfuhr der übrigen Erzeugnisse dieser Länder und die Erleichterung ihres Anschlusses an den Markt der entwickelten Staaten und schließlich noch zusätzliche Sondervergünstigungen für die Länder mit Entwicklungstiefststand.

2. Ein fundamentaler Strukturwandel in der Weltproduktion aufgrund der neuen internationalen Arbeitsteilung, wobei den Entwicklungsländern die Möglichkeit der industriellen Entwicklung und der Ausfuhr ihrer Waren zu gewährleisten ist. Zu gewährleisten sind ferner die Vermittlung technologischer Kenntnisse, Entwicklungshilfe für die Industrien der Entwicklungsländer, einschließlich der Verlegung einer Reihe von Industriezweigen aus den entwickelten in die Entwicklungsländer, ein harmonisches Verhältnis zwischen synthetischer und Rohstoffproduktion sowie die Abschaffung unfairer Handelspraktiken und die Überwachung der multinationalen Gesellschaften.

3. Eine radikale Reorganisation des Währungssystems durch die Festigung der Rolle der Entwicklungsländer bei der Beschlußfassung, die Abschaffung der privilegierten Stellung einzelner Währungen und die weltweite Liquidität inbegriffen.

4. Die Bereitstellung angemessener Mittel für die Entwicklungsfinanzierung.

5. Die Herausführung der Entwicklungsländer aus dem gravierenden Zustand der Verschuldung.

6. Das Ausfindigmachen angemessener Lösungen für die Probleme der Kapitalanlage in den Industrien der Entwicklungsländer.

7. Die Regelung des Problems des Meerzugangs für Länder ohne Küste.

Diese Problemliste kann auch nach der Art der jeweils zu ergreifenden Maßnahmen kategorisiert werden. Dabei ergibt sich folgende Klassifikation: 1. Maßnahmen im Rahmen der internationalen Handelsbeziehungen, wie etwa Korrekturen zum Schutz der schwächeren Partner; 2. das Ergreifen vertraglicher Sondermaßnahmen außerhalb des Marktmechanismus; und 3. die Abschaffung aller zwecks weiterer Verstärkung der Vorrangstellung der ohnehin übermächtigen industriell entwickelten Länder und ihrer Wirtschaftsorganisationen aufoktroyierten Sondermaßnahmen.

Und schließlich sei noch bemerkt: Die Reformen und Umgestaltungen, die erforderlich sind, um den zur Etablierung der neuen Wirtschaftsordnung hinführenden Prozeß in Gang zu bringen und voranzutreiben, sollen zunächst in Form zwischenstaatlicher, vorwiegend multilateraler, jedoch auch globaler Übereinkünfte erfolgen, dann aber als unmittelbare wirtschaftliche und soziale Umwälzungen, als Umformung der wirtschaftlichen Gepflogenheiten in allen Ländern der Welt.

Die mittels internationaler, d. h. zwischenstaatlicher Übereinkünfte durchzuführenden Maßnahmen decken sich größtenteils mit dem Inhalt der sieben Punkte der Wirtschaftsdeklaration von Colombo. Über sie läßt sich schwer etwas Konkretes sagen, weil sie eine sehr große Zahl von Einzelfragen beinhalten. Noch komplexer wird die Sache, wenn man die besonderen Bedürfnisse der einzelnen Länder und der regionalen und subregionalen Gruppen berücksichtigt. Alle Maßnahmen können also nur stufen- und abschnittweise in die Wege geleitet werden. Der Gesamtverlauf der Besprechungen hängt außerdem von Umfang und Reichweite des in einer globalen Debatte zu erzielenden Konsens sowie von den Ergebnissen der einzelnen Teilgespräche von der Art des im September 1981 in Paris abgehaltenen Gesprächs über die Probleme der Länder mit Minimalentwicklung ab.

In Anbetracht des Obengesagten ist es augenscheinlich, daß eine detaillierte Ausarbeitung irgendwelcher Anliegen bis hin zu konkreten Schlußanträgen ohne Bezug zum Verlauf der Verhandlungen und ohne gemeinsame Sprache zwischen den beteiligten entwickelten und Entwicklungsländern irrelevant ist. In der Tat geschahen die wichtigsten Akte hinsichtlich der Realisierung der neuen Weltwirtschaftsordnung im Rahmen zwischenstaatlicher Gespräche, Verhandlungen und Grundsatzdebatten. Dabei wurden bereits um die Mitte der siebziger Jahre zwei Fragenkomplexe aus der Gesamtproblematik herausgegriffen und gesondert behandelt: die Verschuldung der Entwicklungsländer und die Rohstofffrage, d. h. die Frage der Stabilisierung der Rohstoffpreise und der Gewährleistung der fortlaufenden Parität zwischen diesen und den Preisen für Industrieerzeugnisse. Zu den abgetrennten Problemen gesellte sich in der Folge auch die Ernährungsfrage bzw. die Frage der Steigerung der Nahrungsmittelproduktion in den Entwicklungsländern, die in immer größere Abhängigkeit von der Nahrungsmitteleinfuhr aus den entwickelten Ländern des Westens gerieten.

Ein besonderes Problem, das in der ersten Hälfte der siebziger Jahre auftauchte und in der Folge weitreichende Bedeutung gewann, ist die Energiefrage bzw. die Frage der Rohölpreiserhöhungen. Dieses Problem trug nicht nur zu einer ernsthaften Verschlechterung der Lage der Entwicklungsländer und noch mehr der Länder mit minimalem Entwicklungsstand bei, sondern ließ auch starke Verstimmungen in den blockfreien und Entwicklungsländern aufkommen.

Zunächst schien es, als beträfe diese Frage lediglich die Erdölausfuhrländer und die entwickelten Industrieländer als die größten Erdölverbraucher bzw. die in ihnen beheimateten Ölgesellschaften. Doch sehr rasch zeigte sich, daß gerade die erdölimportierenden Entwicklungsländer die am stärksten Betroffenen waren. Sie gerieten zwischen zwei Feuer in Form der Ölpreiserhöhungen einerseits und der Erhöhungen der Industrieproduktpreise andererseits. Und es dauerte gar nicht lange, da kamen zu diesen Erhöhungen weitere hinzu, nämlich die der Getreide- und Nahrungsmittelpreise.

Immerhin aber bewirkte dieses Problem auch eine Beschleunigung der Differenzierung in den Verhandlungsprogrammen der blockfreien und der Entwicklungsländer. Konkretes auslösendes Moment dieses Vorgangs war der Vorschlag Frankreichs zur Abhaltung einer Konferenz zwischen Industrieländern einerseits und Erdölausfuhrländern andererseits. Die Antwort auf diese Initiative war der Vorschlag zur Aufnahme des »Nord-Süd-Dialogs«, in den noch die Rohstofffrage im weiteren Sinne, die Finanzierungsfrage und die Frage der industriellen Entwicklung einbezogen werden sollten. So wurden bei dieser Gelegenheit die vorrangigen Fragen der Entwicklungsländer formuliert. Freilich, sonderlich gefördert wurde die weltweite Debatte dadurch nicht; der Versuch dazu in Form der Pariser Erdölgespräche zeitigte keine nennenswerte Wirkung.

Die bedeutendste Folgeerscheinung dieser mißglückten Debatte, die 1975/1976 im Kreis von 27 Staaten in Paris stattfand, war die Einführung der Praxis, für Gespräche und Treffen konkrete Probleme herauszugreifen. So kommt das sämtliche Fragen beinhaltende Gesprächspaket ab 1974 aus der Mode; und bevorzugt wird das Gespräch in Form der Behandlung einiger weniger, aber dafür vorrangiger Fragen. Von da ab sind Ausgangsposition für die Ingangsetzung des Prozesses der Verwirklichung einer neuen Wirtschaftsordnung die Finanz- und die Rohstofffrage, wobei mit letzterer die Energie- und die Nahrungsmittelfrage kombiniert werden. Damit gewannen die Debatten in der zweiten Jahrzehnthälfte an Sachlichkeit und konkretem Gehalt.

Ergebnisse kamen trotzdem nicht zustande, da die chaotischen Zustände in den Währungsbeziehungen des Westens nach wie vor anhielten und die als Folge des Zusammenwirkens der Währungssystemprobleme und des Energiepreisanstiegs entstandene Rezession immer bedrohlicher wurde. Die entwickelten Industrieländer hatten, von ihren eigenen inneren oder den die Beziehungen zwischen ihnen beherrschenden Problemen in Anspruch genommen, vollauf mit sich zu tun, und so blieb der Nord-Süd-Dialog weiterhin im Hintergrund bzw. am Rande ihres Interesses. In hohem Maß trugen dazu freilich die passive Haltung der Sowjetunion bzw. deren verstärkte Anstrengungen bei, durch eine auf bestimmte Länder ausgerichtete Sonderaktion ihre Positionen in den Gebieten der dritten Welt, auf die sie es abgesehen hatte, zu festigen.

Zu dieser Auswahl der zur Behandlung anstehenden Fragen tritt, sich immer klarer abzeichnend, die Anerkennung des Vorrangs der Problematik der minimal entwickelten Länder als einer eigenen Gruppe. Auch diese Frage schiebt sich um die Mitte der siebziger Jahre in den Vordergrund, sowohl auf der Pariser Nord-Süd-Konferenz als auch bei anderen globalen Zusammenkünften unter den Auspizien der Vereinten Nationen – eine Folge der alarmierenden Verschlechterung der Weltwirtschaftslage dieser Länder.

Das Bruttosozialprodukt pro Kopf der Bevölkerung ist gewiß kein zuverlässiger und aussagekräftiger Meßwert für den Entwicklungsstand eines Landes; es läßt aber doch tief blicken, wenn man erfährt, daß dieser Wert im Laufe der zwei Jahrzehnte des Bestehens der Blockfreienbewegung bei den 31 minimal entwickelten Ländern einen Anstieg von weniger als 10 % aufwies, was, gemessen an der Länge des Zeitraums, fast einem Stillstand gleichkommt, lag doch die jährliche Wachstumsrate weit unter 0,5 %. Die durch die Inflationseinwirkung auf die Nominalbeträge entstehende Fehlerquelle wurde bei vorstehender Berechnung ausgeschaltet, indem dabei vom Dollarwert von 1978 ausgegangen wurde. Bei den industriell entwickelten Ländern betrug die Erhöhung besagten Werts im gleichen Zeitraum mehr als 80 %; dies ergibt zwar auch nur einen Jahreszuwachs von weniger als 4 %, doch ist dieser eben doch unvergleichlich höher als die Quasi-Stagnation der Minimalentwickelten.

Bei den Entwicklungsländern in ihrer Gesamtheit betrug der entsprechende Wertzuwachs innerhalb des besagten Zeitraums ca. 67 %. Ein Vergleich dieser Kennziffer mit der für die Minimalentwickelten angegebenen läßt erkennen, wie ungemein stark die Differenzierung innerhalb der Gruppe der Entwicklungsländer ist. Und noch höher wird der Differenzierungsgrad, wenn man die am anderen Ende der Skala befindlichen Erdölausfuhrstaaten mit in den Vergleich einbezieht. Ähnlich liegen die Dinge auch bei der Zunahme der Defizite und der Verschuldung der Entwicklungsländer; auch hier ist es wieder am schlimmsten um die Minimalentwickelten bestellt.

Bei der Ermittlung des Verschuldungsgrads geht es natürlich nicht an, den Pro-Kopf-Anteil der Bevölkerung zu errechnen; hier geht man davon aus, wieviel vom Gesamtzufluß an Devisen für die Tilgung der vorhandenen Schulden und für die Zinslasten aufzuwenden ist. Und in dieser Beziehung wird die Lage der Minimalentwickelten sozusagen von Tag zu Tag schlechter. Auch in dem Bericht der Weltbank von 1982, der eine leichte Besserung im Produktions- und Wachstumsgeschehen bei den Entwicklungsländern – die erdölausführenden darunter nicht mitgerechnet – vermerkt, wird wieder darauf hingewiesen, daß die katastrophale Verschlechterung der Lage der Minimalentwickelten unverändert anhält.

Wenn wir all die geschilderten Vorgänge und aufgezeigten Positionen in ihrer Gesamtheit betrachten, so gelangen wir zu der Erkenntnis, daß sich sowohl bei den Blockfreien als auch bei den Entwicklungsländern im weiteren Sinn die Prioritäten herauskristallisiert haben. Auch hat man die Notwendigkeit gesonderter Gespräche über die Probleme der einzelnen Länderkategorien und -gruppen begriffen. Damit wurden günstigere Voraussetzungen für die Wiederaufnahme des Dialogs mit dem Westen geschaffen, der am Ende der siebziger Jahre zum Erliegen gekommen war.

Mit anderen Worten, für den weiteren Verlauf der achtziger Jahre darf ein gewisser Fortschritt bei den zwischenstaatlichen Verständigungsversuchen hinsichtlich der die wirtschaftlichen Interessen der Entwicklungsländer betreffenden Beziehungen erwartet werden. Freilich, allzu hoch dürfen die Erwartungen weder in bezug auf den Umfang der Ergebnisse noch auf das Tempo ihres Zustandekommens gespannt werden. Immerhin ist jedoch eine Möglichkeit des Vorwärtskommens eröffnet worden, mag dieses auch nicht einfach sein.

Die wichtige Frage der Förderung der inneren wirtschaftlichen Leistungsfähigkeit eines jeden Entwicklungslandes berührte die Blockfreienbewegung bei der Ausarbeitung der neuen Wirtschaftsordnung nur ganz allgemein. So etwa wurde die Frage gestreift, ob der von den hochentwickelten Industrieländern beschrittene Weg einzuschlagen oder nach ganz neuen, eigenständigen Entwicklungsmethoden zu suchen sei. Doch ist es an sich auch klar, daß diese Problematik der politischen Entscheidung eines jeden Landes selbst, d. h. den jeweiligen zuständigen Stellen, überlassen werden muß.

Klar ist ebenfalls, daß jeder Versuch einer Nivellierung der Welt auf diese Weise, daß alle Länder zur Nachahmung der Entwicklung der entwickelten Länder und zum Streben nach dem von diesen erreichten Stand veranlaßt werden, zu verwerfen ist.

Es bedarf gar keiner eingehenderen Analyse, um aufzuzeigen, daß ein eventueller Entschluß, diesen Weg einzuschlagen, falsch wäre – es genügt darauf hinzuweisen, daß dieser Weg unbeschreibbar ist. Ein charakteristisches Merkmal des gegenwärtigen Zustands in den industriell entwickelten Ländern ist die heillose Verschwendungssucht in bezug auf die Ressourcen: eine ungeheure Verschwendung von Energiequellen und nicht regenerierbaren Rohstoffen wie Erzen, jedoch auch ein zügelloser Verbrauch zwar regenerierbarer, doch nur in beschränktem Umfang vorhandener Ressourcen, als da sind atmosphärischer Sauerstoff, sauberes Wasser und dergleichen mehr, einschließlich der als besonders kritisch zu wertenden Verringerung urbaren Bodens durch die Umwandlung landwirtschaftlicher Nutzflächen in Städtebau- oder Industriegelände oder ihre Verwendung für die Erfordernisse der Verkehrswege.

Man kann sich unschwer vorstellen, daß eine globale Ausweitung dieser unvernünftigen Verschwendung und Umweltverschmutzung unweigerlich eine schwere Krise im Naturhaushalt unseres Planeten herbeiführen muß. Die Entwicklungsländer stellten sich anfänglich dieser These entgegen und versuchten, vor diesen Tatsachen die Augen zu verschließen. Nach und nach jedoch, wiewohl sehr langsam, wurde diese Haltung fallengelassen; die Mehrheit der Bevölkerung in den Entwicklungsländern lehnt heute diese Haltung ab; ebenso hat sie den Widerstand gegen die Geburtenkontrolle bzw. die Familienplanung aufgegeben.

Die Welt der Zukunft kann wohl kaum eine Welt sein, in der alle Länder und alle Menschen so leben, wie es heute die Angehörigen der wohlhabenden Schichten in den entwickelten Ländern tun, sondern nur eine Welt, die alle Ressourcen, die ihr für die Befriedigung ihres Strebens nach einer neuen, vernünftigeren Verbesserung ihrer Lebensbedingungen noch geblieben sein werden, so rationell und gedeihlich wie möglich nutzen wird. Wenn dies aber geschehen soll, so muß eine gründliche, um nicht zu sagen revolutionäre, Umgestaltung der heutigen Zustände in den entwickeltenLändern und zugleich eine entsprechend ausgerichtete Entwicklung in den heutigen Entwicklungsländern stattfinden.

Dies mag utopisch und unwahrscheinlich klingen, doch muß man sich daran erinnern, daß auch die Voraussage, in den entwickelten Ländern werde eine Einschränkung des Erdölverbrauchs mit einer weiteren Anhebung des Lebensstandards einhergehen, noch zu Beginn der siebziger Jahre ebenso als utopisches Hirngespinst galt. Und eigentlich ist es leichter, sich allmähliche Modifikationen von Lebensweise und Wirtschaftsführung in den entwickelten Ländern vorzustellen, als die parallele Entwicklung einer inneren Umwandlung in den Entwicklungsländern; denn in diesen ist ein noch nicht abreagierter Konsumdrang vorhanden, der mit besonderer Vehemenz in all den Ländern auftritt, die dabei sind, sich zu neuen Industrieländern zu entwickeln, egal, welchem politischen und gesellschaftlichen System sie angehören.

Die derzeit im Mittelpunkt der Aufmerksamkeit stehenden

zwischenstaatlichen Verhandlungen sind nicht imstande, das Problem an der Wurzel anzugehen. Welche Reformen in den internationalen Beziehungen auch immer vereinbart und durchgeführt werden mögen – den Prozeß der Vertiefung der Kluft hinsichtlich der Produktivität können sie nicht aufhalten. Diese Kluft kann nur durch die innere Entwicklung der Gesellschaft eines jeden Landes überbrückt werden.

Damit wird die Notwendigkeit des Einsatzes im zwischenstaatlichen Rahmen jedoch nicht geringer; denn die dabei erfolgende Lösung bestimmter Probleme kann den Prozeß einer gesellschaftlichen Umformung in den einzelnen Entwicklungsländern begünstigen. Konkret gesprochen, heißt das, daß etwa ein minderentwickelter Agrarstaat sehr wenig Nutzen von einer Erhöhung der Preise für seine Ausfuhrartikel haben wird, wenn der so erzielte Gewinn in die Taschen von Großgrundbesitzern fließt, die diese Gelder dann wieder in lukrativen Aktien von Unternehmen in den entwickelten Ländern anlegen.

Ebenso abträglich für die Produktivität der Entwicklungsländer wäre es, für diese Vergünstigungen auszuhandeln, die sich dennoch auf lange Sicht als schädlich erweisen müssen und in den entwickelten Ländern eine Hinwendung zu einem einsichtigeren Verhalten erschweren. Wenn beispielsweise die Produktivität eines Entwicklungslands dadurch angehoben wird, daß ein entwickeltes Land dort Investitionen in Industriezweigen vornimmt, die die Umwelt schädigen oder die an veralteten Produktionsmethoden festhalten, so wird keinem der beiden Länder dabei geholfen, auf dem Weg zu einer eigenen gesellschaftlichen und wirtschaftlichen Transformation voranzukommen. Und doch sind solche Erscheinungen sehr häufig und werden bisweilen auch von seiten der Entwicklungsländer verteidigt, da der Schaden, der größer und nachhaltiger zu sein pflegt als der Gewinn, hinter diesem nicht erkannt wird.

Um es zusammenzufassen: Die erste Etappe auf dem Weg des Bemühens um die Verwirklichung einer neuen Weltwirtschaftsordnung müssen zwischenstaatliche Übereinkommen sein. Doch die für die nächsten Jahre geplante Serie von Übereinkünften und Verhandlungen kann eigentlich nur die negativen Auswirkungen der bisherigen ungleichen Entwicklung zwischen Nord und Süd beseitigen bzw. abschwächen. Soll gleichzeitig der Boden dafür vorbereitet werden, daß die Ungleichheit auch in Zukunft ausgeschaltet bleibt, so muß dies im Rahmen dieser Verhandlungen eigens berücksichtigt werden.

Dies gilt insbesondere für die weltweite Debatte, die sich vorerst praktisch noch auf einen West-Süd-Dialog beschränkt, der sich jedoch zu einem Gespräch ausweiten könnte, bei dem auch die Sowjetunion und die um diese gruppierten Länder mitreden würden. Diese globale Debatte wäre der breitestmögliche Aktionsrahmen.

Nebenher könnten noch abgegrenzte Debatten geführt werden – abgegrenzt sowohl hinsichtlich des Umfangs der dabei erörterten Fragen als auch in bezug auf den Teilnehmerkreis; letzteres käme beispielsweise für Gespräche zwischen den minimalentwickelten und den entwickelten Ländern in Frage. In diesem Rahmen jedoch können Themen und Zielsetzung der Debatte nicht auf die Schaffung einer neuen *Welt*wirtschaftsordnung beschränkt bleiben, sondern müssen auch die Suche nach einer neuen *Binnen*wirtschaftsordnung und deren Weiterentwicklung einbegreifen.

Eine neue Binnenwirtschaftsordnung nun ist wiederum unweigerlich mit dem politischen System des jeweiligen Landes verknüpft, doch darf sie nicht ausschließlich von dieser Warte aus gesehen werden. Es geht bei der Errichtung dieser Ordnung vor allem darum, daß die gesamten Wirtschaftsaktivitäten den konstanten Erfordernissen der wirtschaftlichen Entwicklung angepaßt werden, d. h. beispielsweise auch den ökologischen Gegebenheiten und Grenzen.

Dies ist nun freilich eine sehr ambitiöse Aufgabe, doch es hat keinen Sinn, uns mit dem Standpunkt zufriedenzugeben, daß eine Neuverteilung des Reichtums und die Abschaffung der Privilegien genügen würden, um eine weltweite Harmonie –

zumindest in bezug auf die weitere wirtschaftliche Entwicklung – herauszustellen. Wären die Länder Europas seinerzeit bei der Industrierevolution wirklich den Weg der weltweiten Verbreitung von Zivilisation und Fortschritt gegangen, wie sie dies heuchlerisch behaupteten, und nicht den der Eroberung von Kolonien und des Vorherrschaftsstrebens, so wären die Probleme heute einfacher und leichter und die Unterschiede geringer. Doch wir können die Geschichte nicht wiederholen wie eine Schachpartie, bei der wir die Züge der Spieler durchanalysieren. Immerhin aber können wir aus der Vergangenheit eine Lehre für die aktuellen Bestrebungen ziehen. Die blockfreien Länder bieten – möglicherweise, ohne die Bedeutung des Problems der Herausführung der Welt aus der Notlage, in die sie infolge der ungleichen Entwicklung geraten ist, in ihrem ganzen Umfang zu ermessen – dem übrigen Teil der Welt immerhin ein zwischenstaatliches Übereinkommen über eine neue Wirtschaftsordnung als erste Phase des Bemühens um Abhilfe an und rufen zur Inangriffnahme dieses Projekts auf.

Diese Aktion der Blockfreien ist zweifellos ihre wichtigste Leistung – nach der Förderung der Entkolonialisierung und der Unterstützung, die sie den für die Abschaffung der Kolonien kämpfenden Bewegungen gewährt hatten. Der neue Einsatz zeigt das konstante Streben nach Verbesserung der eigenen Lage und der aller übrigen Entwicklungsländer. Er kommt im rechten Augenblick, da es jetzt nicht nur um das Wohl und auch nicht nur um die Lebensinteressen der Entwicklungsländer, sondern um die Sicherheit, ja, die Existenz der ganzen internationalen Gemeinschaft geht.

Obschon die zwischenstaatlichen Verhandlungen in den programmatischen Dokumenten der blockfreien Länder als Endziel der Aktion zur Errichtung einer neuen internationalen Ordnung hingestellt werden, können sie doch nicht den Schlußpunkt des Prozesses bilden. Die Blockfreienbewegung konnte freilich auch nicht weiter gehen, da sie selbst aus internationalen Verhandlungen hervorgegangen ist und sich an die

Grenzen halten muß, die ihrer Aktivität auf zwischenstaatlicher Ebene normalerweise gesetzt sind.

Was die neue Ordnung, insbesondere die neue Wirtschaftsordnung anbelangt, so kann deren Errichtung nicht ohne eine Änderung der bestehenden Beziehungen erfolgen; und diese Änderung muß zwangsläufig die Beteiligten selbst, d. h. die Gesellschaftsstrukturen aller Staaten in der Welt, mit erfassen. Die anfängliche Einschränkung dieser Zielsetzung ist nur natürlich und spiegelt nicht etwa eine Beschränktheit des Blickfelds wider, sondern eher eine Beschränktheit der Einsatzmöglichkeiten. Ohne die Einschränkung ihrer Aktion und ihrer Vorschläge auf die zwischenstaatliche Sphäre hätte die Bewegung – in Anbetracht der in ihr vorhandenen ideologischen Unterschiede – nicht ihre Einheit bewahren und nicht den Beitrag zur Sache der »Neuen Ordnung« leisten können, den sie in Wirklichkeit leistet. Auch wäre ihr Einsatz bei den gegenwärtigen zwischenstaatlichen Gesprächen nicht möglich, der, wie wir gesehen haben, zumindest die erforderliche einleitende Phase darstellt, ohne die eine gesellschaftliche Weiterentwicklung in der Welt – als Ganzes und als Gemeinschaft nationaler Gesellschaftssysteme gesehen – undenkbar ist. Das konkrete Ziel dieser Phase ist eine möglichst gründliche Beseitigung der Folgen der vorhergehenden Ära der Differenzierung, der Vorherrschaft und der Scheidung in reiche und arme, privilegierte und untergeordnete Völker, und die Schaffung günstigerer Voraussetzungen für eine einsichtsvolle und harmonische Aktivität im Interesse des allgemeinen Wohlstand sowie die Gewährleistung der Sicherheit der Existenz in der Welt, in dieser Welt, die uns immer deutlichere Grenzen setzt, jedoch auch neue Perspektiven eröffnet.

III. Gegenwart und Ausblick

1. Die geschichtliche Rolle der Blockfreienbewegung

Die großen und raschen Veränderungen, die heute in der Welt in allen Bereichen menschlicher Aktivität vor sich gehen, haben bewirkt, daß sich bei unseren Zeitgenossen das Gefühl für den Ablauf der Zeit erheblich verstärkt hat, und damit auch das Bewußtsein, daß wir ein Teil der Menschheitsgeschichte sind. Aufgrund dieser Erweiterung des geschichtlichen Bewußtseins neigt der Mensch von heute sehr stark dazu, allem und jedem eine historische Rolle zuzuschreiben. Dies macht sich besonders in allen Bereichen der Propaganda, nicht nur auf politischem Gebiet, geltend.

Diesen Sachverhalt dürfen wir nicht aus den Augen verlieren, wenn wir von der geschichtlichen Rolle der Blockfreienbewegung sprechen. Damit soll kein Zweifel daran geäußert werden, daß die Rolle, die diese Bewegung in der Nachkriegszeit gespielt hat, eine bedeutende war und ist. Dennoch müssen wir behutsam vorgehen, damit wir nicht in den so weitverbreiteten Irrtum verfallen, zu glauben, daß bei der Ermittlung von Inhalt und Tragweite dieser Rolle, der Rolle, die diese Bewegung in der zeitgenössischen Geschichte spielt, auf Kritik verzichtet werden könnte.

Vor allem müssen wir uns von einer einseitigen Einstellung freimachen, die bewirkt, daß Vorgänge und Ereignisse – häufig sehr unkritisch – nur deshalb in ursächlichen Zusammenhang gebracht werden, weil sie sich in einer bestimmten zeitlichen Aufeinanderfolge abspielten. Wir könnten sogar Beispiele dafür anführen, daß selbst bei unabhängig voneinander gleichzeitig laufenden Vorgängen solch ein Kausalnexus hergestellt wird. Und nicht allein in der Herstellung eines Kausalnexus ohne die notwendige stichhaltige Begründung besteht die besagte Einseitigkeit, sondern auch in der Hintansetzung einer Reihe von Vorgängen, bei denen es möglicherweise eher angebracht wäre, sie in ursächliche Verbindung mit bestimmten Ereignissen oder Entwicklungen zu bringen.

Dadurch, daß sich die Blockfreienbewegung inmitten des so ungemein stürmischen Geschehens der Nachkriegszeit entwickelte und bei ihrer Zielsetzung und der Absteckung ihres Aufgabenbereichs so umfassend ist, ist es tatsächlich eine sehr komplizierte Aufgabe, ihren Platz in der zeitgenössischen Geschichte zu bestimmen. Dies gilt ebenso für die Ursachen ihres Entstehens wie für ihren Einfluß auf das Weltgeschehen. Den ersten dieser beiden Komplexe haben wir bereits untersucht.

Vom Einfluß der Bewegung auf die Welt war bisher eher nebenbei die Rede – im Zusammenhang mit ihren Aktionen oder auch den auf ihren wichtigsten Formen, insbesondere den Gipfelkonferenzen, vorgebrachten Thesen. Bei der Untersuchung der geschichtlichen Rolle der Bewegung als eines Akteurs auf der Weltbühne ist vornehmlich auf die Zusammenfassung und Deutung dieses Materials zu verweisen.

Nun ergibt sich allerdings noch die Aufgabe, präziser festzulegen, wieweit die in den Programmen erscheinenden Aktionen und Pläne die Vorgänge in den internationalen Beziehungen der vergangenen zwanzig Jahre *tatsächlich* beeinflußt haben. Dies festzuhalten, ist um so notwendiger, als es sich bei dieser Periode um einen geschichtsträchtigen Zeitraum handelt, in dem sehr große Veränderungen in jeder Hinsicht stattfanden – sowohl in den Beziehungen zwischen den Völkern als auch in der inneren Entwicklung der einzelnen Länder. Und bei diesem umfassenden und intensiven Geschehen auf der Weltbühne war die Blockfreienbewegung eben doch nur einer von vielen Akteuren.

In ihrem Wirken lag die Bewegung nicht nur mit anderen Länder- und Völkerzusammenschlüssen auf regionaler, politischer, ideologischer oder wirtschaftlicher Basis auf einer Ebene, sondern auch mit vielen politischen Bewegungen innerhalb einzelner Länder und Ländergruppen, deren Einfluß über die Grenzen des geographischen Raums ihres ursprünglichen Wirkungskreises hinausging. Hier dürfen wir auch die wissenschaftlichen, technischen und anderen praktischen Errungenschaften nicht vergessen, die einen sehr großen Einfluß auf das Weltgeschehen hatten.

Die blockfreien Länder wirkten beispielsweise bewußt auf die Abschaffung des Kolonialsystems hin. Doch gab es auch andere Faktoren wie etwa die technische Entwicklung und die Ergebnisse der Wirtschaftsentwicklung in den Mutterländern, die in dieser Richtung wirksam wurden. In bezug auf Einzelheiten wird auf weiter oben gemachte Ausführungen verwiesen. Hier sei lediglich der summarische Schluß angeführt, daß die Bewegung zweifellos eine historische Rolle im Entkolonialisierungsprozeß spielte, daß dies aber nicht bedeutet, daß es nicht auch andere Faktoren, andere Akteure, jedenfalls aber variable Umstände gegeben hätte, die in die gleiche Richtung wirkten.

Wenn wir als nächstes von der Rolle der Bewegung bei der Erhaltung des Friedens und dem Abbau der Spannungen zwischen den Großmächten und Blöcken sprechen, so dürfen wir auch hier wieder nicht die übrigen Umstände und politischen Akteure vergessen, die ebenfalls auf dieses Ziel hinwirkten. Nachdrücklich wollen wir auf einen dieser Umstände hinweisen, nämlich die Angst vor der völligen Vernichtung durch die Atomwaffen, die für die Mäßigung der politischen Standpunkte und die Entscheidungen der Großmächte eine außerordentliche Rolle spielte. Auch dabei müssen wir also die Rolle der Blockfreien in das Gesamtgefüge der Akteure und Faktoren einordnen, die – bewußt oder unbewußt – in die gleiche Richtung wirkten.

Ähnlich ist es auch um die Aktivität zum Zweck der Regelung der Wirtschaftsprobleme bestellt, deren größtes Anliegen die Überwindung der großen Ungleichheiten zwischen Nord und Süd war. Doch auf diesem Gebiet fand die Aktion der blockfreien und der anderen Entwicklungsländer offensichtlich eine sehr geringe Unterstützung durch Aktionen außerhalb dieses Kreises. Auch die wirtschaftlichen und sonstigen Faktoren hatten hier nur einen beschränkten Einfluß auf das Vorgehen und die Standpunkte der industriell entwickelten Länder. Infolgedessen erfuhr ihr Kurs in diesem Bereich auch nur kleinere Korrekturen; zu bedeutenderen Änderungen kam es nicht.

Dies aber heißt nun wiederum nicht, daß sich die Aktivität der Blockfreien außerhalb des Gefüges der historischen Vorgänge bewegt hätte. Interessant ist der Umstand, daß die industriell entwickelten Länder die Berechtigung dieser Aktivität der Blockfreien heute am unmißverständlichsten und offensten zugeben. Dies bestätigte auch die im Oktober 1981 in Cancun abgehaltene Konferenz der wichtigsten Staatsmänner des Nordens und des Südens – ungeachtet der begrenzten Ergebnisse dieser Zusammenkunft.

Diese Betrachtung der drei wichtigsten Einsatzgebiete der blockfreien Länder liefert uns die Bestätigung dafür, daß die Bewegung in ihrem Wirken mit einer ganzen Reihe von Akteuren und Faktoren auf einer Ebene lag. So läßt sich nur schwer der Anteil bestimmen, den die Bewegung oder die anderen mitwirkenden Elemente an diesen Vorgängen hatten. Fest steht lediglich, daß die Bewegung in jener Richtung tätig war, in der auch das historische Geschehen verlief. Und damit liegt auch die historische Rolle der Bewegung fest: Es ist dies die Rolle eines Akteurs, dessen Ziele entweder verwirklicht oder zu allgemein anerkannten Zielen der überwältigenden Mehrheit der Völker, das heißt der internationalen Gemeinschaft, wurden.

Bei all den Aktivitäten der Blockfreien gab es natürlich auch Gegenspieler. Es waren dies Akteure, die eine Niederlage einstecken mußten, bzw. politische Aktionen und Zielsetzungen, die zum Scheitern verurteilt waren. Erinnern wir uns nur an die Versuche zur Niederschlagung der antikolonialen Bewegung oder an die extremen Strömungen, die auf eine Verschlechterung der politischen Beziehungen hinarbeiteten und bereit waren, selbst einen kriegerischen Konflikt zu riskieren, oder auch an die verschiedenen Aktionen der Supermächte in dieser Richtung (Vietnam, Afghanistan usw.). Dies waren politische Aktionen, die nach augenscheinlichen Mißerfolgen wieder aufgegeben wurden oder außerstande waren, die Mehrheit im eigenen Land mitzureißen, von der Mehrheit in der Welt gar nicht zu reden.

Bei einer Aktion allerdings – und es handelt sich dabei um einen Vorgang von grundlegender Bedeutung – stand die Blockfreienbewegung allein und hatte die mächtigsten Akteure auf der internationalen Bühne gegen sich; und dennoch war die Aktion von Erfolg gekrönt. Gemeint ist ihre eigene Ausbreitung in der gesamten dritten Welt. Und allein schon diese Erweiterung ihrer Reihen ist zweifellos ein großer historischer Erfolg.

Der Blockfreienbewegung gelang es, die Teilung der ganzen Welt in zwei um die beiden stärksten Weltmächte gescharte, bewaffnete und einander feindlich gegenüberstehende Lager zu verhindern. Daß dies, historisch gesehen, ein Phänomen von außerordentlicher Bedeutung ist, läßt sich nicht abstreiten. Durch diesen Erfolg wurde der Aktionsbereich der Großmächte begrenzt und zugleich in den Beziehungen innerhalb der internationalen Gemeinschaft eine Konstellation geschaffen, die dem Weltgeschehen in den letzten zwei Jahrzehnten ihren Stempel aufdrückte.

Dadurch, daß die Bewegung immer mehr Länder in ihre Reihen aufnahm, gewannen die Aktionen, die dabei als Zugmittel wirkten, immer mehr an Bedeutung. Die Vorhersagen eines baldigen Erlöschens der Bewegung beim Übergang vom kalten Krieg zur Entspannung erwiesen sich als glatter Irrtum. Sie bezog ihre Kraft nicht aus ihrer Reaktion auf die politischen Beziehungen zwischen den Supermächten, sondern aus ihrer Aktivität als Vertreterin der bedrohten und vernachlässigten Länder der Welt.

Die Bedeutung des geschichtlichen Rahmens, in dem die

Blockfreienbewegung wirkte, läßt sich ermessen, wenn man bedenkt, daß sich der Zusammenschluß der blockfreien Länder wirklich in einer Ausnahmesituation vollzog. Mit Ausnahmesituation ist hier nicht nur das in mehr als einer Hinsicht bedeutsame Jahr 1961 gemeint, in dem es zur Konferenz von Belgrad kam, sondern der ganze geschichtsträchtige Zeitabschnitt zwischen den unmittelbaren Nachkriegsjahren und der Folgeära. Der Zusammenschluß war nicht nur ein formeller Akt in Form der Belgrader Konferenz, sondern ein Prozeß, der gleich in den ersten Nachkriegsjahren anlief; als solcher sollte die Gründung der Blockfreienbewegung gesehen werden.

Aus dieser etwas breiteren geschichtlichen Perspektive betrachtet, fällt der Start der Blockfreienbewegung nicht einfach mit dem Jahr der großen Spannungen zwischen den Vereinigten Staaten und der Sowjetunion nach dem Fiasko der Pariser Gipfelkonferenz vom Juni 1960 zusammen, sondern er war ein Vorgang, der die großen Wendungen mitvollzog, die die ersten Nachkriegsjahre kennzeichneten.

Diese Jahre bildeten die Zeitspanne, in der die Welt endgültig und vollständig in die Ära der Universalität der geschichtlichen Abläufe eintrat. Die weltumspannende, die ganze Menschheit einbegreifende Einheit trat uns zum erstenmal im Ersten Weltkrieg entgegen, in dem die Unteilbarkeit der Welt bestätigt wurde, zeigte die weltweite Ausdehnung dieses innereuropäischen Konflikts doch das ganze Ausmaß der politischen Verflechtung und Interdependenz auf unserer Erde.

In der Zeit zwischen den beiden Weltkriegen wurde der Universalisierungsprozeß im Zuge der Entwicklung von weltumspannenden und sehr schnellen Verkehrsmitteln sowie der Schaffung von hinsichtlich Güterart und Entfernung bzw. Bestimmungsort praktisch unbegrenzten Transportmöglichkeiten mehr und mehr beschleunigt. Auch die wirtschaftlichen Erschütterungen dieser Periode teilten sich der ganzen Welt mit und bestätigten die Interdependenz im Weltmaßstab.

Erst der Zweite Weltkrieg indes und die unmittelbare Nachkriegszeit brachten diesen Prozeß zur vollen Entfaltung. Nach der weltweiten Erschütterung durch diesen Krieg, die unvergleichlich stärker und umfassender war, als die durch den vorhergehenden ausgelöste, setzte eine sprunghafte Weiterentwicklung all dessen ein, was bis dahin bereits geschaffen worden war, um die Welt zu einer Einheit zu verbinden. Im Verkehrswesen erfolgte ein wahrhaft revolutionärer Aufschwung, der selbst die in der Zeit zwischen den beiden Weltkriegen geschaffenen Möglichkeiten weit hinter sich ließ.

Dennoch, vollständig wurde die Verkettung des Geschicks der Menschheit erst durch die Entwicklung der Kernenergie und insbesondere der Kernwaffen. Mit Beginn der nuklearen Ära wurde die Existenz des Menschengeschlechts in seiner Gesamtheit davon abhängig, ob bei der Nutzung dieser neuen Energie die Vernunft obsiegt oder nicht. Kurzum, die Menschheit hat die Fähigkeit erworben, sich in einem Atomkrieg selbst zu vernichten. Bald nach dem Eintritt in die neue Ära begannen sich auch die Grenzen abzuzeichnen, die dem Menschen bei dem sorg- und achtlosen Verbrauch der natürlichen Ressourcen und bei der Belastung der natürlichen Umwelt gesetzt sind.

Die Universalisierung erstreckt sich natürlich auch auf das politische Geschehen. Die Gründung der Vereinten Nationen war nur ein unzulänglicher Ausdruck dieses Umschwungs, denn diese Organisation wurde zu einem Zeitpunkt geschaffen, als man noch nicht alle Gegebenheiten der neuen Situation abzusehen vermochte und sich die Staatsmänner bei ihren Erwägungen und Entscheidungen nach wie vor von den Vorkriegserfahrungen leiten ließen. Die anschaulichsten Zeugnisse hierfür sind die Blockpolitik und der kalte Krieg, der die Welt an den Rand der Katastrophe führte, ohne daß die Kontrahenten imstande gewesen wären, auch nur eines der auf der einen wie auf der anderen Seite gesteckten Ziele in die Tat umzusetzen.

Unter diesen geschichtlichen Vorzeichen erwachte in den Kolonialreichen das Selbstbewußtsein der angestammten Völker, obschon dieser Prozeß zunächst nur in einem Teil der dritten Welt einsetzte und sich erst in der Folge ausweitete und globale Bedeutung gewann. Zu den überkommenen Formen der Weltordnung zählte zweifellos auch der Kolonialismus. Die antikoloniale Bewegung spiegelte den Durchbruch des politischen Bewußtseins und Denkens in Bereiche wider, die in der Zeit vor dem Zweiten Weltkrieg noch vom Hauptstrom des historischen Geschehens ferngehalten und dem Einfluß der modernen politischen Ideen und Aspirationen entzogen wurden.

Durch die Umwandlung der Welt in einen Schauplatz eines geschlossenen und ganzheitlichen Geschehens wurde auch der Rahmen des politischen Einsatzes und parallel dazu auch das Ausmaß der politischen Verflechtungen und Konflikte erweitert. Diese Vorgänge begannen nun die nationalen und regionalen Grenzen zu sprengen. Als Reaktion auf die fundamentalen Unterschiede der Vergangenheit, in der noch die Teilung der Völker in Subjekte und Objekte des politischen und wirtschaftlichen Geschehens bestand, kam es zu einer Vereinigungstendenz der vernachlässigten Völker, sowohl beim Kampf um die Abschaffung des Kolonialismus und der Rassendiskriminierung als auch beim Ringen um einen gemeinsamen Einsatz nach Erlangung der Unabhängigkeit.

Mithin konnte die Blockfreienbewegung ihre historische Rolle gerade deshalb spielen, weil sie selbst ein Produkt der großen Umwandlungen in den fünfziger und sechziger Jahren war. Im Lichte dieses historischen Geschehens können wir den Akt des Zusammenschlusses bei der Konferenz von Belgrad nicht als Werk einer außergewöhnlichen und aus dem geschichtlichen Zusammenhang herausgelösten Inspiration betrachten, sondern müssen darin nachgerade eine Reaktion auf den Geist der Zeit sehen, die sogar etwas verspätet erfolgte. Diese Verspätung war allerdings auch wieder nichts Ungewöhnliches, sondern bezeichnete lediglich den üblichen Abstand zwischen den von der Geschichte geschaffenen Bedingungen und der menschlichen Einsicht der Notwendigkeit, auf diese Bedingungen zu reagieren.

Die Schwierigkeiten, die die Bestrebungen um die Schaffung einer politischen Bewegung der bedrängten und vernachlässigten Völker begleiteten, sollte man heute nicht unterschätzen, gab es doch bei diesen Völkern zum Unterschied von den industriell entwickelten Ländern keine starken Mächte, die einen Zusammenschluß beschleunigt hätten. Und schließlich verfügten diese Länder auch nicht über jene Mittel, derer sich die auf der internationalen Bühne wirkenden Staaten bisher bedient hatten, nämlich der materiellen Machtfaktoren in Form von Waffen, Reichtum oder technischem Potential.

Die blockfreien Länder mußten sich also bei der Ausübung ihrer Funktionen im wesentlichen ohne den Rückhalt materieller Macht behelfen. Dieser Umstand wurde in der Bewegung sehr wohl begriffen; vielleicht nannte sie sich auch deshalb das »Gewissen der Welt«. Doch diese sittliche Formel spiegelte eher vorhandene Bestrebungen wider denn die Realitäten in der Welt. Die moralische Komponente war jedoch gerade in den Anfängen sehr wichtig für die Bewegung, wurde durch diese Komponente doch ihre vorerst noch geringe Mitgliederzahl kompensiert.

Im Zuge des Steigens der Mitgliederzahl und des Übergangs von den allgemeinen Zielsetzungen zu konkreten und multilateralen Aktionen entwickelte sich eine Problematik, die sich immer enger mit dem Gesamtgeflecht des Weltgeschehens verwob. Dadurch wurde es immer schwieriger, die Standpunkte auf sittliche Formeln zu reduzieren. Gleichzeitig jedoch ermöglichte die angestiegene Mitgliederzahl es der Bewegung, als Masse zu wirken, die auch ohne die Attribute der Gewalt und der materiellen Macht auf das weltpolitische Geschehen Einfluß nehmen konnte.

Die Bewegung gewann an Kraft und Einfluß, gerade weil sie den aktuellen Bedürfnissen in der Welt gerecht wurde. In der Tat zeigte die Blockfreienbewegung sehr klar, daß große Veränderungen in der Welt auch ohne Gewalt und Anwendung materieller Macht zu bewirken sind. Der Kolonialismus wurde ohne eine militärische oder wirtschaftliche Überlegenheit der Bewegung abgeschafft. Diese Überlegenheit bestand vielmehr auf seiten der Kolonialmächte.

Der Sieg der antikolonialen Bewegungen – insbesondere dort, wo entschiedener Widerstand geleistet wurde, beispielsweise in Vietnam und Algerien – zeigt, wie verfehlt es heutzutage ist, die materielle Macht, vor allem die Macht der Armeen zu überschätzen. Diese Nachkriegsereignisse sind vor allem deshalb so bedeutsam, weil die Disproportion im Kräfteverhältnis eine so drastische war. Nicht vergessen werden darf indes auch die große Rolle, die bei diesem Prozeß das Gegeneinanderstehen der beiden Kernwaffenarsenale spielte, die die Aktionsfreiheit der Großmächte einschränkte, indem sie ihnen durch die Angst vor einem Atomkrieg die Hände band.

Die Bewegung begann ihre Entwicklung also im Zeichen großer weltbewegender Umwälzungen als Träger der Universalisierung der Beziehungen in der Welt, einer Universalisierung, an deren Durchsetzung sie auf der Grundlage der Souveränität jedes Volkes heranging. Diese beiden Faktoren – beharrliches Dringen auf Souveränität einerseits, Universalisierung der internationalen Beziehungen andererseits – widersprechen einander keineswegs, denn letzteres ist nur möglich unter der Voraussetzung, daß es in der Weltpolitik nur freie Akteure gibt. Mit anderen Worten, nur wenn den souveränen Rechten in der ganzen Welt Geltung verschafft wird, ist die Zusammenfassung dieser Rechte und ihre Übertragung auf die internationalen globalen Institutionen wie etwa – in erster Linie – auf die Vereinten Nationen als Hüterin eines universalen Systems und dessen grundlegender Werte möglich.

Die Bewegung setzte, außerhalb der Blöcke stehend, die große Nord-Süd-Debatte in Gang und machte in der Frage des Kolonialismus einen bedeutenden Vorstoß; doch wirkt sie auch weiterhin in einer Welt, die im Zeichen der Ost-West-Konfrontation steht. Die geschichtliche Rolle der Blockfreien ist daher undenkbar ohne Beibehaltung ihrer Position außerhalb der

Blöcke. Naiv aber wäre die Annahme, daß sie diese Blöcke ignorieren könnte und daß sie nicht irgendwo zwischen ihnen steht, obschon sie für sich den Begriff der Äquidistanz und die Definition ihrer Rolle auf der Grundlage einer Mittelstellung zwischen zwei Extremen ablehnt. Die Verwirklichung ihrer Ziele ist jedoch ohne die zwangsläufige Berücksichtigung der Blockrealität nicht möglich.

2. Die Mittel der Bewegung zur Einflußnahme auf die internationale Gemeinschaft

Während des gesamten – nunmehr zwanzigjährigen – Zeitraums ihres Bestehens ging die Blockfreienbewegung bei ihren Aktionen von der Überzeugung aus, daß sie berechtigt sei und daß es ihr gelingen werde, Widerstände in Form der kurzsichtigen und engstirnigen Interessen der entwickelten Länder allmählich zu überwinden, was besonders am Beispiel der Entkolonialisierung zu ersehen ist. Allerdings war diese Einstellung, die den Akzent auf die nicht auf materielle Macht bauende Einflußnahme setzte, ganz am Anfang, d. h. zu Beginn der sechziger Jahre, weit stärker als späterhin. Daß die sich in der Folge ergebende Kompliziertheit der Situation und Vielseitigkeit der Aufgaben und Ziele auch zu der Tendenz führte, einen Rückhalt in der materiellen Macht zu suchen, wurde bereits angedeutet.

Zu dieser Evolution trug in hohem Maße die Fortsetzung militärischer Aktionen in einigen Kolonien bei, die verhindern sollte, daß die betreffenden Gebiete die Unabhängigkeit gewännen. Ebenso aber regte sich in mehreren anderen Bereichen entschlossener Widerstand. Der Anstieg der Zahl der Länder, die sich der Bewegung anschlossen, jedoch auch die Entstehung der 77er Gruppe innerhalb der Vereinten Nationen ermöglichten es der Bewegung, trotz der noch immer beschränkten Zahl der aus ihren Reihen stammenden Teilnehmer an internationalen Foren, insbesondere aber bei den UN-Organen, in der UN-Vollversammlung die Stimmenmehrheit zu erringen.

So entwickelte sich neben der moralischen auch die politische Macht der Bewegung. Letztere beinhaltete jedoch vorerst noch nicht den Willen zur Anwendung von Gewalt.

Die ersten Anzeichen für eine nennenswerte Abweichung von dieser Haltung machten sich zum Zeitpunkt der OPEC-Rohölpreiserhöhungen bemerkbar. Schon auf der Konferenz von Algier gab es Anzeichen für eine Abweichung von der ursprünglichen Konzeption; so wurde in die Deklaration eine bereits vor der Konferenz ausgearbeitete Formel aufgenommen, die sehr an die Formulierungen in Bündnisverträgen gemahnt.

Die Bewegung gab damit bekannt, daß ein Angriff gegen irgendeins ihrer Mitglieder als Angriff auf die gesamte Bewegung betrachtet und daß sie einem bedrohten Mitgliedsland Hilfe gewähren werde. Diese Formulierung ist unbedingt als Ausdruck des gestiegenen Selbstbewußtseins der Bewegung in ihrer Gesamtheit zu werten, das nur durch die gestiegene Zahl der ihr beigetretenen Länder, die von ihr erzielten Erfolge mit der antikolonialistischen Aktion und das Anwachsen ihrer politischen Macht in den Weltforen zu erklären ist, das sich schließlich auch darin äußerte, daß ihren Mitgliedsländern in verschiedenen Körperschaften mehr Wirkungsmöglichkeiten zugestanden wurden als bisher.

So recht befriedigend jedoch ist diese Erklärung nicht, da wir es hier mit einem Versuch zum Start einer kollektiven Aktion zu tun haben, die auch Gewaltanwendung einschließt. Mit der Inspiration allein, die von dem erfolgreichen Widerstand gegen die militärische Macht in Algier und Vietnam ausging, läßt sich diese Haltung nicht erklären; dazu müssen auch die seinerzeit innerhalb der Bewegung vorhandenen Verhältnisse beleuchtet werden. Zwischen den durch die erwähnte Formel übernommenen Verpflichtungen und den Möglichkeiten für ihre Durchführung besteht nämlich eine krasse Diskrepanz, die besonders auffällig wird, wenn man den Umstand in Betracht zieht, daß die Bewegung nunmehr bereits an die hundert Länder umfaßt, die über alle Kontinente und Meere verstreut sind.

Die Annahme einer solchen Formel konnte zweifellos nur mit der aktiven Teilnahme und der Unterstützung der starken Zentren innerhalb der Bewegung zustandekommen. Mit diesen Zentren sind in erster Linie die arabischen Länder sowie Indien gemeint. Die ersteren hatten seinerzeit im Zuge der Nahostkonfrontation gerade ihre Streitkräfte erheblich verstärkt, was alsbald, nämlich im Oktober 1973, in den Vorstoß ägyptischer Truppen über den Suez-Kanal auf die Sinaihalbinsel und den unentschiedenen Ausgang dieses Krieges mit Israel mündete. Auch in Indien wuchs damals das militärische Potential; doch sowohl hier als auch im Nahen Osten manifestierte sich gleichzeitig auch ein verstärktes Bedürfnis nach einer Ausweitung der Zusammenarbeit und der gegenseitigen Hilfe in einem größeren Rahmen.

Im Zusammenhang damit muß auch erwähnt werden, daß in der Folge gerade von diesen beiden Zentren der Bewegung Aufforderungen – aufgrund der formulierten Verpflichtung der Mitglieder der Bewegung – ergingen, für die von außen bedrohten Mitgliedsländer durch eine militärische Aktion oder durch politischen Druck einzutreten. Trotz allem aber blieb diese Formel toter Buchstabe, da es nicht nur für die Bewegung unmöglich war, nach dem Vorbild von Bündnissen zu handeln, sondern auch schwere Konflikte zwischen Mitgliedsländern entstanden – unter Vorzeichen, die dem in der zitierten Formel vorausgesetzten Sachverhalt nicht entsprachen.

Im Grunde genommen zeigte sich, daß es völlig illusorisch ist, derartige Formeln in einer Staatengruppe zu proklamieren, der von ihren Anfängen an stets allerlei Konflikte, ja, selbst bewaffnete Zusammenstöße in den eigenen Reihen zu schaffen machten. Hierin zeigen sich also auch ganz deutlich die der Bewegung und ihren Aktivitäten gesetzten Grenzen.

Die Transformation der Bewegung durch das Aufgeben der moralischen Position und die Hinwendung zur unmittelbaren politischen Aktion im Rahmen der Weltorganisation kam doch nur durch den Einsatz einer großen Stimmenzahl zustande. Dieser Tatbestand rief zwei Kommentare hervor. Der eine kam aus den Reihen der industriell entwickelten Länder und wurde bei den Vereinten Nationen oft wiederholt. Gemeint ist der Hinweis, daß die Blockfreien jetzt ja doch ihren »Abstimmungsapparat« geschaffen hätten, obwohl sie sich doch früher gegen derartige Verfahren seitens der Großmächte verwahrt hätten. Der zweite kritische Einwand war in den Reihen der Blockfreien selbst zu hören, erschien jedoch auch in wissenschaftlichen Abhandlungen über die Bewegung. Er besagte, daß die Stimmenmehrheit bedeutungslos sei, da die mit großer Mehrheit angenommenen Resolutionen meist doch nicht in die Tat umgesetzt würden.

Zu ersterem Vorwurf ist zu bemerken, daß alle Staaten, soweit sie die Möglichkeit hatten, stets darauf bedacht waren, eine Mehrheit für die Durchsetzung ihrer Interessen zu gewinnen. Dann wurde von seiten der Mitgliedsländer der Bewegung hervorgehoben, daß ihre Stimmenvereinigung freiwillig sei und gemeinsame Interessen verkörpere, während der ehemals vorhandene Apparat des Westens auf Druckausübung durch die Großmächte gegründet gewesen sei und auch dazu gedient habe. Ein weiteres Eingehen auf diesen Vorwurf erübrigt sich, da er der typischen Haltung all jener entspricht, die sich auf die Abstimmung stützen und dann dabei plötzlich die Mehrheit einbüßen.

Weit interessanter ist die zweite Behauptung, nämlich die, daß Abstimmungen keinen Sinn hätten, da die so zustande gekommenen Resolutionen nicht in die Tat umgesetzt würden. Diese Behauptung trifft bis zu einem gewissen Grad zu. Daher wird auch in immer mehr Fällen, bei denen es um wirklich wichtige Dinge geht, der Konsens eingeführt. Damit ist gewährleistet, daß eine Entscheidung die Zustimmung aller findet und unverzüglich verwirklicht werden kann.

Nun kann man aber die Feststellung machen, daß es oft vorkommt, daß Resolutionen, die durch Abstimmung zustande gekommen und dann nicht verwirklicht worden sind, auf längere Sicht dennoch Einfluß auf das Geschehen in der Welt nehmen, nicht, indem sie irgendeine verspätete Wirkung zeitigen, sondern, indem sie, soweit sie wirklich den vorhandenen Bedürfnissen entsprechen, auch ohne besondere Beschlußfassung wieder aufleben. Resolutionen dieser Art sind als verfrühte Proklamationen von Maßnahmen oder Standpunkten zu betrachten, für die die Zeit eben noch nicht reif ist. Oft machen später auch Länder, die zunächst dagegen waren, von solchen Resolutionen Gebrauch. So erachtete die Sowjetunion die Resolution über das Beschlußfassungsrecht der UN-Vollversammlung in Angelegenheiten, gegen die im Sicherheitsrat ein Veto eingelegt wurde, für ungesetzlich, solange das Veto von ihr kam; später aber, als es von seiten der anderen Großmächte kam, war ihr dieses Verfahren durchaus recht.

Was der Blockfreienbewegung hingegen zu Recht vorgeworfen wurde, ist die Tatsache, daß sich in ihren Reihen immer mehr das Bedürfnis nach von vornherein fruchtlosen Aktionen geltend machte. Das gilt für die steigende Zahl von Beschlüssen, die für die Länder des entwickelten Nordens unannehmbar sind sowie für eine Reihe politischer Resolutionen, mit denen den Großmächten Verpflichtungen auferlegt werden. Noch sinnloser aber ist die Tendenz, immer häufiger den Zusammentritt internationaler Konferenzen zu fordern – von den größtformatigen angefangen, bis hin zu denen im engeren Rahmen – und diverse Ausschüsse und Arbeitsgruppen zu schaffen.

So gelangen häufig mehr oder weniger schwerwiegende und akute Probleme gleich auf den internationalen Konferenztisch – als ob sie hier zu lösen wären, da doch bekannt ist, daß internationale Konferenzen nur Übereinkünfte formulieren und bestätigen können, die bereits vor ihrer Einberufung wenigstens im Prinzip abgesprochen wurden. Zum Unterschied von Einzelpersonen, die in ihrem eigenen Namen sprechen, können staatliche Delegierte durch keinerlei Argumente »bekehrt« werden, da sie die Gesichtspunkte ihrer Regierungen vertreten und auf Konferenzen eine dementsprechende Haltung einnehmen. Andererseits kommt es nur selten vor, daß die auf öffentlichen Konferenzen geübte Rhetorik eine Änderung in den Positionen der Regierungen bewirkt. Das heißt nun nicht, daß die öffentliche Meinung auf diese Positionen keinen Einfluß hätte; doch wirksam wird sie nur dann, wenn die internationalen Bekundungen von den entsprechenden nationalen, d. h. von einer entsprechenden Haltung der Bevölkerung in den einzelnen Ländern, unterstützt werden.

Gerade die Nachkriegsperiode ist von einer Reihe von Konferenzen ausgefüllt, die größtenteils mehr oder weniger fruchtlos waren. Wenn es dennoch welche gab, die ernstzunehmende Resultate erbrachten, so deshalb, weil dies Zusammenkünfte waren, die entweder im voraus vorbereitet worden waren oder aber Probleme betrafen, zu denen es in einem weiten Kreis von Ländern, auf deren Verhalten es im gegebenen Fall ankam, mehr oder weniger übereinstimmende Ansichten gab. Dies gilt etwa für die Umweltkonferenz, die die ökologische Aktion in aller Welt in Gang brachte – eben aufgrund der vorausgegangenen globalen Erkenntnis der der Umwelt drohenden Gefahren. Auch die Konferenz von Helsinki gehört hierher, obschon ihr Fortgang ins Stocken geriet, weil nämlich der vorausgegangene Konsens und die Erkenntnis der Notwendigkeit einer gemeinsamen Aktion nicht mehr jene konkreten Dinge einschlossen, die nachher auf die Tagesordnung kamen. Was die große Zahl der Konferenzen hinsichtlich der Nord-Süd-Beziehungen angeht, so waren diese Zusammenkünfte nur dazu angetan, die Enttäuschung in der dritten Welt zu vergrößern; gleichzeitig wirkten sie meist negativ auf die öffentliche Meinung gerade in jenen Ländern, die beeinflußt werden sollten, in den Ländern des Nordens.

In diesem Zusammenhang muß auch auf den Umstand hingewiesen werden, daß die Erweiterung des Kreises der Probleme, die innerhalb der Bewegung, in der 77er Gruppe sowie bei internationalen Konferenzen und Foren auf die Tagesordnung gesetzt wurden, dem Bedürfnis entsprang, um jeden Preis initiativ und aktiv zu bleiben, denn die Stagnation des Nord-Süd-Dialogs und die geringe Bereitschaft des Nordens, den Grundforderungen des Südens entgegenzukommen, hatten die Gefahr entstehen lassen, daß sich in der Bewegung selbst Resignation breitmachen könnte.

Zur Aufrechterhaltung des Zusammenhalts und der Aktivität der Mitgliedsländer der Bewegung war eine ständige Belebung der internationalen Aktion erforderlich. So neigte die Bewegung dazu, stets möglichst dynamisch zu bleiben. In Ermangelung von Fortschritten in den wichtigsten Fragen konnte dies nur so geschehen, daß man innerhalb der eigenen Reihen laufend die Weiterentwicklung des eigenen Programms besprach oder auf internationaler Ebene ständig neue Fragen aufwarf und – mit Vorliebe – internationale Versammlungen einberief.

Seinen Niederschlag fand dieser Scheindynamismus vor allem auch in den Dokumenten der blockfreien Länder. Bei der Anführung ihrer Aktivitäten und Erfolge finden wir hier gewöhnlich einfach eine Aufzählung der auf die Initiative der Bewegung hin einberufenen oder einzuberufenden Zusammenkünfte. Auch die innerhalb der Ausschüsse und Arbeitsgruppen der Bewegung abgehaltenen und stattfindenden Debatten werden zur Aktivität gerechnet, obschon die dabei erzielten Ergebnisse oft sehr dürftig waren.

Daraus lassen sich zwei bedeutsame Charakterzüge der Bewegung ableiten. Der erste ist das dringende Bedürfnis, eine möglichst hochgradige Aktivität in Gang zu halten, und der zweite das Gefühl für die Gefahr, die von einer Stagnation der eigenen Unternehmungen und den damit verbundenen Mißerfolgen ausgehen könnte. Im übrigen ist dies alles verständlich bei einer Bewegung, die infolge einer gemeinsamen Notlage entstanden und somit auch nur durch gemeinsame Aktivitäten zur Bekämpfung dieser Notlage zu erhalten ist.

Gleichzeitig indes schließt der Tätigkeitsbereich der Bewegung eine Reihe von Fragen ein, die keinesfalls zu den erstrangigen Problemen zu rechnen sind, wie die letzten Aktionsprogramme zeigen, die eine Reihe zwar bedeutender, aber sehr spezialisierter Fragen enthalten, als da sind Fernmeldewesen, Fischerei, die Rolle der Frau bei der Entwicklung, Sport und Fremdenverkehr etc. Wenn man einen Vergleich mit den bei der Belgrader Konferenz eingenommenen Positionen bezieht, so fällt sogleich die starke Ausweitung der Problembereiche ins Auge. Gleichzeitig aber sind die wesentlichen Fragen steckengeblieben, von deren Fortgang auch das Vorankommen all dieser Einzelprobleme abhängt, die an sich gar nicht so gelöst werden können, wie es die Blockfreien verlangen, die damit den Interessen möglichst aller Beteiligten gerecht zu werden versuchen.

Die Erweiterung des Aktionsradius bringt also einerseits eine Verzettelung in Detail- und Spezialfragen mit sich, während andererseits eine verallgemeinernde Behandlung der Hauptprobleme, mit der sehr großzügige und unpräzise Formulierungen einhergehen, voranschreitet. Letzteres spiegelt auch die Schwierigkeiten und Hindernisse wider, auf die die Bewegung beim Dialog mit dem Norden stößt. Des weiteren steht hinter besagter Verallgemeinerung augenscheinlich das Bestreben, um jeden Preis leichter zu Übereinkünften zu gelangen, sind doch allgemeine und unpräzise Formulierungen bekanntlich eines der Hilfsmittel zur Rettung internationaler Konferenzen, wenn diese keine konkreten Ergebnisse zeitigen und die Teilnehmer verhindern möchten, daß die unternommenen Anstrengungen mit einem Fiasko enden.

Da die Bewegung die Regelung der Fragen ihres Programms nicht mit materiellem Druck beeinflussen kann, ist es verständlich, daß sie bestrebt ist, den Mangel an Resultaten durch unaufhörliche Neuformulierungen und das Aufgreifen ständig neuer Probleme zu kompensieren. Die Folgen dieses Vorgehens sind die vorhandene Akzentuierung von Formalismus und Verbalismus bei allen Aktivitäten, jedoch auch die noch immer nicht zum Stillstand gekommene Vermehrung von Ausschüssen und Arbeitsgruppen. Der Appell zum Abbau dieser Tendenz zeitigte trotz eines entsprechenden Ministerbeschlusses und trotz der bei den Gipfelkonferenzen erfolgten Bestätigung dieses Beschlusses kein Ergebnis. Auch die – gleichfalls kritisierte – Textlänge der Abschlußdokumente, in denen die Schriftstücke der vorhergehenden Konferenzen in extenso wiedergegeben werden, blieb erhalten.

Dieser Zustand ruft auch in den Reihen der in der Bewegung tätigen Staatsmänner Verlegenheit hervor; und die Fortsetzung dieser Praxis ist nur Ausdruck einer bestehenden Zwangslage. Doch dieser Zustand führte auch zu dem Bestreben, bei den bevorstehenden Aktionen nach Möglichkeit auch von materiellem Druck Gebrauch zu machen. Die Rede ist von den Rohstofflieferungen. Es waren jedoch nur die OPEC-Länder, die auf diesem Gebiet Erfolge zu verzeichnen hatten; vergebens rief die Bewegung die anderen Rohstofferzeuger auf, ähnlich zu verfahren wie jene. Alle Aktionen zur Schaffung durchschlagskräftiger Organisationen, in denen sich die rohstoffexportierenden Länder zusammentun sollten, blieben aus diesem oder jenem Grund vergebliche Versuche.

Die Nutzung des Erdöls als Druckmittel indes konnte keine Änderung der Lage bewirken, da die erdölausführenden Länder doch allzusehr mit ihren eigenen Problemen beschäftigt waren. Mehr noch – die Beziehungen zwischen erdölexportierenden und erdölimportierenden Ländern innerhalb der Bewegung verschärfen sich zusehends, da die Entwicklungsländer von den erhöhten Preisen besonders hart betroffen sind und die von den erdölausführenden Staaten an sie geleistete Hilfe bei weitem keinen Ausgleich dafür schafft.

Auch die 1973 aufgetauchten Hoffnungen auf Schaffung eines Sonderhilfefonds, der in erster Linie von den erdölausführenden Ländern finanziert werden sollte, zerschlugen sich.

Diese Länder der Bewegung entwickeln sich immer mehr zu einer eigenständigen Gruppe, deren Beziehungen zu den anderen Blockfreien weitgehend das Schicksal der gesamten Bewegung mitbestimmen wird.

So nimmt die Bewegung nach den großen Hoffnungen und Enttäuschungen der siebziger Jahre nach Cancun die neuen Versuche zur Ingangsetzung des Dialogs mit dem Norden mit dem gleichen Arsenal an Aktionsmitteln in Angriff wie in der Vergangenheit. Diese Mittel sind nicht unbedeutend, und ihr Einsatz hat bereits gute Ergebnisse gezeitigt, obschon sie nicht genügen, um in Zukunft die Verwirklichung aller Ziele der Bewegung zu gewährleisten. Eine wichtige Rolle wird dabei natürlich ebenso wie bisher die gesamte Entwicklung in der Welt spielen.

Die Bereitschaft des Nordens zu einem Zwiegespräch mit der dritten Welt wurde dadurch wieder aufgehoben, daß sich die Probleme der Länder des Nordens allzu schwierig gestalteten, was zur Folge hatte, daß sie sich ganz ihrer eigenen Welt zuwandten. So gelangen wir zu dem Schluß, daß die Möglichkeiten der Bewegung für eine Einwirkung auf die weitere Entwicklung in der Welt am günstigsten unter der Voraussetzung sind, daß der Norden zwar das Bedürfnis verspürt, etwas zu unternehmen, jedoch nicht derart von Schwierigkeiten niedergedrückt wird, daß dadurch seine Kompromißbereitschaft zunichte gemacht wird. Dies aber bedeutet, daß den Einsatzmöglichkeiten der Blockfreien durch die Gegebenheiten in der Welt Grenzen gesetzt sind, was übrigens auch für alle anderen Staaten, einschließlich der größten Mächte mit ihrem ganzen militärischen Potential, gilt.

3. Die Blockfreienbewegung und die gesellschaftlichen Antagonismen

Am Ende ihres zwanzigjährigen Bestehens umfaßte die Blockfreienbewegung nahezu hundert Länder, deren Gesellschaftsordnung teilweise sehr unterschiedlich war. Dies gab Anlaß zu Kommentaren, die auf die Vorhersage hinausliefen, daß die Bewegung in Schwierigkeiten geraten müsse, da es schwerhalten dürfte, all die verschiedenen ideologischen Anschauungen und gesellschaftlichen Entwicklungsrichtungen mit der Ideologie und der Politik der Blockfreiheit in Einklang zu bringen. Man ging sogar so weit, auch die bei der Konferenz von Havanna sowie kurz vor dieser bei der Belgrader Ministerkonferenz von 1978 innerhalb der Bewegung zutage getretenen Differenzen mit ihrer Ausweitung zu erklären.

Diese Bewertungen sind oberflächlich und lassen einige wichtige Umstände und Fakten unberücksichtigt. Vor allem war es nicht erst in den sechziger Jahren, daß die Bewegung zu einer Versammlung unterschiedlicher Gesellschaftssysteme und Ideologien wurde. Bereits die an der Belgrader Konferenz teilnehmenden Staatschefs vertraten Staaten, die sich in ihrer Gesellschaftsordnung zum Teil weitgehend voneinander unterschieden. Zur Veranschaulichung dieser Tatsache genügt es, einige von ihnen aufzuzählen: Kuba, Jugoslawien, Äthiopien, Zypern, Marokko, Ägypten, der Libanon. Damals schon saßen also Präsidenten von Republiken mit unterschiedlicher Gesellschaftsordnung zusammen mit einem Kaiser, einem König und einem Patriarchen (Erzbischof Damaskinos von Zypern) an einem Tisch.

Trotzdem ergaben sich bei diesen Konferenzen keinerlei ideologiebedingte Probleme und noch weniger solche, die auf die Unterschiede in den Gesellschaftsordnungen zurückzuführen gewesen wären. Dies kam ganz einfach daher, daß die Konferenzplattform – und man darf ruhig sagen: auch die Gesamtplattform der Bewegung – keinerlei Ideologie Raum gibt. Daß der Blockfreienbewegung dennoch eine solche nachgesagt wurde, war ein Ausfluß der nach dem Zweiten Weltkrieg entstandenen Gewohnheit, die großen Konfrontationen auf dem Schauplatz des internationalen Geschehens als ideologische Konflikte hinzustellen. In erster Linie gilt dies natürlich für den kalten Krieg. Und da das Entstehen der Blockfreienbewegung meist einfach als eine Reaktion auf den kalten Krieg betrachtet wird, ist es verständlich, daß auch ihr ein ideologisches Fundament zugeschrieben wurde; ja, es wurde ihr sogar ein Platz irgendwo auf halbem Weg zwischen beiden Blöcken angewiesen. In manchen Definitionen erscheint die Politik der blockfreien Länder einfach als das Einhalten des gleichen Abstands von den Blöcken und somit, ideologisch gesehen, als eine Art Mittelweg.

So kommen wir zu guter Letzt auch auf die These zu sprechen, der zufolge es auch so etwas wie eine blockfreie Ideologie gibt, die irgendwo zwischen den beiden Ideologien anzusetzen wäre, die als maßgebendes geistiges Gut der Blöcke gelten. Das auf diese Weise geschaffene Bild der Bewegung ist, ganz gleich, ob mit besagter These nun irgendein ideologischer Eklektizismus, bestehend aus Bruchstücken beider Blockideologien oder aber eine Art Drittideologie konstruiert werden soll, augenscheinlich falsch.

In früheren Kapiteln wurde aufgezeigt, daß die Bewegung von Anbeginn ihren Mitgliedsländern und der Weltgemeinschaft bestimmte, sehr konkrete Forderungen präsentiert, die durchaus mit jeder der bestehenden Ideologien kompatibel sind, vorausgesetzt, daß aus ihren Postulaten die Herrschafts- oder Hegemoniebestrebungen der einen oder anderen Weltmacht ausgeklammert bleiben. Mit anderen Worten, die Forderungen der Bewegung sind nicht ideologisch begründet und für die Länder mit unterschiedlicher ideologischer Zugehörigkeit ganz einfach deswegen annehmbar, weil sie weder mit Ideologien kollidieren, noch ein Fundament für irgendeine Ideologie bilden. Damit ist nicht gesagt, daß die Blockfreienbewegung in ihrer Plattform nicht bestimmte Wertmaßstäbe und feststehende Ansichten zu den Beziehungen zwischen Staaten und Völkern auf weltweiter Ebene besitzt. Doch diese Anschauungen und Maßstäbe haben keinen Bezug zur inneren Struktur oder zu den ideologischen Konzeptionen irgendeines Landes, besonders dann nicht, wenn letztere das Streben nach Herrschaft bzw. nach ungleichen Beziehungen im Rahmen der internationalen Gemeinschaft beinhalten.

Dies führt uns zu der grundsätzlichen Frage, ob es wirklich zutrifft, daß politische Konfrontationen aus ideologischen Gegensätzen entstehen, bzw. aus dem Vorhandensein unversöhnlicher Unterschiede und Antagonismen zwischen verschiedenen Gesellschaftsordnungen. Im konkreten Fall der Nachkriegssituation beträfe dies die ideologischen Anschauungen und die Gesellschaftssysteme der Länder des Nordatlantikpakts einerseits und die des Warschauer Pakts andererseits bzw. die Unterschiede zwischen den USA und der UdSSR und den jeweils zugehörigen Ländergruppen. Die Frage ist mit anderen Worten die, ob der kalte Krieg aufgrund dieser Divergenzen entstanden ist.

Bei der Beantwortung dieser Frage ist als erstes zu sagen, daß es außer Zweifel steht, daß die ideologischen Gegensätze zwischen den beiden Seiten eine große Rolle bei ihren gegenseitigen Beziehungen im kalten Krieg gespielt haben. Doch zeigt die Evolution der Beziehungen schon, daß es trotz dieser Unterschiede möglich war, während des Krieges ein Bündnis gegen das Dritte Reich und die Achsenmächte zu schaffen. Es folgte eine weitgehende Übereinstimmung in den Standpunkten bei der Errichtung der Vereinten Nationen; danach verschärften sich die Beziehungen zusehends. Doch in den ausgehenden sechziger Jahren kam es wieder zu einem Umschwung, der zu Beginn des folgenden Jahrzehnts zur Entspannung führte.

All diese Wendungen in den Beziehungen zwischen den beiden Seiten, die wir kurz als Ost und West zu bezeichnen pflegen, und all die verschiedenen Charakteristika dieser Beziehungen entwickelten sich parallel zum unveränderlichen Weiterbestehen der unterschiedlichen Ideologien und Gesellschaftsordnungen, in denen auf keiner der beiden Seiten Veränderungen von Belang eintraten. Mehr noch – während der Vorbereitungen für den Zweiten Weltkrieg kam es zu sehr weitreichenden Abkommen, Freundschaftsverträgen und Konsultationen zwischen der Sowjetunion und dem Hitlerreich, die solche Extreme zur Folge hatten wie die Teilung Polens und die Versorgung der Wehrmacht mit wichtigen Rohstoffen sowjetischer Provenienz.

Das Verhalten aller dieser Staaten stand jedoch durchaus im Einklang mit der internationalen diplomatischen Tradition, die noch aus der Zeit vor der Russischen Revolution von 1917 und der Entstehung der Sowjetunion datiert. All die betreffenden Maßnahmen lassen sich erklären, ohne daß man dabei mit irgendwelchen Ideologien argumentieren müßte. In einer zu Beginn des Krieges auf einer Sitzung des Obersten Sowjets gehaltenen Rede beschuldigte Molotow den Westen sogar, einen »ideologischen Krieg« gegen das Hitlerreich zu führen und verurteilte ideologische Konflikte dieser Art aufs schärfste.

Als Grundlage und Erklärung für den Ost-West-Konflikt traten die Ideologien erst nach dem Zweiten Weltkrieg in Erscheinung; bezweckt wurde mit ihrem Einsatz die Mobilisierung der Gefolgsleute auf beiden Seiten. Bis dahin war das ideologische Motiv als Basis für die politische Aktion nur einmal, nämlich im Fall des vor dem Krieg zwischen Berlin, Tokio und Rom geschlossenen »Anti-Komintern-Pakts«, geltend gemacht worden. Doch bei dieser Gelegenheit wurde sowohl im Westen als auch in der Sowjetunion nachdrücklich darauf hingewiesen, daß mit diesem Akt nur die Bestrebungen um die Einflußerweiterung in der Welt, d. h. die Absicht zur Schaffung eines auf die Weltherrschaft abzielenden Bündnisses, verdeckt werden sollten, was auch zutraf.

Eine Betrachtung der pseudoideologischen Bilder, die im

kalten Krieg eine Seite von der anderen schuf, läßt erkennen, daß es dabei in Wirklichkeit nicht um ideologische Thesen ging, sondern um konkrete Aktionspläne, die im Bereich der internationalen Beziehungen und der gesellschaftlichen Verhältnisse innerhalb der einzelnen Staaten beheimatet waren. Ihre verschiedenen Abstufungen und Akzente erhielten die geschaffenen Bilder je nach dem Stand der gegenseitigen Beziehungen – ein Prozeß, der sich anhand der Tagespresse beider Seiten in einem Zeitraum von, sagen wir, 1938 bis 1978 verfolgen läßt. In diesen vierzig Jahren indes kam es weder auf der einen noch auf der anderen Seite zu einer wesentlichen Veränderung.

Endlich kann auch der Fall Jugoslawien nicht übergangen werden, dem unabhängig von seiner Gesellschaftsordnung und seiner Ideologie die Entfaltung sehr intimer und freundschaftlicher Beziehungen nicht nur zu den Ländern der dritten Welt, sondern auch zu den europäischen Staaten auf beiden Seiten gelang. Im Rahmen der Blockfreienbewegung zeigte Jugoslawien große Aktivität und viel Initiative; und ebenso groß ist seit der Konferenz von Helsinki auch sein Engagement innerhalb der europäischen Neutralen- und Blockfreiengruppe.

Zum Abschluß sei noch einmal wiederholt, daß in der öffentlichen Meinung beider Seiten gewiß eine starke Aversion gegen das innere System der jeweiligen »anderen« Seite besteht. Ebensowenig kann daran gezweifelt werden, daß es den Tatsachen entspricht, daß auf beiden Seiten Angst vor der Absicht der Gegenseite zur Durchsetzung ihrer Gesellschaftsordnung und ihrer Politik auch im anderen Lager erzeugt worden ist. Doch boten sich immer noch genügend Möglichkeiten zur Spannungsverringerung und zur Zusammenarbeit, wie die Vergangenheit gezeigt hat. Und ebenso steht fest, daß die Kritiken der inneren Zustände auf der anderen Seite häufig gerechtfertigt sind.

Die Blockfreienbewegung hegte noch nie Ambitionen, eine entscheidende Rolle in der aktuellen Politik und bei der Konfrontation von Staaten und Bündnissen zu spielen. Übrigens wären derartige Ambitionen im gegebenen Fall auch prätentiös und unreell. Gerade der Verzicht auf sie ermöglichte es der Bewegung, ihre politischen Ziele ohne Zufluchtnahme zur Ideologisierung bzw. zur ideologischen Bemäntelung zu definieren. Und dies wiederum machte es möglich, daß die Staaten, die den Wunsch hatten, der Bewegung beizutreten, dies tun konnten, ohne durch ihre ideologischen Anschauungen oder ihre innere Ordnung in irgendeiner Weise gehandikapt zu sein. Ja, die in der Plattform der Bewegung zum Ausdruck gebrachten Grundthesen waren und bleiben für alle, unabhängig von der ideologischen Ausrichtung, annehmbar, eben weil das einzige Ziel der Bewegung die Förderung der internationalen Zusammenarbeit und die Schaffung einer Grundlage für gleichberechtigte Beziehungen zwischen allen Ländern und Völkern ist.

Diese Position der Bewegung, d. h. die Kompatibilität mit verschiedenen ideologischen und Gesellschaftssystemen, spiegelt auch den Stand der gesellschaftlichen Beziehungen in der dritten Welt wider. Die Bewegung ging ja aus einem Zusammenschluß von Ländern der dritten Welt hervor und konnte somit nicht umhin, den großen Unterschieden, die innerhalb dieses weiten Raums bestehen, Rechnung zu tragen. Besondere Berücksichtigung aber erforderte die Tatsache, daß die unmittelbaren Probleme der gesellschaftlichen, politischen und wirtschaftlichen Entwicklung sowie des Stands in den Bereichen Kultur und Bildungswesen in diesem Teil der Welt ganz anders gelagert sind als im Norden. Dies gilt unabhängig von den ja ebenfalls bedeutenden Unterschieden zwischen Ost und West.

Man darf ohne Übertreibung behaupten, daß die Verhältnisse in den Ländern der dritten Welt in ihrer Gesamtheit nicht zulassen, daß dort Modelle des Nordens kopiert und angewandt werden. Aufgrund einer Reihe von Umständen und Besonderheiten sind in diesem ausgedehnten Gebiet westliche wie östliche Elemente zu finden, und bisweilen sogar in höchst ungewöhnlichen Kombinationen. Nach vielen Enttäuschungen begann sich in der dritten Welt wie im Norden endlich die

Ansicht durchzusetzen, daß die vorhandenen fundamentalen Unterschiede, die sich in kurzer Zeit nicht beseitigen oder erheblich verringern lassen, und schon gar nicht durch politische Proklamationen, nicht unterschätzt werden dürfen.

Doch war es bisher schon so, daß die Machtzentren des Nordens versuchten, ihre Ideologien als Mittel zur Erweiterung ihres Einflusses in der dritten Welt einzusetzen. Das führte zur politischen und oft auch zur militärischen Zusammenarbeit zwischen einzelnen blockfreien Ländern und jeweils einem der Blöcke. Bereits zum Zeitpunkt der Belgrader Konferenz waren derartige Tendenzen erkennbar; und bereits damals bestanden mehr oder weniger entwickelte Affinitäten einzelner Blockfreier zu den Machtzentren des Nordens. So war Kuba damals beispielsweise zweifellos in hohem Maß prosowjetisch und Äthiopien ebenso sehr prowestlich eingestellt; und ähnliches ließe sich auch von anderen Mitgliedern der Bewegung sagen.

Doch solche Affinitäten und Ausrichtungen sind noch keine Paktgebundenheit und jedenfalls kein Hindernis für eine enge gegenseitige Zusammenarbeit auf der Grundlage der Blockfreienplattform.

Gleichzeitig war von der Belgrader Konferenz an klar, daß sich der weitere Entwicklungsgang in jedem der einzelnen Mitgliedsländer auch auf Veränderungen und Umwandlungen in gesellschaftlicher Hinsicht und bei den ideologischen Konzeptionen auswirken würde. In einer ganzen Reihe der Teilnehmerländer dieser Konferenz war das der Fall. Das bedeutendste Beispiel dürfte auch hier wieder Äthiopien sein.

Die Bewegung machte in dieser Hinsicht keinerlei Vorbehalte geltend; und ebensowenig wurden Versuche unternommen, derartige Veränderungen und die innere Entwicklung überhaupt in irgendeiner Weise zu beeinflussen oder zu lenken. Summarisch ausgedrückt, besteht die Quintessenz der Plattform der Bewegung darin, daß jedem Land die Möglichkeit gegeben wird, seine Institutionen völlig frei, d. h. ohne Druckversuche von außen, entsprechend den Bedürfnissen und Wünschen seines Volkes, zu entwickeln und zu verändern. Diese Haltung verkörpert nicht nur ideologische Neutralität, sondern viel mehr: Es ist dies die Anerkennung des Rechts eines jeden Volkes, auch seine ideologischen Standpunkte unabhängig zu formieren. Des weiteren fußt diese Haltung auf der Überzeugung, daß auf der Grundlage der Plattform der Bewegung ohne Rücksicht auf alle vorhandenen und mögliche künftige Unterschiede bezüglich der ideologischen Positionen und der inneren Ordnung der Mitgliedsländer dennoch eine dauerhafte Zusammenarbeit zwischen ihnen möglich ist.

Ideologisch betrachtet, d. h. aus der Sicht der einzelnen Länder und ideologischen Bewegungen, ist dies ein annehmbarer Standpunkt, da er die Überzeugung der ideologisch orientierten Gruppen gelten läßt, sie würden ihre Ziele ohne Störungen von außen realisieren können. Schließlich rechnet jede ideologische Bewegung damit, daß sie akzeptabel ist und daß ihr bei dem Ringen um das Übergewicht im eigenen Volk kein Hindernis von außen erwächst. Doch die Blockfreienbewegung hat sich jedenfalls niemals in die inneren Beziehungen ihrer Mitglieder eingeschaltet; dies kann als ihr fester Grundsatz betrachtet werden.

4. Die politische Gegenwart und die weiteren Aussichten

Die Schwierigkeiten, vor denen die Blockfreienbewegung an der Schwelle des dritten Jahrzehnts ihres Bestehens steht, lassen sich einteilen in solche, die von außen kommen, und solche, die in ihr selbst liegen, also in ihren eigenen Reihen entstehen. Meist richtet sich das Augenmerk in erster Linie auf die Probleme der ersteren Kategorie, und das ist – wenigstens in der zur Debatte stehenden Periode – verständlich, wenn man die wirklich außerordentlich drückenden Verhältnisse bedenkt, unter denen die Bewegung tätig ist und von denen auch alle übrigen Länder und Gruppierungen in der Welt betroffen sind.

Von diesen Problemen war bereits ausführlich die Rede, und so mag es genügen, sie der Vollständigkeit der Argumentation halber noch einmal summarisch zu rekapitulieren.

Eines der bedeutsamsten Probleme, die sich nach dem Zweiten Weltkrieg ergaben, war das überdurchschnittlich schnelle Anwachsen der Bevölkerung in den Entwicklungsländern. Doch von der hohen Bevölkerungsdichte sind nur einige, von dem Problem der wirtschaftlichen Schwierigkeiten, die durch ein niedriges Wirtschaftswachstum in Verbindung mit einer starken Bevölkerungszunahme verursacht werden, hingegen alle Länder der dritten Welt und damit auch der Blockfreienregion betroffen. Die niedrige Pro-Kopf-Wirtschaftswachstumsrate spricht eine deutliche Sprache; und in einigen Fällen ist überhaupt kein Wachstum mehr zu verzeichnen. Gleichzeitig tut sich auch die Frage der Nahrungsmittelproduktion auf.

Dies ist sozusagen das Standardproblem der dritten Welt: Das Unvermögen, in die Nahrungsproduktion Mittel in solchem Umfang zu investieren, wie es zur Erzielung des der Bevölkerungszunahme angemessenen Produktionswachstums notwendig ist. Meist werden diese Probleme akademisch angegangen, und die gängige Formel lautet dann gewöhnlich, dieses oder jenes Land könne »nach dem heutigen Stand der Technik eine genügende Nahrungsmenge erzeugen«. Doch was will schon die Redensart vom Stand der Technik besagen, wenn die Geldmittel für Investitionen in der erforderlichen Höhe und die Möglichkeiten zu ihrer Beschaffung aus dem Ausland fehlen.

Beide Probleme, Bevölkerungszuwachs und Bevölkerungsernährung, haben praktisch gleichzeitig ihren kritischen Entwicklungspunkt erreicht. Hinzu kommt der Rohstoffmangel oder doch ein Schwinden der Möglichkeiten zur Erschließung der Rohstoffe, an die sich die Menschheit in ihrer wirtschaftlichen und technischen Entwicklung gewöhnt hat und die noch vor zwei, drei Jahrzehnten als unerschöpfliches Geschenk der Natur betrachtet wurden.

Das erste ernste und akute Problem ergab sich im Zusammenhang mit den Erdölpreiserhöhungen. Das Erdöl hat die Kohle verdrängt und ist zur Hauptenergiequelle geworden. Diese Problematik nun hat zum Unterschied von Bevölkerungszuwachs- und Ernährungsproblem alle Länder erfaßt und auch die höchstentwickelten schwer getroffen. Dennoch aber sind die Hauptleidtragenden diejenigen unter den Entwicklungsländern, die Erdöl einführen müssen, da ihre Möglichkeiten zur Erschließung und Nutzung anderer Energiequellen durch das Fehlen entsprechender finanzieller Mittel beschränkt sind.

Der Ausfall und der wachsende Mangel an Rohstoffen oder doch zumindest einiger davon bedeutet natürlich nicht, daß es für die weitere Entwicklung keine Alternativlösungen mehr gäbe. Daß solche gefunden werden, ist um so wahrscheinlicher, als die Erdölfrage die nötige alarmierende Wirkung hatte und endlich dazu führte, daß die leichtfertigen und kurzsichtigen Vorstellungen von der Unerschöpflichkeit der nicht regenerierbaren Ressourcen unseres Planeten aufgegeben wurden. Was die Sache nunmehr problematisch gestaltet, ist der Mangel an Mitteln, die erforderlich sind, damit innerhalb kurzer Frist die notwendigen Adaptationen vorgenommen werden können.

Noch bedenklicher wird das Ganze dadurch, daß es nicht nur um vorhandene oder bevorstehende Mängel geht, sondern daß zudem eine wachsende Umweltgefährdung droht, in den entwickelten wie in den Entwicklungsländern; dort durch die unvernünftige Umweltbelastung durch Industrie, Verkehr etc., hier durch die inadäquate Nutzung des natürlichen Potentials infolge des vorhandenen Mangels an finanziellen Mitteln.

So also sind die Beziehungen zwischen Mensch und Umwelt, zu einem Zeitpunkt, da große Aufgaben hinsichtlich der Regelung der Beziehungen innerhalb der internationalen Gemeinschaft bevorstehen. Wir haben die Rolle der Blockfreienbewegung während der ersten zwanzig Jahre ihres Wirkens gesehen, aber auch die Schwierigkeiten, die im Verlauf ihrer Existenz und ihrer Aktivität auftraten. Das große Problem der Wiederaufnahme des Nord-Süd-Dialogs und der Herausführung der Bemühungen um die Verwirklichung einer neuen Wirtschaftsordnung aus der Stagnation fallen zeitlich mit all den angeführten Existenzproblemen der Menschheit zusammen.

Dies also ist im weitesten Sinne der Rahmen, in dem der schwere Kampf um die Regelung des immer unhaltbarer werdenden Zustands in der Weltwirtschaftsentwicklung – insbesondere aber der Wirtschaftsentwicklung in den Entwicklungsländern – vor sich gehen soll.

Die vorhandenen Schwierigkeiten werden noch dadurch vergrößert, daß zur gleichen Zeit auch eine sehr scharfe Konfrontation zwischen den beiden stärksten Weltmächten im Gange ist, zu der erschwerend die allgemeine Unsicherheit in bezug auf die Entwicklung in der Zukunft hinzukommt. Die Blockfreienbewegung hat dieser Ungewißheit vor allem ihre grundlegende Plattform entgegenzusetzen, die jedoch zu einer Zeit ausgearbeitet wurde, da das Gesamtbild der Weltlage und das dramatische Zusammenwirken aller der hier aufgezeigten Faktoren noch nicht in ihren vollen Ausmaßen erkannt worden waren.

Die Konferenz von Belgrad ging lediglich von einigen Bestandteilen dieses Gesamtbilds aus; sie verweilte vor allem bei der Frage der Kluft zwischen Norden und Süden sowie bei der Gefahr im Bereich der politischen Beziehungen unter besonderer Berücksichtigung der latenten Drohung in Form der Kernwaffen. Mit anderen Worten, die Problematik wurde nur fragmentarisch erfaßt; und daher waren auch die geplanten Aktionen zur Überwindung der Schwierigkeiten und Probleme recht simpel. Obzwar es nicht ausgesprochen wurde, drängt sich deutlich die Schlußfolgerung auf, daß damals bei den blockfreien Ländern die Überzeugung vorherrschte, daß die Entwicklungsländer, wiewohl von den üblichen wirtschaftlichen und politischen Schwierigkeiten heimgesucht, durch ihre Aktivitäten und im Rahmen der allgemeinen Gegebenheiten die anfallenden Probleme dennoch würden bewältigen können.

So war die grundlegende Aktion der Blockfreienbewegung darauf ausgerichtet, die entwickelten Länder von der Notwendigkeit des Aktivwerdens in der Richtung zu überzeugen, die von der Bewegung als Ausweg aus den Wirtschaftsproblemen und politischen Konflikten bezeichnet wurde, womit hauptsächlich das wirtschaftliche Entwicklungsproblem, die Rivalität zwischen den Blöcken und die Vorherrschaftspolitik gegenüber den schwächeren Ländern gemeint waren. Die Lagebeurteilung im Rahmen dieses – genaugenommen allzu engen – Problemkreises schien damals mehr oder weniger richtig; und dies stärkte die Bewegung und verlieh ihr ihre Anziehungskraft im weiten Kreis der Entwicklungsländer. Darin lag die Gewähr für ihren Erfolg in den eigenen Reihen wie für ihr Ansehen über den Kreis ihrer Mitglieder hinaus.

Die ersten Anzeichen einer bevorstehenden Krise machten sich bereits am Ausgang des ersten Jahrzehnts des Bestehens der Bewegung geltend, als die Wirtschaftsbeziehungen, besonders aber die Währungsbeziehungen zwischen den entwickelten Ländern zunehmend verwirrender wurden. Hinzu kam in der Folge auch die erste Reihe von Schlägen durch das Emporschnellen der Erdölpreise zu Beginn der siebziger Jahre. Doch das ganze Ausmaß der vorhandenen Probleme begann sich erst am Ende des zweiten Jahrzehnts des Bestehens der Bewegung, an der Wende von den siebziger zu den achtziger Jahren, abzuzeichnen.

Das Verhalten der anderen Seite, der entwickelten Länder des Westens, änderte sich selbst beim Begreifen des historischen Augenblicks wenig. Auch die Hinweise auf die geschichtsträchtige Bedeutung der wirtschaftlichen und politischen Probleme, die die Blockfreienbewegung, jedoch auch zahlreiche Persönlichkeiten und Gruppen in der Welt der entwickelten Länder in den sechziger Jahren und davor gegeben hatten, blieben wirkungslos. Die Länder des Westens fuhren, ebenso wie die um die Sowjetunion gruppierten, fort, so zu tun, als sei nichts geschehen. Die Rivalität und die Entfaltung des kalten Kriegs zwischen den Blöcken waren ein typisches Beispiel für die Auffassung, die Großmachtpolitik könne nach dem alten historischen Rezept fortgesetzt werden – so, als sei in der Welt alles beim alten geblieben.

Die Einstellung gegenüber den Entwicklungsländern und den Kolonien zeigte, daß das Nichterkennen der großen Wende in den führenden Kreisen des Nordens vorherrschte. Selbst die wirtschaftlichen Schwierigkeiten, in die auch die Länder des Nordens geraten waren sowie die augenfällige Lehre des kalten Kriegs, die zeigte, daß dieser nicht zur Realisierung irgendwelcher Ambitionen beitragen, sehr wohl aber eine allgemeine Katastrophe herbeiführen könne – all dies löste wohl Besorgnis aus, nicht aber auch die Erkenntnis der ganzen Tiefe der Krise.

Die ergriffenen – halben – Maßnahmen blieben ohne konkretes Ergebnis, selbst in den Bereichen, auf die sie abzielten. Das Wettrüsten wurde fortgesetzt, ungeachtet aller Verhandlungen, die denn auch fruchtlos blieben; die Austragung der Rivalität ging weiter, trotz des Entspannungsabkommens; und die Politik der Vorherrschaft und der Einmischung in die Angelegenheiten der schwächeren Staaten gewann sogar neue Dimensionen. Was die übrigen Problembereiche anbelangt, insbesondere die zügellose Verschwendung vor allem auf dem Gebiet der Energie, so lief hier alles im alten Geleise weiter – bis zu den ersten Schlägen in Form der Ölpreiserhöhungen, die viele Länder zu Beginn der siebziger Jahre trafen.

Damals schien der Augenblick gekommen, um eine globale Debatte – zumindest über die heikelsten Fragen – zu eröffnen. Doch die diesbezüglichen Erwartungen erfüllten sich nicht. Die entwickelten Länder hielten nach wie vor an ihrer eingefahrenen Verhaltensweise fest und zeigten sich, selbst angesichts der sich immer deutlicher abzeichnenden Gefahrensymptome, nicht bereit, ihren Mangel an Verantwortungsbewußtsein zu korrigieren. Sie wandten sich ihren eigenen Problemen und internen Konflikten zu, ohne die weltweite Bedeutung und das Ausmaß der aktuellen Probleme recht zu begreifen.

Die Blockfreienbewegung steckte also am Ende des zweiten Jahrzehnts ihres Bestehens tief inmitten außerordentlicher und übermächtiger Probleme, sowohl was die natürlichen als auch was die politischen Gegebenheiten anbelangt. Besonders erschwerend war dabei der Umstand, daß den industriell entwikkelten Ländern trotz der wachsenden Schwierigkeiten, denen sie ausgesetzt waren, jegliches Verständnis für die Bedeutung des Augenblicks fehlte. Während die Bewegung ihre programmatischen Forderungen und Bestrebungen immer breiter formulierte, stieß sie weder im Westen noch im Osten auf Verständnis – im Osten schon gar nicht, da dieser es nach wie vor ablehnte, auch nur den geringsten Teil der Verantwortung für die Probleme der dritten Welt oder der gesamten Welt auf sich zu nehmen.

Wir wollen uns nun den Problemen zuwenden, die sich innerhalb der Blockfreienbewegung selbst herausbildeten. Die Ausgangsbasis für den Zusammenschluß der Bewegung war, wie bereits mehrfach aufgezeigt, das Bemühen um eine Regelung der fundamentalen und langfristigen Probleme. Dies gilt besonders für die mit der Antikolonialisation verbundenen Probleme und im Zusammenhang damit auch für die Wirtschaftsentwicklungsprobleme. Wie groß in dieser Hinsicht zu Beginn die Illusionen bezüglich des Abwicklungstempos waren, läßt sich schwer abschätzen. Daß Illusionen und übertriebener Optimismus vorhanden waren, ist leicht aus den seinerzeit gehaltenen Reden und Ansprachen zu ersehen. Mit der Zeit, bisweilen auch sehr rasch, kam es zu der immer klarer werdenden Vorstellung, daß doch mit einer langen Reihe von Jahren, wenn nicht gar mit Jahrzehnten, gerechnet werden müsse.

Im Anschluß an die Unabhängigkeitserlangung vieler Länder traten immer offener diverse Probleme auf, die aus den Beziehungen innerhalb der jeweiligen Region und ganz besonders aus den Beziehungen zwischen den jeweiligen Nachbarländern erwuchsen. Teilweise standen diese Probleme schon lange vor der Belgrader Konferenz im Mittelpunkt der Aufmerksamkeit der Weltöffentlichkeit. Dies galt besonders für die Nahostproblematik, d. h. für den Konflikt zwischen den dortigen arabischen Ländern und Israel.

Im Zuge des Entstehens immer neuer entkolonialisierter Länder und der damit verbundenen Erweiterung der Reihen der Bewegung wurde die Zahl dieser aktuellen Probleme laufend größer, und viele davon verschärften sich zusehends. Dies führte dazu, daß notgedrungen dazu übergegangen wurde, verstärkt auch aktuelle Probleme in den Brennpunkt der Aufmerksamkeit der Bewegung zu rücken. Klar erkennbar wird dies anhand der sprachlichen und strukturellen Veränderungen der Abschlußdokumente der Gipfel- und Ministerkonferenzen der Blockfreien in den vergangenen zwei Jahrzehnten.

Dieser Prozeß setzte sich in diesem Zeitraum unaufhörlich fort. Eine Beschleunigung erfuhr er durch die in den siebziger Jahren einsetzende Stagnation in dem Bestreben um die Ankurbelung der Wirtschaftsaktion im Rahmen des Programms der neuen Wirtschaftsordnung. Das Bedürfnis nach Wahrung der Dynamik führte, wie wir gesehen haben, zu vermehrter Aktivität und zur Schaffung einer steigenden Zahl von Hilfsorganen, jedoch auch zu einer immer deutlicher werdenden Akzentverschiebung auf aktuelle Fragen.

An dieser Stelle soll nur noch einmal unterstrichen werden, daß diese Tendenz die Entfaltung engerer Beziehungen zu den Großmächten, insbesondere den Supermächten unterstützte, wo immer dies möglich war. So ist auch die kubanische These vom »natürlichen Verbündetentum« eine Folgeerscheinung dieser Tendenz. Kurzum, wir gelangen so zu dem Zustand, wie er derzeit herrscht: Die sich immer deutlicher abzeichnende Krise von weltweitem Ausmaß und die wachsende Beunruhigung in der entwickelten Welt – insbesondere in Westeuropa – finden keinen Widerhall in Form einer entsprechenden Konzentration der Blockfreienbewegung auf diese Probleme.

Damit ist nicht gesagt, daß die Bewegung von ihren Zielen und Bestrebungen abgegangen wäre; daß dem nicht so ist, beweist ja auch die Deklaration von Havanna. Doch steht fest, daß das Augenmerk allzusehr auf aktuelle Fragen gerichtet wird, insbesondere, nachdem in Havanna und in Delhi – 1981 – kein Übereinkommen in solchen aktuellen Fragen (Afghanistan und Kampuchea) erzielt werden konnte.

Bei einer Abschätzung der Zukunftsaussichten sind unbedingt die Vorteile hervorzuheben, die der Bewegung daraus erwuchsen, daß sie im weltweiten Rahmen aktiv wurde, noch bevor das gesamte Ausmaß und die ganze Tragweite der gegenwärtigen kritischen Situation der Welt abzusehen waren. Erstens gelang es der Bewegung, praktisch alle Entwicklungsländer zu erfassen, noch bevor Schwierigkeiten auftreten konnten, die diese Aktion später erschwert hätten; und zweitens gewann sie bei ihrem schwierigen und langwierigen Bemühen um die Formierung eines allumfassenden Aktionsprogramms Zeit, indem sie verhältnismäßig früh zu ihrem Vorhaben ansetzte.

Andererseits führt diese frühe Aktivität dazu, daß viele Länder, die immer mehr von Schwierigkeiten zu Boden gedrückt werden und oft auch Gefahr laufen, das für die Erhaltung der nackten Existenz notwendige wirtschaftliche Niveau zu unterschreiten, die Geduld verlieren. Eine der wichtigsten Voraussetzungen für die Wahrung des Zusammenhalts und der Aktionsfähigkeit der Bewegung ist daher das Erzielen wenigstens bescheidener Resultate bei dem Bemühen um die Regelung der Wirtschaftsprobleme sowie – und dies ist fast ebenso wichtig – die Gewährleistung der Sicherheit vor Druckversuchen und Interventionen von außen. Doch sind dies Probleme, die besonders dadurch kompliziert werden, daß jeder Schritt zu ihrer Lösung, jedes Vorankommen auf dem Pfad einer langfristigen Entwicklung mit der aktuellen Weltlage verknüpft ist.

Dies wird völlig klar am Beispiel der Wirtschaftsentwicklung, die, wiewohl nur auf lange Sicht durchführbar, bereits in der Gegenwart angepackt werden muß. Daher ist es auch so notwendig, bei der Definition des Wirkens und der Anliegen der Bewegung darauf zu achten, daß der Akzent auf der Langfristigkeit liegt bzw. darauf, daß die Formulierungen der Definition so gehalten ist, daß sie so weit wie möglich zur Festigung des Zusammenhalts beiträgt.

Die Antwort der Bewegung auf einen offenen Angriff gegen ihre Einheit bzw. auf einen Versuch zur Blockierung ihrer Aktivität wird zweifellos so aussehen, daß sie um jeden Preis danach trachten wird, solche Angriffe zurückzuschlagen, selbst wenn dadurch einige Länder von ihr abfallen sollten. Dieser Schluß darf aus dem immer beharrlicher werdenden Drängen auf Erzielung von Resultaten gezogen werden. In der Bewegung können Aktivitäten, die auf ihre Spaltung bzw. auf die Loslösung einzelner Länder und deren Verbindung mit einem der Machtzentren außerhalb abzielen, keinesfalls großen Schaden anrichten. Auch von außen gegen sie unternommene Beeinflussungs- oder Druckversuche stellen keine ernsthafte Gefahr für sie dar. Es darf als so gut wie sicher angenommen werden, daß der Zusammenhalt in der überwältigenden Mehrheit ihrer Mitglieder durch keine einzige derartiger Aktivitäten gefährdet werden kann.

Die größte Gefahr für sie – dies sei hier noch einmal wiederholt – liegt darin, daß sich das Gefühl der Enttäuschung breitmachen könnte, hervorgerufen durch den Verlust des Glaubens daran, daß durch ihre Aktivitäten Ergebnisse im Bereich der Grundfragen erzielt werden können. Doch auch dabei muß man im Auge behalten, daß die Bewegung in ihrer bisherigen Entwicklung gezeigt hat, daß sie sich den Erfordernissen der Entwicklungen in der Welt anpassen kann. Was immer also der Bewegung in ihrer heutigen Gestalt zustoßen mag – die Bedürfnisse, die ihre raison d'être bilden, bleiben auch weiterhin bestehen.

Gewiß, ein Zusammentreffen bestimmter Umstände oder ein

Fehlverhalten der Staatschefs der blockfreien Länder könnte ernste Krisen in der Bewegung oder sogar deren Auflösung bewirken. Doch die Bedürfnisse und Bestrebungen der blockfreien Länder hängen in erster Linie von der allgemeinen Entwicklung in der Welt ab. Solange ihre Grundprobleme bestehenbleiben, wird auch das Bedürfnis nach einem gemeinsamen Bemühen der blockfreien Länder anhalten. Unter diesen Vorzeichen kann die Bewegung als Gemeinschaftsaktion auch die schwersten Fehlschläge überdauern, ebenso wie Erschütterungen ihrer derzeitigen Existenzgrundlage durch Schläge von außen.

Je weiter die achtziger Jahre voranschreiten, desto mehr werden sich die Probleme häufen und verschärfen – die langfristigen und fundamentalen ebenso wie die kurzfristigen, jedoch dramatischen und gefährlichen. Nicht nur die Blockfreienbewegung, sondern auch alle anderen Staaten- und Völkergruppierungen haben mit großen Schwierigkeiten und Krisen zu kämpfen.

Wie diese schwierigen universalen Probleme gelöst und wie sich die Beziehungen innerhalb der internationalen Gemeinschaft weitergestaltet werden, ist nicht vorherzusehen. Doch was immer auch geschehen, was für eine Lösung auch immer gefunden werden mag – die Menschheit wird weder in einzelne Staaten oder Blöcke geteilt, noch in reiche, hochentwickelte und arme, ungenügend entwickelte Länder geschieden bleiben können, ohne daß dies üble Folgen nach sich ziehen würde. So gesehen, behalten die historischen Notwendigkeiten, die zum Zusammenschluß der blockfreien Länder geführt haben, auch in der Zukunft ihre Bedeutung, und die damit zusammenhängenden Probleme harren weiterhin einer Lösung.

Damit soll dieser Rückblick auf die zwanzig Jahre des Bestehens der Blockfreienbewegung enden. Es ist dies eine Bewegung, die das Streben eines Großteils der Menschheit verkörpert, das Streben jener, die durch die Sorge um ihre Existenz und ihr Vorwärtskommen vor die geschichtliche Notwendigkeit gestellt wurden, Probleme von universalem Belang auf die Tagesordnung ihrer Politik zu setzen. Dieses Bemühen und seine bisherigen Ergebnisse bleiben ein Beitrag zur Geschichte; und die weiteren Aktivitäten dieser Länder werden, obwohl noch ungewiß ist, wieweit sie den vorhandenen Bedürfnissen entsprechen werden, ein unlösbarer Bestandteil der künftigen Anstrengungen der aufeinander angewiesenen und miteinander verbundenen Völker der Welt bleiben.

ANHANG

QUELLENNACHWEIS

Deklaration der Asiatisch-Afrikanischen Konferenz in Bandung 1955

Anträge auf Errichtung einer allgemeinen internationalen Organisation, Dumbarton Oaks 1944

Charta der Vereinten Nationen

Deklaration über die Gewährung der Unabhängigkeit für die Kolonien, Resolution der UN-Generalversammlung 1514 (XV) vom 14. 12. 1960

Dokumente der Konferenz von Belgrad 1961

Dokumente der Konferenz von Kairo 1964

Kommuniqué des Beratungstreffens in Belgrad 1969

Dokumente der Ministerkonferenz in Daressalam 1970

Dokumente der Konferenz von Lusaka 1970

Dokumente des Ministertreffens in New York 1971

Dokumente des Ministertreffens in Georgetown 1972

Dokumente der Konferenz von Algier 1973

Dokumente des Ministertreffens in Lima 1975

Dokumente der Konferenz von Colombo 1976

Schlußkommuniqué des Treffens des Büros in Delhi 1977

Schlußkommuniqué des Treffens des Büros in Havanna 1978

Dokumente des Ministertreffens in Belgrad 1978

Dokumente der Konferenz von Havanna 1979

Schlußkommuniqué der Zusammenkunft des Büros in Havanna 1979

Dokumente des Ministertreffens in Delhi 1981

Tabellarische Übersicht über die Mitwirkung an den Minister- und Gipfelkonferenzen 1961–1981[1]

	Gipfelkonferenz von Belgrad 1961	Gipfelkonferenz von Kairo 1964	Ministerkonferenz von Daressalam 1970	Gipfelkonferenz von Lusaka 1970	Ministerkonferenz von Georgetown 1972	Gipfelkonferenz von Algier 1973	Ministerkonferenz von Lima 1975	Gipfelkonferenz von Colombo 1976	Ministerkonferenz von Belgrad 1978	Gipfelkonferenz von Havanna 1979	Ministerkonferenz von Delhi 1981
	1	2	3	4	5	6	7	8	9	10	11
Afghanistan	+	+	+	+	+	+	+	+	+	+	+
Ägypten[2]	+	+	+	+	+	+	+	+	+	+	+
Algerien[3]	+	+	+	+	+	+	+	+	+	+	+
Angola[4]	x	+	x	x	x	x	x	+	+	+	+
Äquatorial-Guinea	x	x	+	+	–	+	+	+	+	+	+
Argentinien	–	o	o	o	o	+	+	+	+	+	+
Äthiopien	+	+	+	+	+	+	+	+	+	+	+
Bahrein	x	x	x	x	+	+	+	+	+	+	+

Zeichenerklärung: + Mitwirkung, – keine Mitwirkung, o Beobachterstatus, x nicht als Staat anerkannt

Anmerkungen:
1) In der Tabelle sind nur solche Länder angeführt, die während des Zeitraums von 1961 bis 1981 vollberechtigte Teilnehmer wurden.
2) Ägypten und Syrien treten auf der Konferenz von Belgrad als ein Land auf.
3) Algerien wird auf der Konferenz von Belgrad 1961 von der provisorischen Regierung vertreten.
4) Angola wird auf der Konferenz von Kairo 1964 von der provisorischen Regierung (Holden) vertreten.

Tabellarische Übersicht über die Mitwirkung an den Minister- und Gipfelkonferenzen 1961–1981[1)]

	Gipfelkonferenz von Belgrad 1961	Gipfelkonferenz von Kairo 1964	Ministerkonferenz von Daressalam 1970	Gipfelkonferenz von Lusaka 1970	Ministerkonferenz von Georgetown 1972	Gipfelkonferenz von Algier 1973	Ministerkonferenz von Lima 1975	Gipfelkonferenz von Colombo 1976	Ministerkonferenz von Belgrad 1978	Gipfelkonferenz von Havanna 1979	Ministerkonferenz von Delhi 1981
	1	2	3	4	5	6	7	8	9	10	11
Bangladesh	x	x	x	x	–	+	+	+	+	+	+
Benin	–	+	–	–	–	+	+	+	+	+	+
Bhutan	x	x	x	x	–	+	+	+	+	+	+
Bolivien	o	o	o	o	o	o	o	o	o	o	+
Botswana	x	x	+	+	+	+	+	+	+	+	+
Burma	+	+	–	–	+	+	+	+	+	+	+
Burundi	x	+	+	+	+	+	+	+	+	+	+
Chile	–	o	o	o	+	+	–	–	–	–	–
Djibuti	x	x	x	x	x	x	x	x	+	+	+
Elfenbeinküste	–	–	–	–	–	+	+	+	+	+	+
Gabun	–	–	–	+	–	+	+	+	+	+	+
Gambia	x	x	–	–	–	+	+	+	–	+	+
Ghana	+	+	+	+	+	+	+	+	+	+	+
Grenada	x	x	x	x	x	x	–	–	–	+	+
Guinea	+	+	+	+	+	+	+	+	+	+	+
Guinea-Bissau	x	x	x	x	x	x	+	+	+	+	+
Guyana	x	x	+	+	+	+	+	+	+	+	+
Indien	+	+	+	+	+	+	+	+	+	+	+
Indonesien	+	+	+	+	+	+	+	+	+	+	+

Tabellarische Übersicht über die Mitwirkung an den Minister- und Gipfelkonferenzen 1961–1981[1)]

	Gipfelkonferenz von Belgrad 1961	Gipfelkonferenz von Kairo 1964	Ministerkonferenz von Daressalam 1970	Gipfelkonferenz von Lusaka 1970	Ministerkonferenz von Georgetown 1972	Gipfelkonferenz von Algier 1973	Ministerkonferenz von Lima 1975	Gipfelkonferenz von Colombo 1976	Ministerkonferenz von Belgrad 1978	Gipfelkonferenz von Havanna 1979	Ministerkonferenz von Delhi 1981
	1	2	3	4	5	6	7	8	9	10	11
Irak	+	+	+	+	+	+	+	+	+	+	+
Iran	–	–	–	–	–	–	–	–	–	+	+
Jamaika	x	o	+	+	+	+	+	+	+	+	+
Jemenitische Arabische Republik	+	+	+	+	+	+	+	+	+	+	+
Volksdemokratische Republik Jemen	x	x	+	+	+	+	+	+	+	+	+
Jordanien	–	+	+	+	+	+	+	+	+	+	+
Jugoslawien	+	+	+	+	+	+	+	+	+	+	+
Kamerun	–	+	+	+	+	+	+	+	+	+	–
Kampuchea[5)]	+	+	–	–	+	+	+	+	+	–	–
Kapverdische Inseln	x	x	x	x	x	x	+	+	+	+	+
Katar	x	x	x	x	–	+	+	+	+	+	+
Kenia	x	+	+	+	+	+	+	+	+	+	+
Komoren	x	x	x	x	x	x	x	+	+	+	+

5) Kampuchea bleibt den Konferenzen von Daressalam, Lusaka, Havanna und Delhi wegen des ungelösten Streits um das Vertretungsrecht fern.

Tabellarische Übersicht
über die Mitwirkung an
den Minister- und Gipfel-
konferenzen 1961–1981[1]

	Gipfelkonferenz von Belgrad 1961	Gipfelkonferenz von Kairo 1964	Ministerkonferenz von Daressalam 1970	Gipfelkonferenz von Lusaka 1970	Ministerkonferenz von Georgetown 1972	Gipfelkonferenz von Algier 1973	Ministerkonferenz von Lima 1975	Gipfelkonferenz von Colombo 1976	Ministerkonferenz von Belgrad 1978	Gipfelkonferenz von Havanna 1979	Ministerkonferenz von Delhi 1981
	1	2	3	4	5	6	7	8	9	10	11
Kongo	–	+	+	+	+	+	+	+	+	+	+
Koreanische Demokratische Volksrepublik	–	–	–	–	–	–	+	+	+	+	+
Kuba	+	+	+	+	+	+	+	+	+	+	+
Kuweit	x	+	+	+	+	+	+	+	+	+	+
Laos	–	+	+	+	+	+	+	+	+	+	+
Lesotho	x	x	+	+	+	+	+	+	+	+	+
Libanon	+	+	+	+	+	+	+	+	+	+	+
Liberia	–	+	+	+	+	+	+	+	+	+	+
Libyen	–	+	+	+	+	+	+	+	+	+	+
Madagaskar	–	–	–	–	+	+	+	+	+	+	+
Malawi	x	+	–	–	+	–	–	+	+	+	+
Malaysia	x	–	+	+	+	+	+	+	+	+	+
Malediven	x	x	–	–	–	–	–	+	+	+	+
Mali	+	+	+	+	+	+	+	+	+	+	+
Malta	x	–	–	–	–	+	+	+	+	+	+
Marokko	+	+	+	+	+	+	+	+	+	+	+
Mauretanien	x	+	+	+	+	+	+	+	+	+	+
Moçambique	x	x	x	x	x	x	+	+	+	+	+

Tabellarische Übersicht über die Mitwirkung an den Minister- und Gipfelkonferenzen 1961–1981[1]

	Gipfelkonferenz von Belgrad 1961	Gipfelkonferenz von Kairo 1964	Ministerkonferenz von Daressalam 1970	Gipfelkonferenz von Lusaka 1970	Ministerkonferenz von Georgetown 1972	Gipfelkonferenz von Algier 1973	Ministerkonferenz von Lima 1975	Gipfelkonferenz von Colombo 1976	Ministerkonferenz von Belgrad 1978	Gipfelkonferenz von Havanna 1979	Ministerkonferenz von Delhi 1981
	1	2	3	4	5	6	7	8	9	10	11
Nepal	+	+	+	+	+	+	+	+	+	+	+
Niger	–	–	–	–	–	+	+	+	+	+	+
Nigeria	–	+	–	+	+	+	+	+	+	+	+
Nikaragua	–	–	–	–	–	–	–	–	–	+	+
Obervolta	–	–	–	–	–	+	+	+	+	+	+
Oman	x	x	x	x	–	+	+	+	+	+	+
Pakistan	–	–	–	–	–	–	–	–	–	+	+
Panama	–	–	–	–	–	–	+	+	+	+	+
Peru	–	–	o	o	o	+	+	+	+	+	+
Rwanda	x	–	+	+	+	+	+	+	+	+	+
Sambia	+	+	+	+	+	+	+	+	+	+	+
Santa Lucia	x	x	x	x	x	x	x	x	x	x	+
São Tomé und Prinzipe	x	x	x	x	x	x	x	+	+	+	+
Saudi-Arabien	+	+	–	–	–	+	+	+	+	–	+
Senegal	–	+	+	+	+	+	+	+	+	+	+
Seychellen	x	x	x	x	x	x	x	+	+	+	+
Sierra Leone	–	+	+	+	+	+	+	+	+	+	+
Singapur	x	x	+	+	+	+	+	+	+	+	+
Somalia	+	+	+	+	+	+	+	+	+	+	+

Tabellarische Übersicht über die Mitwirkung an den Minister- und Gipfelkonferenzen 1961–1981¹

	Gipfelkonferenz von Belgrad 1961	Gipfelkonferenz von Kairo 1964	Ministerkonferenz von Daressalam 1970	Gipfelkonferenz von Lusaka 1970	Ministerkonferenz von Georgetown 1972	Gipfelkonferenz von Algier 1973	Ministerkonferenz von Lima 1975	Gipfelkonferenz von Colombo 1976	Ministerkonferenz von Belgrad 1978	Gipfelkonferenz von Havanna 1979	Ministerkonferenz von Delhi 1981
	1	2	3	4	5	6	7	8	9	10	11
Sri Lanka	+	+	+	+	+	+	+	+	+	+	+
Sudan	+	+	+	+	+	+	+	+	+	+	+
Suriname	x	x	x	x	x	x	x	x	x	+	+
Swasiland	x	x	+	+	+	+	+	+	+	+	+
Syrien²⁾	x	+	+	+	+	+	+	+	+	+	+
Tansania	x	+	+	+	+	+	+	+	+	+	+
Togo	–	+	–	+	–	+	+	+	+	+	+
Trinidad und Tobago	x	o	o	+	+	+	+	+	+	+	+
Tschad	–	+	–	+	–	+	+	+	+	+	+
Tunesien	+	+	+	+	+	+	+	+	+	+	+
Uganda	x	+	+	+	+	+	+	+	+	+	+
Vereinigte Arabische Emirate	x	x	x	x	+	+	+	+	+	+	+
Vietnam	–	–	–	o	+	+	+	+	+	+	+
Zaire	+	+	+	+	+	+	+	+	+	+	+
Zentralafrikanische Republik	–	+	+	+	+	+	+	+	+	+	+
Zimbabwe⁶⁾	x	x	x	x	x	x	x	x	x	+	+

---

6) Zimbabwe wird auf der Konferenz von Havanna von seiner Befreiungsbewegung vertreten.

Tabellarische Übersicht über die Mitwirkung an den Minister- und Gipfelkonferenzen 1961–1981[1]

	Gipfelkonferenz von Belgrad 1961	Gipfelkonferenz von Kairo 1964	Ministerkonferenz von Daressalam 1970	Gipfelkonferenz von Lusaka 1970	Ministerkonferenz von Georgetown 1972	Gipfelkonferenz von Algier 1973	Ministerkonferenz von Lima 1975	Gipfelkonferenz von Colombo 1976	Ministerkonferenz von Belgrad 1978	Gipfelkonferenz von Havanna 1979	Ministerkonferenz von Delhi 1981
	1	2	3	4	5	6	7	8	9	10	11
Zypern	+	+	+	+	+	+	+	+	+	+	+
Belize[7]	x	x	x	x	x	x	x	x	+	+	+
Palästinensische Befreiungsorg.	–	–	–	–	–	–	–	+	+	+	+
SWAPO (Befreiungsorg. Namibias)	–	–	–	–	–	–	–	–	–	+	+

---

7) Belize erhält auf den letzten drei Zusammenkünften einen »Sonderstatus«, obwohl das Land noch nicht die Unabhängigkeit erlangt hat.

ZUSAMMENFASSENDER ÜBERBLICK ÜBER DIE MITWIRKUNG DER BEOBACHTER

GIPFELKONFERENZ VON BELGRAD 1961: Bolivien, Brasilien, Ecuador

GIPFELKONFERENZ VON KAIRO 1964: Argentinien, Bolivien, Brasilien, Chile, Finnland, Jamaika, Mexiko, Trinidad und Tobago, Uruguay, Venezuela

MINISTERKONFERENZ IN DARESSALAM 1970: Argentinien, Bolivien, Brasilien, Chile, Mexico, Peru, Trinidad und Tobago, Venezuela

GIPFELKONFERENZ VON LUSAKA 1970: Argentinien, Barbados, Bolivien, Brasilien, Chile, Kolumbien, Peru, Venezuela, Süd-Vietnam

MINISTERKONFERENZ IN GEORGETOWN 1972: Argentinien, Barbados, Bolivien, Brasilien, Ecuador, Kolumbien, Mexiko, Peru, Uruguay, Venezuela

GIPFELKONFERENZ VON ALGIER 1973: Barbados, Bolivien, Brasilien, Ecuador, Kolumbien, Mexiko, Panama, Uruguay, Venezuela

MINISTERKONFERENZ IN LIMA 1975: Bolivien, Brasilien, Ecuador, El Salvador, Kolumbien, Mexiko, Panama, Uruguay, Venezuela

GIPFELKONFERENZ VON COLOMBO 1976: Barbados, Bolivien, Ecuador, El Salvador, Grenada, Mexiko, Uruguay, Venezuela

MINISTERKONFERENZ IN BELGRAD 1978: Barbados, Bolivien, Brasilien, Ecuador, Grenada, Kolumbien, Mexiko, Uruguay, Venezuela

GIPFELKONFERENZ VON HAVANNA 1979: Barbados, Brasilien, Costarica, Dominica, Ecuador, El Salvador, Kolumbien, Mexiko, die Philippinen, Santa Lucia, Uruguay, Venezuela

MINISTERKONFERENZ IN DELHI 1981: Brasilien, Costarica, Ecuador, Kolumbien, Mexiko, die Philippinen, Venezuela

ERSCHIENEN BEI R. S. SCHULZ

Frank Arnau, Der Fall Jaccoud (in Vorbereitung)	
Frank Arnau, WATERGATE – Der Sumpf	DM 9,80
Dr. med. Max Bajog, Wer raucht, denkt nicht – wer denkt, raucht nicht	DM 5,80
Leopold von Bayern, Ein Prinz erzählt	DM 23,–
João Bethencourt, Der Tag, an dem der Papst gekidnappt wurde	DM 9,80
Gudula Blau, NESSY	DM 18,–
Dr. Siegfried Block, Ein Plädoyer für die reifen Jahre	DM 32,–
Dr. Siegfried Block, Frisch durch Frischzellen	DM 24,–
Manfred Bockelmann, Magic Hollywood	DM 38,–
Claus E. Boetzkes, Scheintot begraben	DM 9,80
Rafael Caldera, Internationale soziale Gerechtigkeit und lateinamerikanischer Nationalismus	DM 22,–
Wolfgang Castell, BIO-Ha Haar-activum	DM 23,–
Richard Clayderman, Ballade	DM 23,–
Dittmar/Legal, Die reife Frau	DM 22,80
Dittmar/Legal, Die Gesundheit des Mädchens	DM 22,80
Dittmar/Legal, Die Frau in den Wechseljahren	DM 22,80
Dittmar/Legal, Die Mutterschaft	DM 22,80
Werner Egk, Die Zeit wartet nicht	DM 25,–
Anneliese Fleyenschmidt, Wir sind auf Sendung	DM 19,80

ERSCHIENEN BEI R. S. SCHULZ

Joachim Fuchsberger, Erinnerung an eine Krankheit	DM 9,80
Rolf Gaïl, Der Dampfwolf	DM 12,80
Indira Gandhi, Indira Gandhi spricht	DM 22,–
Valeska Gert, Katze von Kampen	DM 14,80
Michael Graeter, WER IST WAS in München	DM 19,80
Michael Graeter, LEUTE Band I bis VII	je DM 69,–
Erich Helmensdorfer, Meine Anstaltsjahre	DM 24,–
Erich Helmensdorfer, Die große Überquerung	DM 12,80
Erich Helmensdorfer, Westlich von Suez	DM 26,–
Erich Helmensdorfer, Hartöstlich von Suez	DM 22,80
Otto Hiebl, Immer wieder München	Br. DM 9,80 Ln. DM 14,80
Otto Hiebl, schön daß es München gibt	Br. DM 9,80 Ln. DM 14,80
Werner Höfer/Golo Mann, Was ist Demokratie	DM 23,–
Werner Höfer/H.-J. Wischnewski, Blockfrei – Wer, wie, wo	DM 23,–
Werner Höfer/Hans Bausch, Was sind Medien	DM 23,–
Werner Höfer, Knast oder Galgen?	DM 24,–
Werner Höfer, Deutsche Nobel Galerie	DM 25,–
Curt Hohoff, Die Nachtigall	DM 22,–
Friedrich Hollaender, Ärger mit dem Echo	DM 13,80
Harald Juhnke, Alkohol ist keine Lösung	DM 14,80

ERSCHIENEN BEI R. S. SCHULZ

Hermann Kesten, Revolutionäre mit Geduld	DM 26,–
Hans Klein, Anekdoten über Franz Josef Strauß	DM 10,–
Horst Knaut, Propheten der Angst	DM 9,80
Hannsjoachim W. Koch, Geschichte der Hitlerjugend	DM 28,–
Manfred Köhnlechner, Die Managerdiät	DM 9,80
Gerhard Konzelmann, Ölpest	DM 28,–
Karl-Heinz Köpcke, Bei Einbruch der Dämmerung	DM 25,–
Karl-Heinz Köpcke, Guten Abend, meine Damen und Herren	DM 19,80
Peter Kreuder, Nur Puppen haben keine Tränen	DM 25,–
Hardy Krüger, Wer stehend stirbt, lebt länger	DM 26,–
Karl Lieffen, »Was fällt Ihnen ein – Lieffen«	DM 22,80
Filadelfo Linares, Die Revolution bei Tocqueville und Marx	DM 22,50
Filadelfo Linares, Beiträge zur negativen Revolutionstheorie	DM 22,50
Georg Lohmeier, Immobilien	DM 25,–
Georg Lohmeier, Gspenstergeschichten	DM 19,80
Georg Lohmeier, Geschichten für den Komödienstadel	DM 19,80
Leo Mates, Es begann in Belgrad	DM 24,–
Angelika Mechtel, Ein Plädoyer für uns	DM 25,–
Angelika Mechtel, Die Blindgängerin	DM 25,–
Angelika Mechtel, Das gläserne Paradies	DM 25,–
Angelika Mechtel, Friß Vogel	DM 25,–
Peter de Mendelssohn, Das Gedächtnis der Zeit	DM 25,–
Werner Meyer, Götterdämmerung	DM 22,–

ERSCHIENEN BEI R. S. SCHULZ

Werner Meyer/Carl Schmidt-Polex, Schwarzer Oktober – 17 Tage Krieg um Israel	DM 9,80
Rudolph Moshammer, Nicht nur Kleider machen Leute	DM 14,80
Peter Norden, Das Recht der Frau auf zwei Männer	DM 16,80
Erik Ode, Der Kommissar und ich	DM 25,–
Heinz Piontek, Dunkelkammerspiel	DM 14,80
Heinz Piontek, Leben mit Wörtern	DM 19,80
Birte Pröttel, Ein Zwilling kommt selten allein	DM 9,80
Herbert Reinecker, Feuer am Ende des Tunnels	DM 25,–
Herbert Reinecker, Das Mädchen von Hongkong	DM 19,80
Hans Riehl, Als Deutschland in Scherben fiel	DM 9,80
Luise Rinser, KHOMEINI und der Islamische Gottesstaat	DM 24,–
Luise Rinser, Wenn die Wale kämpfen	DM 16,80
Luise Rinser, Dem Tode geweiht?	DM 25,–
Luise Rinser, Wie, wenn wir ärmer würden	DM 16,80
Luise Rinser, Hochzeit der Widersprüche	DM 21,–
Johannes Rüber, Wer zählt die Tage	DM 19,80
J. L. Salcedo-Bastardo, Simón Bolívar	DM 26,–
Jürgen v. Scheidt, Der geworfene Stein	DM 25,–
Karlfriedrich Scherer, Alter(n) ohne Angst	DM 9,80
Karlfriedrich Scherer, Essen + Trinken DM 250,– monatlich für eine Familie mit einem Kind	DM 9,80
Peter Schmidsberger, Skandal Herzinfarkt	DM 25,–
Franz Schneider, Der Baum der Erkenntnis	DM 9,80
Rolf S. Schulz, Die soziale und rechtliche Verpflichtung des Verlegers	DM 7,80

ERSCHIENEN BEI R. S. SCHULZ

Hannelore Schütz/Ursula v. Kardorff,
Die dressierte Frau   DM 14,80

Tony Schwaegerl, Männerkrankheiten   DM 32,—

Dieter Sinn, Besondere Kennzeichen:
Augen katzengrün   DM 25,—

Sigi Sommer, Das gabs nur einmal   DM 23,—

Sigi Sommer, Das kommt nie wieder   DM 23,—

Sigi Sommer, Es ist zu schön um wahr zu sein   DM 23,—

Sigi Sommer, Also sprach Blasius   DM 23,—

Sigi Sommer, Quo vadis Blasius   DM 23,—

Monika Sperr, Die dressierten Eltern   DM 16,80

Jean Starobinski, Besessenheit und Exorzismus   DM 12,80

Josef Steidle, So is as Lebn   DM 9,80

Josef Steidle, I sag's wia's is   DM 9,80

José Francisco Sucre, Welche Zivilisation,
welche Ideologie?   DM 22,—

Helene Thimig-Reinhardt, Wie Max Reinhardt
lebte   DM 26,—

Karin-Tietze-Ludwig, Zusatzzahl 13   DM 9,80

Luise Ullrich, Komm auf die Schaukel Luise
Balance eines Lebens   DM 25,—

Emil Vierlinger, Prost Salvator   DM 14,80

Wald/Klein, Bildband Franz Josef Strauß   DM 49,—

Ulrich Zimmermann, Geliebt, verkannt
und doch geachtet –
Franz Josef Strauß von A–Z   DM 5,80

Josef Othmar Zöller, B 3 – Die Bayern 3-Story   DM 23,—

Gerhard Zwerenz, Ein fröhliches Leben
in der Wüste   DM 23,—

Gerhard Zwerenz, Wozu das ganze Theater   DM 23,—